나는 어느 편에 서야 할까?

강 석 종 지음

도서출판 카리타스

나는 어느 편에 서야 할까?

초판 1쇄
지은이 강석종
펴낸이 박수정
발행일 2020. 3. 14
출판 도서출판 카리타스
주소 부산광역시 동구 중앙대로 298 부산 YWCA 304호
전화 051)462-5495
홈페이지 www.enkorea.kr
등록번호 제 3-114호

ISBN 978-89-97087-30-3

"여호와를
대적하는 자는
산산이 깨어질 것이라"

(삼상2:10)

자유민주주의를 사랑하고 수호하는

애국국민 _____ 님께 드립니다.

저자 강 석 종 목사

| 추천사

국민혁명의장 전 광 훈 목사 (한기총 25대 회장)

　대한민국은 살았습니다. 우리는 이겼습니다. 작년 6월 시국 선언을 발표할 때만 해도 대한민국은 절망 상태에 있었습니다. 우리 대한민국은 이승만 대통령이 1948년 8월 15일 세운 나라입니다. 전 세계에 어떤 나라도 없는 건국 설계도를 그렸습니다. 첫째는 자유민주주의, 두 번째는 자유시장경제, 세 번째는 한미동맹, 네 번째는 기독교 입국론이었습니다. 그래서 대한민국은 이승만의 설계도대로 박정희 대통령이 집을 지은 나라입니다. 이 두 분의 계획은 적중했고, 그 결과 우리는 세계 10대 나라에 올라서게 되었습니다.

　반대로 북한은 우리가 자유민주주의 할 때, 거기는 공산주의를 시작했습니다. 우리가 자유 시장 경제할 때, 거기는 사회통제경제를 했습니다. 우리는 세계 제일의 나라인 미국을 친구로 삼아 한미동맹을 맺었으나, 그들은 중국을 친구로 삼고 조중동맹을 했습니다.

　이승만 대통령이 1904년도에 미국에 공부하러 갔습니다. 아이비리그 대학에서 공부를 하면서 조지 와싱턴 대학을 나왔고, 하바드에서 석사를 했습니다. 그리고 프린스턴에서 박사 과정 중에 전 세계에 대하여 눈을 뜨게 되었습니다. 전 세계에서 제일 잘 사는 나라가 어떤 나라인가 하고 보니까 기독교 나라인 것을 알게 되었습니다. 그 때에 우리나라 기독교 인구가 5만명 밖에 되지 않는 상태에서, 어떤 기록에는 3천명 밖에 안 된다고 했습니다. 그런 상태에서 이승만은 기독교 입국론을 세웠습니다.

그 후에도 이승만은 아침에 일어나면 1시간씩 기도하게 되었는데, 기도의 제목이 "주님! 이 땅에 100만명의 성도를 달라"고 매일같이 기도를 했습니다. 그의 기도는 응답을 받았습니다. 동작동 국립묘지에서 하관식을 할 때에, 그의 관이 땅속으로 내려갈 때 기독교 인구가 108만명을 돌파했습니다. 바로 그 세력이 확대되어서 70년만에 오늘 1,200만명의 성도가 일어나게 된 것입니다.

많은 분들이 기도를 했지만 오늘 우리가 예수 믿고 구원받은 은혜는, 첫 번째는 하나님의 은혜이고, 두 번째는 이승만의 은혜라는 것을 잊지 말아야 합니다. 이승만이 대한민국을 세우지 않았다면 우리는 북조선 김일성 수령님을 모시고 살아야 했습니다. 대한민국에 태어난 5천만 국민들은 절대적으로 이승만의 혜택을 본 사람들입니다.

그런데 문재인은 대통령이 되자마자 1948년 8월 15일 이승만의 건국을 인정할 수 없다고 했습니다. 그리고 점점 더 강도를 높이면서 드디어 대한민국을 해체하고, 북한으로 갖다 바치려고 합니다. 그리고 남북한을 통일시켜서 자신이 최초로 통일 대통령이 되고자 합니다. 그 후에 이루어지는 모든 생각과 정책이나 행동은 대통령이 아니라 간첩인 것입니다. 검찰, 경찰, 기무사, 국정원, 언론, 법원, 심지어 우파 시민단체까지 완전히 틀어 쥐었습니다. 심지어 사회주의자 조국을 법무부장관에 임명하여 굳히기 작전에 들어 갔습니다.

그러나 우리가 매주 토요일마다 광화문 이승만 광장으로 나와서 국민저항권을 행사했습니다. 다시 국민을 속일려고 조국을 한발 후퇴시킨 뒤에 조국보다 10배 더 공산주의자인 추미애를 법무부 장관에 임명했습니다.

한국교회는 135년전에 이 땅에 들어 와서 민족의 개화, 독립운동, 건국, 6·25 등 모든 중심에는 교회가 앞장 섰습니다. 교회가 없는 대한민국은 없습니다. 대한민국은 하나님이 세운 나라입니다.

지금 대한민국이 사느냐? 죽느냐? 하는 기로에 서 있습니다. 이제 더 이상 한국교회는 뒤에서 기도만 할 수 없기 때문에 앞으로 전면에 나갈 것입니다. 대한민국은 만든 설계도대로 운전을 해야 합니다. 주사파는 대한민국을 부정하고, 대한민국의 헌법을 부정하고, 김일성이 하자는대로 하는 것이 주사파입니다. 이렇게 나라가 무너져도 여당의 국회의원들은 주사파가 하자는 대로 따라가고 있고, 자유한국당 역시 막지 못하고 있습니다.

지금 우리나라가 심각한 상태에 빠져 있습니다. 지금 이 시대에 무너져 가는 대한민국의 유일한 희망이 바로 한국 교회입니다. 반드시 바로 세웁시다. 문재인을 확실히 끌어 냅시다. 작년 8·15일부터 시작된 국민혁명이 매주 토요일마다 계속 진행되고 있습니다. 부산에서도 버스 수십여대가 매주 올라 오고 있습니다. 단 한번이라도 참여한 사람이 1,200만명이 넘었습니다.

그동안 부산에서 버스 인솔자로 봉사하고 있는 강석종 목사님이 이번에 귀한 책을 출판하게 되었습니다. 17년 전부터 청교도영성훈련원의 핵심 간사로 많은 수고를 했으며, 「성령의 나타남」 세미나에 대한 보수주의 신학 입장에서 「오순절의 성령강림」 과 「성령세례는 오순절로 끝나지 않았다.」라는 책을 출판했을 때도 기쁜 마음으로 추천을 했었습니다. 그리고 2005년에 뉴스엔조이 최재호 기자의 기사에 의한 논란이 있었을 때도 이름없이 변론의 글을 쓴 것도 이제야 알게 되었습니다. 적절한 시기에 맞춰서 귀한 내용의 책에 추천사를 쓰게 된 것을 기쁘게 생각하며, 많은 사람들이 필독하기를 바랍니다.

2020년 2월 10일

부울경 시국선언 공동대표 윤 정 우 목사 (연제 중부교회)

　2019년을 거쳐 2020년을 지나가는 지금의 대한민국은 한마디로 혼돈과 무질서의 세상이다. 그야말로 한 번도 경험하지 못한 나라로 치닫고 있다. 대다수의 국민들은 문재인 대통령이 후보 시절이나 취임사에서 낮은 연방제 통일이니 촛불혁명이니 경험하지 못한 나라를 운운할 때 그저 그렇게 촛불로 정권을 잡았고 이제 더 살기 좋은 나라를 만들어 가겠다는 상투적인 수사(修辭)인 줄 알았다.

　그런데 집권 2년 반이 지난 지금 문 대통령이 했던 말들은 현실이 되어 가고 있다. 아니, 현실로 만들어 가고 있다. 이 정권은 지금 그 나라를 향해 거침없이 질주하고 있다. 그 나라는 바로 북한과의 낮은 연방제의 통일국가이다. 그 전 단계로 사회주의 국가를 만드는 것이다.

　하지만 이 정권은 한 번도 그 나라가 어떤 나라인지 나라의 주인인 국민들에게 청사진을 제시하며 설명하거나 이해를 구한 적이 없다. 그야말로 국민들은 지금 이 나라가 어디로 가는지 모르고 있다. 눈뜬 장님이 되어 그저 엉거주춤 따라 가고 있는 것이다. 마치 엘리사를 잡으로 온 아람 나라의 병사들이 엘리사에 의해 두 눈 뻔히 뜨고 적군의 수도인 사마리아 한복판으로 이끌려 갔듯이 말이다.

　이와 같은 현상은 일반 국민들은 물론이요 교회 안의 교인들도 마찬가지다. 더구나 세상 만국을 친히 다스리시는 하나님의 종이라고 자처하는 목사들도 거의 같은 형국이다. 왜 그럴까? 도대체 어떻게 이럴 수가 있을까? 그 대답은 여러 차원에서 조명할 수 있겠지만 내 생각은 무엇보다 상황인식이 제대로 되지 않기 때문이요, 좌우가 분간되지 않음이요, 그 결과가 우리 앞에 어떤 비극으로 펼쳐질지를 모르기 때문이요, '설마' 라는 한국인 특유의 불감증 때문이라고 생각한다.

때마침 시국에 뜻을 함께하시는 강석종 목사님께서 작년에 "바로 알고 있습니까?"라는 귀한 책을 내셨는데, 이번에 또 "나는 어느 편에 서야 할까?"라는 책을 집필하셨다. 참으로 시기적절(時期適切)한 때 시금석(試金石) 같은 책을 내셨다. 내용을 보니 지금의 이 절박한 상황에서 국민들과 특히 목회자를 비롯한 기독인들의 필독서가 되었으면 좋겠다.

부디, 강석종 목사님의 이 책이 독자들에게 지금 나라의 상황을 바로 인식시키며 좌우를 분별케 하는 지식에 큰 도움이 되길 바란다.

2020년 2월 5일
부울경 시국선언 공동대표 윤 정 우 목사 (연제 중부교회)

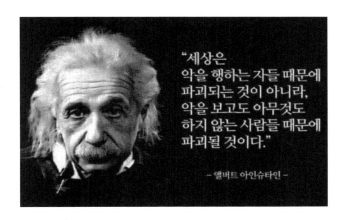

"세상은
악을 행하는 자들 때문에
파괴되는 것이 아니라,
악을 보고도 아무것도
하지 않는 사람들 때문에
파괴될 것이다."

- 앨버트 아인슈타인 -

| 추천사

국회의원시민검증단 대표 / 정치개혁 국민연합 공동대표 나 영 수 목사

세월호가 침몰했듯이 자유민주주의 대한민국호가 침몰하고 있습니다. 이승만 대통령의 건국 설계도인 '자유민주주의, 자유시장 경제, 한미동맹, 기독교 입국론'으로 한강의 기적을 이룬 대한민국이 주사파 정권 때문에 무너져 내리고 있습니다.

문재인 정권은 입으로만 민주, 인권, 평화, 노동, 공정, 법치를 외쳐왔습니다. 그러나 지난 3년간 이들이 말한 민주는 독재적 반헌법 인민민주주의였고, 이들이 말한 인권은 세계에서 가장 지옥같은 북한 인권에 '찍소리' 하지 못하는 가짜 인권이었으며, 이들이 말하는 평화는 중국과 북한에 머리를 박고 꼬리를 흔드는 항복이었으며, 이들이 말하는 노동운동은 연봉 1억 받는 대기업 노조, 민주노총, 공무원노조의 기득권 지키기 운동이었습니다. 이들이 말하는 공정은 조국 사태였으며, 이들이 말하는 법치는 살아있는 권력에 수사하겠다는 검찰의 팔다리를 자르고, 중국 공안, 독일 나치의 게슈타포와 같은 공수처 설치였으니, 결국 이들의 목적지는 중국·북한식 공산 독재인 것입니다.

문재인 정권의 독재하에서 자유대한민국은 중국과 북한의 인민처럼 서로가 서로를 감시하며, 정신과 생각까지 모두 통제당하는 공산 전체주의 지옥으로 조금씩 변해가고 있습니다. 이런 비참한 상황에서 이 한심한 야당은 식물보다도 무능합니다. 이제 우리의 생명과 재산

과 자유를 지킬 방법은 시민들이 직접 저항하는 것뿐입니다.

지난 2019년 11월 홍콩 지방선거에서 자유민주 정당들과 시민단체들이 조건없는 반중, 반정부로 연합한 선거에서 18개구 총의석 452석 중 범자유진영이 385석을 얻는 대승을 거두었습니다. 올해 1월 11일의 대만 선거도 홍콩 열풍에 자유 대만의 다수 국민이 반중국으로 똘똘 뭉쳐 민진당의 차이잉원 총통을 압승케 했고, 국회 역시 113석 중 반중 민진당에 61석 과반의석을 몰아 주었습니다.

우리도 홍콩과 대만처럼 자유 대한민국을 사랑하는 모든 국민들이 뭉쳐서 사회주의와 공산주의를 막고, 자유민주주의와 시장경제를 지켜서 대한민국을 더 위대하게 하며, 한국 교회도 개인주의와 개교회주의의 벽을 초월하여 나라를 지키기 위해서 애국 운동에 하나가 되어서 총선에서 압승해야 합니다.

꿈에도 생각할 수 없는 일들을 불법적으로 해치우는 문재인 집단은 검찰 학살에 이어 공산 독재로 가는 최종 단계인 총선에서 과반을 확보하기 위하여 부정하고 불법한 모든 수단을 동원할 것이 분명해졌습니다.

야권은 파벌의 이익 따위는 다 내려놓고 오직 구국의 일념으로 반문재인, 반공으로 조건없이 뭉쳐야 총선에서 승리할 수 있다는 엄중한 국민의 명령을 반드시 수용해야 합니다. 만약 야권통합에 반대하거나 방해하는 야당이 있다면 자유애국시민이 그 집단을 가혹하게 응징할 것입니다. 왜냐하면 자유대한민국을 김정은에게 넘기려는 역적이기 때문입니다.

연동제 선거법, 공수처법이 통과되었기 때문에 우리가 나라를 바로잡으려면 더욱 분발해서 총선에서 압승하여 주사파 정권을 퇴진시켜야 합니다. 국민 혁명의 이름으로 문재인을 탄핵하고 사회주의자들, 공산주의자들, 주사파 정권을 몰아내야 합니다. 국민의 힘만이 할 수 있습니다. 이제는 국민이 나서서 뭉치고 단합하여 강력한 투쟁과 항전으로 주사파 정권을 무너뜨려야 합니다.

내가 강석종 목사님을 알게 된 것은 참으로 오래되었습니다. 33년 전 전도사 때, 나는 장로로서 한국어린이교육선교회를 통해서 알게 되었고, 그 후 5년 뒤 신대원에서 선후배로서 다시 만나게 되었다가 이번 애국 운동을 통해서 자주 만나게 되면서 서로를 좀 더 알게 되었습니다. 그리고 이번에 책을 내면서 추천사 부탁을 하셨는데, 목사님의 중심을 너무나 잘 알기에 그 즉시 승낙을 하게 되었습니다.

강석종 목사님의 '나는 어느 편에 서야 할까?' 라는 책은 신본주의와 인본주의, 보수와 진보, 우파와 좌파, 자유민주주의와 사회주의＝공산주의, 기독교와 김일성 주체사상교(일명:주사파), 참된 교회와 거짓된 교회 등 성경적으로 무엇이 옳고 그른지를 바로 알지 못하며, 현시국에 대하여 바로 알지 못하는 수많은 기독 성도들과 일반인들에게도 올바른 안내서가 될 것으로 믿으며, 필독을 권합니다.

2020년 2월 10일

국회의원시민검증단 대표 / 정치개혁 국민연합 공동대표 나 영 수 목사

| 머리말

부족하고 미련한 사람이 "나는 어느 편에 서야 할까?"라는 제목으로 네 번째 책을 세상에 내어 놓게 된 것을 하나님께 감사와 영광을 드립니다.

지금 우리 사회는 광복 이후 역사적으로 유례없는 초갈등의 위기에 처해 있습니다. 정치, 경제, 사회, 문화, 외교 중 어떤 일부분이 아니라 사회 전반에 걸쳐 마치 내전(內戰)과 같은 극단의 상황에 처했으며, 갈등 사회를 넘어 초갈등 사회의 모습을 보이고 있습니다. 보수와 진보의 갈등부터, 남녀갈등, 세대간 갈등 등 곳곳에서 갈등과 분열의 모습이 나타났습니다.

대한민국은 OECD 35개 국가 중 갈등지수 2위이고, 갈등 관리 능력은 최하위 등급인 32위입니다. 정부 부처가 공개한 '2019년 한국인의 의식 및 가치관 조사 결과'에 따르면 '진보-보수 갈등'이 92%로 제일 높게 나왔으며, '정규직-비정규직' 85.3%, '부유층-서민층' 78.9%, '기업가-근로자' 77.7%, '남성-여성' 54.9%로 그 뒤를 이었습니다. 진영 대립이 초갈등의 사회에 기름을 부은 것입니다.

우리 한민족은 일제시대와 한국전쟁 등 많은 어려움을 겪었고, 산업화와 민주화를 이뤄낸 나라가 되었지만, 이렇게 초갈등 사회가 된 배경이 정치 갈등 때문입니다. 국가와 국민의 안녕을 위해 화합과 상생의 지도력을 발휘해야 할 정치 지도자들은 당리당략에 매몰돼 국민을 편 가르기 수단으로 전락시키며, 공평과 정의를 말해야 하는 정치인들이 밥그릇 싸움이나 하며, 분열을 가속화하고 있습니다.

현 정부의 수장조차 취임식때 광화문 대통령 시대를 열겠다고 했습니다. 권위와 불통의 상징인 청와대를 국민께 돌려 드리고, 집무실을 광화문 정부 청사로 옮기겠다고 했습니다. 퇴근길에 국민들과 소주한 잔을 나눌 수 있는 친구같은 대통령, 서민 대통령, 국민과 눈높이를 맞추는 소통하는 대통령이 되어서 권위적인 대통령 문화를 청산한다고 했습니다. 공정한 나라를 만들기 위해서 대통령과 청와대, 정부의 고위 공직자부터 깨끗해야 하며, 참여 정부 시절 가장 깐깐하게 인사검증을 했던 민정수석의 자세와 기준을 더욱 확고히 해서 5대(병역면탈, 부동산 투기, 세금 탈루, 위장 전입, 논문 표절) 비리 관련자와 반칙으로 누려온 인사는 권력과 명예까지 가질 수 없도록 결코 고위공직에 오를 수 없도록 원천적으로 배제하여, 깨끗해서 자랑스런 대통령, 국민 모두의 대통령이 되겠다고 했습니다.

그런데 이러한 초심은 어디로 갔는지 찾을 수가 없고, 지금은 거짓말 대통령, 불통의 대통령, 권위주의의 대통령이 되어 버렸습니다. 법치주의 국가인 대한민국에서 헌법을 무시하는 대통령, 대한민국의 건국 이념을 부정하며 "나는 사회주의자다"라고 한 자를 법무부 장관에 임명한 대통령, 낮은 단계의 연방제를 통하여 나라를 송두리째 북한에 갖다 바치려는 대통령인 것으로 드러나고 말았습니다. 그리고 현여당이나 정부의 정책들로 인해 공공연히 교회를 탄압하고 있으며, 사회주의, 공산주의화 되어 가고 있습니다.

이러한 세상 정치권에서의 갈등이 기독교 안에도 고스란히 들어와있습니다. 한국 기독교 안에서도 보수 계열의 목회자와 진보 계열의목회자와의 갈등이 있습니다. 교회 안에도 살펴보면 수많은 갈등이있습니다. 목회자와 성도와의 갈등, 성도와 성도간의 갈등, 그리고 진보 계열의 성도와 보수 계열의 성도들간의 갈등들이 존재합니다.

그래서 차세대 리더로 주목받고 있는 경기도 용인시 S교회의 S목사는 "교회는 시대의 이념과 사상을 따라가는 것이 아니라 예수님의 가르침과 인도를 따라가야 한다. 대통령이나 권력기관이 잘못된 길로 가면 교회가 당연히 비판해야 하지만, 합리적인 대화로 문제를 풀어가야 할 것이지, 광장에 나가 집회를 주도해선 안 된다"고 말했습니다.

그러나 기독 성도라고 한다면 이런 사태에 대하여 영향력 있는 어느 개인의 말보다는 성경은 어떻게 말씀하고 있는지 살펴 보고 성경의 가르침을 따라야 될 것입니다.

그러면 성경은 어떻게 가르치고 있을까요? 성경은 두 가지 흐름이 있다고 말씀하고 있습니다. 이 두 가지 흐름은 세상 역사에서도 똑같이 흐르고 있습니다. 그 두 가지 흐름은 '신본주의냐? 인본주의냐?', '자유민주주의냐? 사회주의 또는 공산주의냐?', '보수냐? 진보냐?', '우파냐? 좌파냐?', '기독교냐? 김일성 주체 사상교냐?', '참된 교회냐? 거짓된 교회냐?' 라는 것입니다.

우리는 이 두 가지 흐름을 선택하면서 살아 가고 있습니다. 그 선택에 의해서 우리의 인생은 결정이 나는 것입니다. 크리스챤으로 살아 가는 기독 성도들은 이 땅에서도 올바른 선택을 해야 할 것입니다.

크리스챤이란 무슨 뜻입니까? 교회에 등록한다고 크리스챤이 되는 것이 아닙니다. 교회를 다닌다고 다 크리스챤이 아닙니다. 물로 세례를 받는다고 크리스챤이 아닙니다. 예수님을 '그리스도' 라고 고백한다고 다 크리스챤이 아닙니다. 크리스챤은 말 그대로 그리스도의 사람(Christian), 즉 살아도 그리스도를 위하여, 죽어도 그리스도를 위하여 죽기 원하는 사람을 말합니다(롬14:8). 삶의 목표와 초점이 그리스도에 맞추어져 있고, 그리스도의 영광을 위하여 살려는 사람을 말합니다. 따라서 예수 그리스도가 삶에서 가장 귀한 분이 아닌 사람은 진정한 의미의 크리스챤은 아닙니다.

　성령의 역사로 내가 죄인인 것을 깨닫고 마음 중심에서 예수 그리스도를 나의 구세주(Savior)와 주인(Lord)으로 영접할 때 크리스챤이 됩니다. 예수님을 나의 구세주(Savior)로 영접한다는 것은 나는 죄로 죽었던 자라는 것을 믿고, 나와 같은 죄인을 구원하시기 위하여 하나님께서 예수 그리스도를 십자가에서 대신 죽게 하신 것을 믿으며, 그 예수님을 나의 구세주로 받아 드려서 죄사함을 받고 구원(영생)을 얻었다는 것을 의미합니다. 예수님을 나의 주인(Lord)으로 영접한다는 것은 지금까지 내가 내 삶의 주인으로, 내 마음대로 살았던 삶을 청산하고 이제부터는 예수님을 주인으로 모시고 예수님 뜻대로 살겠다는 것을 의미합니다.

　예수님을 마음 중심에 영접했다는 말은 예수님께 나의 이성과 감정뿐 아니라 나의 의지도 드린다는 것을 의미합니다. 예수님이 나의 구세주요, 나의 주인이라는 것이 머리만의 생각이 아니고, 가슴의 느낌만이 아니고, 손발로 순종하는 삶이라는 것을 의미합니다. 따라서 실제 삶에서 예수님을 주인(Lord)으로 모시고 예수님 말씀에 순종하며 살지 않는 사람들은 진정한 의미의 크리스챤은 아닙니다.

　크리스챤의 품위는 무엇입니까? 크리스챤답게 사는 것입니다. 우리의 삶은 끝까지 크리스챤의 품위를 유지하는 것이 되어야 합니다.

　그런데 오늘날 한국 교회에 크리스챤이라고 하는 사람들을 살펴 보면, 신본주의가 아니라 인본주의를 주장하는 자들을 지지하고 따르고 있으며, 자유민주주의가 아니라 사회주의 또는 공산주의를 주장하는 자들을 지지하고 따르고 있으며, 보수가 아니라 진보를 주장하는 자들을 지지하고 따르고 있으며, 우파가 아니라 좌파를 주장하는 자들을 지지하고 따르고 있으며, 기독교가 아니라 김일성 주체사상교를 주장하는 자들을 지지하고 따르고 있으며, 참된 교회가 아니라 거짓된 교회를 주장하는 자들을 지지하고 따르고 있는 것을 볼 때 너무나 안타까운 마음이 들었습니다. 더욱이 잘못된 선택으로 인해 주님으로부터 "나는 너를 도무지 알지 못한다"라는 음성을 듣게 된다면 사후의 인생 또한 얼마나 비참하고 불행하게 되겠습니까?

인본주의와 사회주의 또는 공산주의와 진보와 좌파와 김일성 주체사상교와 거짓된 교회를 지지하고 따르는 것이 마치 정의인 것처럼, 일반 성도들은 이러한 주장들이 마치 성경의 가르침으로 오해 하고 있으며, 너무나 잘 모르고 있길래 안타까운 마음으로 감히 펜을 들었습니다. 깊은 내용은 전문가들이 해야 할 일이며, 저는 이미 나와 있는 많은 서적들과 신문 기사들과 유튜브들의 동영상들을 참고하여 정리했으며, 기초적인 부분에 대한 길잡이로써의 역할을 할 뿐입니다.

아무쪼록 이 책을 통하여 좌경화 되어 가는 대한민국의 현실 앞에서 기독 성도들이 기독교가 무엇을 말하는지, 성경이 무엇을 말하는지 올바로 깨닫고, 올바른 선택을 하시기를 바랍니다. 또한 이 책을 통하여 여러분이 무엇을 선택할 것인가에 대한 올바른 선택의 길잡이가 되기를 바랍니다. 그리하여 신앙의 정통과 생활의 순결이 하나로 일치가 되어 성경의 가르침대로, 하나님이 원하시는 뜻대로 살기를 바랍니다.

그리고 바쁘신 중에도 추천사를 써주신 전광훈 목사님, 윤정우 목사님, 나영수 목사님께도 감사를 드리며, 혼쾌히 출판을 허락한 카리타스 출판사의 박수정 사장님과 직원들께도 감사드립니다.

2020년 3월 13일(음. 2월 19일)
이승만 대통령의 탄생일에 부산의 동매산 자락에서
저자 강 석 종

Contents

추천사 | 전광훈 목사 (국민혁명의장·한기총 25대 회장) / 4
　　　　윤정우 목사 (부울경 시국선언 공동대표) / 8
　　　　나영수 목사 (국회의원시민검증단 대표 및 정치개혁 국민연합 공동대표) / 10

머리말 | 강석종 목사 / 14

1. 신본주의(神本主義)냐? 인본주의(人本主義)냐? / 25
　　1) 신본주의란 무엇일까요? / 27
　　　(1) 거짓된 신본주의 / 28
　　　(2) 참된 신본주의 / 32
　　2) 인본주의란 무엇인가요? / 33
　　3) 신본주의자 아벨과 인본주의자 가인의 비교 / 39
　　4) 기독교에서는 왜 인본주의를 '죄'라고 할까요? / 43

2. 보수(保守)냐? 진보(進步)냐? 또는 우파냐? 좌파냐? / 49
　　1) 보수와 진보의 정의 / 49
　　2) 우파와 좌파의 유래 / 50
　　　(1) 우파와 좌파의 정의 / 54
　　　(2) 좌파의 이념 / 55
　　　(3) 우파와 좌파의 강조점의 차이 / 56
　　3) 좌파(진보)와 기독교가 맞지 않는 이유 / 66

3. 자유민주주의냐? 사회주의 = 공산주의냐? / 73

    1) 구한말의 시대적 상황과 일제 시대 / 73

    2) 국부 이승만 대통령의 선택은 자유민주주의였다. / 76

    3) 북조선 김일성이 선택한 사회주의=공산주의의 만행 / 91

    4) 사회주의 및 기독교 사회주의는 가능한가? / 119

4. 기독교(基督敎)냐? 김일성 주체사상교(주사파)냐? / 137

    1) 기독교(基督敎) / 137

        (1) 기독교란 무엇일까? / 137

        (2) 기독교의 한국 전래 / 139

        (3) 기독교는 무엇을 믿는가? / 148

    2) 김일성 주체사상교(주사파) / 150

5. 참된 교회냐? 거짓된 교회냐? / 175

    1) 교회란 무엇일까요? / 177

    2) 교회의 구분(성격) / 184

        (1) 전투적 교회(지상 교회)와 승리적 교회(천상 교회) / 184

        (2) 무형 교회(불가견적 교회)와 유형 교회(가견적 교회) / 188

        (3) 유기체로서의 교회와 조직체(제도적)로서의 교회 / 192

        (4) 우주적 교회와 보편적 교회 / 196

    3) 참된 교회와 거짓된 교회의 구별 방법 / 202

6. 현 시국에 대한 그리스도인의 올바른 자세 / 213

　1) 대한민국을 위기에서 지키자 / 213

　2) 박근혜 대통령의 탄핵은 법치주의 위반이다 / 216

　3) 정교분리의 원칙 / 221

　4) 공산주의자들의 친일파 프레임 / 224

　5) 일본의 과거사 사죄 횟수 / 236

　6) 8·15 해방 후 일본과의 결산─귀속 재산(Vested Property) / 238

　7) 미군 철수를 외치는 자들에게 / 245

　8) 이승만! 그는 누구인가? / 266

　9) 한 위대한 한국인을 눈물로 추모하며 / 273

　10) 나라 밖에서 본 박정희 대통령 / 276

　11) 국립현충원 박정희 대통령 서거 40주년 추도사 / 283

　12) 사랑하는 자식들에게 꼭 들려 주고 싶은 이야기 / 288

　13) 역사 그리고 증언 / 294

　14) 오늘날 대한민국의 현실을 보고 / 299

　15) ROTC 19기 총동기회 카톡방에 올린 글 / 300

　16) 패스트트랙 3대 악법과 사전 선거 및 전자 개표 반대 / 308

　17) 서울대 권영찬 학생의 감동적인 두번째 연설 / 318

　18) 2020년 이후의 대한민국에 대한 경고 / 335

　19) 광화문 신당에 대하여 / 337

　20) 진짜 교회와 가짜 교회/진짜 목사와 가짜 목사를 분별하라 / 343

7. 전광훈 목사의 발언에 대한 논란 / 349

　1) 과거의 논란(2005년) / 349

　　(1) 전광훈 목사가 밝히는 '빤스 발언'의 진실(2011년) / 349

　　(2) 강석종 목사의 변론(2005년) / 353

　　　① 최재호 기자의 청교도 영성훈련원 전광훈 목사에

　　　　대한 기사 내용, 진실인가? 왜곡인가? / 353

　　② 뉴스앤조이의 최재호 기자에게 고함 / 362

　　③ 예수님의 보혈로 한 몸(지체)된 분들에게 고함 / 365

　(3) 전광훈 목사님의 세미나에 참석한 대학생 김호근의

　　변론(2005년) / 366

2) 최근 "하나님! 까불면 나한테 죽어"라는 말에 대한 논란

　(2019년 12월) / 374

　(1) 전광훈 목사의 해명과 공개 사과 / 374

　(2) 김진 논설위원의 해석 / 377

　(3) 두레 교회 김진홍 목사의 생각 / 382

　(4) JTBC와 연합 뉴스의 '신성 모독이라는 전광훈 목사님

　　기사 논란'에 대한 변론 / 385

　(5) 광화문 주일 연합예배팀들의 결단 / 389

　(6) 처치 타임즈 김효정 기자의 "전광훈 목사 신성모독

　　어떻게 봐야 할까?" / 391

　(7) 작성자 '스카이'의 글 / 394

각종 시국 선언 / 397

│ 부울경 제2차 시국 선언문 / 397

│ 제3차 기독교 목회자 3,000인 시국 선언문(2019년 11월 29일) / 401

│ 광주–호남 시민단체 '사실과 과학 시민 네트워크'의 12월 광주 선언문 / 414

│ 한국복음주의협의회 시국 선언(2020년 1월 10일. 조선일보 참조) / 418

│ '조국 사퇴' 교수 6,000명 제2차 시국 선언 / 420

　(2020년 1월 15일. 조선일보 참조)

│ 기독교학술원 신년포럼 / 428

│ 문재인 퇴진을 바라는 국민 모임 긴급기자 회견문(2020.1.8.수) / 434

글을 맺으면서 / 444

참고 도서 / 452

1. 신본주의(神本主義)냐?
인본주의(人本主義)냐?

서양 문화를 형성하는 2대 조류는 '헤브라이즘'(Hebraism)과 '헬레니즘'(Hellenism)입니다. '헤브라이즘'은 유대인들이 갖고 있는 하나님이 자신들을 택했다는 선민의식, 유대 민족의 사상을 가리킵니다. 이 고대 유대인의 사상을 서구가 받아 들였습니다. 서구가 발전시킨 기독교는 헤브라이즘을 계승 순화한 사조입니다. '헬레니즘'은 알렉산더 대왕(Alexandros the Great, BC 336 - BC323)이 동방 원정 이후에 그리스 고유의 문화가 오리엔트(Orient) 문화와 만나면서 이룬 새롭고 세계적 성격을 띤 문화를 가리킵니다.

'헤브라이즘'은 하나님이 중심인 '신본주의 사상'(The God-Oriented)을 가집니다. 헤브라이즘은 유일신 하나님의 존재를 가장 중요하게 생각합니다. 그 하나님을 믿는 신앙 중심 사상을 갖습니다. 반면 '헬레니즘'은 인간 중심의 '인본주의 사상'(Humanism)에 그 기초를 두고 있습니다. 인간 중심이기 때문에 인간들마다 섬기는 신을 인정하는 다신론이고, 인간을 영혼보다 이성 존재로 파악하여, 자연과학 및 과학지식 발달을 가져 왔습니다.

'헬레니즘'은 이성적·과학적·미신적인 특징을 가지며, '헤브라이즘’은 의지적·윤리적·종교적 특징을 가집니다. ‘헤브라이즘’은 하나님이 중심이 되는 ‘신본주의’(神本主義) 사상, ‘헬레니즘’은 인간이 중심이 되는 ‘인본주의’(人本主義) 사상입니다. ‘헤브라이즘 – 신본주의’는 하나님이 인간을 창조했다고 믿습니다. 절대자 하나님을 믿습니다. 하나님만이 유일신입니다. ‘헬레니즘 – 인본주의’는 그리스신화에서 보듯이 인간의 목적에 따라 신들을 만들어 냅니다. 절대자 하나님을 믿지 않습니다. 다신주의입니다.

‘헤브라이즘’과 ‘헬레니즘’을 통해 ‘신본주의’와 ‘인본주의’가 태동된 역사를 말씀 드렸습니다. ‘신본주의’는 하나님이 중심인 사상, ‘인본주의’는 인간이 중심인 사상임을 알았습니다. 그렇다면 ‘신본주의’는 하나님을 믿는 사람이며, ‘인본주의’는 하나님을 믿지 않은 사람이라고 할 수 있습니다. 그러나 우리의 신앙적 경험으로 볼 때, 꼭 그렇게만 말할 수 없음을 압니다.

하나님을 믿는다고 하면서도, 여전히 인간적인 방법으로 신앙생활을 하기 때문입니다. 인간적인 방법이 아닌 하나님의 인도하심에 따라야 진정한 신앙생활이라고 할 수 있습니다. 그러나 이것을 알면서도, 그렇게 결단하기가 쉽지 않습니다. 우리 안에는 ‘인본주의’ 사상이 여전히 잠재해 있기 때문입니다. 때로는 내가 원하는 대로, 하나님이 일해 주셨으면 합니다. 그러나 그 생각은 인간의 목적대로 신을 만든 그리스 신화와 같은, ‘인본주의’ 뿌리라는 것을 알아야 합니다.

종교를 가진 사람들을 가리켜 신자 또는 교인이라고 말합니다. 그 사람이 믿는 종교를 나타내어야 할 경우에는 기독교 신자, 불교 신자, 천주교 신자 등으로 표현합니다.

교회 다니는 사람들을 향하여 ‘교인’이라고도 하며, ‘신자’라고도 하며, ‘성도’라고 하기도 하며, ‘그리스도인’이라고도 합니다. 이 여러

가지 이름들을 분명히 구별하여 말하기는 어렵지만, 말에서 느끼는대로 살펴 보면, '교인'이란 교회라는 단체의 한 회원으로서 다니는 사람을 말합니다. '신자'는 예수님을 구주로 믿고 그의 말씀을 따르는 사람을 말합니다. '성도'는 보통 사람과는 다르게 구별된 거룩한 사람들을 말합니다. 그리고 '그리스도인'이란 '하나님의 뜻을 따라 사는 사람'을 말하고 있습니다.

기독교는 다른 종교와는 달리 신자를 엄밀하게 구분합니다. 신자를 구분하는 방법 중의 하나가 바로 신본주의냐? 인본주의냐? 하는 것입니다.

1) 신본주의란 무엇일까요?

신본주의란 하나님의 존재를 모든 것에 우선하는 것으로 보는 우주관, 인생관으로 성경 전체를 통하여 일관하는 정신입니다. 하나님이 모든 것의 시작이고, 근본이며, 중심이 된다는 뜻입니다. 신본주의란 한마디로 '하나님 중심주의'라는 뜻입니다.

신본주의는 성경의 첫 구절인 "태초에 하나님이 천지를 창조하시니라"(창1:1)는 말씀에 근거합니다. "태초에 하나님"이라는 말씀은 역사와 모든 사물의 존재의 근원과, 출발점과, 시작과, 시초가 하나님이라는 사실을 증언하고 있습니다. 하나님을 전제하지 않고는 모든 만물의 근원도, 존재 이유도, 목적도 알 수 없습니다. 사람은 매사에 항상 하나님을 중심에 모시고 하나님이 우선되는 생활을 하라는 메시지를 담고 있습니다. 신본주의로 생활하라는 말씀입니다. 하나님이 삶의 우선이고 중심일 때 인생이 바른 위치에 있게 되며, 참된 평화와 만족과 행복을 얻을 수 있습니다.

신의 존재를 부인하는 무신론은 사탄의 속임수입니다. 인간의 인식

능력은 유한하기 때문에 신의 존재 여부를 알 수 없다는 불가지론도 사탄의 속임수입니다. 우상숭배와 미신적 종교 역시 사탄의 속임수입니다. 이러한 사탄은 신본주의에도 거짓된 신본주의를 침투시켰습니다.

(1) 거짓된 신본주의

사탄은 간교하여 성경을 가르치고 배우는 사람들까지도 거짓된 신본주의에 빠지도록 합니다. 거짓된 신본주의에는 왜곡된 신본주의와 사이비 신본주의가 있습니다. 이 두 가지는 유사하면서도 구별되는 차이점이 있습니다.

① 왜곡된 신본주의

왜곡된 신본주의는 복음서에 기록된 바리새인과 서기관을 예로 들 수 있습니다. 왜곡이란 사실과 다르게 만들거나 그릇되게 함을 뜻합니다. 예수님은 바리새인과 서기관들을 여러 번 질타하셨습니다.

마23:13절에 "화 있을진저 외식하는 서기관들과 바리새인들이여 너희는 천국 문을 사람들 앞에서 닫고 너희도 들어가지 않고 들어가려 하는 자도 들어가지 못하게 하는도다"라고 하였습니다.

막7:9~13절에 "또 가라사대 너희가 너희 유전을 지키려고 하나님의 계명을 잘 저버리는도다 모세는 네 부모를 공경하라 하고 또 아비나 어미를 훼방하는 자는 반드시 죽으리라 하였거늘 너희는 가로되 사람이 아비에게나 어미에게나 말하기를 내가 드려 유익하게 할 것이 고르반 곧 하나님께 드림이 되었다고 하기만 하면 그만이라 하고 제

아비나 어미에게 다시 아무 것이라도 하여 드리기를 허하지 아니하여 너희의 전한 유전으로 하나님의 말씀을 폐하며 또 이 같은 일을 많이 행하느니라"라고 하였습니다.

고르반은 바벨론 포로 이후에 생긴 관례로 하나님께 예물로 바쳐 다른 사람이 사용하지 못하게 하는 것을 가리킵니다. 바리새인 중 어떤 자들은 부모님의 봉양을 기피하는 방편으로 고르반의 관례를 악용하였습니다. 바리새인들은 이처럼 율법과 관습을 하나님 중심이 아니라 자기 중심으로 해석하고 자기 유익과 명예를 위해 사용하였습니다. 이런 행위가 왜곡된 신본주의입니다.

바리새인과 서기관들은 의롭게 되는 길이 율법을 지켜 행하는 것이라고 생각했습니다. 그러나 성경은 그렇게 가르치지 않습니다. 하나님이 인간에게 요구하시는 의는 인간의 행위로는 도달할 수 없기 때문입니다. 율법은 인간에게 있는 죄와 허물을 드러내는 역할을 할 뿐 해결해 주지는 못합니다. 율법이 드러내어 주는 우리의 죄와 허물은 예수 그리스도의 구속을 통해서만이 없앨 수 있습니다.

예수 그리스도를 믿는 자에게는 하나님의 의가 전가됩니다. 이러한 은혜와 진리를 모르거나 믿지 아니하는 사람은 끝까지 사람의 행위로 의롭게 되려는 노력을 하게 됩니다. 그리하여 힘써 하나님의 의를 배척하는 결과를 초래하게 됩니다. 구속의 은혜와 진리를 확실하게 깨닫고 굳게 믿어야 합니다.

왜곡된 신본주의에 빠진 자들은 참된 신본주의자를 미워하고 박해합니다. 사도행전에 보면 스데반이 유대인들에게 애타는 마음으로 복음을 전하며 회개를 촉구하였습니다. 그러나 이를 듣는 자들은 도리어 거짓 증인을 세워 스데반이 하나님을 모독하는 말을 하였다고 정죄하고 돌로 쳐서 죽였습니다. 이들은 자신들이 행한 일이 하나님 중심으로 판단하고 행한 일이라고 확신했습니다. 그러나 실상은 왜곡된 신본주의에 빠져 있는 자들입니다.

② 사이비 신본주의

겉으로는 같아 보이나 실제로는 다른 것이 사이비입니다. 사이비 신본주의자가 적극적으로 교회 활동에 참여하는 이유는 자신이 추구하는 세상의 그 무엇을 얻기 위한 것입니다. 이런 자들의 정체를 살펴보면 그들은 이중 논리와 이중적인 말을 하고 이중 행위를 합니다. 어느 누가 정색을 하고 다음과 같이 주장한다면 여러분은 그 사람을 어떻게 생각하겠습니까? "정삼각형은 세 각의 크기와 세 변의 길이가 모두 같다. 그러나 같지 않을 수도 있음을 배제할 수 없다."

WCC의 주장이 이와 같습니다. WCC의 세계선교와 전도협의회 문서인 「일치를 향한 오늘의 선교와 전도」 선언문에 이렇게 기록되어 있습니다. "우리는 예수 그리스도를 통한 구원 외에 다른 구원을 이야기할 수 없습니다. 동시에 우리는 하나님의 구원의 능력에 어떤 제한을 둘 수 없다."

이는 "예수 그리스도 외에는 구원의 길이 없지만 다른 구원의 길이 있을 수 있다."라는 식의 이중적 표현입니다.

"성경은 전능하신 하나님이 계시하신 말씀이므로 진실이며 진리입니다. 그러나 오늘날 과학적인 측면에서 보면 오류가 많음을 부정할 수 없다."라는 이중적 표현을 하는 자들도 있습니다. 서로 상반된 고백을 하나의 문장에 담고 있습니다. 이것이 간교한 마귀의 술책입니다.

사이비 신본주의는 하나님 중심이 아니고 자기 중심입니다. 예수님이 십자가를 지시려고 예루살렘으로 가시면서 자신에게 닥칠 일들을 몇 번이나 제자들에게 예고하셨습니다.

막10:33,34절에 "보아라, 우리가 예루살렘으로 올라가는데 인자가 대제사장들과 서기관들에게 넘겨지고 그들이 사형을 선고하여 이방인들에게 넘겨줄 것이다. 그들이 그를 조롱하고 침 뱉을 것이며, 그를 채찍질하고 죽일 것이나 그가 삼일 만에 살아날 것이다"라고 하였습니다.

그런데 제자들은 그 말씀을 모두 자기중심으로 해석했습니다. 베드로가 예수님을 붙들고 말하기를 "주님, 그럴 수 없습니다. 절대로 이런 일이 주께 일어나지 않을 것입니다."라고 하였습니다.

예수께서 돌아서서 베드로에게 말씀하셨습니다. "사탄아, 내 뒤로 물러가라 너는 나를 넘어지게 하는 자로다. 네가 하나님의 일을 생각하지 않고 도리어 사람의 일을 생각하는도다"(마16:23).

베드로의 말과 행동은 사이비 제자나 다름없습니다. 예수님을 주님이라고 부르는 참된 제자라면 주님의 뜻이 표명된 말씀을 자기 뜻에 맞도록 고치려고 나서서는 안 됩니다.

야고보와 요한은 예수님이 이스라엘의 통치자가 될 것을 기대하였습니다. 그리하여 예수님께 말하기를 "선생님, 저희가 선생님께 무엇을 구하든지 저희에게 하여 주시기를 원합니다."라고 하였습니다.

예수님께서 "내가 너희에게 무엇을 해주기를 원하느냐?"고 말씀하시니 "선생님의 영광 중에서 저희가 하나는 선생님의 오른쪽에, 하나는 왼쪽에 앉게 하여 주시옵소서."라고 하였습니다.

그 말을 듣고 다른 제자들이 불쾌하게 여겼습니다. 그 이유는 높은 자리를 두 사람이 선점하려고 하는 것 때문이었습니다. 이처럼 제자들 모두 예수님 중심이 아니고 자기중심으로 생각하고 판단하며 행동했습니다. 사이비 제자들이었습니다. 그러나 부활하신 예수님을 만난 이후로 그들은 모두 철저하게 신본주의자가 되었습니다. 모든 일을 하나님 중심으로 이해하고 판단하며 행동했습니다.

(2) 참된 신본주의가 있습니다.

사도 바울의 경우를 살펴 보겠습니다. 그는 바리새인이었고 율법학자로 다른 바리새인들처럼 성경을 자기중심으로 이해하고 믿었습니다. 율법을 철저히 지켜서 의롭게 되고 구원 얻으려고 하였습니다. 그는 구세주와 대속에 관하여 무지하였습니다. 그리하여 교회를 핍박하는 일에 앞장섰습니다. 그는 예루살렘을 휘젓고 다니면서 그리스도인을 색출하고 체포하여 감옥에 넘겼습니다. 그뿐 아니라 다른 성에 있는 기독교인들을 체포해 오려고 나섰습니다. 그는 유대인의 최고 사법 기구인 산헤드린으로부터 체포영장을 발부받아서 사람들을 대동하여 다메섹을 향하여 갔습니다.

다메섹 도성에 가까이 이르렀을 때였습니다. 홀연히 정오의 태양 빛보다 더 밝은 빛이 바울 일행을 둘러 비추었습니다. 모두 땅에 엎드러졌습니다. 그때 하늘에서 소리가 들려 왔습니다. "사울아, 사울아, 네가 왜 나를 핍박하느냐?" 그때에는 사울이라는 이름을 사용했습니다. 바울이 "주님은 누구십니까?"라고 묻자 "나는 네가 핍박하는 예수다."라는 대답이 들려 왔습니다.

그날 바울은 놀라운 사실을 깨달았습니다. 그가 오늘까지 신본주의로 살려고 애를 써왔는데 사실은 사이비 신본주의자였다는 것입니다. 그는 십자가에 못 박혀 죽으신 예수님이 주님이시고 그리스도이시며 하나님이시라는 것을 비로소 알게 되었습니다. 바울은 그 자리에서 "주님 내가 무엇을 할까요?"라고 질문했습니다. 이날 이후로 바울은

"주님 내가 무엇을 할까요?"라는 질문을 먼저 하면서 살아 갔습니다.

우리가 참된 신본주의자로 살아가려면 "나의 주님은 누구이십니까?"라는 질문에 대한 바른 답을 확실하게 알아야 합니다. 그리고는 "주님, 내가 무엇을 할까요?"라는 질문에 대한 답을 얻고 행동해야 합니다.

여러분은 왜곡된 신본주의, 사이비 신본주의를 분별하여 배척하고 언제나 참된 신본주의자로서 하나님 중심, 하나님 제일, 하나님 우선으로 생각하고 말하며 살아가시기를 바랍니다.

2) 인본주의란 무엇인가요?

신본주의는 기독교에서 많이 사용하고 있으며, 인본주의의 뜻을 살펴 보겠습니다.

'인간은 만물의 척도'라고 한 프로타고라스, '경건의 대상은 신이 아닌 인간이어야 한다'고 주장한 꽁트, 무신론적 실존주의를 표방한 니이체나 사르뜨르 등이 인본주의의 대표격이라 할 수 있습니다.

중세까지만 하더라도 세상의 중심은 신이며, 오직 신에 의해서만 모든 것이 설명될 수 있다고 믿었습니다. 하지만 신으로부터 권력을 부여받았다고 여겨졌던 왕을 민중들이 끌어내리고, 그간에 신의 영역으로 여겨졌던 질병이나 기근들을 과학이 해결하기 시작하면서 인간 스스로 문제를 해결할 수 있다는 믿음이 생겨나기 시작했습니다. 이런 믿음은 신의 자리에 인간을 세움으로 인간이 세상의 중심이라는 인본주의를 이끌어 냈습니다. 중세의 끝이자 근대의 시작이었습니다.

영어의 '휴머니즘(humanism)'은 라틴어 humanista('인간성, 인간미'라는 뜻)에서 유래된 말로, 우리나라에서는 보통 '인본주의'라고 번역하는데, 이것은 일본식 표현이고, 우리의 표현으로 하자면 인간주의가 맞으며, 또한 '인도주의'라고도 합니다.

인도주의는 인간의 존엄성을 가장 우선시 하며, 최고의 가치로 여기고 인종, 민족, 국가, 종교 따위의 차이를 초월하여 인류의 안녕과 복지를 꾀하는 것을 이상으로 하는 사상이나 태도를 말합니다. 인간주의·인본주의·인류주의 등으로 쓰이기도 합니다. 현실에서는 인종·국적·종교 등을 불문하고, 사회적인 약자에게 구원의 손길을 주는 운동의 형태로 나타납니다.

신앙적 견지에서 간단하게 말하면, 인간이 주인이 되는 정신을 뜻하며, 사람이 모든 것의 중심이 된다는 '사람 중심주의'를 뜻합니다.

인본주의는 결국 인간주의이며, 14세기 유럽에서 흥왕했던 르네상스 운동과 일맥상통합니다. 진정한 인간이기를 갈망하는 것이라고 해야 옳습니다. 모든 판단의 근거는 인간 안에서 찾고, 인간에 근거합니다. 이런 점에서 인본주의는 하나님을 거부하고 있습니다.

정성구 박사(전 총신대 총장, 대신대 총장)는 「인본주의는 종교다」라는 글에서 "휴머니즘(Humanism) 곧 인본주의는 종교이다. 인본주의는 세상에 있는 많은 종교들 중에 가장 신도수가 많고 막강하다. 인본주의는 정치, 경제, 사회, 신학, 문화, 예술, 문학, 역사, 군사, 학문, 교육 등 삶의 모든 영역에 영향력을 행사할 뿐아니라, 세계관, 종교관, 역사관에도 치명적 역할을 한다. 휴머니즘 곧 인본주의는 하도 광범위하게 영향을 끼치기 때문에 대부분의 사람들은 그들의 주장이 당연한 것이고 그것에 문제점을 지적하는 사람들도 없다. 한국의 모든 책들과 논문, 그리고 신문이나 잡지에서조차 인본주의 문제를 비판한 적은 한 번도 없는 듯하다. 더구나 노벨문학상을 받는 작품 모두는 소설이 되었든, 시가 되었든 기본적으로 휴머니즘 곧 인본주의를 예찬

해야 받을 수 있다. 뿐만아니라 라디오, 텔레비전의 드라마나 영화, 연극 모두가 휴머니즘을 예찬하고 결론 내리는 것은 불문율이다.

특히 오늘날 신학이나 목사의 설교도 거의 인본주의 세계관에 기초하고 있으니 통탄할 일이다. 신학의 중심축이 성경이나 역사적 개혁 교회의 신학에 바탕을 둔 것이 아니고, 인간은 자기 마음 먹기에 따라서 구원에 이를 수 있고, 인본주의적 자유주의 신학은 자기 마음 먹기에 따라서 선악간에 결정할 수 있다는 종교다원주의적 발상이다. 그러니 실제적으로 설교의 현장에서 보면, 삼위 하나님을 옳게 성경대로 제시하지 않고, 예수 그리스도의 생명의 복음은 뒷전으로 하고, 인간은 어디까지나 자기 결정권을 가지며, 그래서 우리는 항상 긍정적이고 적극적 사고방식을 가지면 문제 해결을 할 수 있고 평화를 얻을 수 있다고 추켜 세운다. 그래서 사람들은 경건을 연습할 필요도 없고, 날마다 죄와 세상에 대해서 전투적 삶을 살 필요가 없게 되었다. 이것이 바로 인본주의 신학과 신앙에 감염된 오늘의 한국 교회이다. 더구나 이제 목사들은 선지자적 사명을 완전히 잃어버리고, 그저 이 땅에서 복 받고 오래오래 행복하게 살아가는 것을 주제로 가르치고 〈복음과 함께 고난을 받으라〉는 사도 바울의 메시지는 슬쩍 넘어간다.

그러면 사람들은 묻기를 인본주의 곧 휴머니즘이 뭐가 문제인데, 그것이 정말 종교란 말이 맞는가?라고 반문할 것이다. 타락한 인간은 실제로 모두가 〈인본주의자〉이다. 중생되지 못한 인간은 모두가 〈인본주의자〉이다. 복음을 알지 못한 사람은 여전히 〈인본주의자〉이다. 인본주의에서 말하는 논리, 모든 문화, 음악, 그것은 마치 솜사탕을 먹는 것처럼 부드럽고 달콤하다. 왜냐하면 인간은 선하고, 인간은 만물의 영장이며, 인간은 자기 결정에 따라서 모든 것을 할 수 있다고 가르치는 인본주의만큼 더 매력적인 것이 없기 때문이다. 인본주의는 첫 사람 아담에서 출발해서 모든 나라, 모든 족속, 모든 인간에게 면면히 흘러온 하나의 종교이다.

사람들은 '인본주의가 뭔 종교냐?' 라고 묻는다. 그런데 그것은 사실이다. 종교는 반드시 신조가 있어야 하고 교리도 있어야 한다. 인본주의가 종교로 굳어지고 체계화된 것은 그리 오래되지는 않았다. 하나님을 떠난 인간의 타락 이후에 늘 있어 왔던 인본주의 운동은 1957년 케네디(John. F. Kennedy) 대통령 당시에 미국의 인본주의 단체(Fellowship of Humanity)가 종교단체로 인정받게 된다. 마치 유교가 무신론적 종교이듯이, 공산주의가 하나의 무신론적 종교이듯이 휴머니즘은 바로 종교라고 판정했다. 그 후 1961년 미국 연방대법원은 판결문에서 휴머니즘은 종교라고 선포했다. 종교에는 신조와 교리가 있다. 1933년 휴머니즘 선언 I 이 채택되고, 1973년에는 제 II 선언문이 채택되더니, 1976년에는 두 선언을 합해서 신조로 출판되었다. 이 휴머니즘 종교의 서명에는 당시 신학, 철학, 교육 등 유명인사들이 참여했고, 1933년 이 선언문의 기초자는 휴머니즘 연합회 회장 존 듀이(John Dewey 1859-1952)였다. 우리나라 교육은 그것을 그대로 받아 〈홍익인간〉이라 해 놓고 100% 존 듀이의 무신론적 인본주의가 그 중심이었다. 근년에는 참교육이랍시고 전교조가 무신론적 인본주의 교육의 총대를 메고 있다.

휴머니즘 종교의 신조 서문에 「우주는 스스로 존재하고 창조되지 않았다」이다. 이 주장은 「전능하사 천지를 만드신 하나님 아버지를 내가 믿사오며」란 우리의 신앙고백을 완전히 뒤엎어 버렸다. 대한예수교장로회 신조는 12신조이다. 그런데 인본주의 종교는 15신조로 되어 있다. 그 몇 가지로 요약하면 다음과 같다.

1. 휴머니즘은 인간의 권리와 진보에 대해서 〈진화론적 해석〉을 지

닌다.

2. 휴머니즘은 〈과학적 방법〉이 진리를 결정하는 유일 수단이다.

3. 휴머니즘은 〈문화적 상대주의〉를 고수한다.

4. 휴머니즘은 〈인간중심적이고 자연주의적〉 견해를 확고히 한다.

5. 휴머니즘은 〈개인주의 윤리〉를 확고히 한다.

6. 휴머니즘은 주어진 사회의 〈문화 결정론〉을 따른다.

7. 휴머니즘은 인간의 타고난 〈선과 완전성〉을 믿는다.

이것은 바로 오늘의 현대주의 사상의 요약이요 한국교육의 핵심이다. 오늘 이 사상이 유물주의 사상과 쌍끌이가 되어 인류는 불신앙의 길을 가고 있다. 그런데 탈북했던 황장엽 선생이 말하기를 김일성 주체사상 곧 주체교는 바로 〈인본주의 사상〉이라고 했다. 오늘날 인본주의 종교를 가진 자들은 김일성 주체사상을 열렬히 환영하는 자들이다.

네이버에 들어가서 〈세계 10대 종교〉를 두들겼더니 김일성 주체교가 세계 10대 종교였고, 교인 수는 1,900만명이라고 했다. 휴머니즘이 종교이듯, 김일성 주체사상도 세계 10대 종교로서 3만 2천개의 김일성, 김정일 금 우상을 만들어 그 앞에 절하게 하고 세뇌하는 우상종교요, 사이비 종교로 북쪽 사람들을 철권 통치하고 있다. 탈북한 황장엽 선생이 살아 있을 때, 나는 이 인본주의에 바탕을 둔 주체교의 창시자 황장엽과 토론하고 싶었다. 전 김일성대학교 총장과 전 총신대학교 총장이 무릎을 맞대고 논쟁하고, 토론하고 싶어서 그의 비서와 저녁을 먹으며 일정 조율까지 했으나, 정부의 여러 사정으로 뜻을 이루지 못한 것이 못내 아쉽다.

성경은 로마서 1:21-23처럼 마지막 때 우상적 종교가 일어날 것을 성경이 이미 말했다. 휴머니즘의 종교, 주체적 사이비 종교자들을 이기기 위해서 오직 우리의 싸움은 혈과 육에 속한 것이 아니라 거대한 무신론적 종교 집단과의 싸움이라는 것을 잊어서는 안 된다. 하나님 중심, 성경 중심의 칼빈주의 사상만이 거짓된 이데올로기를 이길 수 있을 것이다. 「만물이 주에게서 나오고, 주로 말미암고, 주에게로 돌아감이라 영광이 그에게 세세에 있으리로다」아멘."이라고 말했습니다.

교회는 인본주의가 아니라 신본주의를 외칩니다. 모든 행동의 근거와 존재의 이유와 목적을 하나님에게서 찾는 기독교는 본질적으로 인본주의를 거부합니다. 이런 의미에서 기독교는 인본주의가 아닙니다.

우리나라 사람들은 단군신화를 잘 알고 있습니다. 하늘의 신 환인에게는 환웅이라는 아들이 있었습니다. 인간세계를 지켜보던 환웅은 어느 날 구름을 타고 '풍백, 운사, 우사'라는 바람, 구름, 비를 주관하는 신들과 함께 세상에 내려와, 널리 인간을 이롭게 한다는 홍익인간(弘益人間)의 뜻으로 나라를 세웠습니다. 얼마 후 곰과 호랑이가 환웅을 찾아 옵니다. 그리하여 잘 알려진대로 쑥과 마늘을 이용한 시험에서 곰만 버텨내 마침내 사람(웅녀)이 되었고, 이 웅녀가 환웅과 결혼해 낳은 아들이 단군 왕검입니다. 이 이야기에서 신이 내려와 인간을 이롭게 하려 했고, 곰과 호랑이도 인간이 되고 싶어했다는 점에서 인간을 중시하는 아름다운 인본주의 사상을 확인할 수 있습니다.

역사적으로 우리나라의 홍익인간 사상은 '삼국유사'와 '제왕운기'가 전하는 단군신화에 등장하는 말로, '널리 인간을 이롭게 하라'를 의미합니다. 일제시대인 1920년대에 민족주의 운동가들이 의미를 부여했고, 1949년 교육법에 명시됐습니다. 현행 교육기본법 제2조는 "교육은 홍익인간의 이념 아래"라는 문구로 시작하는데, 이 역시 인본주의입니다. "사람이 곧 하늘이다(人乃天)"라는 동학 운동이 대표적인 인본주의입니다. 공산주의 사상도 바로 이 인본주의입니다. 김일성 주체사상도 "사람이 모든 것의 주인"이라는 인본주의에서 나온 것입니다. 문재인과 더불어민주당의 "사람이 먼저다"라는 표어도 '인본주의' 입니다. 프랑스 혁명도 인본주의에서 나온 것입니다.

3) 신본주의자 아벨과 인본주의자 가인의 비교

성경에는 인본주의의 비극과 신본주의의 행복에 대한 가르침이 여러 모양으로 수없이 기록되어 있습니다. 그 중에서 인본주의와 신본주의를 선명하게 대비해 볼 수 있는 여러 쌍의 사람들이 등장하고 있습니다만 인류 최초의 사람인 아담과 하와의 아들들인 가인과 아벨을 비교하여 살펴보겠습니다.

가인은 인본주의로 행동하였고, 아벨은 신본주의로 행동하였습니다. 인류의 조상 아담과 하와는 하나님이 먹지 말라고 명령하신 선악과를 따먹음으로 범죄자가 되었습니다. 하나님은 하와가 선악과를 따먹도록 유혹한 뱀과 그 배후 조종자인 사탄을 저주하며 형벌을 선고하셨습니다. 이어서 여자와 아담에게도 형벌을 선고하셨습니다. 그런 후에 아담과 하와를 에덴동산에서 쫓아 내셨습니다.

아담과 하와는 에덴동산에서 쫓겨난 이후에 첫 아들 가인을 낳았습니다. 하와가 또 아들을 낳았으니 가인의 아우, 아벨입니다. 가인은 농사를 하였습니다. 아벨은 "양치는 자"라고 하였는데, 양에 해당되는 원어는 일반적으로 가축을 가리키는 말입니다. 가인과 아벨은 각기 하나님께 제물을 드렸습니다.

하나님은 아담이 범죄한 직후에 아담을 찾아오셔서 속죄 제물을 통한 구원에 대하여 계시하셨습니다. 창세기 4장에 기록되기를 "세월이 지난 후에 가인은 땅의 소산으로 제물을 삼아 여호와께 드렸고 아벨은 자기도 양의 첫 새끼와 그 기름으로 드렸더니 여호와께서 아벨과 그 제물은 열납하셨으나"(창4:3,4)라고 하였습니다.

하나님께서는 아벨과 그 제물은 열납하셨으나 가인과 그 제물은 열납하지 않았습니다. '열납'이란 기쁘게 받으셨다는 뜻입니다. 하나님께서 아벨과 그 제물은 열납하시고 가인과 그 제물은 열납하지 않으신 이유가 무엇일까요?

가인의 제사와 아벨의 제사의 차이가 무엇일까요?

이 질문은 매우 중요합니다. 이는 성경 전체를 일관하고 있는 구원의 진리가 그 가운데 계시되어 있기 때문입니다.

가인과 아벨의 제사가 모든 면에서 다른 것은 아니었습니다. 두 사람은 하나님이 계심을 알고 하나님을 섬기려 한 사실에 있어서는 일치하였습니다. 두 사람이 모두 하나님께 제물을 드렸다는 사실이 이를 말해 줍니다. 신을 섬기고, 선한 일을 장려하고, 내세를 인정하는 것이 일치한다고 하여 어떤 종교를 믿든 하나님이 열납하시는 것이 아닙니다. 이 중대한 사실이 가인과 아벨의 제사에 대한 기록에 밝히 계시되어 있습니다.

먼저 가인의 제사에 관하여 살펴 보겠습니다.

그는 이전에 하던 방법을 바꾸고 새로운 방법을 시도하기로 작정했습니다. 그리하여 땅의 소산으로 제물을 삼아 하나님께 드렸습니다. 양을 잡아 올렸다는 것보다 더 시간과 정성과 노력이 필요했을 것입니다. 가인은 나름대로 자신의 아이디어에 스스로 감탄하며 아벨의 구태의연한 제사 방법에 비해 우월감을 가졌을 것입니다.

아벨은 가인과는 완전히 달리 생각하였습니다. 아벨은 제상의 필요성과 그 방법이 사람이 창안해 낸 것이 아니라 처음부터 하나님의 계시에서 나온 것임을 유념했습니다. 그리하여 하나님께서 계시하신 대로 행하였습니다. 아벨은 하나님께 제물을 드리는 목적과 이유를 아담으로부터 전수받은 대로 믿었습니다.

아담은 그가 범죄하여 수치와 두려움을 느끼며 무화과나무 잎을 엮어 치마를 하고 동산 나무 사이에 숨어 있을 때 그를 찾아오신 하나님께서 행하신 일을 통하여 구속의 은혜와 진리를 알게 되었습니다.

창세기 3장 21절에 기록되기를 "여호와 하나님이 아담과 그 아내를 위하여 가죽옷을 지어 입히시니라"고 하였습니다. 이것은 인간의 죄를 속하기 위한 첫 번째 희생이며 구약 속죄 제사의 원형입니다. 그리고 가죽을 벗김으로 피 흘려 죽은 짐승은 장차 인류의 죄를 대신 담당하실 예수 그리스도의 희생적 죽음의 모형입니다.

로마서 3:25절에 "이 예수를 하나님이 그의 피로 인하여 믿음으로 말미암는 화목 제물로 세우셨으니 이는 하나님께서 길이 참으시는 중에 전에 지은 죄를 간과하심으로 자기의 의로우심을 나타내려 하심이니라"고 하였습니다.

가인의 제사와 아벨의 제사에서 결정적인 차이점이 히브리서 11:4절에 기록되어 있습니다. "믿음으로 아벨은 가인보다 더 나은 제사를 하나님께 드림으로 의로운 자라 하시는 증거를 얻었으니 하나님이 그 예물에 대하여 증거하심이라 저가 죽었으나 그 믿음으로써 오히려 말하느니라"라고 하였습니다.

아벨이 의롭다고 인정을 받은 것은 믿음으로 인한 것입니다. 그 믿음이란 제물에 대한 것입니다. 장차 오실 구세주 곧 우리 죄를 위하여 대속의 죽음을 죽으실 그리스도에 대한 믿음을 의미합니다.

아벨은 제물의 근본적이고 내면적인 의미를 파악하고 있었습니다. 아벨은 자신이 죄인임을 인정하고, 자신의 죄를 대속해 주실 구속주에 대한 믿음으로 제물을 드렸습니다. 아벨이 드린 제물은 예수 그리스도의 모형이며 그림자입니다. 반면에 가인은 대속의 은혜와 진리를 무시했고 그 믿음을 버렸습니다. 가인은 구속의 은혜와 진리에 대한 믿음 없이 단지 창조주를 인정하는 표시로 제물을 드렸습니다. 그러므로 아벨은 하나님께서 원하시는 대로 제물을 드렸으나 가인은 자신이 원하는 대로 제물을 드렸던 것입니다.

"여호와께서 아벨과 그 제물을 열납하셨으나 가인과 그 제물은 열납하지 아니하신지라"는 말씀에는 그 사람과 제물이 분리되어 취급되지 않는다는 것이 계시되어 있습니다. 그 사람의 행위나 인간 됨됨이가 구원의 요건이 아닙니다. 대속자를 믿은 믿음이 구원의 요건입니다. 가인의 제사는 사람이 고안해 낸 것이고, 아벨의 제사는 하나님께서 계시하신 것입니다. 가인의 제사는 인본주의에서 비롯된 것이고, 아벨의 제사는 신본주의에서 비롯된 것입니다.

가인의 제사와 아벨의 제사를 단순하게 보면 사소한 차이 같으나 실은 천양지차가 있습니다. 하나님께서 열납하지 않는 제사와 열납하는 제사의 차이는 결과적으로는 심히 중차대합니다.

가인과 아벨은 모든 사람을 두 부류로 나누는 기원이 되었습니다. 인본주의자와 신본주의자 이렇게 두 부류로 구분됩니다. 가인은 동생 아벨의 제물만 열납됨을 보고 심히 분하여 안색이 변하였습니다. 가인은 자신의 생각과 태도를 바꾸지 아니하고 오히려 동생 아벨을 시기하고 질투하였습니다. 가인은 시기와 질투심으로 인하여 동생을 죽이고 말았습니다. 결국 가인은 여호와 앞을 떠나서 에덴 동편, 놋 땅으로 가서 거하였습니다. 아벨은 비록 죽음을 당하였으나 구세주에 대한 믿음대로 행하므로 인하여 첫 순교자의 영광에 참여하게 되었습니다.

가인은 불경건한 무리의 조상이 되었으나, 아벨은 참된 믿음과 경건의 모본이 되었습니다. 구원의 진리는 사람의 두뇌에서 나오지 않습니다. 하나님의 계시로 말미암습니다. 성경에는 인간의 구원을 위한 하나님의 계획과 뜻이 완전하게 계시되어 있습니다. 그러므로 우리가 할 일은 성경대로 믿고 성경대로 순종하는 것뿐입니다.

디모데후서 3:15절에 기록하기를 "성경은 능히 너로 하여금 그리스도 예수 안에 있는 믿음으로 말미암아 구원에 이르는 지혜가 있게 하느니라"고 하였습니다.

'모든 종교는 결국 다 같다'는 말에 속지 말아야 합니다. 그것은 가인의 생각이며 논리입니다.

예수 그리스도만이 구원의 길임을 믿는 것과 예수 그리스도는 구원의 길 가운데 하나임을 믿는 것은 사소한 차이 같으나 실상은 천국과 지옥의 차이를 가져옵니다. 아벨의 제물과 가인의 제물은 결코 근소한 차이가 아닙니다. 아벨은 하나님의 말씀대로 제사를 드렸습니다. 가인은 자신이 골똘히 연구한 방법으로 제사를 드렸습니다. 아벨은 하나님 중심으로 생각하고 믿고 행동하였습니다. 가인은 자기 중심, 사람 중심으로 생각하고 믿고 행동하였습니다. 아벨은 신본주의의 표본이며, 가인은 인본주의의 표본입니다. 여러분은 모두 신본주의 신자로서 하나님 중심으로, 성경대로의 믿음으로 생활하시기를 바랍니다.

4) 그러면 기독교에서는 왜 인본주의를 '죄'라고 할까요?

창3:5절에 "너희가 그것을 먹는 날에는 너희 눈이 밝아져 하나님과 같이 되어 선악을 알 줄 하나님이 아심이니라. 여자가 그 나무를 본즉 먹음직도 하고 보암직도 하고 지혜롭게 할만큼 탐스럽기도 한 나무인지라 여자가 그 열매를 따 먹고 자기와 함께 있는 남편에게도 주매 그도 먹은지라"

스스로 하나님과 같이 될 수 있다는 마귀의 유혹에 빠져서 선악과를 먹게 된 것입니다. 이것이 바로 죄라는 것입니다. 인간의 불순종의 죄, 교만의 죄, 하나님의 자리에 앉으려고 하는 죄, 이것이 바로 인본주의의 죄라는 것입니다.

한국이 낳은 세계적인 복음주의 신학자 김세윤 박사는 「구원이란 무엇인가?」에서 "인본주의 곧 창조주 하나님을 부인하고 그 인간을 우주의 중심이라 선포하고 인간성을 만물의 척도로 삼으며, 인간이 스스로의 주가 되어야 한다고 고취하는 사상이 바로 태초에 아담과 하와를 스스로 '하나님같이' 되도록 유혹했던 뱀의 '사상' 임을 알게 됩니다. 인간을 높이고, 생명으로 이끄는 사상이 아니라 인간을 하나님께서 원래 지으신 하나님의 형상의 고양된 지위에서 떨어지게 하는, 곧 인간 이하로 비하하는 사상이요, 죽음으로의 사상임을 깨닫게 됩니다. 스스로 '하나님과 같이' 될 수 있다는 사탄의 꾐에 빠져 하나님에 대해 자기 주장을 하고, 그 분으로부터 소외되어 사탄의 종으로 자기의 제한된 자원에 갇히게 된 인간은 자신의 자원의 빈곤을 본능적으로 감지하고서는 자신의 자원을 늘릴 수 있는 한 가지 길을 추구하게 됩니다. 그것은 곧 다른 사람의 자원을 빼앗는 길입니다"라고 말했습니다.

신본주의는 하나님 중심의 세계관으로 무엇보다 하나님 우선이며 하나님께 최상의 가치를 돌리는 생각을 말합니다. 모든 일의 섭리자는 하나님이시요, 하나님께서 주인이 되는 생각이 바로 신본주의입니다. 인본주의는 인간 중심의 세계관을 가지고 인간적인 것을 최고의 가치로 추구하는 사상을 말합니다. 인간을 가장 귀하게 생각하고 사람이 주인이 되는 운동을 말합니다. 역사적으로 보면 인본주의를 추구하는 사람은 결국 허무와 불행으로 끝납니다. 그러나 신본주의로 살아가는 사람은 고난을 넘어 영광에로 나아가며 생명과 평안을 얻게 되고 그의 삶도 길이 아름답게 기억됩니다.

에덴동산 중앙에는 두 가지 나무가 있었습니다. 생명나무와 선과 악을 알게 하는 나무입니다. 신본주의의 상징인 생명나무의 실과는 따먹을 수 있었는데 먹지 않고, 오히려 인본주의의 상징인 선과 악을 알게 하는 나무 실과는 따먹지 말라고 하신 말씀을 불순종하면서 따먹고 말았습니다. 가인은 인본주의적 삶을, 아벨은 신본주의적 삶을 살았기에 하나님께서는 아벨의 예배를 열납하신 것입니다. 노아 시대 때 세상 사람들은 인본주의에 빠져 있었지만 노아는 의인이요 당세 완전한 자요 하나님과 동행하는 신본주의자였습니다. 아브라함은 신본주의적 삶을 살았지만, 롯은 인본주의적 세계관을 가지고 소돔과 고모라에 이사 갔다가 비참한 최후를 맞이했습니다. 에서는 인본주의의 표상이요, 야곱은 이스라엘로 개명 전까지 인본주의로 살다가 얍복강가에서 하나님을 만난 후 신본주의로 살려고 노력했습니다. 요셉은 신본주의의 대명사요, 그의 형제들은 인본주의의 모습이었습니다. "형들이 나를 판 것이 아니고 하나님께서 나를 앞서 보내셨다"(창 45:5). 요셉은 형들에게 "두려워 마소서. 내가 하나님을 대신하리이까? 당신들은 나를 해하려 하였으나 하나님은 그것을 선으로 바꾸사 오늘과 같이 만민의 생명을 구원하게 하시려 하셨나니"(창50:19- 20) 라고 한 말 속에서 그의 신본주의를 읽을 수 있습니다.

사랑하는 성도들이여!

여러분은 하나님을 믿기는 믿지만, '신본주의'가 아닌 '인본주의' 때문에 고민해 본 적이 있습니까? 헤브라이즘의 신본주의와 헬라니즘의 인본주의는 지금도 계속 대립되고 있습니다. 신자와 불신자의 대결이 아니라, 성도 사이에서 신본주의와 인본주의가 대립하고 있는 것이 마지막 시대의 교회 모습입니다.

인간을 좋게 하고, 사람들을 기쁘게 하는 인본주의, 휴머니스트가, 어떤 면에서는 신본주의를 무너뜨리는 무기가 되고 있다는 것을 알아야 합니다. 이제 우리의 사랑하는 자녀들이 기성세대가 되었을 때는 이러한 설교조차 하지 못하게 될지 모릅니다. 사람들은 절대자 기준이 아니라, 인간의 기준으로 보기 때문입니다.

이렇게 신본주의와 인본주의는 계속해서 영적인 전쟁을 하고 있습니다. 하나님을 대적하는 무기를 감추고 있는 휴머니즘, 휴머니스트, 인본주의, 인본주의자에게 속지 말아야 합니다. 더욱이 그러한 자들이 교회에 가만히 잠입하여, 성도들을 교란시키는 일을 단호히 배격해야 합니다. 휴머니스트를 적대시하라는 것이 아니라, 인본주의의 실체를 바로 알고, 그 영혼들을 위해 기도해야 한다는 것입니다. 그러나 동의하거나, 동화 되어서는 안 됩니다. 우리는 다른 복음에 융화되는 자가 아니라, 그리스도의 복음에 성별되는 자가 되어야 합니다. 우리는 휴머니스트로 포장된 인본주의와 영적 전쟁에서, 하나님을 기쁘게 하는 신본주의로 반드시 승리해야 합니다.

갈1:10절을 찾아서 다같이 읽어 보십시다. "이제 내가 사람들에게 좋게 하랴 하나님께 좋게 하랴 사람들에게 기쁨을 구하랴 내가 지금까지 사람들의 기쁨을 구하였다면 그리스도의 종이 아니니라"

주의 증인된 사도 바울의 자세는 '내가 사람들에게 좋게 하랴 하나님께 좋게 하랴 사람들에게 기쁨을 구하였다면 그리스도의 종이 아니라' 고 결연하게 선언하고 있습니다.

사람을 기쁘게 하는 것은 인본주의입니다. 그 사람은 그리스도의 종이 아닙니다. 하나님을 기쁘시게 해드리는 것은 신본주의입니다.

그러므로 우리가 진정한 신앙생활을 하려면 지금 나의 행위가 하나님을 기쁘시게 해드리는 일인가를 보면 됩니다. 그렇지 않다면 그 성도는 인본주의입니다.

갈3:3절을 찾아서 다같이 읽어 보십시다 "너희가 이같이 어리석으냐 성령으로 시작하였다가 이제는 육체로 마치겠느냐?"

성령으로 시작하였으면 성령으로 마쳐야 합니다. 신본주의로 시작하다가 인본주의로 마칠 수는 없습니다.

유1:11절을 찾아서 다같이 읽어 보십시다 "화 있을진저 이 사람들이여, 가인의 길에 행하였으며…" 가인의 길은 화가 있다고 했습니다.

사랑하는 성도들이여!

기독교는 신본주의가 맞습니까? 아니면 인본주의가 맞습니까? 성경은 신본주의를 따라야 한다고 말씀합니까? 아니면 인본주의를 따르라고 말하고 있습니까? 여러분은 신본주의를 따라야 할까요? 아니면 인본주의를 따라야 할까요? 나는 신본주의 신자입니까? 인본주의 신자입니까?

우리는 그리스도의 복음을 전하는 그리스도의 종입니다. 우리가 전하는 이 복음은 사람의 뜻을 따라 된 것이 아닙니다. 사람에게서 받은 것도 아닙니다. 사람에게서 배운 것도 아닙니다. 그러므로 복음을 믿는 성도는 사람의 뜻을 따르는 자들이 되어서는 안됩니다. 복음은 오직 예수 그리스도의 계시로 말미암은 것입니다.

그러므로 그리스도의 종은 사람을 기쁘게 하는 인본주의자가 아니라 하나님을 기쁘시게 해드리는 신본주의자가 되어야 합니다. 우리는 예수님을 우리에게 보내신 하나님을 기쁘시게 해드리는 신본주의자가 되어야 할 줄로 믿으시기 바랍니다. 이 절대 신앙이 여러분 모든 삶의 척도가 되시기를 주의 이름으로 축원합니다.

2. 보수(保守)냐? 진보(進步)냐? 또는 우파냐? 좌파냐?

1) 보수(保守)와 진보(進步)의 정의

① 보수(保守)의 정의

'보수'라는 한자의 의미는 '보전할 보(保) 지킬 수(守)'이며, 표준국어대사전에 나타난 '보수(保守, Conservatism)'의 사전적 의미는 '보전하여 지킴' 또는 '새로운 것이나 변화를 적극적으로 받아 드리기 보다는 전통적인 것을 옹호하며 유지하려 함'을 말합니다. 따라서 보수주의는 급격한 변화를 반대하고 전통의 옹호와 현상 유지 또는 점진적 개혁을 주장하는 사고방식이나 그런 경향이나 태도를 의미합니다.

보수의 영어식 표현은 'Conservatism'으로 영어 단어 'Conserve(보존하다, 유지하다)'에서 볼 수 있듯이 보수의 의미는 변화보다는 기존의 가치와 질서를 선호하는 태도로 요약될 수 있습니다. 보수는 우파이며, 황교안 대표가 소속되어 있는 자유한국당이라고 생각하면 됩니다.

② 진보(進步)의 정의

'진보' 라는 한자의 의미는 '나아갈 진(進), 걸음 보(步)' 입니다. 어원적으로 〈앞으로 나아간다〉라는 매우 넓은 의미의 말이었습니다. 사전적 의미는 '사물이 점차 발달하는 것' 또는 '사물이 점차 나아지는 일' 을 의미합니다. 진보는 보수와 반대로 생각하면 됩니다. 지금의 상황이나 어떤 것을 바꾸려고 하는 것입니다. 사회적인 발전이나 교체를 원하는 것도 있으며, 뭔가를 혁신적으로 변화를 일으키려고 하는 주의를 뜻합니다. 진보는 좌파이며, 현재 문재인이 소속되어 있는 더불어 민주당이라고 생각하면 됩니다.

2) 좌파와 우파의 유래

정치적 이념에서 유럽에서의 진보와 보수의 개념은 기본적으로 프랑스대혁명에서 시작되었다고 봐야 합니다. 본래 '좌 · 우' 라는 위치의 개념이 정치적 신념으로 상징된 것은 프랑스대혁명(1789년)이 일어난 직후부터 등장한 것이기 때문입니다.

어떤 정치적으로 왼쪽 편에 선 사람들을 좌파라고 하고, 오른쪽에 서 있는 사람들을 우파라고 합니다. 이때 '파' 라는 한자는 '派' 으로 어디에 속해 있을 경우, 무리를 이루고 있는 경우에 사용하는 한자입니다. 실사용의 예로는 파벌, 파당, 분파, 편파, 파편 등이 있습니다. 이 '파(派)' 라는 한자는 원래 하나였다가 쪼개져 나뉜 후 다시 하나로 되어 있을 경우에 사용합니다.

좌파와 우파의 비슷한 말로는 좌익, 우익이 있습니다. 이때 '익' 은 '날개 익(翼)' 이라는 한자로 새의 날개를 왼쪽 날개, 오른쪽 날개라고 표현할 때 좌익, 우익이라고 표현합니다. 현재는 비행기의 날개도 같은 표현을 합니다. '익(翼)'이라는 한자가 사용된 이유는 Right wing, Left wing이라는 영어 단어를 그대로 번역한 것입니다. wing이라는 단어에는 '파(派, party)'라는 의미도 있습니다.

한국현대사에서 좌파라는 단어는 공산주의자, 사회주의자, 아나키스트들을 대표하는 단어였습니다. 일제시대에는 무장독립투쟁을 했던 독립운동가들 중에 유럽에서 등장한 좌파 이념에 매료된 사람들이 있었습니다. 유럽의 좌파 이념이 신분제도를 부정하고 평등을 추구했기 때문에 일제시대 조선인 좌파는 기본적으로 왕조를 부정하고 양반제도를 부정하며 신분제, 계급제도를 부정했습니다. 따라서 조선왕조 자체를 부정했기 때문에 고종, 순종과 그들의 후손들인 왕족들을 인정하지 않았습니다. 반대로 우파는 왕조에 대해서 긍정적이었습니다. 사실상 한국인에게 좌·우파의 분리는 조선왕실에 대한 인식의 차이부터 출발한다고 해도 틀리지 않습니다. 따라서 조선이 가지고 있던 신분제도에 대해서도 좌파들은 신분제도 철폐를 추구했고 반대로 우파는 신분제도를 인정했다고 봐야 합니다.

독립운동가 김구 선생은 당시 기준으로 보면 우파에 속합니다. 친일 우파가 아니라 독립운동가 중에서는 우파라는 의미입니다. 다시 말하면 김구 선생은 보수적인 사람이었다는 뜻입니다. 김구 선생은 조선왕조의 왕실이 의미가 있다고 생각했습니다. 하지만 조선왕조의 왕실 자체를 부정한 독립운동가들이 있었습니다. 따라서 한국사에서 최초의 좌·우파 분열은 1917년 러시아혁명 직후 독립운동가들 사이에서 등장했다고 볼 수 있습니다.

물론 여기에 친일파들이 끼어들게 됩니다. 당시 일본은 사회주의, 마르크스주의, 아나키즘을 아주 경계했는데 당시 일본제국이 천황제를 바탕으로 한 신분제 사회였기 때문에 신분제도를 부정하는 유럽산 좌파 이념에 대해서 아주 부정적이었습니다. 식민지체제 아래에서 일본은 좌파 이념에 대한 부정적인 여론을 조선인들에게도 전파시켰는데 대체로 친일파 지식인과 일제시대에 순응했던 조선인 지식층이 좌파 이념에 대해서 부정적인 인식을 얻게 되었다고 보고 있습니다. 좌파 사상에 대해서 부정적인 인식이 있던 시절에 일본이 미국과의 전쟁에서 패전한 후 무조건 항복하자 조선은 독립하게 됩니다. 광복절이 탄생한 것입니다. 하지만 이때는 냉전의 시작 무렵이었고 미국에서 망명 생활을 하면서 미국 정부 관료들과 친분을 쌓았던 이승만이 귀국한 이후 그리고 소련군의 지휘를 받던 김일성이 귀국한 이후 조선은 남한과 북한으로 분단이 됩니다. 북한에는 김일성, 남한에는 이승만이 각각 권력을 장악함에 따라 분단이 됩니다. 이러한 분단은 소련, 미국이라는 강대국의 힘의 영향이 매우 컸습니다. 그래서 이승만 대통령을 미국의 꼭두각시라고도 말하기도 했고, 김일성 주석을 소련의 꼭두각시라고도 말을 하기도 했습니다. 본질적으로 이들이 얻은 권력은 미국이나 소련이 없었다면 쟁취할 수 없었던 역사 때문이었습니다. 소련의 지원이 없었다면 김일성은 권력을 장악해 북한의 지도자로 등장할 수가 없었고, 미국의 지원이 없었다면 역시 이승만도 한국의 대통령이 될 수가 없었습니다. 이러한 문제는 두고두고 상대방을 비하하는데 사용됩니다.

  김일성의 경우 소련의 88여단 소속으로 일본군과 싸운 것은 확실하지만 그가 가진 능력, 역량, 비중으로 볼 때 김일성이 북한의 지도자가 된 것은 기적이었습니다. 당시에 평생동안 독립운동을 한 인물들이 너무나도 많았고 죽음을 불사하고 싸웠던 독립투사들이 많았음에도 독립운동사 기준에서 보면 33살의 김일성은 당시 기준으로 보면 어린이에 불과했습니다. 세상 물정 모르는 청년 김일성이 북한의 지도자가 된 것입니다.

이승만의 경우에도 비슷했습니다. 나이는 김일성보다 많았기 때문에 독립운동가 중에서는 지도자급에 속했지만 일제 시대에 미국에서 살았기 때문에 무장독립운동을 한 것도 아니고 그렇다고 아주 적극적인 무장독립운동을 한 것도 사실 아니었습니다. 따라서 조선인들 사이에서 이승만이라는 이름은 다른 독립투사에 비해서 상당히 약했습니다. 그래도 이승만은 독립운동가라고 부른 것은 부정할 수 없는 사실이고 그가 했던 역할도 상당했지만 김일성은 능력도 없었고 명분도 없었기 때문에 김일성이 북한에 정권을 잡은 이후 내내 했던 선전이 항일독립운동 중에 했던 일이었습니다. 없던 사실도 만들어 내어 김일성을 항일무장독립투쟁의 지도자로 만드는 일을 계속 해왔습니다.

지금의 좌파는 무장독립투쟁에 대한 높은 평가를 하는 편입니다. 따라서 무장독립운동가들에 대한 재평가를 많이 하는데 특히 거론되는 인물이 약산 김원봉입니다. 김원봉은 한국사에서 가장 낮게 평가된 무장독립투사입니다. 그 이유는 좌파라는 것 때문인데 북한으로 월북했기 때문입니다. 월북한 이유는 이승만 대통령 시절 친일파 경찰 출신인 노덕술에게 빨갱이라고 하면서 고문을 당했기 때문이었습니다. 평생을 무장독립운동을 했던 독립투사가 해방된 조국에 온 후에 맞은 시련은 친일파 잔존 세력으로부터의 구타였던 것입니다.

지금의 우파는 고도경제발전을 이룩했던 박정희 대통령 시대를 높게 평가합니다. 박정희 대통령이 일제시대 만주국육군사관학교 졸업, 일본육군사관학교 졸업을 수치스럽게 보지 않습니다. 하지만 아주 적극적으로 알리는 것도 아니고 상당히 변호를 하는 성향을 보이는 사람도 있습니다. 왜냐하면 '친일파'라는 것은 다른 모든 것을 떠나서 가장 수치스러운 것이기 때문입니다.

현재 한국의 좌파를 보는 시선은 김원봉을 보는 시선과 비슷하며, 한국의 우파를 보는 시선은 박정희를 보는 시선과 비슷합니다.

김원봉은 평생을 무장독립투쟁을 했지만 친일파 세력 때문에 결국 월북을 했고, 월북은 했지만 결국 김일성에 의해 죽임을 당했다고 추정됩니다.

박정희는 대구에서 교사로 있다가 만주국, 일본국의 육군사관학교에 입학해 전형적인 친일파로 있다가 일본이 패망한 후 죽음의 위기를 경험한 후 마침내 대한민국의 대통령이 되었고 경제발전을 이룩한 대통령으로 기억되고 있습니다.

지금의 한국 좌파는 빨갱이라는 멍에 때문에 가슴이 아프고, 우파는 친일파라는 멍에가 치명적입니다. 그래서 서로를 공격할 때도 빨갱이와 친일파라는 단어를 남발합니다.

한국에는 지금 좌파와 우파라는 유럽식 인식이 상당히 약하거나 거의 없고 적과 아군을 구분하는 명칭에 지나지 않는다고 봐야 합니다.

① 좌파, 우파란 무슨 뜻입니까?

좌파는 정치적으로 급진적·혁신적 정파를 뜻하는 말로, 좌익(左翼, 왼쪽 날개라는 뜻)이라고도 하며, 우파는 정치적으로 점진적·보수적 정파로, 우익(右翼, 오른쪽 날개라는 뜻)이라고도 합니다. 즉, 좌파(좌익)는 진보, 혁신 또는 사회주의적 사상이나 경향을 가진 인물이나 단체를 뜻하며, 우파(우익)는 보수, 자본주의적 사상이나 경향을 뜻합니다.

② 좌파의 이념은 무엇입니까?

웹스터 사전을 보면, "좌파란 특히 인간의 삶과 문화에 관한 일련의 조직적 개념이다"고 말하고 있습니다. 이것을 좀 더 확대 해석하면 '세계관'이라고도 하고, '가치관'이라고도 합니다.

좌파(左派, left) 또는 좌익(左翼)은 정치사상의 경향을 나타내는 개념으로 우파 또는 우익과 대립되는 말로 사용됩니다. 일반적으로 안정보다는 변화, 성장보다는 분배와 복지를 강조하는 경향을 지닌 정치사상이나 정치세력을 가리킵니다.

좌익과 우익이라는 말이 정치적 의미로 사용되기 시작한 것은 프랑스 혁명기 때부터입니다. 1789년 5월 5일 프랑스 혁명 직후 제1기 국민의회(國民議會, National Assembly)가 열렸는데 의장석에서 볼 때 오른쪽에는 왕당파가 앉았고, 왼쪽에는 비특권 계급인 제3신분을 대표하는 공화파가 주로 앉았던 것에서 유래되었습니다.

공화파가 장악한 1792년의 국민공회(國民公會, Convention nationale)에서도 왼쪽에 급진파인 자코뱅당(Jacobins) 의원들이 앉았고, 오른쪽에는 온건파이며, 보수적인 지롱드당(Girondins) 의원들이 앉았습니다. 그 당시에 자코뱅당의 수뇌부가 빨간색 깃발을 들고 있었기 때문에 빨간색이 진보의 상징이 되었고, 지롱드당은 파란색 깃발을 흔들다 보니까 보수의 상징은 파란색이 되어 버렸습니다.

이 때문에 프랑스에서 보수적이거나 혁명의 진행에 소극적이고 온건한 세력은 우익으로, 상대적으로 급진적이고 과격한 세력은 좌익으로 나누는 것은 하나의 관행이 되었습니다.

이러한 좌·우파 정치 세력의 구분은 이후 유럽 정치에서 하나의 모델이 되었고, 현재까지도 이어졌습니다. 예컨대 유럽의회에서도 공산당, 녹색당, 사회민주주의 정당 출신의 의원들은 의장석에서 볼 때 왼쪽에 앉고, 보수 정당의 의원들은 오른쪽에 앉습니다.

그런데 우리나라에서의 좌파와 우파는 사전적 의미의 좌파와, 우파와는 다릅니다. 우리나라에서의 좌파는 공산주의 체제의 신봉자를 가리키며, 우파는 자유민주주의 체제의 신봉자라는 뜻으로 구분되어 왔습니다.

③ 우파와 좌파의 강조점의 차이

좌파가 무엇이며, 우파가 무엇입니까? 여기에 대한 이론 정리부터 해 봅시다. 그래야 좌파에 서야 할지? 우파에 서야 할지를 알게 되겠죠? 좌파와 우파에 대한 기본적인 이념을 설명할 테니 잘 정리하시기 바랍니다.

첫째, 우파는 자유를 강조하고, 좌파는 평등을 강조합니다.

자유는 외부의 구속을 받지 않고, 자신의 판단과 의지에 따라서 선택하고, 행동하는 것을 말합니다.

자유와 평등은 민주주의의 기본 이념입니다. 그런데 이 두 단어가 공존할 수 있겠습니까? 공존하기 어렵습니다. 그래서 갈등이 계속되고 있습니다. 어찌되었던 평등을 강조하면 좌파 혹은 진보주의자라고 하며, 자유를 강조하면 우파, 또는 보수주의자라고 합니다.

평등은 권리나 의무에 있어서 신분 따위가 차별이 없는 것을 말합니다. 참 좋은 말입니다. 법 앞에서 평등하고, 남녀간에 평등하고, 국가가 평등하고, 인종간에도 차별이 없는 평등을 말합니다. 그러나 이것이 가능한 일인지는 개인이 판단하시기 바랍니다.

두 번째, 우파는 자본주의 사상을 가진 사람들이고, 좌파는 사회주의 사상을 가진 사람들입니다.

그래서 우파는 자본주의를 유지하거나 더 많은 자본주의를 지향합니다. 그러나 좌파는 탈자본주의를 지향합니다.

세 번째, 우파는 성장 중심이고, 좌파는 분배 중심입니다.

이런 말이 있습니다. 우파는 물고기 잡는 법을 가르쳐 주고, 좌파는 물고기부터 먹이고 물고기를 잡으라고 합니다. 그럼 이때 좌파는 누구의 물고기를 먹이겠습니까? 부자들의 물고기를 빼앗아 먹입니다. 그리고는 너는 물고기를 먹었으니 물고기를 잡으러 가라고 시킵니다.

우파는 다릅니다. 물고기부터 주지 않습니다. 물고기 잡는 법을 가르쳐 줍니다. 그리고는 배가 고프면 네가 가서 직접 잡아 먹으라고 합니다.

네 번째, 경제 정책도 다릅니다.

우파는 시장 원리에 따라 경제 정책을 운영합니다. 그러나 좌파는 시장에 대한 국가의 통제 및 개입을 합니다. 그래서 좌파 정권은 민영화 사업을 국유화로 추진하고, 우파는 국유 기업을 민영화로 추진합니다.

다섯째, 사회 정책도 다릅니다.

우파는 경쟁 원리에 따라 성과 배분을 중시하지만, 좌파는 평등과 분배, 복지를 중시합니다.

여섯째, 국가 운영의 방법도 다릅니다.

우파는 국가 개입을 최소화하지만, 좌파는 국가 역할을 증대합니다. 즉 우파는 작은 정부를 지향하고, 좌파는 큰 정부를 지향한다고 봐야 합니다.

일곱 번째, 인간 이해도 다릅니다.

우파는 '인간은 악하다' 고 보지만, 좌파는 '인간은 선하다' 라고 봄니다.

종합하면 다음과 같습니다. 우파에 선 사람들은 급진적인 변화를 싫어 합니다. 현 상태를 유지하면서 점진적인 변화를 추구합니다. 그러나 좌파는 다릅니다. 지금보다 더 완전하고 이상적인 사회를 만들기 위해서 빠르게 정책을 추구합니다.

보수는 '그만 하자' 는 주의이고, 진보는 '더 가 보자' 는 주의입니다. 보수는 '내 재산에 손대지 말라' 는 주의이고, 진보는 '같이 나누어 쓰자' 는 주의입니다. 보수는 '무분별한 변화는 혼란만 가중 시킨다' 는 주의이고, 진보는 '무슨 소리냐?' 고 소리칩니다. 우파는 전통의 연속성을 강조하고, 좌파는 전통을 무너 뜨립니다.

기독교는 우파입니까? 좌파입니까? 아니면 예수파입니까? 과연 어느 편에 서야 할까요? 이렇게 설명하면 교회가 어느 편에 서야 하는지 모릅니다. 우파는 우파대로, 좌파는 좌파대로 좋은 점이 있고, 나쁜 점이 있습니다. 그리고 그 사람이 처한 상황에 따라 우파에 서기도 하고, 좌파에 서기도 합니다.

지금부터의 설명을 듣고 여러분 스스로가 교회가 어느 편에 서야 하는지 생각해 보시기를 바랍니다.

동성연애자들의 인권을 강조하는 사람들은 주로 좌파들입니다. 앞에서 설명했듯이 좌파는 평등, 우파는 자유입니다. 좌파들은 성소수자들도 우리와 평등하니 차별하지 말자는 것입니다. 그러나 우파에 속한 사람들의 생각은 다릅니다. 이것은 도덕의 문제요, 죄의 문제로 봅니다. 그렇다면 교회는 어디에 서야 할까요? 스스로 생각해 보시기 바랍니다.

지금 북한의 기독교인들은 정치범 수용소에 갇혀 있습니다. 그들에게는 종교의 자유가 없습니다. 예수 믿는다는 이유로 수많은 사람들이 이미 순교했습니다. 그런데 좌파에 속한 분들이 북한의 인권 문제를 자주 강조해 주면 좋겠는데, 북한의 인권 문제에 대해서는 말 한마디 하지 않습니다. 그렇다면 교회는 좌파에 서야 할까요? 우파에 서야 할까요?

좌파는 은근히 교회를 비방합니다. 좌파 정권이 들어 설 때마다 유독 교회에 대한 뉴스들이 차고 넘쳤습니다. 교회가 적폐가 되도록 여론을 조성합니다. 온갖 비리의 온상이 교회인 것처럼 보도합니다. 물론 교회의 문제점을 모르는 바는 아니지만 기독교를 파헤치듯이 다른 종교를 파헤칩니까? 그렇게 하지 않고, 교회만 건드립니다. 그렇다면 교회는 좌파에 서야 합니까? 우파에 서야 합니까?

좌파는 반미를 외칩니다. 6·25를 생각해 보세요. 중국이 우리를 도왔습니까? 미국이 우리를 도와 주었습니까? 미국이 우리를 도와주었습니다. 좌파는 친중을 선호합니다. 사회주의가 그들의 목표이기 때문에 그렇게 합니다. 그렇다면 신앙의 자유를 위해 교회는 좌파에 서야 할까요? 우파에 서야 할까요?

지금 중국은 신앙의 자유가 없습니다. 국가 밑에 종교를 두기 때문에, 있다고 해도 올바른 교회라고 보기는 어렵습니다.

좌파는 죄입니다. 왜 좌파 사상이 죄인가요? 좌파 사상의 뿌리가 인본주의이기 때문입니다. 앞서 말했듯이 '인본주의' 라는 것은 인간의 존재를 중요시 하고, 인간 중심적인 사고를 중시한다는 것입니다. 하나님이 세상을 지배한다고 하는 신본주의에 반대되는 사상입니다.

좌파 사상과 기독교에는 공통점이 있습니다. 그것은 곧 사회에서 소외된 자들, 고아와 과부와 가난한 자들을 배려하고 도와야 한다는 것입니다. 모두가 다함께 잘 살 수 있는 더 나은 세상을 꿈꾸는 것입니다. 그래서 많은 기독교인들이 이 좌파 사상에 빠지고 있고, 심지어 목회자들 중에서도 기독교 사상이 좌파 사상과 일치한다는 착각을 하고 있는 사람들이 상당히 많이 있습니다.

그렇지만 인류는 사회 제도의 개선이나 스스로의 노력을 통해서는 절대 구원을 받을 수 없습니다. 이 인본주의의 죄로 인해서 인간은 하나님의 저주를 받았는데, 다시 인본주의를 통해서 저주와 고난을 해결하려고 하는 바보짓을 시도하고 있는 것입니다.

기독교가 가난한 사람들을 돕는 방법은 자기 희생입니다. 자기의 십자가를 지고 예수님의 길을 따르는 것입니다. 다른 사람의 것을 빼앗아서 나누어 주는 것이 아닙니다.

기독교의 정신과 좌파 사상은 겉모습은 비슷해 보일지 모르지만 근본적으로 완전히 다른 것입니다. 좌파는 제도의 혁신을 통해서 이상적인 사회를 건설하려고 합니다. 그러다보니 부자들의 것을 빼앗아서 가난한 자에게 나누어 주려고 합니다. 그런데 여기에는 필연적으로 저항이 따르기 때문에, 이 저항을 해결하기 위해서 인간의 분노와 증오라는 감정을 이용하게 됩니다. 더 좋은 세상을 만들기 위해서 서로를 증오하게 만드는 자기 모순에 빠지게 되는 것입니다. 그래서 좌파의 가장 큰 특징이 바로 이 증오와 분노와 위선이라고 할 수 있는 것입니다.

좌파는 기독교와 절대로 타협할 수 없는 악입니다. 문재인은 악한 자입니다. 민주당은 죄입니다. 이것은 절대로 단순한 정치적인 선택이 아닙니다. 이들은 반기독교적인 집단입니다. 동성애, 낙태 옹호 집단입니다. 이 사상들이 모두 다 인본주의에서 나온 것들입니다. 민주당 지도부의 대다수가 주사파 출신들입니다. 이들이 자신의 사상을 전향했습니까? 동성애, 낙태는 반대하는데 민주당을 지지한다구요? 그건 거짓말입니다. 그 사람은 위선자입니다.

'교회는 정치적인 말을 하지 말라'고 하는 사람들이 있습니다. 그 말은 미혹입니다. 그러면 교회가 절대 악에 대해서 침묵해야 한다는 말입니까?

"예수 안에는 좌파도 없고, 우파도 없다"고 하는 사람들이 있습니다. 그 말은 미혹입니다. 그리스도인은 좌파가 없습니다. 스스로 그리스도인이라고 착각하는 좌파 인본주의자들이 있을 뿐입니다. 다시 말하지만 좌파는 죄입니다. 이것은 정치 성향이 아닙니다. 이것은 생명이 있느냐? 없느냐? 하는 본질적인 문제입니다.

회개하고 거듭난 사람은 절대로 인본주의자가 될 수 없습니다. 좌파는 회개가 무엇인지 모르는 사람들입니다. 자신의 절대적인 부패와 죄악 앞에서 절망해 본 적이 없는 사람들입니다. 좌파의 미혹에 빠진 분들은 지금이라도 회개하고 돌이키시기 바랍니다.

좌파는 죄입니다. 정말로 자신의 죄를 깨닫고, 회개하고 돌이킨 사람들은 절대로 좌파가 될 수 없습니다. 좌파와 그리스도인은 본질적으로 다른 존재입니다.

진보가 정의라고 믿고, 진보를 지지했던 분들은 지금이라도 회개하고 돌이키시기를 바랍니다.

좌파들 특징이 좌파를 '좌파'라고 부르면 큰 모욕이라도 당한 것처럼 '좌파'라고 부르지 말고 '진보'라고 부르라고 합니다. 그런데 정작 진보가 무슨 뜻인지도 모르는 경우가 대부분입니다.

진보의 세계관은 진화론적인 세계관입니다. 산업혁명으로 인해서 세상이 하루하루 눈에 띄게 발전하게 되니까 사람들이 이 세상에 대해서 낙관적으로 생각하게 되고, 인류는 영원히 진보하게 될 것이라는 세계관을 가지게 된 것입니다. 그래서 찰스 다윈의 진화론이 등장하고, 마르크스주의 역사관이 등장하게 됩니다. 자본주의가 극도로 발전하면 자본주의의 병폐로 인해서 사회주의 혁명이 일어나게 되고, 혁명이 완성되면 이상적인 이데아의 세계, 공산주의 사회로 발전하게 된다는 것이 바로 진보적인 역사관입니다. 그러니까 진보라는 개념은 무신론과 진화론이 그 전제에 깔려 있습니다.

그래서 진보는 하나님을 대적하고, 내가 '선'이라고 하는 선악과의 죄, 인류의 가장 본질적인 죄와 연결되어 있습니다. 그래서 회개하고 거듭난 사람, 자신의 죄를 깊이 각성하고, 내가 얼마나 죄인인지, 나의 본질적인 부패함, 나의 전적인 부패함에 대해서 깊이 깨달은 사람은 절대로 진보적인 인간관을 가질 수가 없습니다.

진보와 그리스도인은 본질적으로 다른 존재라는 것을 존재론적으로 알고 있다는 것입니다. 그러니까 '내가 진보라고 고백하는 사람'은 '나는 믿음이 없다'는 것을 스스로 고백하는 것입니다. 회개하셔야 합니다. 죄가 무엇인지 깨닫게 해달라고, 나의 죄를 알게 해달라고, 나의 강팍함, 나의 위선, 하나님을 대적하는 나의 죄를 깨닫게 해달라고 매달려야 합니다. 나는 절대로 희망이 없는 존재라는 것을 깨닫고 십자가 앞에서 완전히 항복했을 때 그때 인간은 비로소 십자가 보혈의 공로를 온전히 의지할 수 있습니다. 이것이 '거듭남'이라고 합니다. 나는 죽고 예수로 살게 되는 것입니다.

자신의 선함을 전제로 하는 진보는 절대로 예수파에 속할 수가 없습니다. 이런 사실에도 불구하고 기독교인들이 공산주의자들을 옹호하는 것은 무엇 때문인지 참으로 안타깝고 참담할 뿐입니다. 혹시 잘 모르고 진보를 지지하셨다면 지금이라도 회개하고 돌이키셔야 합니다.

"너희는 돌이켜라 너희는 그 악한 길에서 돌이켜 떠나가라. 이스라엘 족속아 너희는 왜 죽으려고 하느냐?"(겔 33:11)

좌파의 이념과 사상은 개인을 파괴하고, 가정을 파괴하고, 사회를 파괴하고, 국가를 파괴하고, 세계를 파괴하고 더 나아가서 예수님께서 피흘려 세우신 교회를 파괴합니다.

하나님의 기독교와 좌파, 진보, 공산주의, 사회주의 체제는 완전히 대척점에 있습니다. 공산주의, 사회주의 그 뒤에는 마귀가 있습니다. 이 마귀의 유물론 시스템과 창조자 하나님이 우리에게 주시는 유신론적인 개념하고는 양립이 될 수 없는 겁니다.

그 명칭이 무엇이 되었던 좌파가 되었던, 진보가 되었던, 사회주의가 되었던, 공산주의가 되었든지 모든 보수주의자들이 다 기독교인들이 아니라고 하더라도, 기독교인들은 단 한 명이라도 빠지지 말고 '좌파'가 있어서는 안 되며. 진보주의자가 있어서도 안 되는 것입니다. '그럴 수가 없다'라는 것입니다.

기독교 사상은 오직 우파, 보수만을 허용하고 있다는 것을 정확하게 이해하시기를 바랍니다.

우리 기독교계에서는 좌파 목사들이 굉장히 많습니다. 천주교 신부들은 뭐 말할 것도 없고, 너무나 많은 목사들이 좌경화가 되어 있습니다. 왜 목사들이 이렇게 되어 있느냐? 우리나라에서 WCC를 지지하는 사람들이 굉장히 많고, WCC는 친공산주의를 하는 곳입니다. 친공산주의를 하는 WCC 정책에 따라서 많은 신학교들이 좌익 사상을 가르치기 때문에 많은 좌파 목사들이 양산이 되고 있고, 이런 좌파 목사들 때문에 결국 그 교회 성도들이 자연스럽게 좌파가 되는 악한 일들이 생겨 나고 있는 겁니다.

이 WCC가 우리나라에서는 한국기독교교회협의회(NCCK)라는 명칭으로 활동하고 있는데, 세습 문제로 시끄러운 명성 교회(김삼환 목사)가 소속된 대한예수교장로회 통합(장로회신학대학교), 인터넷상에서 떠도는 이야기 중에, 김정은에게 1조 5천억을 준다고 하는 여의도 순복음교회(현 담임목사 이영훈, 전 담임목사 조용기)가 소속된 기독교대한하나님의성회(기하성, 일명 '순복음'이라고 함, 순신대학교), 우리나라에서 사회 운동을 주도하고 있는 한국기독교장로회(기장, 한신대학교), 연말이면 자선 냄비의 모금 활동으로 잘 알려져 있는 구세군 대한본영, 노무현 정부 시절 통일부 장관을 지냈으며, 현 경기도 교육감으로 있는 이재정 의원(성공회대학교 총장 역임)과 주사파의 대부인 신영복이 교수로 재임했던 주사파 생산공장인 성공회 대학교가 소속된 대한성공회, 기독교대한감리회(기감, 감신대, 목원대), 한국 정교회, 기독교 한국 루터회(루터 대학교), 기독교대한복음교회 등 9개 교단이 회원으로 가입하여 활동하고 있습니다.

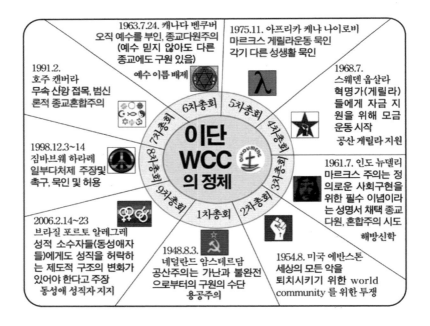

회원 단체로는 기독교 방송, 대한기독교서회, 한국기독학생회총연맹, 한국YMCA전국연맹, 한국YWCA연합회가 가입되어 있으며, 유관 기관으로는 대한성서공회, 한국기독교사회봉사회, 기독교환경운동연대, 한국기독교가정생활협회, 한국기독교사회문제연구원, 대한기독교교육협회, 남북나눔운동, 한국기독청년협의회, 한반도 에큐메니칼 포럼 등이 있습니다.

지금 한국에선 대통령이라는 자와 그를 지지하고 신봉하는 친중, 친북, 종북 좌파들이 드러내 놓고 노골적으로 공산화를 위한 대한민국 허물기를 하고 있지만, 아직도 그들을 맹목적으로 지지하는 어리석은 사람들도 있고, 대다수 국민들은 그것을 알면서도 먹고 살기 바쁘다며 침묵하고 방관하고 있습니다.

좌파 교회 목사들, 거기에 다니는 우리 성도들, 절대 '좌파' 하면 안 된다고 하는 것을 이번에 깨달아야 합니다. 하나님의 심판이 있습니다.

그러므로 교회를 파괴하며, 그리스도를 대적하는 좌파 교회는 참된 교회일 수가 없으며, 이런 좌파 교회에 나가서는 안 되는 것입니다.

크리스챤이라고 하는 사람들 중에 문재인을 지지하고, 좌파 정당을 지지하는 것을 마치 정의의 편에 서 있는 것처럼 착각하는 사람들이 많이 있습니다. 교회에 침투한 좌파들이 많이 있습니다. 특히 목회자들 중에서 주로 80년대에 대학을 다니면서 이념 교육을 받고, 민중신학과 해방신학을 공부하고, 김일성 주체사상을 공부하신 분들은 생각하는 것도 좌파이고, 말하는 것도 좌파이고, 행동하는 것도 좌파이고, 존경하는 사람도 좌파인데, 누가 의혹을 제기하면 철저하게 자신은 절대 좌파가 아니라고 합니다. 분명히 주사파인데 자신은 예수파라고 합니다. "예수 안에는 좌파와 우파가 없다. 예수 안에서 우리는 하나다" 이런 식으로 교묘하게 사람들을 미혹합니다. 심지어 NAP 반대집회에도 나가고, 동성애 반대 집회에 나가는 좌파 목사들도 있습니다.

동성애에 대해서 반대하면서 젠더 이데올로기에 대해서는 말하지 않고, 젠더 이데올로기를 주도하는 민주당에 대해서 침묵하는 사람은 결국 교회를 동성애자에 대한 혐오로 이끌게 되고, 그것이 바로 젠더 이데올로기 진영에서 원하는 것입니다. 교회를 혐오 집단으로 몰고 가는 것입니다.

상식적으로 생각해도, 차별 금지법은 반대하면서 그 법안을 주도하는 민주당을 지지하는 사람이 정상이라고 생각하세요? 그 이중성이 역겹지 않습니까? 그 사람의 양심이 정상이라고 생각하십니까? 깨어 있다고 하는 성도들 중에서도 너무나 많은 사람이 여기에 속아 넘어가고 있어서 정말 통탄하게 됩니다. 그런 사람들이 바로 뱀이요, 마귀의 자식들입니다.

교회 안에 있는 많은 선량한 성도들이 이런 뱀들에게 미혹되어 있습니다. 이들은 예수님을 사랑하고, 물질주의에 물든 부패한 기독교에 대해서 분노하고, 나눔을 강조하고, 사랑을 실천하고 싶어하는 사람들입니다.

3) 좌파(진보)와 기독교가 맞지 않는 이유

그러면 도대체 왜 '좌파'라고 하는 이들이 기독교와 맞지 않을까요?

모든 보수주의자들은 기독교인이 아닐 수도 있지만, 모든 기독교인들은 반드시 보수주의자가 되어야 합니다. 이것은 명확한 원리입니다. 왜 그렇냐? 하면 기독교적인 사상을 먼저 잠시 말씀 드리고자 합니다.

일단 '좌파', '우파'를 나눈다고 했을 때, 좌파에서 말하는 사회주의, 진보주의는 극단성을 제외하고 그 뿌리가 동일하기 때문에, 지금 하는 이야기가 좌파가 되었던, 사회주의자가 되었던, 진보주의자가 되었던 전부 다 해당이 됩니다.

그러면 기독교에서 말하는 기본적인 사상이 무엇이냐? 하면 인간은 불완전하다는 것입니다. 인간은 존재론적으로는 다른 사람이 없습니다. 모두 다 형제 자매입니다. 인간은 전부 다 똑같습니다. 다만 실존적으로 인간은 차이가 있죠. 실존적으로는 인간은 다 다양합니다. 우리는 하나님으로부터 만들어졌기 때문에 존재론적으로는 동일하지만 동시에 하나님은 인간에게 자유의지를 주셨기 때문에 실존은 전부 다 다르다는 것입니다. 그래서 '동일하지만 동시에 동일하지 않다'라는 것입니다. 이것이 기독교의 기본적인 사상입니다. 무슨 말인지 이해가 되셨죠?

그러면 이 말을 통해서 전개시켜 나가야 하는 것이 무엇이냐? 하면, 인간은 존재론적으로는 전부 다 똑 같은데, 어떤 식으로 존재론적인 특성을 가지고 있느냐? 하면, 기독교에서는 '원죄'라고 하는 것입니다. 바꿔서 말하면 '모든 인간은 존재적으로 죄인이다'라는 것을 통해서 다 동일한 것입니다. 그러면 어떻게 해야 우리가 죄인에서 벗어날 수 있느냐? 그러기 위해서 오직 인간이 가능한 것은 존재적인 차원에서 이루어지는 원죄의 회복인 것입니다. 무슨 말인지 이해가 되십니까?

모든 인간들은 태생적으로, 존재적으로 죄를 가지고 있습니다. 그것이 바로 기독교에서 말하는 '원죄 사상'입니다. 그 원죄를 극복할 수 있는 것이 무엇이냐? 존재적인 차원에 있는 것이 원죄이기 때문에, 실존적인 차원에 있는 행동을 통해서는 절대적으로 원죄를 극복할 수가 없습니다. 오직 은혜로써, 오직 믿음으로써, '솔라 피데(Sola fide)'라고 하는 '오직 믿음으로써만 우리가 구원받을 수가 있다' 라는 것입니다. 이것이 바로 기독교의 가장 기본적인 사상입니다.

그런데 인간은 불완전하다는 것입니다. 인간은 태생적으로, 존재적으로 불완전하다는 것을 정면으로 반박하고, 정면으로 인정하지 않는 사람들이 바로 사회주의자이고, 진보주의자입니다.

그 맥락을 좀 더 설명드리겠습니다.

과거 고대 그리스로 넘어가면, 헤라클레이토스부터 시작해서 끝임없이 이야기했던 것은, '도대체 우리의 본질이 무엇일까?' 헤라클레이토스는 '변화한다' 라고 했고, '변함으로써 인간은 끝임없이 타락한다' 라고 말했습니다. 그러나 '타락한다' 라고 이야기를 했지만 타락한 인간의 존재적인 차원에서는 우주적인 신의 섭리를 생각했던 것이 헤라클레이토스였습니다. 그래서 그것이 '로고스' 라고 말했던 것입니다. 헤라클레이토스가 바라봤을 때 인간은 실존적으로는 타락하고 있지만 존재적으로는 신적인 어떤 아름다움, 신적인 안정성인 로고스를 품고 있는 것입니다.

헤라클레이토스의 주장은 간단합니다. '인간은 절대로 신적인 존재에 대해서 알 수가 없기 때문에 인간은 영원히 타락하고 있고, 오직 신적인 것을 우리가 갈망을 해야 할 뿐이다' 라고 말을 했지만, 플라톤은 거기에 대해서 정면으로 비판을 했습니다. 뭐라고 비판을 했느냐? 하면, "그게 아니다. 신적인 세계, 이데아가 있다는 것을 나도 인정해, 그 아름다운 세계가 있다는 것을 나도 인정을 하지만 인간은 신과 연결되어 있다." 이것이 그 유명한 사다리 이론입니다.

이것을 플라톤은 '에로스' 로서 설명을 합니다. '신적인 세계와 인간의 세계, 이 두 가지 세계는 연결이 되어 있기 때문에 인간은 의지를 통해서 충분히 신적인 세계로 넘어 갈 수가 있다.' 라고 플라톤은 주장을 했던 것이고, 그 신적인 세계로 넘어 갈 수 있는 수단을 플라톤은 '철인 사회' 라고 하는 사회주의, 공산주의 사상을 만들어 냈던 것입니다.

그리고 이 사상이 나중에 후대로 넘어 와서 룻소의 '자연인' 으로 이어지게 되는 것이고, 플라톤이 말했던 그 사다리, '신적 세계와 인간의 세계는 연결되어 있다' 라는 것이 나중에 프로이트로 넘어 가면 '리비도' 나 '에로스' 이런 것으로 넘어 가게 되고, 라까무에즈로 넘어 가게 되면 '쥬이쌍스' 라고 하는 연애적인 성질로 넘어 가게 되는 것입니다. 그런 식으로 다 이어지게 되는 것입니다.

그래서 '사회주의' 라는 것과 '진보주의' 라는 것이 왜 기독교 사상과 맞지 않느냐? 하면, 그 이유는 간단한 것입니다. 사회주의자들은 인간의 불완전성을 인정하지 않습니다. 인간이 가지고 있는 원천적인, 어떤 존재적인 불완전성 자체를 인정하지 않습니다. 그래서 존재 자체의 명확성을 부인했던 그 결과가 바로 지금 얘기하는 '포스트모더니즘' 이라고 하는 '상대주의' 가 된 것입니다.

'포스트모더니즘' 이라고 하는 '상대주의' 자체를 '절대주의' 라고 생각하는 것입니다. 오로지 상대적인 것만이 존재하는 것이고, 절대적인 것은 존재하지 않는다는 것이 지금까지 온 것이고, 이것이 사회주의 자체의 뿌리입니다.

그래서 기독교에서 이야기 하는 것, 인간의 존재는 원죄를 타고 나는 것이고, '행위를 통해서 절대로 구원 받을 수가 없다' 라는 것, 그 사상의 정반대에 있는 것이 사회주의의 뿌리, 플라톤부터 시작해서 지금까지, 포스트모더니즘까지, 그 '사르트르' 라고 하는 사람으로까지 계속 이어지는 것이기 때문에, 사회주의, 진보주의, 그 이름이 무엇이 되었든지 간에 '좌파' 이런 것들은 절대로 기독교 사상과 동일시 될 수 없는 것이고, 이해될 수가 없는 것입니다.

이런 차원에서 우리가 주장해야 되는 것이 무엇이냐? 하면, 기독교인으로써 우리는 존재와 행위, 이 두 가지를 구분해야 되겠죠? 존재와 행위를 구분해야 되는 것입니다. 진보주의자라고 해서 '사람이다'라고 하는 그 존재에 대해서 우리가 비판하는 것이 아닙니다. 다만 기독교 사상을 통해서 우리가 비판해야 하는 것이 뭐냐? 네가 지금 가지고 있는 행동, 네가 가지고 있는 생각 자체가 잘못되었다고 지적해 줄 수가 있어야 합니다.

'목사' 라는 자리는 그 지적을 절대 두려워 해서는 안 되는 것이겠죠? 왜냐하면 진보주의의 어떤 행동과 진보주의적인 사상 자체가 바로 기독교 사상과 맞지 않기 때문입니다.

이천수 목사님을 필두로 해서 목사님들의 설교를 가만히 듣고 있으면 '보수, 진보, 좌와 우를 왜 나누느냐? 모두가 다 하나님의 자녀이다'. '모두가 다 하나님의 자녀들이다' 라고 하는 것은 존재론적인 차원인 것이고, '좌' 나 '우' 를 나눠야 합니다. 왜? '좌' 가 주장하는 것은 하나님의 사상 자체를 부정하는 자들이기 때문에, '좌' 가 가지고 있는 사람들의 존재를 부정하는 것이 아니라 '좌' 라는 생각을 가지고 있는 사람들의 그 행위 자체에 대해서 비판의 목소리를 낼 수 있어야 한다는 것입니다.

그런데 이천수 목사는 '좌나 우를 자꾸 구분하지 말라, 정치적으로 생각하지 마라' 이런 식으로 뭉뚱거려서 말합니다. 이것은 뭉뚱거려서 이야기할 문제가 아니라는 것입니다. 모든 보수주의자들이 다 기독교인들이 아니라고 하더라도, 기독교인들은 단 한 명이라도 빠지지 말고 '좌파' 가 있어서는 안 되는 것이며. 진보주의자가 있어서는 안

되는 것입니다. '그럴 수가 없다' 라는 것이죠?

동성애 문제도 마찬가지입니다. 동성애자들의 존재에 대해서 우리가 부정하는 것이 아닙니다. 동성애를 했다고 해서 구원을 못 받는 것이 당연히 아니죠? '솔라 피데', '솔라 스크립튜라', '솔라 그라티아', 오직 믿음으로, 오직 성경으로, 오직 은혜로써 누구든지 구원을 받을 수가 있습니다. 그러나 그 사람들의 행위가 잘못되었다고 말을 할 수 있는 것처럼, '사회주의자들, 진보주의자들, 좌파들의 행위가 잘못되었다' 라고도 할 수가 있어야 되겠죠?

그 얘기는 마치 '교회는 정치적이면 안 되는 것이다.' 이것은 기독교 사상과 맞지 않는 것이고, 만약에 그런 얘기를 하는 사람이 있다고 한다면 저는 감히 말할 수 있습니다. 기독교의 사상을 모르거나, 아니면 사회주의, 진보주의, 좌파 이것이 무엇인 줄 모르는 것이죠.

기독교의 사상은 간단하게 말씀 드리면, 오로지 보수만을 허용하고 있다는 것을 정확하게 이해하시기를 바랍니다.

계18:4을 찾아서 다같이 읽어 보십시다. "내 백성아 거기서 나와라…"

나에게 한 발의
총알이 있다면
왜놈보다 나라와
민주주의를 배신한
'매국노 변절자'를
백 번 천 번
먼저 처단할 것이다.

白凡 金九(백범 김구)

매국노
사리사욕을 위하여
남의 나라의 앞잡이가 되어
자기 나라에 해를 끼치는
행위를 하는 사람

변절자
절개나 주의, 주장 따위를
바꾸거나 저버린 사람.

3. 자유민주주의냐?
사회주의 = 공산주의냐?

1) 구한말의 시대적 상황과 일제 시대

1860년, 영불 연합군과 청나라 간의 제2차 아편전쟁 이후, 러시아는 블라디보스토크항을 개설하고, 조선을 넘보기 시작합니다. 조선 말기의 정권은 엄격한 쇄국 정책을 고수했습니다.

아시아에 눈을 돌리기 시작한 구미 열강은 모두 일본과 청나라를 개항시키는데 성공했고, 이어 조선 근해에서도 그들은 1864년(고종 1년), 함경도로 들어와 조선에 개국과 통상을 강하게 요구했습니다. 이에 프랑스는 한·영·불 간 동맹조약을 체결하여 러시아의 남하를 막자고 하나, 대원군에 의해 거부당하고, 2년 뒤인 1866년, 대원군의 주도하에 천주교 신도들이 대량 학살되고, 프랑스 선교사 9명이 처형당하는 병인박해 사건이 터집니다. 이에 프랑스 함대의 로즈 제독은 군함을 이끌고 인천으로 들어와 강화성을 점령하고, 민간인을 살상하는 등 큰 피해를 주었고, 각종 문화재를 약탈해 갔습니다. 병인양요였습니다.

또한 미국 상선 제너럴셔먼호가 통상을 요구하며 대동강을 거슬러 평양으로 와 프랑스와 비슷한 행위를 했습니다. 이에 분개한 평양 감사 박규수는 주민들과 함께 제너럴셔먼호에 불을 질렀습니다. 1868년에는 독일 상인이 고용한 배인 차이나 호가 침입하고, 1871년에는 미국 상선 제너럴셔먼호의 방화사건을 빌미로 미국의 아시아함대 사령관인 로저스가 함대 5척을 이끌고 강화도로 쳐들어와 초지진을 함락시키고, 조선 군사들을 전멸시키는 신미양요를 일으킵니다. 그러나 대원군이 지휘하는 조선은 이에 굴하지 않고, 강경한 통상 수교 거부 정책으로 미국을 물러가게 했습니다. 그리고 메이지 유신에 의해 새롭게 탄생한 일본 정부는 부국강병을 추진하는 한편, 대만 침략에 이어 조선 근해에 군함을 침입시켰습니다.

그로부터 4년 뒤인 1875년, 메이지유신으로 근대적 국가의 기반을 다진 일본이 운요호를 앞세워 강화도를 침략하면서 조선과 일전을 벌이고, 무력을 배경으로 조선에 개국을 요구해 1876년 2월, 조선은 일본과 강화도조약을 체결하게 됩니다. 불평등하게 맺어진 이 조약은 일본의 한반도 침략의 구실과 그 발판이 되고 맙니다. 북으로부터 러시아, 서쪽으로는 프랑스, 동쪽으로부터 미국, 그리고 남쪽에는 일본의 침략과 도전으로 조선의 동서남북은 열강의 입김 속에 달구어지기 시작합니다. 이어 임오군란과 갑신정변이 터지고, 명성 황후 시해 사건이 있었으며, 경술국치가 있었으며, 3·1운동이 터졌고, 병천 만세운동이 그 뒤를 이었습니다. 중국에서는 일제의 야비한 침략 전술이 만주사변을 일으켰고, 상하이 사변을 일으켰습니다.

일본에 문호를 개방하게 된 조선은 이어서 영국·미국·독일·이탈리아 등 구미 각국과도 수호 통상 조약을 체결해 문호를 개방했습니다. 조선의 개항은 시기 구분에서, 그 이전과 이후의 사회를 완전히 다르게 만들어버린 중요한 이정표였습니다. 조선은 개항으로 자본주의 세계 질서로 편입하게 되었습니다.

러·일 전쟁은 일본의 조선 지배 현실화에 그 목적이 있었습니다. 1904년 조선 왕조의 국외 중립 선언을 유린한 일본은 막대한 군사력을 동원해 조선 전역을 점령하고, 그들의 병참 기지로 삼았습니다. '한국 주차군(韓國 駐車軍)'은 사실상 점령군이었습니다.

1910년은 세계 지도에서 민족 국가로서의 조선이 사라진 해였습니다. 대신 대일본 제국의 법외 지역으로 식민지 권력 즉, 조선총독부가 성립되었습니다.

급변하는 주변 정세의 풍랑 속에 한반도는 요동치지 않을 수가 없었습니다. 일제의 침탈과 악행에 밀려난 대한의 독립투사들은 거칠고 허허벌판인 만주로 가서 무관학교를 세우고, 보다 체계적이고 본격적인 항일 독립운동을 전개하기 시작합니다. 물론, 국내에서의 투쟁도 계속되었습니다. 남에서는 이화학당과 정신여학교가, 북에서는 숭의여학교가 학생운동의 중심에 서 있었습니다.

많은 애국지사가 나온만큼, 많은 매국노와 일본 밀정들이 나와 애국지사들을 잡아 가두는데 열을 올렸습니다. 매국노가 애국자처럼 활개를 치고 다녔으며, 애국자가 나라를 찾으려고 뜨거운 목숨을 내놓을 때, 매국노는 나라를 팔아 먹으려고 더러운 손을 내밀었습니다.

1945년 8월 15일, 일본의 히로히토 천황이 카이로 선언과 포츠담 선언을 수락하고 연합국에 무조건 항복을 선언하므로 제2차 세계대전은 끝이 났습니다. 포츠담 선언은 '조선 인민의 노예 상태에 유의해, 머지않아 조선을 독립시킬 것을 결의한다.'는 카이로 선언의 이행을 약속했습니다. 조선의 독립은 국제적으로도 보장되었습니다. 일본의 식민지였던 조선은 해방의 날을 맞이했습니다.

1846년부터 1945년까지 그 80년은 그야말로 우리나라에 닥친 폭풍의 세월이었습니다. 모든 사람이 격류 속을 하염없이 떠다니고 있었습니다.

거친 만주 벌판에서 일본군 총에 쓰러져간 독립군들의 뜨거운 피가 우리의 혈관을 따라 흐르고 있으며, 일본 경찰의 악랄한 고문 앞에서도 '대한독립 만세!'를 외치다 숨져간 이름없는 민중들의 목소리가 아직도 우리 귓전에 남아 있을 것입니다.

차마 입에 담지 못할 악랄한 고문과 매질로 방광과 내장이 터져 썩어가는 몸을 웅크리며 서대문형무소 여옥사 8호 감방에서 숨져간 18살 소녀 유관순이, 홍커우공원에서 자결용 폭탄을 제 가슴에 안은 채, 일본군 요인들을 향하여 폭탄을 던진 24살의 청년 윤봉길이, 우리 인생의 선배였다는 사실을 우리는 항상 기억해야 합니다. 우리는 피가 부글부글 끓는 아픔과 분노와 탄식을 다같이 느끼며, 진심으로 애국지사들에게 무릎을 꿇고 고개를 숙여야 합니다. 그들이 있었기에 지금 이 나라가 이렇게 지켜지고 있었던 것입니다.

2) 국부 이승만 대통령의 선택은 자유민주주의였다.

지금 우리가 살고 있는 나라의 국가명은 대한민국입니다. 이 대한민국이라는 국가는 누가 세웠으며, 어떻게 세워졌을까요? 먼저 국가란 무엇일까요? 국가란 간단히 말해서 국민의 집(家)입니다. 국민이 모여 사는 생존 터전, 생활공간이 바로 국가입니다. 국가는 국민이 사는 집이기 때문에, 국민 개개인이 각자 자신이 사는 집을 아끼고 가꾸고 보호하는 것만큼, 국민 모두가 사는 집인 이 대한민국 국가를 똑같이 소중하게 생각하고 가꾸고 지켜야 하는 것입니다.

영어의 'nation'은 '국가'와 '국민'의 뜻을 동시에 가집니다. 동전의 양면처럼 국가와 국민을 동시에 다 지칭하고 있는 것입니다. 이는 국가와 국민은 서로 분리해서 생각할 수 없고, 서로 분리될 수 없다는 의미입니다. 국민 없이 국가가 존재할 수 없고, 국가 없는 국민은 난민(亂民)이 되고 맙니다. 만약 대한민국 국가가 없다면 우리 국민들은 터키의 쿠르드족이나 팔레스타인 사람들, 또는 보트 피플처럼 자신들의 집에 정착하지 못한 채 전 세계를 떠돌며 살아가야 합니다. 그래서 국가와 국민은 '이와 입술'(순망치한), '살과 뼈'처럼 서로 불가분의 관계인 것입니다.

그러면 이 대한민국은 누가 세웠을까요? 국부는 누구일까요? 지금으로부터 약 72년 전인 1948년 8월 15일, 제헌 헌법(7월 17일)과 함께 출항을 시작한 대한민국호의 첫 번째 선장은 바로 우남 이승만 대통령입니다. 그는 1875년 3월 26일(음력 2월 19일) 황해도 평산군 마산면 대경리에서 아버지 이경선(1839~1913)과 어머니 김해김씨(1833~1896)의 외동아들로 태어났습니다. 아버지 이경선은 조선왕조의 후예인 전주 이씨 가문으로 태종(太宗)의 장남이며, 세종의 형인 양녕대군(讓寧大君)의 다섯째 아들 장평정(長平正) 이흔(李炘)의 15대손입니다. 즉, 태조(太祖) 이성계(李成桂)의 18대손입니다. 양녕대군은 세자 책봉을 받았지만 왕의 자리를 동생인 세종에게 넘겨 주었습니다. 선조가 동생에게 상속권을 넘겨 주지 않았으면, 이승만은 그때 고종(高宗, 1852-1919)의 위치에 있었을지도 모릅니다.

그러면 대한민국은 어떻게 세워졌을까요? 집을 지으려면 기둥이 필요합니다. 대한민국이라는 국민의 집을 짓는데도 기둥이 필요합니다. 대한민국은 다음 네 개의 기둥 위에 세워진 나라입니다.

첫째, 정치적 자유민주주의

둘째, 경제적 자유시장주의

셋째, 군사안보적 한미동맹 관계

넷째, 기독교 입국론

이 네 기둥을 '대한민국 4대 기둥'이라고 말합니다. 이 4대 기둥이야말로 오늘의 대한민국이 있기까지 대한민국을 떠받쳐온 핵심 역할을 담당해 왔습니다. 그런데 대한민국을 떠받쳐온 이 네 개의 기둥이 문재인 정권에 의해서 통째로 흔들리고 있고 뿌리째 뽑힐 위기에 처해 있습니다. 대한민국은 지금 4개 기둥이 모두 흔들리고 무너져 내리는 심각한 총체적 위기 상황을 맞고 있습니다. 여기에 대해서 좀 더 자세히 살펴 보겠습니다.

국민혁명의장 전광훈 목사가 제작한 전 국민 필독 동영상에서 이렇게 말하고 있습니다. "1945년 8월 6일, 히로시마에 원자탄이 터졌다. 그리고 3일 후인 8월 9일 날 나가사키에도 원자탄이 터졌다. 36년 동안 일본의 식민지하에 있었던 한반도가 해방을 맞이하게 되었다. 그러나 해방의 기쁨을 누리기 전에 한반도는 진공상태에 빠지게 되었다.

또한 '누가 나라를 세울 것인가' 하는 걱정으로, 국민들은 큰 근심에 잠기게 되었다. 그 당시, 애국 지도자들은 다 외국에서 해방을 맞이했다. 이승만은 미국에 있었고, 김구는 상해에 있었다. 오직 남로당의 박헌영만이 유일하게 한국 안에서 해방을 맞이하게 되었다.

박헌영은 충청도 예산 출신으로, 동네 유지와 술집 여자의 사이에서 태어났다. 그는 서자의 서러움을 극복하기 위하여 경기고등학교에 진학해 공부를 했다.

그러던 중 1919년 3월에 독립운동이 일어나자, 일본군에 대한 적개심으로 일본과 싸우기 위하여 미국 선교사들에게 미국 유학의 길을 열어주기를 부탁했으나, 선교사들이 허락하지 않자 스스로 공부하기 위하여 동경을 거쳐 중국 상해로 가게 되었다. 그는 1917년 볼셰비키 혁명에 참여했던 고려인 간첩 김만경에게 포섭이 되어 공산주의를 훈련받고, 3백만 원의 정착금을 지원받아 한국으로 잠입하여 1926년 최초로 조선공산당 지하당을 창당하게 되었다.

그 일로 일본 헌병들에게 체포되어 1차 감옥생활을 하게 되었고, 감옥에서 나와 2차로 조선공산당을 조직하던 중 대원들은 일본 헌병들에게 체포되어 수감 되었고, 박헌영은 뛰어난 변장술을 사용하여 도망쳐 전라도 광주 벽돌공장에서 숨어 지하공산당 활동을 하다가 해방을 맞이하게 된 것이다.

미국이 이승만과 김구를 가택 연금하여 한국에 들어오지 못하게 한 틈을 타, 박헌영은 이승만과 김구의 이름을 도용하여 1945년 9월 6일 서울 진명여고 강당에서 조선인민공화국을 선포했다.

이승만과 김구가 자신에게 나라를 먼저 세워 놓으라고 부탁했다는 거짓말로 국민들을 속이며 '대통령 이승만, 주석 김구'라고 하는 대자보를 전국에 붙이자, 국민들은 박헌영에게 속아 전 국민의 78%가 박헌영의 남로당에 가입하게 되었다.

그 당시 미국은 한반도에 있는 34만 명의 일본군을 무장해제 시키기 위하여, 오키나와에 있는 미군을 한국으로 투입하게 되었다. 1차로 한국에 온 미군들은 일본군의 군복을 벗기고, 부산항으로 추방했다. 그러나 박헌영을 비롯한 공산주의자들은 강렬하게 미군에 대하여 저항했다.

이를 본 미국의 하지 중장이 한국 국민들을 상대로 여론 조사를 실시했는데, 첫째 공산주의, 둘째 사회주의, 셋째 자유민주주의 중 어느 것을 원하느냐는 여론조사를 한 결과, 공산주의와 사회주의를 세워 달라는 여론이 국민의 80%에 달했다.

사실 그 당시 우리 한국 국민들은 글을 쓸 수 없는 문맹이 80%를 넘었고, 실상 공산주의가 무엇이고 사회주의가 무엇인지 전혀 구별할 능력이 없었다. 그러나 이 결과를 본 하지 중장이 상부에 보고하여 한국에서 미군을 철수하기로 결정을 내렸다. 1949년 6월 30일이었다.

미국은 군사고문단 500여 명을 남겨 두고 무기와 병력을 철수했고, 미국의 국무장관 애치슨이 공산주의의 남하를 막는 선을 일본 홋카이도−대만−필리핀으로 정했다고 하는 '애치슨 라인'을 발표하자, 북한은 그 기회를 이용하여 미군 철수 1년 후 1950년 6월 25일 새벽에 남침을 감행하였다.

한반도의 전쟁 발발을 보고받은 트루만 대통령의 첫 반응은 그야말로 무관심이었다. 그 이유는 한국 내의 공산주의자들이 미군 철수를 주장했기 때문이다.

그때 빌리 그래함 목사는 한국에 50만 명의 기독교인이 있으니 절대로 한국을 공산주의자들 손에 넘겨서는 안 되며, 만약 그들을 전쟁에 방치할 경우 하나님의 벌을 받을 것이라고 트루만을 압박하며 미군을 남한으로 재파송 할 것을 강력히 권고했다. 이에 트루만은 자세를 바꾸어 유엔총회를 소집하고, 2차로 미군을 한국에 투입하기로 결정했다.

전쟁 시작 후 3개월 만에 낙동강까지 진격한 북한 인민군을 제압하기 위하여 더글러스 맥아더가 인천상륙작전을 감행함으로, 인민군은 북한으로 쫓겨나게 되었다. 그러나 한반도가 통일되기 직전, 중국 인민군의 개입으로 미군이 남쪽으로 밀려 오늘날과 같은 휴전선이 결정되었다.

북한은 오늘까지도 끊임없이 남조선 해방을 위하여 간첩들을 투입하고, 한국 안의 학생들과 노동자들과 교수들과 정치가들을 포섭하여 남조선 내 자체 붕괴를 시도하고 있다.

그러나 대한민국은 이승만 대통령이 구축한 네 개의 기둥, 첫째 자유민주주의, 둘째 자유시장경제, 셋째 한미동맹, 넷째 기독교 입국론에 기반하여 70년을 살아온 결과 오늘날 세계 10위권의 경제 대국이 되었다.

반면 북한은 공산주의, 사회통제경제, 조중동맹, 주체사상을 기반으로 하여 우리와 같은 70년을 살아온 결과, 세계 역사에서 찾아볼 수가 없는 거지 나라가 되었다.

이 결과만 보더라도 이미 모든 체제와 경쟁은 끝난 것과 다름없는 상태이다. 그러나 그동안 북한이 남한 안에 구축해 놓은 주사파를 중심한 민노총과 전교조, 좌파단체가 합력하여 박근혜 대통령을 불법 탄핵시키고, 주사파 간첩인 문재인을 대통령으로 만들었다.

대통령이 된 문재인은 평창동계올림픽에서 그 본색을 적나라하게 드러내었다. 미국의 펜스 부통령과 일본의 아베 수상, 전 세계의 지도자들을 초청한 자리에 북한의 김영남과 김여정도 불러 앉혀놓고, 북한에 대한 기쁨조의 연설을 하게 되었다. 간첩 신영복을 존경하는 사상가라고 전 세계 앞에 내지른 것이다.

그 후 자신의 부인을 시켜 서독의 간첩 윤이상의 묘지에 동백나무로 참배를 시키는가 하면, 6월 6일 현충일에 6·25 때 국가를 위하여 순국한 전사자들 앞에서 6·25의 3대 전범인 김원봉을 국군창설 유공자라고 말하는 등 그 속에 있는 간첩 사상을 여과 없이 드러냈다. 그 후로도 문재인의 모든 말과 모든 정책, 모든 행동은 간첩 행위를 계속하고 있다.

문재인은 대한민국을 해체하고 북한으로 편입하기 위하여 이승만 대통령이 구축한 미국, 일본, 전 세계와 함께하는 해양동맹으로부터 분리되어 북한, 중국, 러시아와 함께 하는 대륙동맹과 함께 하기 위한 광란의 정치를 계속하고 있다.

그는 대한민국을 해체하기 위하여 첫째로 한미동맹을 파기하고, 둘째로 소득주도 경제성장이라는 이름의 정책으로 경제를 완전히 무너뜨렸으며, 셋째로 국군을 무장해제 하였고, 넷째로 원자력 발전소를 중지했으며, 다섯째 4대강 보를 해체하고 있으며, 여섯째 국제외교로부터 완전 왕따를 당하여 대한민국을 국제 사회로부터 외면 당하게 만들었다.

무엇보다 심각한 것은 문재인 속에 있는 간첩 사상으로, 그는 대한민국의 헌법을 부인하고 1948년 8월 15일 건국일을 부정하고 있으며, 이번 4월 총선에서 국회의 2/3를 점령하여 헌법을 개정하고 낮은 단계의 연방제를 통하여 북한체제로 가려고 하는 의도를 만천하에 드러냈다.

이에 대하여 국민들이 큰 걱정과 좌절과 슬픔에 빠져 있을 때, 한기총 대표회장 전광훈 목사가 6월 8일 발표한 시국선언문을 통하여 문재인의 간첩 행위를 전 세계 앞에 폭로하게 되었고, 문재인의 간첩 행위를 저지하기 위하여 전국 지방대회를 진행하면서 국민들에게 호소하게 되었다.

여기에 동참한 국민들이 8월 15일 광화문 이승만광장에 모여 불법 대통령 문재인 퇴진운동을 시작했고, 10월 3일은 건국 후 가장 많은 국민들이 광장에 쏟아져나와 문재인을 압박하며 퇴진운동을 벌였다.

문재인 퇴진 국민혁명본부는 계속적으로 10월 9일, 10월 25일-26일 철야국민대회에 이어, 11월 2일, 11월 9일, 11월 16일, 11월 23일에 이르기까지 국민대회를 확대 진행하고 있다.

특별히 목회자들이 중심이 된 애국시민들이 청와대 분수대 앞 아스팔트 바닥에서 잠을 자며 문재인 퇴진에 박차를 가하고 있다. 그 숫자는 날로 확대되고 있으며, 이제 수도권 기독교 주일연합예배가 광화문 광장에서 시작되어 예배에 참여하는 성도들의 숫자가 국민대회 이상으로 확대되고 있다.

코너에 몰린 문재인은 더 악랄하게 자신의 대한민국 해체 및 북한 편입을 감행하기 위하여 국회에 패스트트랙 법안과 공수처법 및 공산주의자 조국을 통하여 대한민국 공산화를 시도하다가 국민의 저항에 부딪혔고, 지소미아를 통하여 미국 및 일본과의 단교를 시도하였으나 광화문 국민혁명의 힘에 밀려 뜻을 이루지 못했다. 이로 인해 초조해진 문재인이 극단적 선택을 할 것이 우려되는 바이다.

전광훈 목사의 시국선언으로부터 시작된 국민혁명이 기독교, 불교, 천주교의 3대 종단으로 확장되어 앞장섰고, 거기에 범 대한민국의 모든 자유우파 정당과 시민단체도 하나가 되어, 건국 후 70년 만에 맞이한 국난을 해결하기 위하여 투쟁의 열기에 가속도를 붙이고 있다.

우리 국민혁명본부는 반드시 문재인을 하야시키고, 돌아오는 4월 15일 총선에서 새로운 대통령 선거와 완전한 미국식 민주주의인 4년 중임제 개헌, 그리고 국회의원 선거를 동시에 실현해 낼 것이다.

또한 매주 토요일 낮 12시에 진행되는 국민혁명대회와, 주일 낮 11시에 진행되는 수도권 연합예배는 반드시 제2의 건국을 이뤄내고, 자유 통일 · 복음 통일 · 예수 한국을 이루어낼 것이다.

우리 민족은 모든 면에서 이스라엘 민족과 더불어 세계에 뛰어난 민족이나, 한가지 치명적인 약점을 가지고 있다. 나라가 망할 때까지는 방관하고 있다는 것이다. 망하기 전까지는 가만히 있다가 막상 망한 후에야 독립운동과 저항운동을 해왔던 것이 역사적 사실이다. 임진왜란이 그러했고, 병자호란이 그러했고, 6.25가 그러했다.

그러나 이번 문재인의 국가해체 및 북한편입 시도에 대하여는, 이

번만큼은 국가가 망하기 전에 반드시 나라를 지켜내야 할 것이다.

아이비리그 교수들은 대한민국의 헌법 체제로 북한을 흡수 통일할 경우, 대한민국이 미국을 잇는 세계 제2위의 G2가 될 것이며, 특별히 미국의 조지 프리드먼 박사는 통일 한국은 그들의 고토인 중국의 동북 삼성, 흑룡강성, 요령성, 길림성을 다시 찾을 것이라고 예견하고 있다.

이번에 문재인의 간첩 행위만 저지하면, 대한민국은 전 세계의 평화와 발전에 크게 기여하는 위대한 나라가 될 것이다.

인도의 시인 타고르의 예언이 곧 우리 앞에 다가오고 있다.

"일찍이 아시아의 황금 시기에
빛나던 등불의 하나인 코리아
그 등불 다시 한번 켜지는 날에
너는 동방의 밝은 빛이 되리라"

* 놀라운 선교 비사 *

지금부터 100년 전 한 젊은 선교사 부부가 미국 선교부에서 한국으로 파송을 받았습니다. 이 젊은 선교사 부부는 충남 공주를 선교 기반으로 하여 선교를 시작했습니다. 공주에서 첫 아들을 낳았는데 첫 아들의 이름을 한국의 광복을 기원하면서 한국식 이름을 '우광복'이라고 지어 주었습니다. 그리고 올리브와 로저라는 두 딸을 낳았습니다.

1906년 2월 논산지방 부흥회를 인도하고 돌아오다가 비를 피해 상여간에서 잠시 쉬었는데 바로 전날 장티푸스로 죽은 사람을 장례하고 그 장례용품을 보관해 두었기 때문에 선교사님이 장티푸스에 감염되어 세상을 떠나게 됩니다. 졸지에 선교사님 부인은 과부가 되어 미국으로 돌아갑니다.

놀라운 사실은 2년 후 선교사님의 부인이 자녀를 데리고 다시 한국 공주로 돌아왔던 것입니다. 그리고 공주에 큰 교회들을 세우는데 기여를 하고 47년간 선교사역을 했습니다.

그런데 두 딸이 풍토병에 걸려 죽었는데 우광복의 여동생 올리브는 11살에 죽어서 공주땅 영면 동산에 묻힙니다.

우광복은 공주에서 태어나 초등학교부터 중학교까지 나오고 다시 미국으로 건너 갔습니다. 그리고 다시 한국으로 나오게 됩니다.

그때가 바로 일제 식민지 통치에서 해방되어 하지 장군이 군정관으로 한국을 신탁통치하던 때였습니다.

그때 영어와 한국말을 능통하게 구사할 사람이 필요 했습니다. 바로 그 사람이 선교사 아들 우광복입니다. 우광복이 하지의 참모가 되어 한국 정부수립에 관여합니다.

그때 하지가 우광복에게 자네가 한국 실정을 잘 아니 앞으로 한국을 이끌어 갈 인재 50명을 추천해 달라고 합니다.

우광복은 어머니와 상의한 후 어머니가 추천해 주는 50명을 하지 장군에게 소개했습니다. 놀라운 사실은 그중 48명 거의 다 기독교인이라는 것입니다.

그래서 한국 정부 수립될 때 요소요소에 기독교인들이 들어가서 나라를 세웁니다. 특별히 문교부 장관에 기독교인이 임명되어 미신 타파를 시작했습니다. 국방부장관이 기독교인이 되어 군대 안에 군목제도의 토대를 마련하여 한국군을 하나님의 군대로 만들었습니다.

그리고 제헌 국회 국회의원 거의 모두 기독교인들이었습니다. 지금도 우리나라 제헌국회 속기록 첫 장을 열면 기도로 국회를 개원한 것을 알 수 있습니다.

1948년 5월 30일 이승만은 이윤영 목사에게 기도로 국회를 열 것을 주문합니다.

"대한민국 독립민주국 제1차 회의를 여기서 열게 된 것을 우리가 하나님에게 감사해야 할 것입니다."

"나는 먼저 우리가 다 성심으로 일어서서 하나님에게 감사를 드릴 터인데 이윤영 의원(그 당시 목사였음) 나오셔서 하나님에게 기도를 올려 주시기를 바랍니다."

그 기도문은 다음과 같습니다.

"이 우주와 만물을 창조하시고 인간의 역사를 섭리하시는 하나님이시여, 이 민족을 돌아보시고 이 땅에 축복하셔서 감사에 넘치는 오늘이 있게 하심을 주님께 저희들은 성심으로 감사하나이다.

오랜 시일동안 이 민족의 고통과 호소를 들으시사 정의의 칼을 빼서 일제의 폭력을 굽히시사 하나님은 이제 세계만방의 양심을 움직이시고 또한 우리 민족의 염원을 들으심으로 이 기쁜 역사적 환희의 날을 이 시간에 우리에게 오게 하심은 하나님의 섭리가 세계만방에 성시하신 것으로 저희들은 믿나이다.

하나님이시여, 이로부터 남북이 둘로 갈리어진 이 민족의 어려운 고통과 수치를 신원(伸寃-원통한 일을 풀어 버림)하여 주시고 우리 민족 우리 동포가 손을 같이 잡고 웃으며 노래 부르는 날이 우리 앞에 속히 오기를 기도하나이다."

이때 기독교인이 전 국민의 5%도 안 되는 때였습니다. 그런데 윌리엄 사모님이 추천해준 50명의 기독교인들이 각 분야에 들어가서 영향을 미친 결과 10년만에 500만이 되고, 20년 만에 1000만 성도가 되는 기적이 일어난 것입니다.

여러분! 이 기적이 어떻게 가능했습니까? 미 군정 시절 우광복이 추천한 50명부터 시작했습니다. 우광복에게 누가 50명을 추천했습니까? 바로 우광복의 어머니, 이역만리 타국에서 남편을 잃어 버리고 두 딸을 잃어 버렸는데도 다시 한국으로 돌아와 한 알의 밀알이 되신 사모님 때문입니다.

우광복은 1994년 87세 일기로 소천했는데, "11살에 죽은 내 동생 올리브가 묻혀있는 공주 영면 동산 내 동생 곁에 나를 묻어 달라"고 유언했습니다.

아마도 한평생 동안 한국에서 풍토병으로 죽은 동생이 가슴에 살아 있었나 봅니다. 그래서 지금 우광복의 묘가 동생 옆에 나란히 있습니다.

이러한 헌신과 희생을 바탕으로 하나님께서 세워주신 내 나라와 내 민족이 깨어서 다시 한번 더 하나님을 경외하는 민족이 될 수 있기를 기도합니다.

자유란 무엇인가? 그리고 민주주의란 무엇이며, 자유민주주의란 무엇인가? 오늘날 왜 자유, 민주주의, 자유민주주의가 숭고한 인류 보편적 가치가 되었을까? 그리고 이 가치들은 왜 분단국가인 우리의 현실에서 우리 대한민국의 운명을 결정짓는 소중한 가치로 자리매김 하고 있는 것일까? '자유, 민주주의, 자유민주주의'는 평화통일을 미래의 국가 목표로 남겨 두고 있는 우리에게는 오늘의 적대적 분단 체제를 내일의 평화통일 체제로 전환시킬 수 있는 최상의 현실적 목표이자, 최상의 이상적 가치입니다.

자유와 민주주의의 본원적 의미는 무엇일까? 이 개념들을 쉽게 이해하기 위해서는 그 본래적 의미를 설명하는 것보다 그 반대말이 무엇인지를 설명하는 편이 훨씬 나을 것입니다. 그렇다면 자유의 반대말은 무엇일까? 분단 체제인 한반도의 현실에서 자유의 반대말은 '억압과 노예', 보다 정확히 말한다면 '억압적 노예 상태다.' 그럼 국민주권과 다수결의 원칙에 입각한 민주주의의 반대말은? 그것은 1인 독재, 1인 전체주의입니다. 그래서 자유를 기초로 한 민주정의 반대말은 억압적 노예 상태를 기초로 한 독재, 전제정입니다.

민주주의와 독재의 보다 근본적인 차이는, 민주주의는 개인의 자유를 보호하는 체제인 데 반해, 독재는 개인의 자유를 억압하고 박탈하는 체제라는 데 있습니다. 더 나아가 민주주의에서는 국민이 그 나라의 주인이며, 주권자입니다. 그래서 모든 권력은 주권자인 국민으로부터 나옵니다. 반면에 독재에서는 1인 통치자가 그 나라의 주인이며, 주권입니다. 그래서 모든 권력은 1인 독재자로부터 나옵니다. 민주주의는 입법부, 행정부, 사법부의 세 권력이 분리되어 서로 견제하고 감시, 감독하는 힘의 균형을 이룬 체제인 반면에, 독재는 모든 권력이 1인 독재자에게 집중되어 있습니다. 그리고 민주주의 체제는 모든 권력과 권리 의무의 작동과 최종적 심판이 법에 의해 이루어지는 '법의 지배(rule of law, 법치)'인데 반해, 독재 체제는 법 위에 독재자가 군림하고 있는 '사람의 지배(rule of man, 인치)'이며, 통치자의 명령이 최후의 심판이 됩니다. 민주주의는 절대다수인 국민의 '선택의 자유(freedom to choose)'를 통해 선출된 한 사람의 대표가 국민 모두를 위해서 희생하고 봉사해야 하는 '국민의, 국민에 의한, 국민을 위한' 정치 체제(One for All)인 반면에, 독재는 모두가 한 사람을 위해 희생하고 봉사해야 하는 통치체제(All for One)입니다.

지금까지의 인류 역사상 가장 이상적인 정치체제로 인식되고 있는 민주주의는 어떤 상황에서 가장 잘 작동할 수 있으며, 민주주의 체제가 지향하는 근원적인 목적은 무엇일까?

일단 민주주의 통치방식이 정상적으로 작동하려면, 그 나라는 최소한의 물질적 궁핍으로부터 해방된 상태여야 합니다. 그렇지 않고 빈곤의 노예 상태로 존속하는 한, 인간은 최소한의 자유나마 누릴 수 있는 정치 환경조차 갖지 못하게 됩니다. 그래서 '빈곤으로부터의 해방'을 통해 기초적인 생존의 자유도 이루지 못한 나라에서는 최소한의 민주주의조차 정상적으로 기능할 수 없습니다.

또한 민주주의 체제의 근본적인 목적은 인간이 타고나는 생래적 본성인 '자유'를 최적의 상태에서 누릴 수 있도록 '자유의 가치'를 잘 보호하고 유지하며 확장하는데 있습니다. 여기서 자유란 '개인의 자유'를 가리킵니다. 자유의 핵심은 개인의 자유이며, 그 개인의 자유의 핵심내용은 다음의 네 가지 자유로 압축됩니다. 첫째 언론과 의사 표현의 자유(freedom of speech and expression), 둘째 신앙의 자유(freedom of worship), 셋째 결핍으로부터의 자유(freedom from want)입니다. 넷째, 공포로부터의 자유(freedom from fear)입니다. 이상 네 가지 개인의 자유를 구성하는 핵심 내용은 대한민국 헌법과 미국 헌법, 그리고 대서양헌장과 국제연합헌장에도 그대로 반영되어 있습니다. 우리나라의 헌법은 자유의 가치를 기초로 쓰여 졌으며, 국민들이 개인의 자유 영역에서 국가권력으로부터 침해를 받지 않으면서 자유권적 기본권을 향유할 수 있도록 보장하고 있습니다. 만일 국가가 개인의 자유권을 침해할 경우, 개인은 이에 대한 방어적 권리로서 국가를 상대로 그 침해를 배제할 것을 청구할 수 있는 '자유 침해 배제 청구권' 을 행사할 수 있도록 하고 있습니다. 국가권력의 침해로부터 보호되어야 할 개인의 개별적 자유에는 신체의 자유에서부터 사회 경제적 자유, 정신적 자유, 정치적 자유에 이르기까지 다양한 자유들이 모두 포함됩니다. 대한민국의 역사는 '자유' 의 역사이고, 그 자유의 역사는 곧 '개인의 자유의 역사' 이자 '민주주의의 발전사' 라고 해도 과언이 아닙니다. 오늘의 대한민국이 산업화를 통한 경제적 기적과 민주화를 통한 정치적 기적을 동시에 이룰 수 있었던 데는 그만한 이유가 있습니다. 그것은 바로 대한민국이라는 국가가 자유라는 주춧돌 위에 세워졌기 때문에 가능했던 것입니다.

오늘날 대한민국이 세계 10대 경제 부국으로 올라 설 수 있었던 결정적 힘은, '4대 기둥' 위에 우리 대한민국이 세워졌기 때문입니다. 4대 기둥은 첫째 정치적 자유민주주의, 둘째 경제적 자유시장주의, 셋째 군사 안보적 한미동맹체제다. 넷째 기독교 입국론입니다. 대한민국이 여기까지 온 것은 이 네 개 기둥 덕분에 가능했습니다. 이 네 기둥이 민주주의의 본질인 개인의 자유를 잘 유지하고(자유민주주의), 키우고(자유시장주의), 지켰고(한미동맹), 증거(기독교)했기 때문입니다. 그리고 대한민국이라는 국가가 더 큰 자유를 지향하고 갈망하며 끊임없이 자유의 확산을 추구하는 쪽으로 국가발전을 이끌어 왔기 때문입니다. 그 결과 자유와 민주주의가 오늘의 대한민국의 국력의 총합이자 국부(國富)의 필요충분조건이 되었습니다.

정치적 기둥인 자유민주주의는 한반도의 항구적인 평화를 가져올 수 있는 유일한 대안입니다. '자유민주주의 국가 간에는 서로 전쟁을 하지 않는다' 는 국제정치이론인 '민주평화론(democratic peace theory)'의 경험적 타당성은 한반도 평화를 향한 방향과 좌표를 명확하게 해줍니다. 예를 들어 미국의 이웃 국가이면서 자유민주주의 국가인 멕시코와 캐나다는 미국으로부터 어떠한 군사적 위협도 느끼지 않는 반면에, 중국 및 북한과 인접한 한국, 일본, 대만 등과 러시아와 인접한 유럽 국가들은 하나같이 이들 국가들로부터 커다란 군사적 위협과 두려움을 느끼고 있습니다. 그 차이는 바로 인접 국가가 자유민주주의 체제이냐 그렇지 않느냐에 달려 있는 것입니다.

따라서 대한민국과 북한이 전쟁을 하지 않는 진정한 평화를 이루기 위해서는 남북한이 지금처럼 자유민주주의와 세습 독재 체제라는 서로 상이한 체제를 유지하면서 한낱 휴지조각에 불과한 위장된 평화조약이나 맺을 것이 아니라, 북한도 우리나라처럼 완전한 자유민주주의 국가로의 체제 전환을 이루거나, 북한을 자유민주주의 체제로 통일시켜 내야 합니다. 그래야만 남북한 간의 전쟁 가능성을 완전히 종식 시킬 수 있습니다. 북한이 지금과 같이 세습독재체제로 남아 있는 한 한반도의 적대적 대결은 지속될 것이며, 전쟁의 불씨는 상존할 수밖에 없습니다. 한국이 북한, 중국과 전쟁을 할 염려 없는 전쟁 종식 상황은 오직 이 두 공산 독재 체제의 국가가 자유 민주주의 체제 국가로 완전히 전환되었을 경우에만 가능한 것입니다.

3) 북조선 김일성이 선택한 사회주의=공산주의의 만행

공산주의(Communism)는 플라톤(Platon)의 "공화국"이라는 철학을 토대로 칼 막스의 공산주의 지령(The Communist Manifasto)에서 시작되었습니다. 영혼을 부정하는 유물주의(唯物主義) 사상에 근거하였고, 그것은 본질적으로 무신론(無神論)입니다.

또 공산주의자들은 종교, 특히 기독교를 공산 혁명에 가장 큰 장애물로 보며 종교를 말살시키려 했습니다.

마르크스는 "종교는 인민을 노예로 만드는 아편"이라고 말했고, 레닌은 "현대의 종교, 특히 기독교는 노동계급에 대한 억압에 그 뿌리를 두고 있다"고 전제한 뒤 "교회는 노동자, 농민, 무산대중의 원수이기 때문에 교회부터 파괴해야 한다. 무엇보다 대형교회부터 파괴해야 한다"고 주장하였습니다. 소련의 후루시초프는 서기장이 된 다음 "3년 안에 크리스챤들을 다 없앤 후 마지막 남은 한 사람을 전국 TV에 보여준 후 처치하여 크리스챤들의 씨를 말려 버리겠다"고 말하였습니다.

러시아의 공산주의자들은 모든 교회를 다 파괴시키고 기독교인들은 시베리아로 끌고 갔고, 그보다도 더 무서운 동북쪽 마가단(하바로브스크에서 북쪽으로 1,000km)으로 보내 죽게 했습니다. 1910년부터 1960년대까지 일어난 일입니다.

그들은 하나님을 믿는 사람들을 적으로 간주하였으며, 죽여도 가장 잔인하게 죽이라고 명령하였습니다. 겨울에는 얼어붙은 모스크바 강가에 구멍을 파고 벌거벗겨서 산채로 마구 밟아 집어 넣었고, 여름에는 배 스크류에 사람들을 묶어서 찢어 죽였습니다.

모든 교회의 종탑들과 십자가들을 꺾어 버렸고, 교회들을 불 지르거나, 부수거나 혹은 오락 장소나 극장으로 만들어 버렸습니다.

그들은 공산화 과정에서 2,700만명의 기독교인을 죽였습니다. 결국 러시아는 40년 만에 인류의 3분의 1을 적화(赤化, 공산화)시켰습니다.

기독교는 2000년 동안 세계 인류의 3분의 1 정도를 선교하였습니다. 기독교인들이 소득의 10분의 1인 십일조를 헌금으로 내는 데 반해, 공산주의자들은 처음부터 사유재산을 포기하고 들어 갔습니다. 그들은 공산당 선언을 할 때 세 가지 각오를 합니다.(① 얼어 죽을 각오, ② 굶어 죽을 각오, ③ 맞아 죽을 각오)

좌빨들이 암암리에 "베트남은 공산 통일되었지만 지금은 잘 살고 있다"고 거짓 선전·선동하고 있어서 통일 직후 베트남의 실상을 되돌아 봅시다.

1975년 4월 30일 남베트남(월남)이 북베트남 공산 월맹에 무조건 항복한 후 20년 동안 베트남은 국경을 폐쇄하고 공산화 사업을 전개했습니다. 한마디로 말해서 숙청 작업을 했습니다.

"인간 개조"를 위한 수용소를 만들어 놓고 군인, 경찰, 공무원, 교사, 정치인, 재산가, 종교 신도 등 사회의 지도층을 모두 잡아 들였지만 특이한 것은 성직자들은 잡아 들이지 않았는데, 그들은 인간 개조가 안 된다고 판단해서 모두 처형하였습니다.

이것이 베트남에는 성당은 있어도 베트남 신부가 단 한 명도 없는 이유이기도 합니다.

약 100만명을 잡아들여서 장교, 경찰 간부, 6급 이상 공무원, 보직 교사, 여당 정치인, 자본가 등은 개조가 아니라 바로 처형했습니다. 주목할 일은 베트남 공산 통일의 1등 공신인 '베트콩' 지도자들도 모두 숙청했습니다.

6·25 후에 북한 김일성이 남로당 "박헌영"을 제일 먼저 죽인 것과 같은 이치입니다.

이렇게 무자비한 처형을 하자 국외로 탈출한 인구가 보트 피풀 106만명, 육상 탈출이 50만명이라고 하며, 탈출 중 사망자가 11만명이 넘는다고 합니다.

지금도 캄보디아, 라오스, 미얀마 등 인접국 호수에는 탈출 베트남인들이 만든 수상 마을이 수없이 많습니다.

이런 학살로 경제는 완전히 무너져서 "어쩔 수 없이" 1995년 이후 개방 경제를 택하게 된 것입니다. 얼마나 많은 사람을 숙청했는지 지금 베트남에는 노인이 없고, 평균 연령이 27세라고 합니다.

우리 민족의 역사가 시작된 이래로 다시 없는 동족간의 대참살극은 그 어느 집단보다도 교회는 더 큰 상처를 입었습니다.

북한에서 월남한 교회 지도자들은 이미 북한에서 조선기독교도연맹을 만들어 공산주의를 지지하지 않은 기독교인들과 교역자들을 무참하게 학살했던 저들의 만행을 익히 알고 있었으므로 전쟁이 나자 가장 민감한 반응을 보였습니다. 인민군이 서울에 입성하자 지하에 숨어 있던 공산주의자들은 불행하게도 기독교인들을 색출하고 검거하는데 기독교인들이 앞장섰다는 사실이 너무나 우리의 가슴을 아프게 했습니다.

유엔군의 개입으로 인천상륙작전이 성공리에 이루어져 서울 수복이 눈앞에 오자 북한 공산당은 지하에 숨어 있던 목사들 검거에 혈안이 되었습니다. 김인선, 김윤실 목사는 유치장에서 순교하였고, 나머지 목사들은 대부분 납북되는 비운을 겪었습니다. 장로교회의 송창근, 남궁혁, 김영주, 유재헌 목사 등과 감리교의 김유순 감독을 비롯하여 양주삼, 방훈, 김하운, 조상문 목사, 성결 교회의 박현명, 이건 목사, 구세군의 김삼석, 김진하 사관 등 60여명이 납북되어 현재까지 그 생사 여부도 알 수 없으니, 이것은 본인과 가족 그리고 우리 온 교회의 참담한 고통이 아닐 수 없습니다.

이름이 남아 있는 분들은 그나마 다행이고 이름도 남기지 못하고 학살당하거나 행방불명된 이들도 그 수를 헤아릴 수 없이 많습니다. 전쟁중에 순교를 당한 이들도 적지 않았는데, 북한에서 조선 기독교도 연맹의 총회장까지 맡았던 김익두 목사도 저들에게 총살 당하였습니다. 황해도 신천 서부 예배당에서 새벽 기도하던 중 공산당이 들이닥쳐 김익두 목사 외 6인의 교인이 총살 당했고, 기독교도 연맹에 가담했던 많은 목사들도 결국 살해되었습니다.

장로회신학대학장을 지낸 박창환 목사의 부친되는 박경구 목사는 황해도 장연 서부 교회를 담임하고 있었습니다. 그가 진남포 득신 소학교 교장으로 있을 때 그 학교 교사로 있었고 숭실중학교의 동기생이었던 강양욱이 조선 기독교도 연맹에 가입하라고 협박하였으나 그는 끝까지 신앙 절개를 지키면서 이를 거절했습니다. 박 목사는 6.25가 터지던 날 주일 새벽에 체포되어 쇠줄로 양 손목과 양 발목이 묶여 끌려 갔는데, 후에 손가락과 발가락이 모두 무참히 절단된 시체로 발견되었으며, 같이 살해된 교인들은 입이 흙과 재로 틀어막힌 시체로 발견되었습니다.

이북에서 순교한 이들 중 기억해야 되는 인물 가운데 주기철 목사가 섬기던 산정현 교회의 유계준 장로와 백인숙 전도사를 빼놓을 수 없습니다. 유 장로는 주기철 목사가 감옥에 있을 때 그 가족들에게 자비로 생활비를 계속 지급하였고, 해방이 되고 나서 북한에 공산 정권이 들어서면서 기독교인들에 대한 박해가 구체화되어가자 주 목사 가족들과 자기 가족들을 먼저 이남으로 피난시키고 혼자 교회를 지키다가 공산당으로부터 순교하였습니다. 백 전도사는 주 목사가 감옥에 있을 때 목사 없는 성도를 안정모 사모와 함께 심방하면서 돌본 믿음의 역군이었는데 결국 공산당에 의해 정일선 목사와 함께 순교하였습니다.

서울에서는 신당동 중앙교회 안길선 목사와 김예진 목사가 순교했고, 서대문 감옥에서 주채원 목사 등 여러 분들이 순교하였으며, 김응락 장로는 영락교회 앞에서 순교하였습니다. 김인룡, 김윤실 목사 등은 서대문 감옥에 갇혀 있다가 후퇴하던 인민군들에 의해 총살당해 순교하였습니다.

전북 옥구군 미면 원당 교회의 교인 75명 중 73명이 한꺼번에 살해되는 처참한 살육이 감행되었습니다. 전북 삼례교회 김주현 목사는 그의 가족 7인과 함께 순교했고, 광주 양림교회 박석현 목사가 순교할 때 그의 장모, 부인, 외아들까지 함께 공산당에게 살해당하였습니다.

황해도 봉산의 계동 교회 180여 교인 중 175명이 나무로 된 예배당 안에 갇힌 채 모두 태워 죽임을 당함으로써 순교하였습니다. 대전 형무소에는 남한 각지의 교역자, 평신도들이 수백 명 투옥되어 있었는데, 공산당들이 후퇴 직전에 감옥에 불을 질러 이들 모두가 불에 타 순교하였습니다.

6·25를 겪으면서 인적 피해뿐만 아니라 교회당의 파괴도 심각하였습니다. 장로교회 소속 예배당 소실이 152동, 파손 467동, 감리교 소속 예배당 소실이 84동, 파괴 155동, 성결교는 소실 27동, 파괴 79동, 구세군은 소실 4동, 파괴 4동 등이었습니다. 이것은 통계에 나온 것의 일부일 뿐 실제는 이보다 훨씬 더 많은 피해가 있었음을 짐작할 수 있습니다.

대한민국에서 암약하는 좌파와 종북 세력은 공산 통일이 되면 득세할 것이라고 생각하겠지만 "유일 주체 사상 공화국"의 불순분자로 제일 먼저 처형 될 사람들입니다.

문재인 지지자들은 "빨갱이 밑에서도 살 수 있을 거다!"는 말을 하고 있는데 그런 자들이 제일 먼저 처형당한다는 걸 모르고 있는 모양입니다.

사실 현재 대한민국의 상황은 공산화될 때 베트남 상황보다 더 나쁩니다. 왜냐하면 당시에 베트남 정권은 민주주의 정권이었기 때문에 좌경화된 지금의 우리와는 다릅니다.

단지 들끓는 좌익의 소행을 통제하지 못해 무능 딱지가 붙었지만 현재 한국은 친북 정권이 들어서 있고, 친북 정권을 절대적으로 지지하는 지지층이 있고, 또 젊은 애들이 대부분 좌경화되었기 때문에 지금 현재 대한민국은 스스로 공산화하는데 아주 쉬운 조건을 갖추고 있습니다.

눈에 띄는 저항 세력이라곤 오로지 태극기 부대와 전광훈 목사님 지지 신도들뿐입니다. 나머지는 적극적이기보다는, 나라를 사랑하는 일과성 구경꾼입니다. 또 다른 부류는 보수도 아니고, 좌익도 아니고, 중도도 아닌 사람들 즉, 열만 잘 낼뿐 머리 속은 거의 텅빈 사람들…

미국이 공산 월맹과 평화 협정을 맺을 때는 이미 월남전 패전을 생각하고 있었답니다. 그런데 왜 손을 들고 나왔는가? 그것을 미국은 "전략적인 패전이다!" 이렇게 표현합니다. "공산화된 월남을 친미 국가로 만드는 게 오히려 더 쉽겠다" 이렇게 분석했다는 것입니다.

그래서 미국은 현재 우리 대한민국에 대한 입장이 굉장히 복잡합니다. 차라리 한반도를 공산화시켜 놓고 김정은과 길을 틀 것인가? 아니면 남쪽에 민주 국가를 잘 세워 놓고 북한을 밀어 재낄 것인가? 그걸 지금 고민하고 있다는 겁니다.

우리가 잘 알아야 하는 점이 여기 있습니다. 아마 태극기 세력이라도 없었다면 미국은 결심했을 수도 있었습니다.

자유 대한 애국 성도 여러분! 공산당이 얼마나 잔혹하고 무서운지를 겪어 봐야 아실 겁니까? 이제라도 모두들 깨어 나십시오! 우리가 스스로 지키지 않으면 미국도 헛되이 피를 흘리지 않겠다 했습니다.

온 국민이 내 조국을 지키려 할 때 동맹국인 미국도 힘이 되어 줄 겁니다. 지금은 한미 동맹을 더욱더 굳건히 해야 할 때입니다.

베트남에는 노인이 없고, 평균 연령이 27세라고 했습니다. 왜 그럴까요? 기성 세대를 순차적으로 모두 처형해 버렸기 때문입니다.

순간의 선택이 10년을 좌우한다는 말이 있지만 지금 우리의 선택이 우리와 후손들의 앞날을 결정할 것입니다.

더욱이 북한은 수많은 기독교인들을 핍박하였고 지금도 그러합니다. 북한의 정치범 수용소에는 수많은 기독교인들이 포함되어 있으며, 그들은 하루 12시간 이상의 중노동과 살아남기 어려울 정도의 음식 공급, 전염병, 고문, 구타 등 짐승 같은 취급을 받고 살고 있습니다.

공산주의 사회에는 국민의 인권과 자유가 보장되지 않습니다. 그곳에는 신앙의 자유가 없습니다. 이것이 현재 북한의 실정이기도 합니다. 북한의 조선말 백과사전에는 선교사가 "미제국주의자들의 침략의 길잡이이자 하수인"으로 표현되어 있습니다.

사도 바울은 "누구든지 주의 이름을 부르는 자는 구원을 받으리라"(로마서 10:13)고 말씀하셨지만, 예수님께서는 "나더러 주여 주여 하는 자마다 다 천국에 들어갈 것이 아니요 다만 하늘에 계신 내 아버지의 뜻대로 행하는 자라야 들어가리라"고 하셨으며, "그 날에 많은 사람이 나더러 이르되 주여 주여 우리가 주의 이름으로 선지자 노릇 하며 주의 이름으로 귀신을 쫓아 내며 주의 이름으로 많은 권능을 행치 아니하였나이까 하리니 그 때에 내가 그들에게 밝히 말하되 내가 너희를 도무지 알지 못하니 불법을 행하는 자들아 내게서 떠나가라 하리라"(마7:21~23절)라고 말씀하셨습니다.

대부분의 젊은 목회자들은 내가 가지고 있는 사상이나, 세계관이 마르크스주의인지? 민중 신학인지? 해방신학인지도 잘 모르는 경우가 많습니다.

분명히 공산주의를 이야기 하면서 자기는 공산주의가 아니라고 생각합니다. "요즘 공산주의가 어디 있느냐?"라고 하면서 그냥 "내가 정의"라고 믿습니다. 전교조에게서 왜곡된 역사를 배우고, 한겨레 신문, 네이버 댓글에서 역사를 배우고, 사회를 배우고, 정치를 배운 사람들, 이승만, 박정희를 증오하고, 대한민국의 정통성을 부정하고, 반일, 반미, 반대기업, 반자본주의 정서에 세뇌된 사람들, 그러면서도 자기의 사상이 사회주의에 물들었는지도 모르는 사람들, 그러면서 "요즘 세상에 빨갱이가 어디 있느냐?"고 큰소리 칩니다. 광우병 유언비어에 선동 당하고, 세월호 유언비어에 선동 당하고, 사드 전자파에 뇌가 튀겨지고, 참외가 튀겨진다고 믿는 사람들이 교회 안에 너무 많습니다. 심지어 목사들 중에서도 너무 많이 있습니다.

제가 20대 시절에 「하나님의 지하운동」이라는 책을 읽은 적이 있습니다. 이 책은 리차드 범브란트 목사님의 자서전 같은 신앙 간증이며, 옥중 투옥기인데, 감명 깊게 읽었고, 또한 큰 충격을 받았습니다. 그 이유는 공산주의 치하에서 기독교인들이 받고 있는 억압에 대해서 이토록 상세하게 기술된 책을 처음 보았기 때문입니다.

단지 그 억압의 강도나 핍박의 세기가 강해서 놀랐다기보다는, 공산주의가 굉장히 치밀하고 영리하게 사람들을 파멸로 이끄는 체제라는 사실에 놀라게 되었습니다.

범브란트 목사님은 루마니아가 공산 통치 아래 있을 때 박해받던 지하교회에서 전도 활동을 하다가 체포되어 재판도 없이 14년간이나 감옥에 갇혀 있었습니다. 온갖 고문과 학대를 받았습니다. 3년간은 빛이라고는 전혀 볼 수 없는 독방에서 지냈습니다. 믿음으로 소망을 잃지 않고 견뎌냈지만 결국 사형 언도를 받고 말았습니다.

이 책은 세상에 감히 상상도 못할 이런 고난이 지금도 세계 곳곳에 존재한다는 것과 그런 고난을 이겨내면서 하루하루 승리하는 삶을 살고 있는 사람들이 있다는 놀라운 사실을 일깨워 준 책이며, 그리고 이 책은 저를 포함한 많은 기독교인들에게 '실제적인 지침'이 되고 있다고 생각합니다.

1945년 공산주의자들이 루마니아를 점령해서 교회를 자기들이 원하는 목적으로 통제하기 시작했을 때, 리처드 범브란트는 즉시 억압받는 국민들과 침략자인 소련 군인들을 대상으로 효과적이고 힘있게 지하 선교를 시작했습니다. 결국 그는 아내 사비나와 함께 1948년에 체포되어, 그의 아내는 3년간 강제 노역에 시달렸으며, 범브란트는 독방에서 공산주의 고문자 외에는 아무도 만나지 못하고 3년을 보내야 했습니다. 3년 후 일반 감옥으로 옮겨져 5년을 더 갇혀 있었으나 여전히 고문은 계속되었습니다.

8년 후 그는 석방되어 출옥하자 즉시 지하교회 활동을 시작했습니다. 그리고 2년 후인 1959년, 그는 다시 체포되어 25년형을 선고받았습니다.

범브란트는 1964년 대사면 때 석방되었으며, 다시 지하 선교를 계속했습니다. 세 번째 투옥될 위험에 처하자, 노르웨이의 그리스도인들이 범브란트를 루마니아에서 구출하기 위해 공산 당국과 협상을 벌였습니다. 공산 정부는 정치범들을 돈을 받고 팔아 넘기고 있었는데, 보통 죄수 한 명에 대한 "통상 가격"은 1900불이었지만, 범브란트 목사님의 몸값은 일만 불이었습니다.

1966년 5월, 범브란트는 워싱턴에서 미국 상원 국내안전보장 소위원회(Inte rnal Security Sub committee)에서 증언했으며, 상의를 벗고 고문으로 전신에 생긴 열여덟 군데의 깊은 상처를 보여 주었습니다. 그의 이야기는 미국, 유럽, 아시아 등 전 세계의 신문에 실렸습니다.

1966년 9월, 그는 루마니아 공산 정부가 그를 암살하기로 결정했다는 경고를 받았으나, 죽음의 위협에도 전혀 두려워하지 않았습니다. 그를 향하여 수많은 기독교 지도자들이 "지하 교회의 목소리" 또한 "살아있는 순교자" 혹은 "철의 장막의 바울"이라고 부릅니다.

이 리차드 범브란트 목사님이 쓴 책 중에 「MARX and SATAN(막시즘과 사탄)」이 있는데, 이 책에서 '공산주의'라는 것이 단순히 경제와 정치적인 문제가 아니라 그 본질은 영적인 문제라는 것을 알게 되었으며, 공산주의의 본질은 악마적이라는 것입니다.

어떤 분은 마르크스주의가 한국 교회나 좌파와는 아무런 상관이 없다고 생각하는 분들도 있습니다. "나는 진보를 지지하지만 마르크스주의는 아니다. 요즘 세상에 공산주의자가 어디 있느냐?"라고 주장하는 분들이 많습니다. 그렇지 않습니다. 마르크스주의는 교회안에 깊숙이 스며 들어와 있습니다.

많은 분들이 여기에 영향을 받고 있습니다. 신복음주의에서 WCC, 해방신학, 민중 신학, 여성 신학, 자유주의 신학을 수용하면서 이런 것들이 우리 교회에 '복음주의'라는 이름으로 깊이 들어와 있습니다.

심지어 목사들 중에서도 "기독교가 원래 공산주의와 같다"고 주장하는 사람들까지 나오고 있습니다. WCC는 용공주의입니다. WCC가 용공이 아니라고 우기는 목사들도 있는데, 그것은 거짓말입니다. 원래 좌파들 특징이 거짓말입니다. WCC가 용공인지? 아닌지는 WCC를 주도하고 있는 NCCK 홈페이지에 들어 가서 직접 확인해 보시기 바랍니다.

그런데 이 NCCK에는 우리나라 최대 교단인 통합과 순복음이 가입되어 회비를 납부하고 운영하고 있습니다.

내가 다니는 교회가 통합이나 순복음 교단 소속인데, 우리 목사님은 WCC를 반대하니까 신실한 분이라고 생각을 하십니까? 그렇지 않습니다. 만약에 참 신자라면 하나님을 대적하는 죄의 문제를 대수롭지 않거나 가볍게 여기지 않았을 것입니다. 하나님을 대적하는 죄의 문제를 내 인생 최우선순위에 놓고 해결했을 것입니다.

리차드 범브란트 목사님이 쓴 「MARX and SATAN(막시즘과 사탄)」 174페이지에 보면 WCC가 아프리카의 공산 게릴라들에게 수년동안 돈을 지원했다고 하는데, 얼마나 충격적인 일입니까?

또 이 책에 보면 마르크스가 쾌락에 막대한 돈을 탕진했고, 사탄 숭배에 빠지게 되었다고 합니다. 마르크스는 '절망자의 시' 라는 곳에서 말하기를 "나는 위에서 다스리는 그 존재에게 직접 복수하고 싶다"라고 했으며, 마르크스의 동료 미하일 바쿠닌은 말하기를 "이 혁명에서 우리는 사람들에게 사탄을 일깨워주고 가장 불순한 열정을 불러 일으켜야 할 것이다. 우리의 사명은 교화가 아니라 파괴이다"라고 했습니다.

마르크스와 바쿠닌의 동료인 프루동 역시 사탄을 숭배했다고 말했습니다. 프루동이 말하기를 "사탄이여 오소서. 하나님은 어리석고 비겁합니다. 위선자이고, 거짓말쟁이입니다. 압제이며, 빈곤입니다. 하나님은 악합니다."라고 했습니다.

1871년 파리의 혁명정부 '코뮌' 의 지지자들은 "우리의 적은 하나님이다. 하나님을 증오하는 것이 지혜의 시작이다"라고 선포했습니다.

리차드 범브란트 목사님의 「MARX and SATAN(막시즘과 사탄)」이라는 책은 레닌과 스탈린 등 수많은 공산주의자들의 사탄 숭배의 증거들을 보여 주고 있습니다. 이 책에서 공산주의 자체가 사탄주의이기 때문에 공산주의와 싸우는 방법도 세상적인 방법이 아니라 영적인 전쟁이라는 것을 강조하고 있습니다.

그러니까 우리가 종북 좌파와 싸우는 것도, 북조선의 김정은 정권과 싸우는 것도 영적인 전쟁이라는 것입니다.

"종교는 인류에게 아편이다"라고 말한 공산주의는 하나님과는 대치되는 사상입니다. 기독교는 결코 진화론과 유물론과 무신론의 뿌리를 가진 사회주의와 공산주의와는 타협이란 있을 수 없습니다. 공산주의는 죄입니다. 이들은 살인자들입니다. 인류 최악의 살인마 집단입니다.

공산주의에는 종교의 자유가 없습니다. 종교의 자유가 없는 곳에는 신앙의 자유가 없고, 신앙의 자유가 없는 곳에는 교회가 없습니다. 교회가 없는 곳에는 기독교가 존재할 수 없습니다. 나라가 없으면 교회도 없습니다. 나라가 없으면 신앙도 없습니다. 나라가 없으면 기독교도 없습니다.

문재인이 말하는 "우리가 한번도 경험해 보지 못한 새로운 나라"라는 것이 북한과의 낮은 단계의 연방제인 공산주의 체제를 뜻하며, 생지옥의 북한 김일성 주체 사상의 변종 공산국가를 뜻하고 있었습니다.

그동안 문재인의 발언들을 보면 충분히 그러고도 남습니다. 지난 6월 6일 현충일 추념사에서 문재인이 "임시정부는 중국 충칭에서 좌우합작을 이뤘고 광복군을 창설했다. 약산 김원봉 선생이 이끌던 조선의용대가 광복군에 편입돼 마침내 민족의 독립 운동 역량을 집결했다. 조선의용대가 국군의 뿌리"라고 했습니다.

김원봉은 어떤 사람일까요?

김원봉이라는 이름을 처음 들어 본 사람들도 있을 것이고, 익숙한 사람들도 있을 겁니다. 저도 이때 처음 알게 된 이름이었는데, 제대로 된 역사를 알고 싶기에 늦게나마 정리해 봅니다.

김원봉은 1898년 9월 28일 경남 밀양에서 태어났습니다. 1908년 밀양 공립보통학교로 편입하게 되지만, 1911년 11월 메이지 천황 생일에 동창들과 함께 일장기를 변소에 넣는 사건으로 퇴교를 당한 후 보통학교 2년 과정에 편입하여 졸업을 했습니다.

1916년에는 경성중학교를 졸업하고 독립운동에 뜻을 품은 뒤 중국에서 망명생활을 하다가 3·1운동의 소식이 전해지자 서간도에서 폭탄 제조법을 익히며, 일본과의 무장투쟁노선을 하게 됩니다.

1919년 12월에는 아나키즘 단체인 의열단을 조직하여, 의열단의 단장으로써 대규모 암살계획 및 폭탄 사건을 지휘하며, 항일 투쟁 활동을 했으나 연합투쟁과 조직 투쟁의 필요성을 깨닫고 1925년 황푸군관학교 훈련생으로 입소하여 투쟁 노선을 변경하게 됩니다.

1930년에는 베이징에서 조선공산당 재건 동맹을 결성하고, 1933년에는 대일전선통일동맹을 결성하게 됩니다.

1938년 독립운동과 약산 김원봉은 조선의용대를 조직하고, 대장에 취임했으며, 대한민국 임시정부에 합류하여 임시의정원(경상도 지역구) 의원, 한국 광복군 부사령관 겸 제1지대장으로 활동하였습니다.

1944년 임시정부 군무부장에 선출되었으며, 1945년 12월, 임시정부 귀국시에는 군무부장의 자격으로 귀국합니다. 이후 지속적으로 연합전선구축에 노력하였으나, 여운형이 암살되고, 남한의 단독정부 수립이 본격화되어 월북하여 조선민주주의 인민공화국 정부 수립에 참여하게 됩니다.

1946년 2월 민족주의 민주전선 공동의장, 6월 인민공화당 위원장을 역임하였고, 1948년 김구·김규식 등과 함께 남북협상에 참여한 뒤에 그대로 북한에 남았습니다. 조선민주주의인민공화국 정부 수립 후 국가검열상, 조선인민공화당 중앙위원회 위원장, 노동상, 최고인민회의 상임위원회 부위원장을 역임했습니다.

한국전쟁이 발발하자 군사위원회 평안북도 전권대표로서 후방에서 북한군의 군량미를 생산하는 일을 했습니다. 이로 인해 김일성으로부터 노력훈장을 받았습니다. 남파 활동을 벌이기도 했는데, 실제로 1954년 1월 25일 김원봉의 직접 지휘하에 대한민국의 경제 혼란 및 선거 방해를 목적으로 남파된 간첩단 4명이 체포되었습니다.

이후 김일성과의 정치 암투에서 패배하여 1956년 종파 사건을 계기로 김일성을 비판한 연안파가 숙청되었으며, 1958년 10월 김원봉도 '반국가적 및 반혁명적 책동의 죄'로 대의원 권한이 박탈되었고, 숙청되었다고 합니다.

그런데 왜 이러한 발언이 정치권에서 공방이 벌어지고 있을까요?

약산 김원봉에 대한 평가가 엇갈리고 있어서 그렇습니다. 그리고 김원봉에게 국가 유공자 서훈을 주어야 하는지도 논란이 있기 때문이죠. 서훈이란? 국가에 뚜렷한 공적을 세운 자에게 주는 정부 포상 제도를 뜻합니다.

김원봉은 1919년 11월 만주에서 결성된 항일 무장 독립운동단체 '의열단'을 만들어 조선총독부에 투탄, 종로경찰서 투탄, 다나카 기이치 대장 저격 시도 등 일제의 심장부를 노리는 항일 무장 독립운동단체에서 맹활약했으며, 일본이 현상금 100만원(현재 가치 320억원)을 내걸 정도로 치를 떨었던 사람입니다. 그러나 노덕술이라는 친일파에게 잡혀서 고문을 당했습니다.

시간이 흘러 광복을 맞이하게 되었고, 1948년 4월에 남북협상운동 당시 김구, 김규식이 북한에 올라가서 김일성, 김두봉을 만날 때 김원봉도 따라가게 됩니다.

김구와 김규식이 남한에 내려가자고 하니 그때 김원봉이 "김구 형님, 저는 남한에 치가 떨립니다. 저 그냥 북한에 있을게요."

북한에 남아 있던 김원봉은 북한 건국을 주도했고 1950년 한국 전쟁때 북한군의 장교가 되어서 남침을 했습니다.

이렇게 북한에 월북을 해서, 한국전쟁 당시에 남침을 했던 주범이었기에 국가 유공자 서훈을 반대하는 것입니다.

사실 한국의 역사학계에서는 우리 역사상 최고 독립운동가를 이야기할 때, "민족주의계에서는 김구이고. 사회주의계에서는 김원봉이다"라고 평가합니다.

임정 주역들은 김원봉을 어떻게 생각했을까요?

문재인이 야당 대표 시절이던 1200만 관객을 동원한 영화 '암살'(2015년 개봉)를 보고 "최고급 독립 유공자 훈장을 달아 드리고 술 한잔 바치고 싶다"고 했을 정도입니다.

영화 '암살'에서 백범과 김원봉은 동지로 나옵니다. 하지만 김구는 좌파에 기운 김원봉을 신뢰하지 않았습니다.

김구는 1930년대 김원봉이 이끄는 대일(對日) 전선 통일동맹에 대해 '동상이몽(同床異夢)으로 보인다' 며 '그런 통일 운동에는 참가하고 싶지 않다' 고 했습니다.

또 김원봉이 '임시정부를 눈엣가시로 생각한다', '임시정부 취소 운동이 극렬했다' (「백범일지」 362쪽 · 나남출판사)고 썼습니다.

일본군 학병에 끌려갔다가 탈출한 장준하의 증언도 있습니다. 잡지 '사상계' 편집인인 그는 문재인이 재작년 그의 42주기 추모식에 현직 대통령으론 처음으로 추도사를 보냈을 만큼 존경하는 인물입니다.

장준하는 임정이 있던 충칭(重慶)을 향하던 학병들을 상대로 김원봉휘하 부대가 이간질했다고 자전적 수필 「돌베개」에 썼습니다.

'김약산(김원봉)은 그의 독자적인 세력을 확장 구축해보려고 공작을 하며' 충칭행을 막았다는 것입니다. '김원봉은 판에 박힌 공산분자'(「돌베개」 229쪽)라는 게 장준하의 결론이었습니다.

또한 2018년 평창 동계 올림픽 개막식 리셉션 환영식에서 문재인은 "신영복씨를 한국에서 가장 존경하는 사람"이라고 말했습니다. 세계 각국에서 온 체육계 인사들 앞에 다소 생뚱맞은 소리가 아닌가요?

문재인이 가장 존경한다는 신영복은 어떤 사람일까요?

신영복(申榮福)은 아버지가 교장으로 근무했던 경상남도 의령의 간이학교 사택에서 태어나서 자랐습니다. 이후 아버지의 고향인 밀양 등지에서 어린 시절을 보내고 부산상업고등학교를 졸업했습니다. 서울대학교 경제학과와 대학원을 졸업했습니다. 서울대학교 재학 중 독서 서클을 만들어 활동했으며, 대학원 재학 시절에는 다른 대학이나 연합 동아리 지도에 주력했습니다.

1965년 숙명여자대학교 정경대학에서 경제학과 강사로 있으면서 안병직 등을 따라 잡지 〈청맥〉의 예비 필자 모임인 '새문화연구원'에 참석하면서 훗날 '통일혁명당사건'으로 사형당한 김질락을 만나게 되었습니다. 〈청맥〉은 통일혁명당의 핵심인물들이 당의 합법 기관지로 설정한 잡지로, 종종 반미적인 논설이 실렸습니다. 1966년부터 육군사관학교에서 경제학과 교관으로 활동하다가 1968년 통일혁명당 사건으로 중앙정보부(지금의 국가정보원)에서 조사를 받고 구속되었습니다. 이 사건으로 김종태 · 이문규 · 김질락은 사형을 당했고, 그는 여러 차례 재판 끝에 무기징역형을 받고 안양과 대전, 전주교도소에서 복역했습니다.

1988년 8 · 15특별 가석방으로 감옥에 잡혀간 지 20년 20일 만에 출옥했습니다. 같은 해 옥중에서 가족들에게 보낸 편지를 묶어서 〈감옥으로부터의 사색〉이란 이름으로 발간하여 큰 반향을 불러 일으켰습니다. 1989년 3월부터 성공회대학교에서 정치경제학과 한국사상사, 중국고전강독 등을 강의했습니다. 출소한 지 10년 만인 1998년 3월 사면 복권되었습니다. 1998년 5월 1일 성공회대학교 교수로 임용되었으며, 2006년 8월 정년 퇴임했다가 2010년부터 성공회대학교 석좌교수로 재직했습니다. 2014년 희귀 피부암이라는 진단을 받고 투병하다 2016년 1월 15일 자택에서 사망했습니다. 영결식은 1월 18일 성공회대학교 성미카엘 성당에서 진행되었습니다.

어렸을 때 할아버지에게 서예를 배우기도 했던 그는 대전교도소 복역 시절 남파공작원 출신 한학자 노촌(老村) 이구영(李九榮)과 4년간 한 방을 쓰면서 한학과 서예를 익혔으며, 감옥에 서예반이 생기면서 만당(晚堂) 성주표(成周杓)와 정향(靜香) 조병호(趙柄鎬)에게 지도를 받으며 자신만의 서체를 완성했습니다. 성공회대학교 재직 시절 그의 글씨와 그림으로 학교 달력을 만들 정도로 그의 붓글씨는 획의 굵기와 리듬에 변화가 많아서 '신영복체'·'어깨 동무체'·'협동체'·'연대체'로도 불립니다.

성공회대학교 퇴임 무렵 두산에서 브랜드명과 상표 글씨체로 시 〈처음처럼〉의 제목과 글씨를 사용할 수 있게 해달라는 요청을 수락하고 받은 1억 원을 성공회대학교에 기부했습니다. 서예 작품 〈처음처럼〉은 1995년 첫 개인 서예전에 출품했던 작품이기도 합니다.

소주 브랜드 '처음처럼'이나 2012년 문재인 대선 후보의 '사람이 먼저다' 슬로건은 그가 쓴 글씨체를 사용한 것입니다.

68년 통혁당 사건으로 체포될 당시 육군사관학교 교관으로 생도들에게 '경제학 원론'을 가르쳤던 신영복은 20년간 국가보안법 위반 혐의로 복역한 뒤에도 지난해까지 성공회 대학교 사회과학부 교수와 석좌교수로 재직하며 수많은 후학을 양성했습니다.

한명숙 전 총리의 남편 박성준 성공회대 겸임교수는 오래전 신영복의 지도편달(?)로 〈통혁당〉에 입문한 케이스이며, 공연 연출가 탁현민 교수와 폴리테이너로 이름을 날리고 있는 김제동, 가수 윤도현도 성공회대에 몸담은 신영복이 배출한 '좌파 인물' 들입니다.

노회찬처럼 신영복이 옥중에서 쓴 〈감옥으로부터의 사색〉을 읽고 '추종자' 가 된 이들도 부지기수입니다.

임영호 한국철도공사(코레일) 상임감사위원은 "그의 책들은 영혼을 파고드는 매력이 있다"고 극찬한 바 있으며, 유시민 전 보건복지부 장관은 "신영복의 〈감옥으로부터의 사색〉은 나와 이웃의 관계를 성찰할 기회를 준다는 점에서 의미가 큰 책"이라는 호평을 남기기도 했습니다.

대중에게 친숙한 김제동이 존경해마지 않는 신영복은 젊은이들에겐 '꼰대 되기를 거부한' 쿨한 어르신으로 통합니다.

그의 '과거' 를 제대로 알지 못하는 상당수의 청년들은 신영복을 군사 독재 정권 시절 용공(容共) 조작에 휘말려 누명을 쓴 '피해자' 로 인식하고 있습니다.

영화 〈변호인〉의 거짓 선동에 눈이 멀어, 명백한 공산화 운동이었던 학림(學林)-부림(釜林) 사건을 용공 조작 사건으로 치부하는 행태와 마찬가지인 것입니다.

심지어 어떤 무리들은 신영복을 27년 동안 감옥살이를 한 남아공의 넬슨 만델라에 견주며 "우리 시대의 지성"이라는 최고의 찬사를 붙이기도 합니다.

이처럼 신영복이 '거룩한 투사' 이자 '대표적 철인(哲人)' 으로 기억되는 이유는 '잘못된 정보'가 마치 사실처럼 왜곡돼 회자되고 있기 때문입니다.

본인의 입을 통해, 혹은 지인들을 통해 전파된 각종 미화(美化)된 이야기들이 '신영복을 수식하는 역사'로 알려지면서, 김일성 사상 전파에 매진했던 그가 '존경 받는 지성'으로 둔갑하는 아이러니한 상황이 발생한 것입니다.

서울대 경제학과 재학 시절 김종태에게 포섭돼 사상 교육과 학습을 받은 신영복은 학교 후배이며 한명숙의 남편인 박성준을 끌어 들여 〈청맥〉 발행을 이끄는 등, 그룹 내에서도 핵심적인 역할을 맡아 왔습니다.

〈월간조선〉에 따르면 신영복은 간첩 김질락에게 육사 생도 9명에 대한 교양 상황과 '박성준을 포섭했다'는 내용이 담긴 철학 노트를 건네고, "박성준 등을 조종해 명동 가두 시위를 벌였다"는 활동 내역까지 보고했던 것으로 전해졌습니다.

1967년 오후 3시 김질락은 잔디 다방에서 신영복으로부터 "경제 복지회 내에 있는 성원인 박성준을 조정하여 시내 각 대학생 100여 명을 규합, 7월 2일 오후 2시 서울 중구 명동에 집결시켜 6·8 부정 선거 규탄 구호를 외치면서 서울대학교 치과대학 앞 노상까지 데모 행진을 감행했다"는 보고를 받고 신영복을 격려했습니다.

신영복에게 무기징역을 선고한 대법원 판결문에도 이같은 '이적 행위'가 자세히 기술돼 있습니다. "1966년 중순경 김질락은 서울 중구 무교동 소재의 한 다방에서 북괴의 이익이 되는 점을 알면서 김종태를 만나 그에게 '신영복을 포섭하였다'고 보고했고, 김종태로부터 '신영복에게 교양을 주어 하부조직을 하도록 하라'는 지시를 받아 反국가단체인 북괴를 이롭게 했다. 1966년 8월 서울 서대문구 갈현동에 위치한 자신의 집에서 신영복에게 '육사 교관과 생도를 포섭할 것', '월 2~3회씩 집에서 회합할 것', '각자의 활동상황을 정기 회합 時 보고할 것' 등을 지시하고, '청춘의 노래'라는 불온서적을 제공하여 反국가단체를 이롭게 했다."

〈통혁당〉의 하부조직인 〈민족해방전선〉의 대학가 책임자였던 신영복은 88년 출옥 후 "자기가 통혁당에 가담한 것은 이념 때문이기보다 양심의 문제였다"는 궤변을 토해 논란을 빚었습니다. "이념에 휩쓸려 움직인 게 아니라, 인간 본연의 양심에 비추어 거리낌 없이 행동했을 뿐"이라며 사상적 전복(顛覆)을 시도했던 자신의 행위를 미화하는 모습을 보인 것입니다. 이는 마치 공산주의 사상이 인간 양심과 상통한다는 뜻으로도 해석되는 발언이었습니다.

그러나 〈통혁당〉의 주역 김질락이 감옥에서 집필한 수기 〈주암산〉을 보면 〈통혁당〉과 산하 조직은 개인의 양심이 아닌, 북한의 '지령'을 받아 움직인 지하당이었음이 명확해집니다.

통일혁명당이 북한의 지령을 받은 비밀 지하당 조직이라는 데는 이의가 있을 리 없고 통혁당의 조직상황과 활동상황이 김일성에게 직접 보고 됐다는 것도 숨길 수 없는 사실입니다.

"우리 통혁당은 '남조선 혁명은 남조선 인민의 힘으로'라는 슬로건 아래 각계각층에 대한 군중 공작을 광범위하게 전개했다."고 김질락의 수기에는 쓰여 있기 때문입니다.

신영복의 행태를 보면 참으로 교활하기 짝이 없습니다. 전향서를 쓰고 출옥하고는 인간 본연의 양심이라는 용어로 가면을 쓰는 그를 보면 불법 탄핵으로 정권을 탈취하고 태연한 문가의 뻔뻔함이 오버랩 됩니다.

핵 폐기, 판문점 선언, 종전선언, 남북평화 협정, 이 모두는 주체 사상 포기 없이는 모두 기만술입니다.

통일혁명당은 김종태가 월북해 조선민주주의인민공화국의 지령 · 자금을 받고 결성된 혁명 조직이었습니다. 통혁당은 중앙당인 조선로 동당의 지시를 받는 지하당이었습니다. 주범 김종태 · 김질락 · 이문 규는 월북해 조선로동당에 입당했고, 당원 이진영 · 오병헌은 1968년 4월 22일 월북해 교육을 받던 중 1968년 6월 말 통혁당 사건이 터지 자 북한에 머물렀습니다. 이 과정에서 신영복은 김종태, 김질락 등과 일면식도 없다고 언급했으며 후에 조작된 것으로 밝혀졌습니다.

이 사건으로 김종태, 이문규, 김질락이 사형을 선고 받았습니다. 서 울대학교 경제학과를 졸업한 후 육군사관학교에서 교관을 하다가, 구 속되었던 신영복은 1심과 2심에서 사형, 대법원에서 무기징역을 선고 받았습니다. 중앙정보부는 암호를 해독하여, 이문규를 구출하러 북이 파견한 공작선을 격침시키면서 2명을 생포하였고, 이들도 통혁당 관 련자로 사형을 언도하였습니다. 박성준은 자신의 처 한명숙을 포섭하 는 등의 혐의로 체포되어 15년 형을 선고받았습니다. 류낙진은 무기 징역을 선고 받았으나 이후 20년 형으로 감형되었습니다.

이 사건과 관련되어 검거된 자는 모두 158명이었으며, 이들 중 73 명이 송치되었고, 23명은 불구속되었습니다. 무장공작선 1척, 고무보 트 1척, 무전기 7대, 기관단총 12정, 수류탄 7개, 무반동총 1정과 권총 7정 및 실탄 140발, 12.7mm 고사총 1정, 중기관총 1정, 레이더 1대와 라디오 수신기 6대, 미화 3만여 달러와 한화 73만여 원 등이 압수되 었습니다.

김종태가 사형을 당하자 김일성은 그에게 영웅 칭호를 수여하고, 해 주사범학교를 김종태사범학교로 개칭하였습니다. 신영복은 사상 전 향을 하여 1988년 출소하였습니다. 그러나 월간 '말'지와의 인터뷰에서 신영복은 전향서는 썼지만, 사상을 바꾼다거나 동지를 배신하는 일은 하지 않았으며, 통혁당에 가담한 것은 양심의 명령 때문이었고 향후로도 양심에 따라 통혁당 가담 때와 비슷한 생각으로 활동하겠다고 밝힌 바 있습니다.

신영복은 문재인이 존경하고 김일성이 그토록 데려가고 싶어했던 사람이었습니다.

1978년 12월 인도 뉴델리, 북한 측 대표단이 입을 열었습니다. "이 회담은 남선(南鮮)* 혁명가와 월남에 억류되어 있는 남선 인원과의 교환을 위한 것으로서…피고인의 입장에 있는 남선 측은 재판관인 북선(北鮮)*의 요구에 따라 본인의 출생지와 거주지에 관계없이 당연히 이들을 넘겨주어야 할 것이다.…남선 측은 남선 출신 '혁명가'들을 연고자 때문에 못주겠다고 하고 있는데 그렇다면 우리가 그 가족을 함께 받을 용의가 있다."(주: 남선은 남한을, 북선은 북한을 지칭)

북한이 이토록 애타게 데려가고 싶어 했던 '남선 혁명가'는 문재인 대통령이 평창올림픽 리셉션 환영사에서 "존경하는 한국의 사상가"라고 밝힌 신영복(1941~2016) 성공회대 교수입니다. 이 사실은 2016년 외교부가 '베트남 억류공관원 석방 교섭 회담(뉴델리 3자회담)' 외교문서철을 비밀해제하면서 밝혀졌습니다.

남(南)베트남이 패망한 1975년 4월 30일, 공산화된 베트남에서 미처 탈출하지 못한 우리 외교관은 9명이었습니다. 북(北)베트남 공산정부와 긴밀한 관계를 맺고 있던 북한은 이들 한국 외교관 9명의 신병 인도를 요구하고 나섰습니다. 9명의 외교관 중 6명은 자력으로 탈출하거나 북베트남 공산정부의 퇴거 조치에 따라 한국으로 돌아왔습니다. 나머지 3명은 북한의 사이공에서 계속 억류되어 치화형무소에 수감되었습니다. 한국 정부는 박정희 대통령의 특명에 따라 이들 억류

공관원을 석방하기 위해 프랑스, 미국, 스웨덴, 유엔 등 가능한 모든 채널을 동원하고 있었습니다. 마침내 프랑스의 중개로 한국에 억류 중인 북한 간첩들과 우리 공관원들의 교환 교섭을 위한 회담이 시작되었습니다. 1978년 극비리에 진행된 '베트남 억류 공관원 석방 교섭을 위한 뉴델리 3자회담'입니다.

인도 뉴델리에서 열린 한국과 북한, 북베트남 공산정부의 3자 비밀 협상은 사실상 한국과 북한의 양자(兩者) 대화로 진행됐습니다. '남한에 복역 중인 북한 간첩'들과 베트남에 억류된 공관원들의 교환으로 이해하고 회담에 나섰던 우리 측에 북한이 '체포 구금된 남조선 혁명가들'로 교환 범위를 확대해야 한다고 주장해 실랑이가 시작됐습니다. 교환 비율에 있어서도 우리 정부는 1대1을, 북한은 1대70을 요구하고 나섰습니다. 무려 4개월여의 논쟁 끝에야 비로소 억류 외교관 1명 당 7명, 총 21명을 북한에 인도하기로 합의했습니다.

한국 측 수석대표였던 이범석 대사가 서울에 보낸 긴급 전보에는 중대한 정보가 기록되어 있습니다. 교환 비율의 타결이 임박했던 1978년 11월 17일, 조남일 북측 수석의 요청으로 李 대사가 개별접촉을 가졌습니다. 조 수석은 북한이 제시한 1대7 타결안을 우리 정부가 받아들이지 않을까 안달하는 모양새로 이런 말을 덧붙입니다.

"1대 7이 사실은 김일성 수령의 명령이다. 우리들 체제상 '수령님의 명령'을 거역할 수 없다는 것은 남측도 잘 알지 않는가?"

이 3자회담에 김일성이 직접 관여하고 있다는 고백이었습니다.

북한이 제시한 21명 중 살아서 복역 중인 8명은 모두 남한 출신이었습니다. 복역 중인 8명 중 3명이 김일성에게 충성한 남한내 지하당 통일혁명당(이하 통혁당) 사건 관련자들이었습니다. 우리 대표는 교환 대상에 남한 출신은 포함될 수 없으며 남한에 가족이 있는 사람도 넘겨줄 수 없다는 기본 입장을 유지했습니다. 우리 측 대표가 북한 측에 북한 출신 남파 간첩 및 재일교포 출신 중형자들의 명단 제시를 권하자 "필요치 않다"며 남한 출신 복역자의 인도를 끈질기게 고집했습니다. 이는 북한 정권이 남파간첩이나 재일동포 간첩보다도 남한 내의 김일성 추종자들을 더 소중하게 여기고 있었다는 의미입니다.

북한 대표들이 집요하게 '남한 출신 혁명가'를 인도해 달라고 주장하는 강도(强度)로 미뤄 교환비율 합의에서와 마찬가지로 김일성의 직접 관심사임을 알 수 있습니다. 그들은 이산가족 발생이 우려된다면 "가족과 함께 넘겨주면 어떤가"라고까지 물고 늘어집니다. 심지어 "이 회담을 통해 얻을 것이 없다고 판단, 동 사실을 월남에 통보해 주면 월남은 억류하고 있는 남한 외교관 3명을 월남법에 따라 재판해 사형을 집행하고 그 사실을 신문에 공포할 것"이라고 협박합니다.

회담은 교착상태에 빠지고 북측은 우리가 제시하는 북한 출신 10명, 북한이 제시하는 남한 출신 11명으로 명단을 확정하자고 제안합니다. 여기서 북한이 제시한 남한 출신 11명이 진정으로 데려가고 싶어 했던 사람임은 부정할 수 없을 것입니다. 북한이 최후의 최후까지 간절하게 원하던 사람들 중에 바로 통혁당 사건으로 무기징역을 살고 있던 신영복이 있습니다. 북측은 "신영복은 독신자로 이산가족이 생기는 '비인도적 결과'가 초래하지 않는다"며 끈질기게 인도를 요구했습니다.

당시 신영복은 통혁당 사건 관련자로 무기징역을 선고받아 복역 중이었습니다. 한국 정부가 '자국민 북송은 안 된다'는 원칙을 고수하였기에 신영복 씨는 한국에서 여생(餘生)을 보낼 수 있었고 여러 권의 책을 썼으며 '대통령이 존경하는 사상가'가 될 수 있었습니다. 북한의 강력한 희망을 한국 측이 받아들였다면 여생을 북한에서 보낼 수도 있었던 신영복은 복역한 지 20년만인 1988년 8월 14일 광복절 특별 가석방으로 출소했습니다.

문재인 대통령은 올해 초 북한의 김영남, 김여정이 청와대에 방문했을 때 신영복의 서화(書畵) 앞에서 기념촬영을 했고, 각 비서관실에 신영복 교수가 쓴 액자를 선물해 걸도록 했습니다. 2012년 대선 당시 문재인 후보의 '사람이 먼저다' 슬로건은 신영복 글씨체입니다.

문재인 대통령(당시 민주당 전 대표)은 2017년 1월 신영복 1주기 추도식에 참석해 "신 선생은 더불어민주당의 '더불어'라는 당명(黨名)을 주고 가셨다. 선생의 '더불어숲'에서 온 말이다. 여럿이 더불어 함께하면 강하고, 세상을 바꿀 수 있다. 많은 촛불이 모이니 세상을 바꾸는 도도한 힘이 됐다. 촛불과 함께 더불어 정권을 교체하고 내년 2주기 추도식 때는 선생이 강조하신 더불어숲이 이뤄지고 있다고 자랑스럽게 보고드릴 수 있도록 하겠다"고 말하기도 했습니다.

신영복을 사상가로 존경한다는 문재인 대통령의 사상은 이처럼 구체적 행동이나 정책으로 나타나고 있습니다. 신영복의 사상이 김일성주의라는 점은 확정된 재판으로, 그리고 그를 이대용 공사와 맞바꿔 데려가려고 그토록 집착하였던 김일성 정권의 행태로 뒷받침됩니다.

좌파 정권 시절에도 신영복은 재심신청을 하지 않았고 과거사 조사 항목에서도 통혁당 사건은 빠졌습니다. 그렇다면 문재인 대통령은 신영복을, 김일성주의 사상가로서 존경한다고 봄이 합리적일 것입니다.

평양엔 통일혁명당의 주범으로 사형된 김종태의 이름을 딴 김종태 전기기관차 공장이 있습니다. 남북한 정권의 수뇌부가 통일혁명당의 핵심 인물들을 같이 존경하고 있는 셈입니다. 대한민국 대통령의 이런 감정이 이념으로, 정책으로 구현되고 있습니다. 헌정 질서 붕괴는 감정에서 비롯될 수 있다는 이야기입니다.

신영복은 통일혁명당이라는 지하간첩단 조직원으로 무기징역을 받은 인물입니다. 전향서를 쓰고 출옥했으나 출옥후 사상을 전혀 바꾸지 않았다고 쓰고 있는데 그렇다면 다시 감옥에 넣었어야 하는 것이 아닙니까? 사상은 핵보다 무섭습니다. 사상은 인간의 행동을 결정합니다.

도대체 문재인은 왜 이런 사람들만 존경할까요?

대한민국 주사파의 원조인 리영희를 존경하고, 한국 전쟁에 중공군을 파병한 모택동을 존경하고, 베트남을 공산 통일한 호치민을 존경하고, 국가 전복 기도로 사형선고 받았던 신영복을 사상적 스승으로 존경하고, 임정 시절의 공산당 활동을 한 김원봉을 존경한다고 모두 자기 입으로 말했고, 자서전에서 글로 썼습니다. 그들의 공통점은 무엇일까요? 모두 빨갱이입니다. 자유대한민국 대통령이라는 사람이 존경할 사람이 없어서 이런 인간들을 존경한다고 하는데, 그는 도대체 어떤 사람이라고 해야 할까요? 문재인도 결국 빨갱이라는 것입니다.

또한 지난 청문회에서 "나는 사회주의자다"라고 말한 조국을 법무부 장관 임명을 강행함으로써 국론이 분열되었으며, 매주 토요일마다 광화문에서 외치는 애국 국민들의 소리에는 침묵으로 일관하고 있습니다.

김상복 목사(할렐루야 교회)는 "우리 지도자가 존경하는 사람이 베트남의 호치민, 신영복을 존경한다고 그런다. 리영희와 북한 장군 김원봉을 우리 뿌리라고 한다. (중략) 나는 잘 모르는 사람들이다. 이건 아니다. 대한민국 대통령이 이러면 안 된다"고 했습니다. 김 목사는 "41% 지지밖에 못 받은 대통령이지만, 59%가 찬성하지 않지만 나라를 잘 이끌어 주길 바란다. 그런데 시간이 갈수록 가나안 땅의 거인처럼 보인다. 두려움을 주고 염려를 일으킨다"고 했습니다.

정치 지도자는 국민을 편안하게 해야지, 두려움을 일으키면 안 된다고 했습니다. 김 목사는 "북한 정부가 거인같이 보이고, 남한 사회주의자들이 거인처럼 보이고 두려움을 일으킨다. 정치 지도자는 두려움을 주고 염려와 낙심을 일으키면 안 된다. 희망과 용기를 줘야 한다. (중략) 설령 59%가 찬성 안 했어도 이 나라 민족이다. 그분들도 끌어안고 하나로 만들어야 한다"고 말했습니다.

오늘날처럼 사회가 갈라진 모습을 본 적도 없다고 했습니다. 과거에는 여당과 야당이 문제였다면, 이제는 북한과 사회주의가 문제라고 지적했습니다. 김상복 목사는 "(북한) 이념을 가지고 (남한을) 해석하니까 모든 걸 나쁜 게 생각한다. 고생, 수고, 눈물, 땀으로 세운 대한민국의 국민을 불안하게 하고 있다"고 했습니다.

학교에서나 교회에서까지 공산주의에 대해 잘못된 인식이 매우 심각합니다. 역사적으로 공산주의가 기독교에 어떤 짓을 했는지 잊었습니까?

영국의 수상 처칠은 "역사를 잊은 민족에게는 미래가 없다"고 말했는데, 한국 전쟁 당시 얼마나 많은 사람들이 공산주의자들에 의해 죽었으며, 사랑의 원자탄이라고 부르는 손양원 목사님을 비롯하여 수많은 기독 성도들이 공산주의자들에게 순교를 당한 사실을 벌써 잊었습니까? 이들의 순교를 개죽음으로 만드는 것입니까?

'더불어'의 뜻을 아시나요?

'더불어'는 '함께 일하고 함께 나누는 공산주의'라는 뜻입니다. 공산주의 신봉자 김일성이 「세기와 더불어」라는 8권의 어록을 출간했습니다. 통혁당 간첩의 두목인 신영복도 김일성을 따라서 「더불어 한길」, 「더불어 숲」이란 책을 출간했습니다. 남로당 간부요 간첩으로 구속된 손용우의 딸 손혜원이 더불어 민주당 당명을 제안해서 '더불어 민주당'이 된 것이 우연일까요?

이번에 조국의 불법과 탈법, 가족 비리, 친척 비리, 청문회에서 조국이 '자기는 사회주의자'라고 '강남의 좌파'라고 밝혔는데, 당 차원에 그를 보호하고 강변하는 것을 보면서 더불어 민주당이 공산당이라는 것을 온 국민이 확인하는 계기가 되었습니다.

그들은 어떻게 되어서 8백만의 사상자를 내고, 1,000만명의 이산가족을 만들고, KAL기 폭파, 아웅산 테러, 연평도 해전, 천안함 폭침 등 수백만 살상자를 내고, 핵을 만들어 자유 시민을 위협하는데 공산주의를 좋아 할까요?

그러면 이북으로 가는 것이 서로가 좋습니다. 더불어는 공산주의요, 사회주의요, 자유민주주의의 적입니다. 우리는 문재인과 조국의 실체를 알고 더불어 민주당의 실체를 확인했습니다. 두 번 다시 속지 맙시다!

4) 사회주의와 기독교 사회주의 가능할까?

요즘 우리 주변을 살펴 보면 사회주의와 공산주의 이론을 신봉하거나 지지하는 사람들이 참으로 많이 있는 것을 알 수 있습니다. 교회안을 들여다 봐도 기독교인들조차도 사회주의와 공산주의를 지지하는 사람들이 참으로 많은 것을 봅니다. 과연 사회주의와 기독교 사회주의가 가능할까요?

(1) 김진홍 목사

조국 장관이 국회 청문회에서 자신이 사회주의자임을 밝힌 일로 사회주의에 대한 논란이 일고 있습니다.

철학이나 정치학을 전공하지 않은 일반인들은 사회주의의 장단점에 대한 인식이 부족할 수밖에 없습니다. 나는 다행히 학부에서 철학을 전공하고 이어서 신학을 공부하였기에 사회주의에 대하여 기본 인식이 있는 셈입니다.

이 글은 일반인들이 사회주의에 대하여 기초적인 인식을 가질 수 있도록 하기 위해 알리고 싶어서 쓰는 글입니다. 사회주의를 인식하기 위해서는 먼저 살펴 보아야 할 책 2권이 있습니다.

국부론이란 책과 자본론이란 책입니다. 국부론은 1776년 영국의 사상가 아담 스미스가 쓴 책입니다. 자본론은 국부론이 출간된지 90여 년 후에 독일인인 칼 맑스가 썼습니다. 두 책은 19세기와 20세기에 들어오면서 세계를 뒤흔든 사상서가 되었습니다. 그런데 결론을 먼저 말하자면 국부론을 국가 경영의 전략으로 채택한 나라들은 부강한 나라들이 되었고, 자본론을 채택한 나라들은 빈곤한 나라들이 되었습니다.

아담 스미스의 국부론에서 정치적 민주주의와 경제적 자본주의가 나왔고, 칼 맑스의 자본론에서 전체주의와 사회주의가 나왔습니다. 그리고 사회주의에 속하여 공산주의가 일어났습니다.

그렇다면 사회주의는 어떤 사상일까요? 사회주의를 간단히 정의하자면, 생산 수단으로 개인 소유를 배격하는 경제 이론입니다. 생산 수단의 개인 소유를 배격하면 무슨 일이 일어날까요?

사회주의 경제 이론을 실행하면 기업들이 국유화가 됩니다. 농민들의 농토 역시 자신의 논밭이 마을 공동체가 집단으로 소유하게 되거나 국가 소유가 됩니다. 지금의 북한식의 사회가 되어집니다. 얼핏 들으면 너 것 내 것 없는 공평한 사회가 될 것 같습니다.

2차대전 이후 사회주의를 채택하였다가 실패한 대표적인 나라가 인도입니다. 인도의 초대 수상 네루는 옥스퍼드를 나온 엘리트임에도 국가 경영의 체제를 사회주의를 채택하여 인도를 가난하고 후진 국가가 되게 하였습니다. 반면에 아담 스미스의 국부론이 제시한 자유민주주의를 채택하여 성공한 나라가 대한민국입니다.

이승만 초대 대통령은 하버드와 프린스턴에서 정치학을 공부한 분이었습니다. 그는 철저한 자유민주주의와 자본주의의 신봉자였습니다. 그는 해방 이후 극도의 혼란기에도 자유민주주의와 자본주의를 채택하여 번영하는 대한민국의 기틀을 세웠습니다.

(2) 소강석 목사

차세대 리더로 주목 받고 있는 경기도 용인시의 새에덴교회 소강석 목사는 이렇게 말하고 있습니다.

"추석 연휴를 맞아 한국교회 미래를 준비하는 대안과 방향성을 찾기 위해 교인들과 함께 북유럽교회를 탐방하고 왔다. 동유럽교회는 공산주의 때문에 망했고, 서유럽교회는 진화론 사상과 자유주의 그리고 반기독교적인 흐름 때문에 망했다는 것을 알고 있었다. 그런데 기독교 국가 안에 존재했던 북유럽교회가 왜 무너지고 말았는지 그 이유가 궁금했다.

북유럽은 바이킹의 야성과 서유럽의 기독 신앙이 절묘하게 조화를 이루면서 찬란한 기독교 문명을 꽃피웠다. 그러나 지금은 교회가 텅텅 비어 버렸다. 아니, 반기독교적인 사상과 문화 때문에 유치원과 초등학교에서 해왔던 기도와 성경학습을 다 철폐해 버렸다. 심지어는 공감 교육과 다양성 교육을 명분으로 삼아 아예 유치원에서부터 동성애 교육을 한다.

노르웨이에서는 어느 부부가 아이에게 '동성애가 잘못됐다'는 교육을 했다는 이유로 양육권을 박탈당했다. 선교사가 노방전도를 했다고 고발을 당해 체포됐다. 주영찬 스웨덴 스톡홀름 한인교회 목사는 그 이유를 세 가지로 설명했다.

첫째, 북유럽의 교회들이 공식적으로 영혼 구원과 세계선교를 포기하고 사회 문제나 인권 문제로 방향을 돌렸기 때문이다. 1968년 스웨덴 웁살라에서 세계교회협의회(WCC) 대회가 열렸다. 북유럽 국가들이 주도한 이 대회에서 전도와 선교를 포기하고 기독교가 앞으로는 정치·사회·인권 문제 등에 관심을 갖고 참여해야 한다고 결정한 것이다. 한마디로 기독교 사회주의를 표방한 것이다. 프랑크푸르트학파들의 주장과 네오마르크시즘 사상이 들어오면서 동성애까지 수용하게 된 것이다. 정부는 혐오·차별이나 성차별 금지법 등을 만들어서 교회로 하여금 진리를 진리로 가르치지 못하게 했다.

둘째, 국가가 종교를 통제하는 시스템 때문이다. 독일의 경건주의 학자였던 스패너는 "국가가 교회를 통제하는 순간 교회는 멸망한다"고 했다. 그런데 북유럽 국가들이 '국가가 요람에서 무덤까지 책임진다'는 사회주의를 표방하면서 교회의 역할과 영향력이 축소됐다. 처음엔 기독교 사회주의로 시작한다고 했지만 결국 무신론적 사회주의로 전락한 것이다. 국가가 종교를 통제하고 종교가 제 역할을 못 하면 그 사회주의 속에는 권력의 독재화가 발생하기 마련이다. 그래서 북유럽 국가들이 동성애 옹호법을 통과시키려 할 때 루터교의 대주교와 지도자들은 아무런 반대도 하지 못하고 지지해 버린 것이다.

셋째, 교회가 국가의 '종교 서비스 기관'으로 전락했기 때문이다.

북유럽 교회는 말씀과 기도는 사라진 채 요가 수업을 해서 돈을 받고 관광객들에게 관람료를 받아 유지하고 있다. 그리고 국가의 정책인 마약중독자 치유, 자살 예방, 심리 상담, 난민 도우미 등 서비스 제공자 역할만 하고 있었다. 교회가 본연의 사명을 감당하지 못하니까 종교 서비스 기관으로 전락해 버린 것이다. 그러니 영적인 면에서 북유럽이 폐허와 불모, 황무지의 나라가 돼버린 것이다. 스칸디나비아의 하늘은 푸르고 맑기만 한데 사람들은 꿈을 잃고 검은 상복을 입은 채 슬픈 얼굴로 낯선 거리를 배회하는 것처럼 보였다.

거리에 서서 그 옛날 바이킹의 야성이 기독교 영성의 꽃을 피우던 찬란한 역사를 회고하며 우리나라의 현실을 생각해 봤다. 신임 법무부 장관도 우리나라에 사회주의가 필요하다고 했고 심지어 기독교 내부에도 사회주의를 표방하는 사람이 있다. 물론 사도행전 2장에 나타난 그리스도 중심의 공동체적 섬김과 사랑의 사회주의는 가능할 것이다. 그러나 그런 사회주의는 그리스도가 중심이 되지 않고는 불가능하다. 그것은 반드시 네오마르크시스트들이 추구하는 사회주의로 전락할 것이다.

사회주의는 반드시 독재 권력을 탄생시킨다. 공유 개념, 퍼블릭 마인드, 플랫폼 정신은 한국교회가 주도해야 하지만, 그리스도의 정신이 없는 사회주의는 불가능하다. 그러므로 한국교회도 더 늦기 전에 대비해야 한다. 말씀과 기도, 영성의 불꽃이 꺼지기 전에, 네오마르크시스트들이 표방하는 무신론적 사회주의가 이뤄지기 전에 우리 모두 함께 손을 잡고 영전, 사상전, 문화전을 해야 한다"

(3) 최덕성 박사

최덕성 교수(브니엘 신학교 총장, 고려신학대학원 교수 1989-2009)는 크리스챤투데이의 오피니언 칼럼(2020.1.20.)에서 이렇게 말하고 있습니다.

① KBS의 사회주의 공론화

대한민국 한국방송공사(KBS)는 2020년 1월 11일 밤 8시 사회주의가 반기독교적이지 않다는 요지의 방송을 한 시간동안 내보냈다. '교회 정치, 광장에 갇히다' 는 제목의 〈시사기획 창〉 프로그램이었다.

광화문 이승만 광장에서 외치는 전광훈 목사와 기독교인들의 대통령 문재인 하야 목소리를 기독교 보수층의 잘못된 이념에 기인한 극단적 활동으로 해석했다. 왜곡된 사상으로 무장한 이상한 사람들이 모여 기이한 행동을 하는 것처럼 보도했다.

KBS는 이 방송에서 사회주의에 대한 기독교인들의 혐오와 반대가 기독교적이지 않은 것처럼 보도했다. 좌파 성향을 가진 교회사 교수들과 기독교 사회운동가들을 동원하여 반공주의와 이승만 광장의 보수 기독교인 집회를 규탄했다. 칼 마르크스의 사회주의 사상과 역사적 유물론에 호의적인 뉘앙스를 보였다.

교묘한 편집으로 사실을 호도하기도 했다. 서울신학대학교의 박모 교수가 한때 기독교 진보계 인사들이 "한국교회는 반공을 회개해야 한다"고 한 말을, KBS는 마치 박 교수 자신이 그렇게 말한 것처럼 이해되도록 했다. 중요한 것은 KBS가 현 정부의 기호에 맞추어 사회주의를 본격적으로 공론화한 사실이다.

사회주의에는 여러 가지 유형들이 있다. 모든 유형의 사회주의는 마르크스주의, 곧 혁명적 사회주의와 맞닿아 있다. 사회주의자 엥겔스는 부르주아 계급이 도구로 장악하고 있는 노동자들을 통치할 목적으로 사용하는 도구인 국가의 법도 사멸시켜야 한다고 했다.

② 사회주의자 법무부 장관

대통령 문재인은 사회주의자를 법무부 장관으로 임명하여 사회 갈등을 극대화했다. 조국 씨는 자타가 인정하는 사회주의자이다. 1990년대 성행하던 '남한 사회주의 노동자동맹(사노맹)' 활동을 했다. 법무부 장관 후보 청문회에서 그는 자신이 사노맹 활동을 한 것을 부끄럽게 생각하지 않으며, 사회주의자라고 밝혔다. 사상적 전향 의사가 없음을 밝힌 것이다.

조국의 사회주의는 마르크스주의를 핵심 이데올로기로 삼는 혁명적 사회주의, 곧 공산주의다. 조국이 공산주의자인 사실은 그의 사노맹 활동만이 아니라 그의 석사학위 논문과 법학지에 기고한 글에 분명히 나타난다.

조국이 서울대 대학원에 제출한 석사학위 논문(1989년)은 '소비에트 사회주의 법-형법이론의 형성과 전개에 관한 연구:1917-1938'이다. 표절 의혹에 휘말려 학교 당국 조사를 받고 있는 것으로 알려진 논문이다.

조국의 논지는 소비에트식 사회주의 법을 대한민국에 실현하여, 자유민주주의와 자본주의의 병폐에 맞서는 새로운 대안 법을 만들어 대체해야 한다는 것이다. 논문은 전시공산주의 단계, 신경제정책단계, 대전환 개시, 사회주의 승리와 대숙청, 마르크스주의 법이론의 재전환에 대한 논의로 이어진다.

조국은 서론에서 자신의 사회주의 이해를 밝힌다. 형법에서 죄형법정주의, 재판청구 보장, 일사부재리 원칙, 소급입법 금지 원칙 등이 우리 사회에서 어떤 의미를 가지면 어떤 모습으로 실현되고 있는가 하고 질문을 던진다.

이 원칙들은 부르주아 자유주의의 형법 이론이라고 하면서, 이러한 문제를 해결하는 사회주의 형태의 새로운 법학의 필요성을 제기한다. 혁명적 사회주의 법학이 필요하다는 것이다.

자유민주주의 법이 가진 모순적인 형법의 대체를, 마르크스주의적 사회주의 법을 통해 실현하려 한다. 사회주의 법학을 도구로 삼아 우리 사회를 개혁한다는 것이다.

그리고 자본주의 법을 사회주의 법으로 대치해야 한다고 결론 짓는다. 사회구조의 총체적 변화를 위해, 새로운 법학 방법론이 대두돼야 한다고 한다. 조국은 이처럼 대한민국 현실의 모순 해결을 소비에트의 혁명적 사회주의-공산주의에서 찾는다.

"우리의 생각은 우리의 눈을 우리 사회와는 근본적으로 상이한 구조를 갖는 사회주의 사회의 법, 형법 현실로 향하게 되었다. 우리의 연구에서 밝혔듯이 혁명 후 프롤레타리아는 차르 체제의 법, 사법기관을 철저히 폐지하고 그것과의 단절 위에서 새로운 법체제와 사법기관을 창설하였다.

이 과정에서 당시 프롤레타리아의 진로를 막았던 것은 법에 대한 경제주의적, 허무주의적 태도 및 마르크스주의 법이론의 관념화였고, 이러한 편향과의 투쟁은 혁명 초기의 프롤레타리아의 중요한 임무였다.

혁명후 격동 속에서도 이러한 노력이 계속되었음을 알 수 있다. 대숙청을 통하여 그 이전까지의 노력은 원점으로 돌아갔으나, 스탈린 비판 이후 다시 개화하게 되어 현재에 이르게 되었다.

이제 우리는 원래의 출발점에 다시 서게 된다. 우리 사회에서는 진정 법과 합법성이 승리하고 있는가, 아니면 쇠퇴하고 있는가? 상술한 형법적 제 원칙은 진정 계속 발전되고 있는가, 아니면 많은 특별형법과 실무에서 퇴락하고 있는가? 라는 질문을 던지게 된다. 현재로서 우리의 대답은 부정적이다"

조국은 1993년 법학지 〈민주법학〉에 기고한 논문에서도 마르크스주의 법 이론이 한국 사회의 모순을 타개할 대안이라고 주장한다.

"이상의 작업에 기초하고 또 이에 병행하여 마르크스주의 법 이론은 한국 사회의 법 현실에 대한 구체적인 분석 작업으로 나아가야 한다.

마르크스주의 법 이론에 대한 탐구 못지않게 중요한 것이, 바로 우리 사회의 구체적 법 현실에 대한 천착이다. 구체로의 상승이 이루어질 때만 추상도 더욱 발전하는 것이다. 레닌의 말대로 '구체적인 것에 대한 구체적 분석'이야말로 마르크스주의의 혼이 아니던가?

그리고 이 작업은 단지 법학자들 사이의 폐쇄적 이론적 담화만으로 이루어져서는 안된다. 한국 사회의 법 현실을 과학적으로 분석하고, 그 현실을 타개하는 올바른 계획과 방법을 잡아 나아가기 위해, 마르크스주의 법 이론은 그 본성상 현실의 진보 운동과의 교통이 필수적이며, 또한 진보 운동과 결합하여 그 한 부분이 되지 않을 수 없는 것이다(조국, '현 단계 맑스주의 법이론의 반성과 전진을 위한 시론', '민주법학〉, 제6호, 1993)".

조국은 석사학위 논문(1989)과 〈민주법학〉 위 글(1993)에서 혁명적 사회주의 정치를 실현하려는 자신의 의지를 명확하게 밝힌다.

조국이 법무부 장관으로서 추진한 검찰 개혁은 사회주의 마르크스주의에 나타난 형법 정신의 실현이다. 청와대 민정수석으로, 법무부 장관으로, 민중민주주의 곧 혁명적 사회주의-공산주의를 실현하려는 실험 정치를 하고 있었다. 마르크스주의를 도입하여 자본주의 시대의 형법을 개혁하고자 했다.

다수의 우파 국민들은 청와대를 사회주의의 요람으로 인식하고 있다. 조국은 주사파 계열인 민족해방주의(NL:National Liberty)보다 마르크스주의를 토대로 하는 민중민주주의(PD:People's De mocracy) 계열의 인물이다.

청와대는 공산주의자들 곧 주사파계 민족해방주의(NL)와 마르크스주의를 토대로 하는 민중민주주의(PD)의 힘겨루기가 한창인 듯하다.

사람의 사상은 변하기도 하지만, 조국은 변함이 없다. 초지일관 사회주의-공산주의를 지지한다. 대한민국이 "마르크스주의 이름하에 행해진 기왕의 이론과 실천을 면밀히 검토 비판해야 한다. 이때 유의할 것은 이 작업이 단지 마르크스주의 청산과 해체를 위해서가 아니라, 자유주의의 한계를 직시하고 민중적 입장에 선 민주주의를 더욱 확고히 하면서 새로운 자본주의 극복 전망을 창출하기 위한 것이어야 한다는 점이다(조국, '현단계 맑스주의 법 이론의 반성과 전진을 위한 시론')"라고 한다. 이 주장은 석사학위 논문 논지와 정확히 일치한다.

③ 사회주의와 공산주의의 차이

대통령 문재인은 '빨갱이'인가? 우리 사회 일각에서는 사회주의자를 법무부 장관으로 임명한 대통령 문재인을 공산주의자로 보고 있다. 다른 한편에서는 이를 몰상식한 판단, 성급한 추측이라고 비난한다. 당사자는 옳다 그르다고 답하지 않는다.

공산주의자들을 추앙하고 조국을 법무부 장관에 임명하는 등의 여러 가지 사건들은 문재인이 대한민국을 뒤집어 엎어 공산주의 사회를 만드는 꿈을 꾸고 있다고 단정하기에 부족함이 없어 보인다. 국방력과 한미동맹을 약화시키는 외교적 행보가 그 같은 판단의 신빙성을 뒷받침한다.

사회주의와 공산주의는 궤를 같이 한다. 맥락에 따라 동의어(同義語)로 사용된다. 사회주의와 공산주의 두 체제는 사유 재산의 제거와 재화(財貨)의 집단 소유 제도를 지향하는 점에서 차이가 거의 없다.

마르크스주의에 따르면, 사회주의는 공산주의로 넘어가는 과도기적 단계이다. 사회주의 사회는 국가 또는 정부가 사유 재산과 집단화 프로그램을 통제한다. 경제적 재화와 소유물이 인민들 사이에 평등하게 분배되는 것을 원칙으로 삼는다.

능력대로 일하고 필요에 따라 분배하는 이상 사회를 지향한다. 지난 1세기 동안의 역사는 사회주의가 인간의 본성을 간과한 나머지 국가의 부도와 하향 평준화 그리고 극빈국이라는 종착점에 도달함을 알려준다.

현대 경제 체제는 자본주의, 사회주의, 공산주의로 구분된다. 자본주의는 모든 경제 주체가 시장경제원리에 따라 움직이는 것을 말한다.

시장은 보이지 않는 손이 통제한다. 사회주의는 부의 편중을 막을 목적으로 생산 수단을 개인이 아닌 사회가 소유한다. 공산주의는 사회주의에서 더 나아가 분배의 공평과 사유재산 부인, 공유재산제를 시행한다. 사회주의와 공산주의는 많은 경우 같은 말이다.

④ 기독교와 사회주의의 공존 가능성

사회주의와 기독교는 상극이다. 기독교가 사유 재산 제도를 인정하기 때문이다.

성경은 재산의 개인 소유권을 인정한다. 재산의 개인 소유에 관한 어떤 형태의 공유제도를 인정하지 않으며, 사유재산제를 인간 삶의 경제적 기반으로 삼는다. "일하기 싫은 자는 먹지도 말라(살후3:1)", "도둑질하지 말라(출20:15)", "네 이웃의 집을 탐내지 말라(출20:17)", "네 하나님 여호와를 기억하라. 그가 네게 재물 얻을 능을 주셨음이라(신8:18)"

종교개혁 신학과 칼빈주의는 개인이 정당하게 얻은 것은 즐길 권리가 있는 반면, 인색하거나 낭비하는 것은 합당치 않다고 본다. 땀 흘려 일하고, 얻은 재물을 근검절약하여 저축하면 자본이 생겨난다.

남는 자본을 재투자하여 자본주의 시장 경제가 생겨난다. 보이지 않는 손길에 의해 움직이는 자유시장이 부강한 사회와 나라의 토대라는 것이다.

사회주의-공산주의는 기독교 신도가 많아지면, 사회주의-공산주의가 무너지고 만다고 생각한다. 그래서 기독교 박해에 전력한다. 사회주의-공산주의가 기독교를 적대시 하는 가장 중요한 까닭은 기독교가 개인의 재산과 자본을 인정하기 때문이다. 자본주의의 발달에 프로테스탄트 정신과 윤리가 크게 영향을 미치기 때문이다.

원시 공산제(共産制)는 개인이 모든 재산, 토지, 천연자원, 생산시설을 소유하도록 국법으로 인정하고 보호한다. 소유자의 자유로운 관리와 처분에 맡긴다.

계약 자유의 원칙과 더불어 발달한 사유 재산 제도는 자본주의 문명의 원동력이다. 재산의 집중현상과 무산 계급의 생존의 위협, 사회이익이라는 이상에 어긋나자, 20세기에 이르러 국가는 생산 수단, 천연자원의 개인 독점을 적당하게 제한하는 제도가 도입됐다.

특수한 것만 국유 또는 국가관리 아래에 둔다. 그러나 공산주의 체제는 소비재를 제외한 모든 재화의 사유를 인정하지 않는다.

자본주의는 개인이 이윤을 얻도록 생산 수단의 사적 소유와 자유경쟁을 보장한다. 사회주의는 생산 수단의 사회적 소유와 사회적 관리의 수단에 의한 자유·평등·사회정의의 실현을 추구한다.

사회주의는 공산주의와 마찬가지로 생산 수단 공공화, 중앙집중적 계획 체제를 바탕 삼아 물건을 생산하도록 한다. 능력에 따라 일하고 실적·행위에 따라 분배하는 것을 목표로 삼는다.

공산주의는 능력에 따라 일하고 필요에 따라 분배한다는 이상적 원칙을 실현하려고 한다. 공산주의가 몰락한 것은 이러한 이상이 사실상 실현 불가능하기 때문이다.

첫째, 인간은 이기적 존재이다. 죄성을 지니고 있다. 자기에게 직접 이익이 없으면 생산 활동을 하려 하지 않는다. 둘째, 모든 사람의 필요를 만족시킬 만큼 생산하는 것이 현실적으로 불가능하다. 셋째, 재화를 공동 재산으로 여겨 개인이 필요한 만큼 사용하게 한다지만, 인민은 필요한 만큼의 생산을 하지 않으며, 따라서 개인이 필요한만큼 가져가는 것이 사실상 불가능하다.

자본주의의 약점은 빈익빈 부익부 현상이다. 생산과 소비 과정에 나타나는 환경파괴와 오염, 그리고 물질만능주의도 있다.

인간에게 준 재물은 근본적으로 하나님의 것이다. 하나님은 우리에게 '청지기' 역할을 하도록 재화를 위탁했다. 자기 것이라고 마음대로 사용하거나 사치하거나 낭비함은 옳지 않다. 탐욕은 일만 악의 뿌리이다.

자본주의 경제 제도의 최상의 가치와 덕목은 나눔이다. 유럽 국가들과 미국, 캐나다 등 자본주의 국가의 발전은 나눔과 기부로 이루어졌다.

공산주의 경제관은 기독교 경제관을 극단적으로 오해한다. 사회적 불평등 해소 방법으로 재산을 집단체제가 소유한다. 전체 안에서 개인이 일부 사용권을 가질 수 있어 이상적으로 보이지만, 실제는 공권력이 재산을 소유하므로 공적 집단을 장악한 권력자들, 권력집단이 국가 전체의 재산을 마음대로 가지는 형태이다.

이러한 구조적 결함 때문에 공산주의 사회들은 부패한 사회로 전락했고, 그 나라들은 극빈국이 되었다.

⑤ 기독교 진보계의 친공 정치 활동

한국의 진보계 기독교는 줄기차게 반기독교적 행보를 걸어 왔다. 혁명적 사회주의 곧 공산주의와 맞닿아 있다. 민주화 운동과 연대하여 사회주의-공산주의 낭만화에 적극적인 활동을 해왔다.

왜 KBS는 한국의 진보계 기독교 세력의 음험한 사회주의 행보를 지적하지 않는가? 보수계 기독교인들이 교회 정치를 광장에서 하고 있다고 비난하면서도, 한국기독교교회협의회(NCCK)가 줄기차게 펼쳐온 사회주의적 적화 정치 활동은 언급하지 않는다.

자본주의에 근거한 자유민주주의 사회보다 사회주의가 좀 더 기독교적으로 보일 수 있다. 사회적 약자 중심의 정치로 평등과 분배를 강조하기 때문이다. 사회주의가 자본주의와 자유민주주의 정치와 경제 제도가 가진 모순을 타파하는 기능을 일부 가지고 있는 것도 사실이다.

사회주의는 '빛 좋은 개살구(apricot)'이다. 자유민주주의 체제의 모순을 고치려다 국가를 부도내고 국민을 노예화하는 '교각살우(矯角殺牛)'의 모순을 빚어낸다. 개인의 자유를 억압·통제·제한하고, 전제주의(totalitarianism)를 지향한다.

국가경쟁력 약화, 교육의 하향 평준화, 거대 정부 형성, 국가의 지나친 간섭, 자유민주주의의 궤멸, 보이지 않는 손으로 돌아가는 자유무역 기능을 마비시키는 등의 결과를 가져온다. 몰락한 동유럽 국가들, 러시아, 베네수엘라 등이 이러한 사실을 보여 준다.

월남한 기독교인들은 기독교 신앙과 공산주의가 공존할 수 없다는 사실을 체험했다. 기독교 신앙의 자유를 억압하는 중국은 어떤가? 리차드 범브란트 목사(1909-2001)는 루마니아 공산 치하 감옥에서 8년 동안 잔혹한 고난을 받았다.

그가 저술한 「하나님의 지하운동」, 「새장을 벗어난 새의 이야기」, 「독방에서의 설교」 등은 사회주의 통치가 기독교를 얼마나 잔혹하게 박해하는가를 생생하게 증언한다.

정치 이데올로기는 변한다. 좌파와 우파가 대결하기도 한다. 그러나 대한민국은 다른 국가들과 전혀 다른 상황에 있다. 북녘의 사회주의 국가는 초지일관 적화통일이라는 목표를 줄기차게 유지하고 있다.

핵무기는 혁명적 사회주의 조선의 통일을 훨씬 앞당겼다. 대한민국은 기울어진 운동장이며, 고종처럼 굴복항복 외에 다른 선택이 없는 게 아닌가 싶다. 평양에서 자신을 '남녘 대통령'이라고 비하하여 칭한 문재인은 좌파 기독교인들을 제외한 약 1천만명의 기독인들의 목숨을 사경으로 내몰고 있다.

사회주의 논쟁은 70년 전에 있었던 헤프닝이 아니라, 현재진행형 사건이다. 문재인 대통령과 정부는 사회주의 낭만화 작업을 지속적으로 펼쳐 왔다.

대통령은 혁명적 사회주의자들을 존경한다고 공언했다. 한미동맹을 불안하게 한다. 여러 가지 형태로 국방력을 약화시켰다. 자신이 사회주의자라고 당당히 밝힌 자를 대한민국 법무부 장관직에 임명했다.

평화는 힘으로 유지됨에도, 남북 평화가 대화로 유지된다는 궤변을 내뱉기도 했다. 가짜 평화를 진짜 평화로 오인하도록 사실을 호도해 왔다.

⑥ 사회주의를 버려라

대한민국 청와대를 지배하고 있는 이데올로기는 러시아와 유럽에서 폐기된 낡은 유물론적 이념으로 알려져 있다. 문재인은 혁명적 사회주의 곧 공산주의를 토대로 대한민국 국민을 대상으로 실험정치를 하고 있는 것으로 보인다.

마르크스주의와 기독교는 공존이 불가능하다. 기독교는 사회주의와 공산주의가 억제해야 하고 박해해야 하고 뭉개버려야 할 대상이다. 영원한 적이기 때문이다. 문재인 정부가 시행하려고 하는 차별금지법은 이러한 맥락에서 대두된 기독교 박멸 수단이다.

사회주의에 대한 낭만적 생각은 비극에 이르는 첩경이다. 독일의 야당인 사회민주당(SPD : Social Democratic Party)의 당수이며, 독일 수상을 두 차례 역임한 슈뢰더(1944-   )는 "독일의 미래를 위해 사회주의를 버려라"고 말했다.

슈뢰더는 괴팅겐대학교 법학과를 졸업하고 68학생혁명에도 참여한 좌파 성향의 정치가이다. 변호사로 일하다 사회민주당 당수로 1990년에 니더작센주 주지사에 당선되었다. 주지사를 세 번 연임했고, 환경정당인 녹색당과 연합하여 적록연립정부를 구성하여 다수당의 위치를 차지했다.

슈뢰더는 강한 좌파 이미지 덕분에 1998년에 제7대 독일 연방공화국 총리로 선출되었고, 재임에도 성공했다. 프랑스와 연대하여 미국의 이라크 전쟁을 반대하고, 경제를 살릴 조세를 개혁하고, 기업 중심의 사회주의 정책을 펼쳤다. 그러나 경제는 성장하지 못하고 실업률은 높았다.

슈뢰더는 두 차례에 걸쳐 수상을 역임하고 정계에서 은퇴했다. 왜 사회주의 정당을 이끌어 주지사와 총리를 두세번식 역임한 슈뢰더가 사회주의를 버리라고 말할까? 사회주의를 대수롭지 않은 것으로 여기는 대한민국 국민들, 기독교인들이 경청해야 할 의미심장한 조언이다.

기독인은 자기의 사회와 국가에 대한 심대한 책임을 가지고 있다. 사회주의는 역사적으로 실패한 정치-경제 이데올로기이다. '빛 좋은 개살구' 사회주의를 대수롭지 않게 여기거나 낭만적으로 이해하다 자멸하거나 노예 신분으로 전락할 수 있다. 기독교 신앙을 가질 수 없는 정치적 종착역에 도달할 수 있다.

아래의 BREADTV 동영상 '사회주의를 버려라:정일권 박사와 최덕성 박사의 대담'은 위 질문에 답한다. 독일 총리 슈뢰더의 고언을 소개하면서, 사회주의를 비평적으로 논한다(https://www.youtube.com/watch?=6UaRZE-m-WU).

공산주의 종주국인 구 소련의 스탈린은 공산혁명을 위해 4,500만 명을 죽였으며, 중국 공산당의 모택동은 6,300만명을 죽였고, 북한의 김일성은 700만명을 죽였습니다. 역사상 모든 공산국가 독재자들이 다 그랬습니다(즉, 공산 혁명의 세계적 매뉴얼임).

월남의 수도 사이공이 함락된 후 월남의 군인과 경찰은 수용소로 보내졌고, 공무원과 지도층 인사, 언론인, 정치인은 물론, 반정부 반체제 운동을 벌이며 월남 패망에 앞장섰던 '짠후탄' 신부 등 종교인, 교수, 학생 및 통일 운동가들까지 체포되어 수용소로 보내졌고, 대부분 처형되는 등 수백만 명이 처형 학살되었습니다.

「베트콩과 월맹의 내막」 저자 '리 라닝'은 "베트콩으로 활동한 월남인들은 모두 숙청되었고 일부는 재교육 수용소에 월남인 적들과 함께 수용해 제거해 버렸습니다."라고 증언했습니다.

이렇게 월남 패망에 앞장섰던 인사들까지 처형된 것은 자본주의 사회에서 반정부 활동을 하던 인간들은 사회주의 사회에서도 똑같은 짓(변절, 반역)을 할 우려가 있다는 이유에서였습니다.

이것이 공산주의자들이 행하는 잔인무도한 혁명전술전략입니다. 우리나라도 만약 공산화되면 이와 똑같은 일이 벌어진다는 것을 명심해야 합니다. 공산 혁명 역사상 모든 공산주의 국가들이 다 그랬습니다. 공산주의 종주국인 구 소련의 스탈린, 중국 공산당 모택동, 북한 김일성 등이 다 그랬습니다.

　김정일은 생전에 말하기를 "한반도 적화(赤化)통일 달성 시 (남한의)1천만 명은 이민 갈 것이고, 2천만 명은 숙청될 것이며, 남은 2천만 명과 북한 2천만명으로 공산국가를 건설할 것"이라고 했습니다. 만약 적화통일이 된다면, 한국 역사이래 없었던 대살육이 자행될 것입니다.

　북조선은 결코 유토피아가 아니라 디스토피아입니다.

4. 기독교(基督敎)냐?
김일성 주체사상교(주사파)냐?

오늘날 이 지구촌에는 현재 약 73억 이상의 사람들이 살고 있습니다. 그중에 약 11%인 8억명 정도가 무신론자들이고 나머지 65억명의 사람들은 어떤 형태이든지 한 가지 이상의 종교를 가지고 있으며, 그 종교로부터 파생된 문화와 관습 속에서 살아 가고 있습니다.

사람은 본질적으로 종교적 존재입니다. 갓 태어난 아기가 본성으로 어머니의 젖을 찾듯이 사람은 본성으로 영원을 사모하며 하나님을 찾습니다. 사람이 자기 나름대로 하나님을 찾음으로 성립되는 종교를 "자연 종교"라고 하며, 하나님이 사람을 찾아 오심으로 신·인 관계가 맺어지는 종교를 "계시 종교"라고 합니다. 기독교는 창조주되시는 하나님께서 피조물인 인간을 찾아오시고 교훈하심으로써 성립이 된 종교이기 때문에 계시 종교입니다.

1) 기독교냐?

(1) 기독교란 무엇일까?

'기독교'의 '기독'(基督)은 '기름부음을 받은 자'라는 의미의 그리스도에서 나온 말이며, 그리스어 "그리스도"(Χρτός, 크리스토스)의 중국어 음역인 '기리사독'(基利斯督)의 줄임말입니다. 기리사독(基利斯督)은 현대 북경어 발음으로는 '지리쓰두'이지만, 청나라 때에 '기'가 '지'로 전반적으로 구개음화하는 변화가 있었는데, 구개음화 하기 전의 옛 발음은 '기리스도'에 가깝습니다. 만주족 발음의 영향 때문이라고 합니다.

기독교는 유대교를 모체로 하고 있는 계시의 종교입니다. '기독교'라는 말은 그리스도를 믿는 자들이라는 의미로 '기독교'라고 하며, 그리스도는 예수님을 말합니다. 즉 기독교는 예수님을 믿고 따르는 모든 자들을 말합니다.

기독교의 경전인 성경(聖經)은 구약성경 39권과 신약성경 27권, 총 66권이 한 권으로 합본된 '전집'입니다. 구약(기원 전)은 예수 그리스도가 오실 것을 예언했으며, 신약(기원 후)은 그 예언대로 오신 예수 그리스도를 말하고 있습니다. 그 중심은 구세주 예수 그리스도입니다. 기록된 기간은 B.C. 약 1,500 ~ A.D. 100년까지, 약 1,600년 걸려서 완성되었습니다. 다양한 직업을 가진 약 40여명의 기자가 성령의 감동으로 하나님께 받아서 기록했습니다. 각 기자들의 시대가 달랐고, 지식 수준이 달랐으며, 신분의 고하와 직위의 차이가 있었으며, 서로 만나서 의논한 적이 없었지만 그 사상과 주제가 마치 단일 기자가 쓴 것처럼 통일되어 있습니다.

이 성경을 영어로 '바이블(Bible)'이라고 하는데, 그것은 '책 중의 책'이라는 뜻입니다. 왜냐하면 이 책은 사람의 책이 아니라 하나님의 말씀이기 때문이며, 사람의 가르침이 아니라 신의 글이기 때문입니다. 하나님이 인류를 구원하기 위해 주신 생명의 말씀이요, 피의 혈서입니다.

우리 기독교적 신앙과 생활의 유일한 법칙은 기독교의 경전인 신구약 성경입니다. 그중에서 기독 신자가 꼭 알아야 할 세 가지 필수 과목이 있습니다. 신앙의 규범인 사도신경과 기도의 표준인 주기도문과 생활의 법칙인 십계명이 바로 그것입니다. 사도신경, 십계명, 주기도문을 이해하면 기독교 전체를 알 수 있습니다. 그리고 이것은 소요리문답에 가장 잘 드러나고 있습니다. 인본주의 신관으로는 신앙을 지킬 수 없습니다. 우리의 미래는 칼빈주의가 소개하는 신본주의, 하나님 중심적 세계관, 신관, 문화관, 교회관에 달려 있습니다. 2020년도 개혁주의를 향해서 부지런히 달려 갑시다.

(2) 기독교의 한국 전래

거의 모든 종교가 그러하듯이 기독교의 발생지 역시 아시아입니다. 그러나 이 종교가 전파된 것은 소아시아를 거쳐 서쪽 유럽이었으며, 여기에서 다시 아메리카로 건너가서 이곳을 발판으로 하여 전 세계에 다시 선교되었습니다.

기독교는 로마 시대때 극심한 박해를 받았지만 콘스탄틴 황제가 313년에 밀라노 칙령을 발표하면서 신앙의 자유를 가지게 되었습니다. 이때부터 교회가 이방 종교들과 혼합되면서 서서히 변질되기 시작했습니다. 드디어 590년에 그레고리우스 1세가 교황에 즉위함으로서 로마 카톨릭이 시작되었습니다. 그 후 1054년에는 로마 카톨릭(천주교)과 동방 정교회가 분리되었습니다.

1517년에는 천주교의 신부요, 교수였던 마틴 루터가 "원래의 성경으로 돌아가자"고 하면서 교회(종교) 개혁이 일어났는데, 여기에서 '프로테스탄트'라고 하는 개신교가 시작되었습니다. 그중에서도 '장로교'는 스위스에서 종교개혁을 일으킨 칼빈을 중심으로 일어난 개혁교회를 가리킵니다.

우리나라에는 언제, 어떻게 기독교가 들어 왔을까요?

예수님께서 부활 승천하시면서 제자들에게 명령하시기를 "예루살렘을 떠나지 말고 내게 들은바 아버지의 약속하신 것을 기다리라 요한은 물로 세례를 베풀었으나 너희는 몇 날이 못 되어 성령으로 세례를 받으리라"(행1:4-5)고 하셨으며, 또한 "성령이 너희에게 임하시면 너희가 권능을 받고 예루살렘과 온 유대와 사마리아와 땅 끝까지 이르러 내 증인이 되리라"(행1:8)고 하셨습니다. 주님의 명령을 따라 마가의 다락방에 모여 전심으로 기도하던 120명에게 임하였던 오순절 성령의 역사로 예루살렘 교회는 부흥하기 시작하여 나중에 3,000명이나 더했으며(행2:41), 그리고 주께서 구원 받는 사람을 날마다 더하게 하셨으며(행2:47), 나중에 그 수가 점점 더 늘어나서 남자만 약 5,000명이나 더했습니다(행4:41). 그 뒤에 주께로 나오는 자가 큰 무리였고(행5:14), 예루살렘에 있는 제자의 수가 점점 더 심히 많아지고, 허다한 제사장의 무리도 이 도에 복종했습니다(행6:7).

뿐만 아니라 지역도 예루살렘에서 출발하여 사마리아로, 안디옥으로, 로마로, 그리고 프랑스로, 독일로, 네덜란드로, 영국으로, 덴마크로, 스웨덴으로, 노르웨이로, 불가리아로, 러시아로, 서부 유럽으로, 동부 지역으로, 미국으로, 아시아로 계속 확산하여 드디어 이 땅에도 복음이 들어오게 되었습니다.

여러분들은 '경교'라는 종교를 들어 보셨습니까? 경교는 주후 431년 동로마제국의 수도 콘스탄티노플의 주교였던 네스토리우스(Nestorius)가 에베소에서 열린 종교회의에서 이단으로 정죄되어 로마 영토 밖으로 추방을 당하게 됩니다. 이때 네스토리우스를 추종하던 그의 제자들이 시리아를 거쳐 페르시아(현재 이란)에 정착하여 신학교를 세우는 등 교세를 확장하게 됩니다. 그후 네스토리우스파는 계속해서 동방으로 진출하게 되어 인도를 거쳐 중국까지 도달하게 되며, 당시 당나라와 밀접한 외교 관계를 유지했던 통일신라에도 유입되었을 것으로 추정됩니다.

금강산 장안사 입구에 대리석 비석을 세운 것이 있는데 경교 비문입니다. 거기에 "당 태종 정관 9년(주후635)에 파사 네스토리안파 선교사 '아라본'(알로펜)이 21명의 선교사와 함께 당나라 수도 장안에 들어와서 선교한 결과 당 태종과 위증 방현령 등 고관대작과 대학자들이 세례를 받고 중국에 예수교회가 왕성하였으며, 이 종교를 '경교'라 칭하였다"는 기록이 있습니다.

네스토리우스파가 중국에 온 것은 경교 선교사 알로펜이 주후 635년, 당 태종은 이들을 환대하고 경전을 번역할 수 있도록 하고 당나라 수도 장안(현재 서안)에 파사사(波斯寺:당시 교회를 寺로 표시하였습니다.)라는 사원을 세울 수 있도록 해줍니다. 처음에 당나라에서는 이들이 페르시아에서 왔다고 파사교(波斯敎)라고 하였는데, 정작 로마에서 온 것을 알게 된 뒤로는 로마라는 한자를 따라 대진교(大秦敎)라 부르게 됩니다. 대진교라는 이름과 함께 '빛을 비추는 종교'라는 뜻으로 '경교'(景敎)라는 이름으로도 불리게 됩니다. 경교는 당나라 황실의 보호와 지원을 받아 중국 전역에 경교 사원이 세워지고, 한자로 된 성경이 번역됩니다. 중국의 당 태종은 동양에서 임금으로서는 최초로 세례(세례명이 '아브라함'이라는 말이 있습니다.)를 받은 사람이며, 150여 년 동안 크게 성행하다가 845년 도교가 세력을 얻게 되면서 외래 종교에 대한 반감으로 금교(禁敎) 조치가 되자 번성기에 20만명에 이르던 경교 신자들은 변방으로 흩어지거나 소멸되어 버립니다.

경교가 당나라에서 활발하게 전파되고 있을 무렵이 바로 우리 민족에게는 신라가 삼국을 통일해 가던 때였습니다. 신라는 당나라와 정치, 문화, 사회 등 많은 부분에서 밀접한 관계를 맺으며 교류를 하고 있었기에 아마도 경주에서 발견된 돌 십자가는 당나라에서 소개된 경교의 영향을 받은 흔적으로 볼 수 있을 것입니다.

돌 십자가 뿐아니라 어린아이를 안고 있는 관음보살상에서는 기독교에서 볼 수 있는 마리아가 아기 예수를 안고 있는 것과 같은 모습을 느낄 수 있는데, 이러한 모습은 지금까지 신라의 불교문화에서는 발견되지 않은 것으로 신라 불교와 중국 경교의 문화가 함께 어우러진 것으로 볼 수 있습니다.

또 십자가무늬 장식품들 역시 중국 당나라 경교의 영향을 받아 만들어진 십자가와 비교해 보면 원형과 십자가 형태가 함께 섞여 있는 장식품들이 경교의 영향을 받은 것으로 추측해 볼 수 있습니다.

신라시대 당나라와의 교류를 통해 중국에 전파된 경교를 접했던 사람들이 있었을 것이고, 더 나아가서는 당나라에 가서 직접 페르시아나 로마의 문화와 함께 기독교를 경험했던 사람들도 있었을 것으로 생각해 봅니다.

400여 년이 지난 원(元)대에 선교사들이 들어오면서 경교는 '야리가온'이라는 이름으로 다시 유행하여 경교 사원이 72개소나 세워지기도 하지만, 명대에 들어서서 완전히 그 자취를 감추었습니다. 경교는 예배에 목탁을 치고 사제들이 삭발하는 등 토착 종교인 불교와 습합하면서 발전했습니다.

신라가 삼국을 통일하고 당나라와 국교가 빈번할 때도 승려들과 유학생과 사절들이 경교에 접했으며, 이는 일본의 승려 홍제 대사가 당나라에서 본 예수교를 일본에 전한 것과 같은 식입니다.

과연 기독교는 언제 처음 한국에 들어 왔을까? 1956년 경주 불국사에서 신라 시대의 것으로 추정되는 유물들이 출토되는 중에 느닷없이 쟁반만한 돌로 만든 십자가가 발견되었습니다. 신라 시대의 석굴암이 헬레니즘 양식을 하고 있으며, 헬레니즘의 영향을 받은 석굴암의 건축 양식은 마치 성 어거스틴의 복음서에 나오는 '누가의 초상화'를 보는 것 같으며, 신라의 그리스도교 유입을 뒷받침하는 유물은 더 있습니다. 경주에서 발굴된 8~9세기 유물인 성모 마리아상과 남한산성에서 발굴된 8세기 유물 천주문양 대형기와가 그것입니다. 한국 역사에서 천주교와 개신교가 설립된 공식 년도는 1784년과 1885년, 즉 18~19세기로 전해집니다. 그런데 그보다 훨씬 오래전 '그리스도교'의 흔적이 역사 속에서 발견되었습니다. 아직 학설이 구구하나 한국에서 처음 발견된 돌에 새긴 십자가는 경교(네스토리안교)에서 전래한 것이 아닐까 생각합니다.

그리고 선조 대왕때 '동의보감'의 저자 허준이 예수교 서적을 읽었다 하는데, 어떻게 그에게 전해 졌는지는 불분명합니다.

임진왜란 때는 소서행장이 예수를 믿고 선교사 포도아인 세스페데쓰와 일본인 종군 교사들을 데리고 들어 왔는데 이때도 전파되었다 추측할 수 있습니다.

천주교 십자가를 이 땅에 처음 들여온 사람은 신부가 아니라 임진왜란 때 구국의 승장(僧將) 사명대사였습니다. 사연은 이렇습니다. 도요토미 히데요시가 죽자 조선에서는 강화조약을 맺기 위해 사명대사를 사신으로 보냈습니다. 사지(死地)에서 담대하게 사신의 역할을 수행하기에는 스님만한 인물이 없었습니다. 전에 사명대사는 왜장 가토 기요마사를 만난 적이 있었는데, 왜군 앞에서 전혀 기가 죽지 않았다고 합니다. 여기에는 이런 민담이 전해집니다.

가토가 사명대사를 떠보려고 물었습니다. "조선의 보배는 무엇이오?" 사명대사가 "장군의 목이지요."라고 대답을 했습니다. 가토가 성을 내자 사명대사가 태연히 설명했습니다. "장군의 목에 큰 상금이 걸려 온 조선 백성이 탐을 내고 있으니, 어찌 조선의 보배가 아니겠소!" 이 일화를 전해들은 도쿠가와 이에야스는 "그 스님을 한번 보고 싶구나"라며 감탄했다고 합니다. 일본에 도착한 사명대사가 도쿠가와를 면담했을 때 배석한 이탈리아인 신부가 금 십자가 목걸이를 선물했습니다. 스님을 따라 이 땅에 첫발을 디딘 십자가는 해남 대흥사에 보관돼 왔으나 1974년 도난을 당해 지금은 없습니다. 이 금 십자가는 예수님이 십자가에 달린 형상을 하고 있었으며, 헬라어로 '유대인의 왕'이라고 새겨져 있었습니다.

일본에 포로된 사람들 중에 70명이 구도하여 그중에 권빈센트는 신학을 배우고 조국에 입국하려 했으나 장기에서 순교하였고, 율리아는 덕천막부의 여자 관원으로 등용되어 '속으로는 믿고, 겉으로는 배교하라'는 권면도 거부하고 부귀도 물리치고 대도에 정배 갔다가 소도로 옮겨 순교하니 이 두 사람이 첫 순교자라 합니다. 이로 보아 금 십자가는 임진왜란 때 전해진 것이라 생각됩니다.

효종 대왕은 탕약만이란 선교사에게 새문화의 기물과 서적도 받고 선교도 받았다 하며, 정조 때 체제공(상주인) 문하에서 이승훈, 정약종, 정약용 등이 예수를 믿게 되었고, 선교사가 들어가기 전에 복음이 전해진 것은 한국 뿐이라고 합니다. 그러므로 한국의 복음 선교는 체제공 문하에서 시작되었다고도 합니다.

인조대왕 5년(1627) 화란인 웰테부레 등 3명의 개신교 신자가 조선에 와서 선교하였으니 구교(가톨릭:천주교)보다 먼저 전해졌다고 봅니다.

조선 후기 17세기 무렵부터 중국을 통해 들어온 '서학'에서 조선시대 성호우파를 대표하는 인물인 안정복이 1785년 지은 '천학문답'에는 '야소'의 세상 구원에 대한 이야기와 '원수를 사랑하라'는 가르침 등이 기록되어 있습니다. 천주교가 조선에 전래되기 전부터 조선 지식인들은 서학서를 통해 야소교 신앙을 받아들이고 있었습니다.

또한 1816년 영국 군함 두 척이 한국의 서해안을 탐사하고 성경 한 권을 기증한 일이 있는데, 이것이 성경의 한국 전래 효시입니다. 이 성경을 건네준 리라(Lyra)호 함장 베질 홀은 영국으로 돌아가 『한국 여행기』(Voyage to the west coast of Corea)를 펴냈습니다.

우리나라 최초의 개신교 선교사는 독일 루터교 목사인 칼 구출라프입니다. 1836년에 입국한 프랑스의 모판 선교사보다 4년 앞선 것이며, 1866년에 순교한 토마스 선교사보다 34년, 1884년에 인천항을 통해 입국한 의료선교사 알렌보다 52년, 1885년 입국한 미국 선교사인 언더우드와 아펜젤러보다 53년이나 앞서 조선을 방문한 선교사입니다.

그는 188년 전인 1832년 7월 25일 우리나라에 최초로 통상 요구를 한 애머스트호의 의사와 통역관 자격으로 승선했으며, 복음을 전하기 위해 충남 보령시 대천 앞바다에 있는 고대도(원산도?)를 통해 한국에 들어 왔습니다. 그는 주기도문을 한글로 번역하고 감자 파종법을 전하는 등 8월 12일 이곳을 떠날 때까지 약 20일 동안 근처 도시와 내륙까지 선교 활동을 펼쳤습니다.

그 당시 빈궁한 삶을 살았던 조선 백성들을 위해 감자씨를 가져와 파종하고 재배하는 방법을 글로 남겼는데, 이것은 서양 감자가 우리나라에 들어온 최초의 구체적 기록이기도 합니다(본인은 역사를 보기 전에는 감자가 한국 것인 줄 알았음). 또 야생 포도의 재배와 과즙 제조 방법도 글로 남겨 조선 백성들의 빈궁한 삶을 어느 정도 해결해 주기도 했습니다.

구출라프 목사는 중국 선교와 일본말로 요한복음을 번역하였으며, 한문 성경과 전도지와 유리, 감자 종자를 왕에게 진상하였으나 조정에서 받지 않고 돌려 보냈으나, 백성들은 감자를 받아서 심었다 합니다.

여러 해가 지나 역시 중국에 선교사로 와있던 로스 목사와 맥킨타이어 목사 두 분이 국경 근처에서 흰옷 입은 조선 사람들을 보고 전도해야겠다는 마음이 생겨 마침 중국에 장사하러 온 '서상륜'이라는 사람에게 조선말을 배워 성경을 조선말로 번역하여 한국에 복음을 전했으며, 그 후 스코틀랜드 사람 토마스 선교사가 1886년에 역시 중국으로부터 전도하기 위해 미국 무역선을 이용하여 진남포를 거쳐 대동강으로 들어 왔는데, 배는 조선군의 폭격으로 가라앉았고, 승무원 전원이 전사했으며, 토마스 목사는 마가복음 책을 갖고 배에서 뛰어 내려와 칼을 휘두르며 덤벼드는 나졸들에게 "주 예수를 믿으라 그리하면 너와 내 집이 구원을 얻으리라"고 외치다가 목베임을 당하여 순교했습니다.

그때 '서경조, 김성집'이라는 두 소년이 마가복음을 주워 가지고 집에 가서 몰래 읽다가 신자가 되어 나중에 서경조는 목사가 되고, 김성집은 장로가 됐습니다.

그리고 토마스 목사 외에 백인들의 시체가 학질병에 좋다고 하여 조금씩 몰래 뜯어 갔으므로 전 세계에 식인종이라는 소문이 번져 약 20년 동안 선교사의 발이 끊어지고 말았으나, 1882년에 한미조약이 체결되므로 굳게 닫혔던 문이 개방되었습니다.

1865년에 중국에 선교하던 토마스 목사가 서해안에 들어와 2개월간 옹진 등지에서 선교하고 돌아 갔습니다. 대원군의 박해가 지난 후

1868년 8월에 미국 상선 제너럴 셔먼호를 타고 한강으로 해서 서울로 올려고 했으나, 대동강으로 잘못 들어 섰으며, 그때 조선군의 불화살로 배는 불타고 선원 전원이 살해되었습니다. 토마스와 선장 등 4명은 평양성에 체포되어 도지사(감사) 박규수에게 국문을 받고 참수형 당했습니다.

그 후 1881년 이수정은 일본에서 김옥균과 예수교를 믿고 우찌무라 간조와 교류하며 찍은 사진도 있습니다. 그후 1884년 장로교단의 호레이스 N. 알렌(Horace N. Allen)이 공식 선교사가 아니라 외교관 자격으로 입국하였습니다. 알렌은 의료선교로 우리나라 왕의 신임을 얻었습니다. 이수정이 요꼬하마에 주재한 미국 성서공회 총무 스미스 목사에게 구도한 후 한글로 4복음서를 번역하여 언더우드 목사가 입국할 때 마가복음을 주어서 가지고 들어오게 되었습니다.

우리나라에 정식으로 개신교가 들어오게 된 것은 1885년 4월 5일 부활절 아침 제물포에 상륙한 미 북장로교에서는 언더우드 선교사와, 감리교에서는 아펜젤러 선교사와 의사 스코랜드로부터 시작되었습니다.

그후 1888년에는 역시 미 북장로교에서 기일 박사를 보내 왔으며, 1889년에는 오스트리아 장로회에서, 1890년에는 성공회에서, 1892년에는 미 남장로회에서, 1896년에는 미 남감리교에서, 1898년에는 캐나다 장로회에서 선교사가 들어 왔습니다. 그리고 한국교회 역사에서 가장 큰 사건 중 하나는, 한국 선교 22년 후인 1907년의 대부흥은 세계 기독교 역사의 한 페이지를 빛나게 하였습니다. 선교 100년만에 1,000만명의 성도가 된 것은 세계 선교 역사상 그 유래를 찾아 볼 수 없는 대부흥을 이루었으며, 현재 1,200만명으로 성장하였습니다.

(3) 기독교는 무엇을 믿는가?

어떤 종교든지 신앙은 요구됩니다. 종교에는 반드시 하나님이든 우상이든 그 신앙의 대상이 있으며, 사람의 마음을 설득하여 그것을 믿게 하는 경전이 있습니다. 그러나 신자들이 그 경전을 깨우치거나 통독하여 신자가 되는 경우는 거의 없습니다. 그러므로 어느 종교든지 그 경전의 중심 진리를 잘 요약하고 바르게 간추려서 경전의 내용을 가장 정확하게 축소한 신조와 교리를 갖기 마련입니다. 이 축소된 신조를 통해서 사람들은 신앙을 갖게 되고, 그 이후에 서서히 경전을 배우게 됩니다.

이 점에 있어서는 기독교도 예외가 될 수 없습니다. 성경 이해의 첩경이 될 수 있는, 가장 정확한 신조가 있는데, 그것은 바로 사도들이 고백한 사도신경입니다. 이런 면에서 사도신경은 중요한 의미를 가지고 있으며, 모든 믿는 자와 교회의 신앙고백이 되는 것입니다.

사도신경은 무슨 뜻일까요? 신경(Creed, 信經, 믿을 신, 법 경)이라는 말은 "믿음의 법규"를 뜻합니다. 다른 말로는 "신조"(信條, 믿을 신, 가지 조)라고 하는데, 그 뜻은 "신앙의 조목" 곧 "신앙의 규범"을 가리킵니다. 그러므로 사도신경이란 사도들이 믿던 조목 혹은 내용이라는 뜻이니, 그것은 곧 사도들이 쓴 성경에서 신앙의 근본 교리가 될만한 것을 간추려 만든 신앙고백서입니다.

세상에는 수많은 종교가 있습니다. 미신 우상적인 종교, 좀 더 발전하여 윤리 도적적인 종교, 사색적 혹은 철학적인 종교 등이 있으나 우리 기독교는 신앙의 종교입니다. 그러기에 우리는 사도신경에서 "내가 믿사오며"라고 분명하게 밝힙니다.

우리는 주일날 교회에 모여서 예배를 드릴 때 사도신경을 암송하는 것을 시작으로 우리의 신앙을 고백하고 예배를 시작합니다. 사도신경의 내용은 이러합니다.

"전능하사 천지를 만드신 하나님 아버지를 내가 믿사오며, 그 외아들 우리 주 예수 그리스도를 믿사오니, 이는 성령으로 잉태하사 동정녀 마리아에게서 나시고, 본디오 빌라도에게 고난을 받으사 십자가에 못박혀 죽으시고, 장사한 지 사흘 만에 죽은 자 가운데서 다시 살아나시며, 하늘에 오르사 전능하신 하나님 우편에 앉아 계시다가, 저리로서 산 자와 죽은 자를 심판하러 오시리라, 성령을 믿사오며, 거룩한 공회와 성도가 서로 교통하는 것과, 죄를 사하여 주시는 것과, 몸이 다시 사는 것과, 영원히 사는 것을 믿사옵나이다. 아멘"

"기독교는 무엇을 믿느냐?"고 할 때 우리는 (구체적으로는 성경대로 믿는 것이지만) 우선 '사도신경대로 믿는다'고 대답합니다. 그러므로 사도신경은 기독교가 무엇을 믿는 것인지를 규정 하고 있습니다.

이 사도신경은 기독교인이라면 반드시 알고 고백해야 할 하나님에 관한 지식을 요약해 놓은 잘 짜여진 신앙고백서입니다. 사도신경은 500년이 넘는 기간동안 성령의 역사하심 안에서 진행된 많은 기도와 토론과 연구의 결과가 훌륭하게 집약되었으며, 기독교와 그릇된 기독교를 구분하는 기준의 역할을 합니다. 칼빈은 이 사도신경에서 그의 신앙 사상 체계를 발견하고 이것을 성경적으로 충실히 해석한 것이 기독교 역사상 불후의 문헌인 '기독교강요' 입니다.

이 사도신경은 모두 12가지 조항으로 되어 있는데, 어느 한 조항도 빠지지 않고 다 사도들이 믿고 있던 신앙 그대로이며, 성경에 가르치고 있는 기독교의 신앙을 간단하고도 명료하고 정확하게 간추린 것입니다.

그러므로 그리스도인은 누구나 다 이것을 그대로 자신의 신앙으로 받아들여야 합니다. 그러나 이것을 다 외운다고 해서 신앙을 가지는 것은 아닙니다. 아는 것과 믿는 것은 다릅니다. 믿어야 하고 믿어져야 합니다. 그래서 사도신경에는 "내가 믿는다"고 하는 것을 강조하고 있습니다. 남이야 믿든 말든 또 어떻게 믿든 나는 이렇게 믿는다는 말입니다.

사람에 따라서는 어떤 조항은 믿어지고, 어떤 조항은 믿어지지 않는 이도 있을 것입니다. 그러나 지금 당장 믿어지지 않는다고 해서 낙심할 필요도 없습니다. 그 어떤 조항도 다 성령의 감동으로 한 성경에서 난 것이며(딤후3:16), 하나님은 모든 사람이 구원을 받으며 진리를 아는 데 이르기를 원하시기 때문에(딤전2:4) 그중에 어느 한 조항이라도 믿어지면 머지않아 다른 것도 믿어질 날이 반드시 오게 됩니다.

그리고 믿게 되는 것은 사람의 지혜로 되는 것이 아니고 하나님의 은혜로 되는 것이니(고전2:5), 그 한 조항이라도 믿게 된 것은 하나님의 은혜를 받은 증거입니다. 그러므로 믿어지는 것을 굳게 잡고 기도와 인내로 나가면 하나님이 다른 것도 믿게 하여 주십니다(고전13:12).

2) 김일성 주체사상교(주사파)

미국의 저명한 종교 사이트인 어드히어런츠 닷컴에서 세계의 종교 수가 2만여개 정도로 추산하고 있습니다. 전 세계에 그렇게 많은 종교가 있다는 겁니다. 그중에 제일 많은 사람들이 믿는 종교가 카톨릭을 포함해서 기독교가 21억명입니다. 2위는 이슬람으로 13억명입니다. 3위는 무종교 11억명, 종교가 없는 것도 종교라는 것입니다. 4위는 힌두교로서 9억명입니다. 5위는 중국 전통종교가 3억 9천명입니다. 그 다음에 불교가 3억 7천명입니다. 10위권 안에는 원시 토착 종교도 있고, 아프리카 전통 종교도 있고, 시크교도 있고, 흥미로운 것은 10위가 북한의 주체사상입니다. 1,900만명입니다. 북한의 주체사상도 종교로 분류하고 있습니다.

　그러면 주체사상이란 무엇입니까? 북한에서 김일성이 1930년에 창시하였다고 주장하는데, 북한의 정치 · 경제 · 사회 · 문화 등 모든 분야의 기초가 되는 유일한 통치이념을 주체사상이라고 말합니다. 북한의 모든 정책과 활동의 기초가 되는 조선노동당의 유일 지도 사상으로 되어 있는데, 북한에서의 주체사상은 주체 확립이라는 정치적 목적으로부터 비롯되고 있으므로 철학사상은 아닙니다. 따라서 오늘날 북한의 주체 사상의 중심 명제가 "사람이 모든 것의 주인이며 모든 것을 결정한다"는 것을 내세워 "인간 중심의 새로운 철학사상"이라고 주장하고 있지만, 그것은 주체 확립의 의지와 실천성을 강조하는 하나의 지배적 통치 이념으로 규정될 수밖에 없습니다. 북한의 주체사상은 김일성이 14세 되던 해인 1926년 10월 17일 타도제국주의동맹(打倒帝國主義同盟)에서 주창되기 시작하여 1930년 6월 열렸다는 카룬 회의에서는 주체사상을 지도 사상으로 하는 주체형(主體型)의 당 조직을 조직했다고 밝히고 있습니다. 말하자면 김일성이 14세 때 주장하기 시작하여 18세에 이르러서는 그 원리를 공식적으로 천명하게 되었다는 주장입니다. 그러나 이같은 주장은 1982년에 이르러 김정일이 김일성의 위광(威光)을 높이려는 의도적인 조작에서 나온 주장이며, 실제로는 그렇지 않습니다.

　'주체사상'이 처음으로 북한에 등장하게 되는 것은 지난 1953년 스탈린의 사망과 한국전쟁을 계기로 드러난 북한공산당 내부의 국내파, 연안파, 소련파 등과의 치열한 권력투쟁에서 김일성의 당내 리더쉽을 강화하는 이데올로기상의 무기로 무장하게 되었던 것입니다.

원래 국내에 아무런 기반이 없이 1945년 소련군의 지원 아래 북한에 들어온 김일성은 자기의 권력 기반을 구축하기 위해 이미 국내에서 활동하고 있던 허가이, 박헌영 등 국내파, 연안파, 갑산파 등 공산주의자들을 숙청하게 되는데, 이 과정에서 주체사상이 등장하게 되었습니다.

주체사상에서의 주체란 처음부터 정치적 성격을 가집니다. 김일성은 주체에 대하여 "모든 것을 북한의 실정에 맞게 해나가며, 마르크스·레닌주의의 일반원리와 다른 나라의 경험을 북한의 실정에 맞게 창조적으로 적용해 나간다는 것을 의미한다"라고 정의하고 있습니다. 이렇게 보면 주체사상의 핵심적 내용은, 곧 북한의 사회주의 혁명과 건설에서의 주체 확립을 뜻하게 됩니다. 주체 확립에 대하여 북한은 1970년 노동당 제5차 대회에서 그 규정을 했는데, 여기서 주체 확립의 중심개념은 주인다운 태도인 자주적 입장의 견지와 창조적 활동으로서, 이것은 곧 자기 혁명은 자기가 해야 한다는 것, 남으로부터 원조를 받지 않고 자기 갱생을 해야 한다는 실정을 반영하는 것과 다름없습니다. 결국 주체 사상은 초기에는 북한의 실정에 알맞은 혁명과 건설의 추진을 강조하는 소박하고 통속적인 사고에 불과한 셈이었습니다.

지금까지 살펴본 바와 같이 주체사상은 국내외적 상황의 변화에 따라 급조된 것임에도 불구하고 마치 김일성이 장구한 세월에 걸쳐 독창적으로 만들어 낸 것처럼 선전하고 있습니다.

결론적으로 주체사상은 인민을 위한 진정한 사상이 아니라 이들의 혁명 참여 정신을 고양시키고 이들을 혁명의 무기로 사용하려는 선전, 선동적 사상이라고 할 수 있습니다.

그리고 이는 결국 주체사상이 사상개조와 정치사업을 통한 인민 대중의 사상에 대한 지배를 강조하는 통치 이념에 불과한 것임을 나타내 주고 있을 뿐입니다.

그런데도 주체사상은 1970년 이후 북한 공산주의자들에 의해 마르크스·레닌주의와 동격으로 격상되면서 철학적 성격이 분식(粉飾)되었고, 오늘날에는 이 두 사상을 더욱 풍부하게 발전시켰으며, 현시대의 혁명과 건설과정에서 제기되는 모든 문제들을 해결할 수 있도록 해답을 주었다고 선전하고 있습니다. 78년 4월 9일 북한의 대표적 해외친북단체인 '주체사상국제연구소'를 창설하여 주체사상의 국제적 보급을 적극 추진하고 있습니다. 주체사상이 북한 주민의 사상을 무장시키고, 정치적 총합에 효과적인 통치 이데올로기로 기능하여 왔음은 틀림없습니다. 또 대외적으로 비동맹권 국가에게는 공산주의 세계 혁명론으로 부각되고, 서방권 국가에는 민족공산주의(民族共産主義)로 오인되는 등의 효과를 낳고 있습니다. 이러한 주체사상은 폐쇄를 전제로 하는 상황에서는 통치 이데올로기로 기능할 수 있겠으나 1980년대 말 일기 시작한 동유럽 공산권의 민주화·개방화와 소연방의 해체, 중국의 개혁정책 앞에서는 더이상 위력을 발휘할 수 없게 되었습니다.

전 북한 노동당 비서 황장엽 씨를 잘 아실 겁니다. 그는 북한 김일성의 통치 원리가 된 주체사상의 창시자로서, 북한 권력의 핵심부에서 막강한 영향력을 발휘하다가 그 주체사상의 북한을 버리고 1997년 돌연 한국으로 망명했습니다. 그 이유가 자신의 주체사상을 김정일이 수령 절대화하는 도구로 변화시켜서 갈등이 발생한 것으로 보입니다. 북한 정보기관으로부터 여러 차례 암살 위협을 받아 왔지만 북한 민주화를 위해 헌신하다 2010년 10월 10일 자택에서 심장마비로 사망했습니다.

흥미로운 것은 유물·인본주의 주체사상의 상징적 존재인 황장엽 선생은 생전에 그의 사상과는 반대쪽에 위치한 기독교에 귀의한 것으로 알려져 있습니다.

친남매처럼 지낸 주선애 교수는 "황장엽 선생님이 기독교 신앙을 받아 들였다"고 증언했습니다. 주선애 교수는 우리나라 최초의 기독교교육학 박사로서 장신대 교수를 24년 동안 역임하며 고 하용조 목사 등의 교회 지도자를 양성했습니다.

해방 전에는 북한을 '동양의 예루살렘'이라고 할 정도로 교회가 많았습니다. 약 3,500개의 교회가 있었는데 지금은 하나도 없습니다.

그리고 오픈도어선교회가 발표한 '2012년 기독교 박해국가'(World Watch List)에 따르면, 북한은 11년째 연속 '부동의 1위'를 차지했습니다. 북한은 이슬람 국가들보다 무서운 최악의 기독교 탄압 국가입니다. 중국에서 기독교인과 접촉한 탈북자는 처형되거나 정치범 수용소에 보내지며, 북한에서 기독교 신앙을 가지다 적발되면 곧 죽음입니다.

북한에 지금 '숨 쉬는' 종교는 없습니다. 종교는 '인민의 아편'입니다. 학교에서도 종교는 나쁘다고 가르치며, '조선어사전'은 가톨릭 신부를 '바티칸의 앞잡이로서…'라고 정의합니다. 한국에서 교회나 성당을 다니는 탈북민들은 "주체사상이 성경을 대신한다"고 말합니다. '김일성교'를 믿는 것입니다.

그렇다면 '봉수교회와 칠곡교회는 무엇입니까?'라고 질문할 것입니다. 이 두 교회의 목사와 신도들은 모두 조선로동당 당원이면서 대남사업 일꾼들입니다. 북한 교회에는 정기적인 예배가 없고, 정해진 사람 외에 일반 주민은 접근이 안 되며, 전도나 선교도 없습니다. 종사자들은 일종의 정화의식을 치른다고 알려져 있습니다. 이 두 교회는 외국에서 손님들이 오면 문 열고, 평소에는 문 닫습니다. 북한에 교회가 있습니까? 하나도 없습니다. 또한 그들이 믿는 하나님은 우리가 믿는 하나님이 아니라 김일성을 하나님으로 믿고 있습니다.

북한에 있는 평양의 봉수교회가 가짜 교회라는 가장 확실한 증거는 봉수교회 리성숙 전도사의 인터뷰 영상을 보면 잘 아실 겁니다. 그 영상에서 외국 기자가 인터뷰를 했는데, 이렇게 말하고 있습니다.

"– 리성숙 : 우리 신앙인들은 하나님은 곧 김일성 주석님이다. 이렇게 생각하고 있습니다. 당연히 신앙인, 기독교인이니까 집(교회)으로 오는데 집으로 와서 내 마음속에는 하나님은 김일성 주석님이다. 이런 마음을 갖고 김일성 주석님을 더 잘 믿고 더 잘 받들겠다는 그런 마음을 가집니다. – 기자 : 죽은 예수가 다시 살아 난다는 부활은 믿지 않습니까? – 리성숙 : 옳습니다. 저는 예수가 죽었기 때문에 다시 태어난다. 이렇게는 안 믿습니다. 우리 이 과학의 시대에 사람이 죽었다가 다시 살아난다는 것을 믿을 사람이 어디 있습니까?"

북한은 주체사상 체제이자, 우상숭배 정권입니다. 사랑이 아닌 미움에 터 잡은 공산주의는 소련에 가서 레닌·스탈린주의가 됐고, 중국에 가서 마오이즘(Maoism, 毛澤東主義)이 됐으며, 북한에서 주체사상(主體思想)으로 악화됐습니다. 인본주의 가장 악질적 형태인 공산주의는 인간을 신으로 만들고 북한에 가서는 '주체주의'라는 마지막 찌끼를 남겼습니다.

주체사상은 생명을 육체적 생명과 사회정치적 생명 두 개로 나눕니다. 육체적 생명은 육신의 어버이가 줬지만, 사회정치적 생명은 김일성 어버이 수령이 줬다고 말합니다. 육체적 생명은 죽어도 사회정치적 생명은 영원히 살 수 있다고 합니다. 이미 영원히 살고 있는 이가 김일성이니 '김일성을 더 잘 믿고 더 잘 따르면 나도 영생할 수 있다'

는 교리가 나옵니다. 결국 김일성은 북한의 신(神)입니다. 저 유명한 평양 봉수교회 리성숙 전도사의 고백은 북한 주체사상의 핵심을 읊은 것입니다.

북한에서 김일성은 "현세의 하느님"으로 호칭됩니다. 공산주의 유물론은 신을 인정치 않으니 부득이 빌리 그레함 목사, 루이제 린저 등 방북 외국인을 인용해서 표현합니다. "하느님은 천상세계에 있으면서 과거와 내세에 강림하는 상상속의 구세주라면 김일성 주석은 오늘의 인간 세상에 실재해 계시는 하느님이심을 나는 자인한다. 그이께서는 탁월한 정치 리념과 정치방식으로 어쩌면 하느님도 실현하지 못할 이 세상 가장 위대한 천국을 일떠세우시였으니 어찌 그분을 현세의 하느님이시라고 하지 않겠는가", "도이칠란드 작가이며 독실한 그리스도교의 신도였던 루이저 린저는 평양방문기에서, 하느님이 김일성 주석께서 이끄시는 조선으로 이주했다는 생각이 들었다고 고백하였다(2016년 4월15일 로동신문 등)."

김정일도 이북에선 하나님으로 호칭됩니다. "김정일 령도자님은 정녕 이 땅위에 계신 하느님(1996년 2월 18일자 로동신문)", "전지전능한 하느님(1996년 1월 1일 평양방송)", "김정일 각하는 우리들의 운명을 건져주고 보살펴주신 생명의 은인이시고 아버지이십니다. 하느님은 만민을 헤아리는 구세주라 이르지만 하느님도 우리를 구원해주지 못했습니다. 억압받고 천대받는 만민을 구원해줄 이 세상의 진정한 구세주는 김정일 각하이십니다(2016년 2월 16일 로동신문)"

김일성은 그냥 신도 아니다. 태양신이라고 합니다. "김일성 주석이 세계의 건국자들과 태양신을 다 합친 것보다 더 위대한 운명의 태양신(2011년 8월 20일 '우리 민족끼리')", 태양신의 아들과 손자인 김정일, 김정은은 아직은 신은 아니나 "태양"으로 호칭되는 것은 마찬가지입니다.

공산주의는 결코 기독교 신앙과 함께할 수 없습니다. 진화론에서 시작된 공산주의는 창조론을 배격합니다. 이 세상을 하나님이 창조하신 세계로 보지 않는 진화론은 유물론, 즉 무신론에 기초하고 있습니다. 지금까지 역사 가운데 가장 강력한 적그리스도의 영을 공산주의라고 해도 과언이 아닙니다. 예수님께서 이 세상에 오신 이후 1900년대 초반까지 순교한 사람의 수를 다 더하여도, 1900년대 초반부터 이후 70년 동안 공산주의 정권 하에서 죽은 순교자의 숫자를 못 당합니다. 그래서 공산주의를 사탄의 일등 효자라고도 이야기합니다. 가장 심하게 교회를 박멸했기 때문입니다.

그런데 리성숙 목사의 인터뷰 영상을 보면, 북한의 주체사상은 공산주의와도 다르다는 것을 알 수 있습니다. 공산주의는 무신론이어서 신이 없다고 보는데 북한에서는 김일성이 하나님이라고 합니다. 즉 북한을 덮고 있는 주체사상은 공산주의 사상에서도 이탈된 독특한 형태라고 보는 것이 더 정확한 이해입니다.

이러한 김일성주의를 주체사상이라고 하며, 김일성 주체사상을 신봉하고 따르는 자들을 가리켜 대한민국에서는 '주사파'라고 말합니다. 주사파는 김일성이 남북한 유일 대통령으로 믿고 따르는 추종자들을 가리키는 말입니다.

고 황장엽 씨가 증언하기를 "김정일 책상 위에 놓인 남한 내 공작원이 5만명"이라고 했으며, 전광훈 목사는 "대한민국에 주사파가 50만명 있다"고 했습니다. 이 주사파가 청와대와 온 대한민국을 뒤덮고 있습니다.

김문수 전 지사는 현 우리나라의 상황을 '주사파가 집권한 대한민국'이라며 이렇게 말하고 있습니다.

"죽느냐? 사느냐? 이것이 문제입니다. 저는 학생운동, 노동운동, 좌익정당을 하면서, 대학교에서 2번 제적되고 25년 만에 졸업장을 받았습니다. 7년 동안 공장생활하면서, 노동조합 위원장을 2년 동안 했습니다. 감옥에 두 번 가서 2년 5개월 동안 살았습니다.

감옥에서 김일성주의자, 주사파 학생들 수백 명과 만나서 토론도 많이 하고 함께 생활도 했습니다. 광주교도소에서 남파간첩, 공작원, 국내 간첩, 재일교포 간첩 100여명과 함께 1년 동안 살았습니다.

저는 마르크스 레닌주의와 모택동주의에 심취하여 공부하고, 공산혁명을 꿈꾸기도 했습니다. 저는 공산 혁명을 꿈꾸는 선배들의 지도를 받으면서, 비밀지하혁명조직 생활도 10여년 했습니다. 저는 지금 집권하고 있는 문재인 대통령과 민주당 이해찬 대표, 이인영 원내대표, 심상정 정의당 대표 등 운동권 출신 대부분과 함께 활동하고 같은 시대를 꿈꾸고 투쟁해 왔습니다.

제가 50년간 겪어왔던 경험에 비추어 볼 때, 대한민국은 이미 종북 주사파와 좌파 연합에 넘어 갔다고 판단됩니다.

(1) 주사파 집권
지금은 주사파가 대한민국의 권력을 잡았습니다.
① 체험적 반공
6 · 25전쟁 휴전 이후 우리 국민 대부분은 반공 자유민주주의를 신봉해 왔습니다. 해방 직후부터 공산 치하에서 살아봤던 이북 피난민의 체험과 해방 이후 빨갱이들의 폭동과 6.25전쟁기의 만행이 너무 끔찍했기 때문입니다. 그러나 가족이나 친지 가운데 해방 직후 좌익 경험이 있었던 경우도 많습니다.

또한 통혁당, 인혁당, 남민전 등 김일성의 남조선혁명노선을 따르는 지하혁명당 활동이 끊임 없이 계속 시도됐습니다.

② 반미 친북 운동의 확산

실패를 반복하던 중, 1980년 광주사태를 겪으며, 학생운동과 민주화를 열망하던 시민들은 피의 학살과 전두환의 집권이 미국의 묵인 아래 자행됐다며, 미국문화원에 방화하는 사건이 터지기도 하며, 급속히 반미 친북운동이 확산되기 시작했습니다. 북한의 대남방송을 들으며 정리한 김영환의 "강철서신"이 대표적인 주사파 운동권 문건입니다.

신군부의 12.12쿠데타와 광주사태, 그리고 민주화의 좌절을 겪으며 종북 주사파는 대학가로 급속하게 확산됐습니다.

③ 종북주사파 학생운동

종북 주사파가 학생운동을 급속하게 장악하게 된 원인은 첫째, 전두환의 12.12쿠데타와 광주학살로 민주화의 꿈이 갑자기 사라지게 되었기 때문입니다. 둘째, 김일성의 주체사상 혁명론은 체계적이고 쉽고, 대한민국 현실에 잘 맞기 때문입니다. 마르크스·레닌주의 혁명론보다 한국적이며 쉽습니다.

북한이라는 조선공산혁명기지에서 권력을 가진 김일성 집단에 의해 체계적으로 정리되고, 매일매일 대남방송으로 전파되기 때문에 대중성, 민족성, 적합성, 신속성은 기존 마르크스·레닌 공산혁명이론보다 우리나라 현실에 맞아서 급속히 확산됐습니다.

④ 전대협·한총련 20년

전대협(1987-1992), 한총련(1992-2007)이 20년간 전국대학 학생회 조직과 학생운동을 신속하고 완벽하게 장악하였습니다. 이들은 표면 대중조직인 전대협, 한총련과 지하 비밀 지도조직인 혁명 정당을 나누어서 조직·운용합니다.

학생운동을 마친 운동권은 사회로 나와서, 사회대중운동으로 투신하지 않을 수 없습니다. 해마다 수십만의 학생운동권 출신들이 자연스럽고도 필연적으로 사회 각계각층으로 투신합니다. 공장으로, 직장으로 들어갑니다. 이들이 민주노총입니다. 정계로 진출합니다. 민주당, 정의당, 민중당은 물론이고, 바른미래당, 자유한국당에까지 미치지 않은 곳이 없습니다.

언론계로 들어간 기자들도 학생운동의 경험으로 민주화를 계속한다며, 언론노조를 결성하여, 지금 KBS, MBC, SBS, 한겨레신문, 경향신문을 붉게 물들였습니다. 고시에 합격하여 민변, 우리법연구회, 국제인권법연구회를 결성하여, 대법원장과 헌법재판소와 법원, 검찰, 청와대, 서울시와 각급 지방자치단체까지 모두 장악했습니다.

운동권 학생들이 교사가 되어 전교조를 결성하여, 어린 학생들을 붉게 물들이고 있습니다. 영화계로 진출하여 운동권 영화를 만들어 천만 관객을 울립니다. 문화 예술계를 석권했습니다. 사업에도 투신하여 사업가로 성공하여 부르죠아가 되었지만, 그의 사상은 여전히 종북 주사파로 남아 있습니다. 입법, 사법, 행정, 교육, 문화, 방송, 예술, 경제계, 기업, 동네 구멍가게까지 완벽하게 붉은 혁명사상으로 물들였습니다.

⑤ 주체사상의 힘

주체사상은 강력한 힘이 있습니다. 첫째, 체계적입니다. 둘째, 성경보다 쉽습니다. 셋째, 살아있는 권력 김정은을 움직이는 사상이요 이론일 뿐만 아니라, 조선민주주의인민공화국이라는 국가권력입니다.

넷째, 젊은 대학생 시절, 조국을 위해, 민주화를 위해, 자주통일을 위해, 최루탄을 마시며 싸우다가, 도망 다니고, 잡혀서 고문당하고, 감옥을 들락거리며, 청춘을 바치며, 헌신했던 자부심을 가지고 있습니다.

다섯째, 사회인이 되어서도 운동권의 동지적 인간관계는 끊을 수 없습니다. 운동권 출신들이 서로 짝을 이뤄서 부부가 된 경우에는 혁명가정이 됩니다. 자녀까지 대를 이어 사상이 이어집니다. 무섭습니다. 그래서 저는 사상을 바꾸는 것은 담배 끊기보다 더 어렵다고 생각합니다.

이런 종북 주사파들이 수백만 배출되었고, 지금 마침내 청와대부터 대한민국의 국가 권력뿐만 아니라 사회 각계각층을 완벽하게 장악했습니다. 제가 아는 한 세계 어떤 공산혁명때보다 더 완벽하게 국가권력을 장악했습니다.

⑥ 자유주의 배격 11훈

공산주의자들의 신조는 자유주의 배격입니다. 공산주의자들은 철저하게 자유주의를 부르죠아 사상이라며 배격하고 있습니다. 공산주의의 적은 "자유주의", "자유민주주의"입니다. 모든 공산주의자들은 언제나 "민주주의"를 내세웁니다. "인민민주주의", "민중민주주의", "진보적 민주주의", 그냥 "민주주의"입니다.

좌익들은 자기들만이 "진정한 민주주의"이고, 자유민주주의는 "부르죠아 독재"를 예쁘게 포장한 "가짜 민주주의"라고 비난합니다. 좌익들은 어떤 경우에도 스스로를 "자유민주주의"라고 하지 않습니다. "자유민주주의", "자유주의"는 공산주의의 배격 대상일 뿐입니다. 대한민국의 자유민주주의 헌법을 지키는 것이 지금 우리 국민의 첫 번째 임무입니다.

제가 운동권에서 혁명을 꿈꿀 때, 회합 전에 암송하던 〈자유주의 배격 11훈〉을 소개하겠습니다. 모든 학생운동권이 다 하는 것이 아니라, 엄선된 소수 혁명가들이 하던 것입니다. 남로당과 빨치산 대원, 남한

혁명조직원들이 사상 강화의 방법으로 모택동의 〈자유주의 배격 11훈〉을 당 생활의 기준과 지침으로 삼았습니다.

〈자유주의 배격 11훈〉은 다음과 같습니다.

"우리는 사상투쟁을 적극적으로 주장한다. 그것은 당과 혁명단체의 단결을 가져오게 하며, 싸움의 무기를 더욱 날카롭게 하기 때문이다. 자유주의와의 사상투쟁을 거부하게 되면, 무원칙한 화평을 가져오게 되고, 그 결과 썩어빠진 작풍이 생겨서, 혁명단체의 어떤 개인은 정치적으로 부패하기 시작한다.

1. 극히 다정하고 친밀한 동창 혹은 고향의 친지, 친구 또는 오랫동안 같은 직장에서 일했다고 하여, 원칙상의 논쟁을 피하며, 화평의 수단으로, 가벼이 되는대로 방임함은 곧 자유주의 표현의 첫 번째 유형이다.

2. 책임 없이 뒤에서 비판하고, 적극적으로 조직기관에 제의하지 않으며, 앞에서 말하지 않고, 뒤에서 비방하며, 회의 때는 말하지 않고, 회의 후에 떠들며, 집중생활의 원칙이 마음속에 없고, 자유로이 방관함은 곧 자유주의 표현의 두 번째 유형이다.

3. 일에 대하여 관심이 없고, 다만 벽에 걸린 사진을 대하듯이, 남을 책하지 않고 말하지 않음이 명석한 보신술이라면서, 엎드려 침묵함이 곧 자유주의 표현의 세 번째 유형이다.

4. 명령에 복종하지 않고, 조직규율을 돌보지 않으며, 간부라는 구실로 자기 의견만 고집함은 곧 자유주의 표현의 네 번째 유형이다.

5. 단결과 진보를 위하거나, 부정확한 의견을 고치려는 것보다, 개인 공격을 주로 삼아, 분하게 생각하고 보복하려 함은 자유주의 표현의 다섯 번째 유형이다.

6. 부정확한 의견을 듣고도 항변하지 않고, 반혁명분자의 말을 듣고 도 보고하지 않으며, 무사태평하게 지내는 것은 자유주의 표현의 여섯 번째 유형이다.

7. 군중에 대하여 선전하지 않고 선동하지 않으며, 연설하지 않고 조 사하지 않으며, 묻지도 않고, 그 고통까지도 관심을 가지지 않으 며, 무조건 지지하여, 당원임에도 불구하고 당원의 의무를 망각한 한 사람의 백성처럼 되는대로 지냄은 자유주의 표현의 일곱 번째 유형이다.

8. 대중 이익을 해치는 행동을 보고도 격분하지 않고, 경고하지 않으 며, 관심을 가지지도 않고, 해결하지도 않고 내버려두는 것은 자유 주의 표현의 여덟 번째 유형이다.

9. 일에 충실하지 않고, 일정한 목적 없이 하루를 되는 대로 지내며, 마치 스님들이 목탁을 두드리듯이 하는 것은 자유주의 표현의 아 홉 번째 유형이다.

10. 자존심만 높아서 혁명의 공이 가장 많은 것 같이 노선을 거스르 며, 큰일은 할 능력이 없고, 작은 일은 하기 싫어하며, 학습에 노 력하지 않고 태만함은 자유주의 표현의 열 번째 유형이다.

11. 자기의 잘못을 알면서도 고치지 않고, 자기비판을 하되 비관 실망 에 그치고 마는 것은 자유주의 표현의 열한 번째 유형이다."

(2) 우리나라 자유민주주의자의 특성

① 자유민주주의자의 특성

좌익혁명운동권 출신인 제가 볼 때 우리나라 자유민주주의자들의 특성은 다음과 같다고 생각합니다.

첫째, 소수를 제외하고는 자유민주주의나 공산주의 또는 김일성주의, 주체사상에 대해 체계적인 사상학습을 해본 적이 없습니다.

둘째, 자유민주주의자들은 운동권이라고 할 정도로 조직화·체계화되지도 않고, 태극기집회가 처음으로 실행된 자발적 애국 대중운동이 아닌가 합니다.

셋째, 태극기집회는 사분오열되어 서로 단합되지 못하고 있습니다.

넷째, 고관대작이나 대기업가, 세계적 전문가도 많지만 지킬 것이 너무 많아서인지, 앞장서서 솔선수범하며 희생하는 사람이 드뭅니다.

다섯째, 최근 전대협, 새벽당, 트루스 포럼 등 젊은 자유주의운동이 시작되고 있습니다. 아직은 미약하지만 희망의 새싹들입니다.

여섯째, 자유한국당이 자유파의 중심정당인데 너무 기득권화되어, 강한 목표의식과 전략 전술이 취약하고, 투쟁성·헌신성이 약합니다.

일곱 번째, 새누리당 국회의원 가운데 60여명은 자기가 만들고 당선시켰던 박근혜 대통령을 탄핵시키고, 감옥에 갇혀 재판을 받는데도, 방청, 면회, 석방 운동조차 한 번도 하지 않는 기괴한 모습을 보이면서도, 부끄러움을 모릅니다.

② 자유파

자유주의자, 자유파란 자유민주주의 대한민국 헌법 체제를 김일성주의 주사파로부터 지키려는 집단을 말합니다.

주사파는 김일성주의자들로서 자유주의자의 적입니다. 주사파는 대한민국을 부정하고, 조선민주주의인민공화국이 한반도에서 정통성이 있는 국가로 생각합니다.

③ 친미사대주의자 이승만과 친일 쿠데타세력 박정희

주사파가 대한민국의 정통성을 부정하는 까닭은 이승만과 박정희의 정통성을 인정하지 않기 때문입니다.

첫째, 이승만은 미국의 앞잡이로서, 친일파와 손을 잡고 민족의 자주성을 팔아먹고, 자신의 사리사욕을 채우기 위해서 미국이 원하는 반쪽 나라 대한민국을 세웠다고 합니다.

둘째, 박정희는 만주군관학교와 일본육사를 졸업하고, 천황의 장교가 되어 만주에서 독립군을 토벌하다가, 해방 후에는 남로당 군사총책으로서, 비밀지하 혁명 동지를 팔아먹고, 목숨을 건졌다가, 다시 쿠데타를 통해 권력을 잡아서 반민중 반민족 반민주 친일 친미 사대주의 정권을 운영했다는 것입니다.

④ 세계적 영웅 이승만과 박정희

반면, 자유파는 이승만 대통령은 대한민국 건국의 아버지이고, 박정희 대통령은 한강의 기적을 만든 영웅이라고 생각합니다. 자유파는 이승만이 없었다면 대한민국 건국 자체가 어려웠다고 생각합니다. 자유파는 박정희가 이끈 한강의 기적이 우리나라의 오늘을 만들었고, 중국, 베트남 등 세계 여러 나라에 "하면 된다"는 희망과 방법을 알려 주었다고 생각합니다.

(3) 주사파의 승리

① 문재인·김정은 주사파의 집권

좌우대립의 역사란 바로 주사파와 자유파 사이의 체제전쟁을 말합니다. 먼저 현재의 정세는 문재인+김정은 주사파 공동체가 사상이념·권력의 고지를 점령했습니다. 자유대한민국은 주사파의 수십년 전복전략에 의해 점령됐습니다.

자유파와 주사파는 적대적 관계로서, 박근혜 대통령 탄핵 이후, 지금은 사상이념 체제투쟁에서 주사파가 승리하여 집권하고 있습니다.

주사파는 군사력과 무력을 쓰지 않고 촛불 집회와 박근혜 대통령 탄핵·구속으로 승기를 잡았습니다.

2016년 10월부터 전개된 반체제세력의 촛불 집회와 체제수호세력의 대결은 일단 반체제세력인 촛불 집회가 승리했습니다. 그리고 2017. 5. 9. 대통령선거에서 촛불 대통령 문재인이 당선됨으로써, 주사파가 대통령중심제에서 대권을 장악했습니다.

비록 거짓과 사기 탄핵이라 하더라도, 박근혜 대통령을 탄핵으로 끌어 내리는데 성공했습니다.

그리고 곧 박근혜 대통령과 이명박 대통령을 구속시킴으로써, 자유파의 70년 체제를 완전히 허물어 뜨리는데 성공했습니다.

② 국정과제 1호 적폐청산

종북 주사파 집단이 추대한 문재인 대통령이 집권한 이후, 촛불 혁명 정부는 대한민국 자유민주주의 세력을 적폐세력으로 몰아서 마구잡이 구속하고 있습니다. 문재인 정권은 자유민주주의 정권이 아니며, 그동안 사람 중심의 민중민주주의 개헌을 하려다가 저지됐습니다. 문재인 정권은 종북 주사파 정권이며, 김정은과 연방제 통일을 하는 것이 1차 목표입니다.

③ 존경하는 사상가 신영복

문재인 대통령이 신영복을 사상가로서 존경한다고 평창올림픽 개막 리셉션에서 커밍아웃한 것은 이미 주사파들이 사상이념·권력의 고지를 점령했기 때문에 과감하게 세계만방에 선포한 것입니다. 이 자리에는 미국 펜스 부통령, 아베 일본 수상, 북한 김영남·김여정 등 세계 여러 나라 지도자들이 참석한 올림픽 개막 리셉션 자리였습니다.

④ 빨갱이·기생충 조국의 법무장관 임명과 사퇴

노무현 정부 민정수석을 두 번이나 역임했던 문재인 대통령은 조국을 첫 번째 민정수석으로 임명하여 2년 2개월 근무하게 한 후, 법무부장관 후보자로 지명, 인사청문회 보고서 채택도 되지 않은 상태에서, 무리하게 법무부 장관으로 임명했습니다.

조국은 국회청문회에서 스스로 사회주의자며, 전향은 쓰기도 싫은 단어라고 당당히 밝혔습니다. 문재인 대통령은 스스로 사회주의자라고 국회 청문회에서 밝힌 국가보안법 유죄 수형자 조국을 법무부 장관으로 임명했습니다.

조국의 부모, 형제, 아내, 아들·딸까지 위조, 사기, 횡령, 배임, 위장 이혼, 증거인멸 등 온갖 범죄를 다 저질렀음을 알고도, 문재인 대통령은 사회주의 혁명 동지 조국을 감싸고 돌았습니다. 끝없이 터져 나오는 조국의 추악한 기생충 가족 모습과 그 뻔뻔함을 보고 젊은이들까지 눈을 뜨기 시작했습니다. 대통령과 집권 민주당의 지지율이 급락을 거듭하면서, 조국은 결국 사퇴했습니다.

(4) 반 문재인·반 주사파 기독교 세력의 급부상

① 태극기 세력의 분열

태극기 세력은 박근혜 탄핵반대세력으로서 3년 동안 매주 토요일마다 줄기차게 투쟁해 왔습니다. 친박 우리공화당, 군출신단체, 자유시민단체, 고교연합 등입니다. 그러나 태극기 세력은 우리공화당, 시청앞 국본, 고교연합, 일파만파 등으로 나뉘어져 통합되지 못하고 있습니다.

② 자유한국당 내의 분열

자유한국당내에서도 탄핵 찬성과 반대, 수당파와 복당파로 나뉘어져 있습니다. 탄핵에 대한 입장 정리조차 3년 동안 못하고 있습니다.

③ 친박 투쟁파 우리공화당

우리공화당은 친박 태극기 투쟁으로 잘 단련된 정당이지만, 국회 의석이 2석뿐입니다.

④ 탄핵 탈당파 새보수당

자유한국당 내 탄핵 복당파와 가장 가까우며, 중도우파라고 할 수 있습니다.

⑤ 한기총의 청와대 앞 농성·시위

한국기독교총연합회 전광훈 목사가 2019년 6월 8일부터 "미친 자에게 운전대를 맡길 수 없다"며, 청와대 앞에 천막을 치고, 오전 11시, 오후 4시 하루 두 번씩 문재인 하야를 요구하고 나섰습니다.

8.15광복절, 10.3 개천절, 10.9 한글날 잇달아 수백만 명이 참석하는 〈문재인 하야 범국민대회〉를 성공적으로 주최하고, 〈문재인 하야 1천만 명 서명운동〉을 성공시킴으로써 한기총 회장 전광훈 목사는 일약 문재인 퇴진 국민운동의 중심세력으로 부상하였습니다.

(5) 자유한국당의 당면 과제

① 구속자 석방 투쟁

집권 주사파에 의해 감옥에 갇혀 있는 박근혜·이명박 대통령과 자유민주세력의 주역들을 구출하는 석방 투쟁이 중요합니다.

그럼에도 불구하고, 자유한국당은 "박근혜를 석방하라"고 외치면 "몇 표를 더 받을 수 있을까?", "지지율이 몇 % 영향을 받을까?" 이런 생각을 먼저 하고 있습니다. 정치 공학입니다. 정치 상술입니다. 이건 나라를 구하는 참정치가 아닙니다. 이건 기본적으로 인륜을 지키는 인간이 해야 할 짓이 아닙니다. 애국심과 동지애와 진실성이 빠진 정치는 이제 심판 받아야 합니다.

② 대한민국수호투쟁 국민연대의 중심

자유한국당을 혁신하여, 자유 대한민국을 지키는 구국투쟁연대의 중심으로 세워야 합니다. 나라를 통째로 김정은에게 바치고 있는 문재인 대통령을 끌어내리지 않고서 어떻게 자유대한민국을 구할 수 있습니까? 내가 국회의원 되고, 대통령 되면 나라를 구할 수 있다고요? 모두들 이런 자기중심적 생각만 하다가 결국 나라가 이렇게 기울어지지 않았습니까?

지금은 투쟁해야 이길 수 있습니다. 뭉쳐야 이길 수 있습니다. 전략 전술이 있어야 이길 수 있습니다.

자유한국당 대표가 앞장 서서 사상이념전쟁·주사파 척결투쟁 • 자유민주세력 대동단결투쟁·민생투쟁·한미동맹 강화를 이끌 〈자유대한민국수호 비상국민운동〉을 구성하여 문재인 주사파 정권과 원내외에서 목숨 걸고 싸워야 합니다.

〈자유대한민국수호 비상국민운동〉은 국회를 기반으로 자유한국당, 우리공화당, 새보수당 국회의원 모임을 구성하고, 기독교 세력, 등 반문재인·반주사파 세력과 빅텐트를 치고, 문재인 주사파 집권세력과 맞서 싸워 이겨서 자유민주주의 대한민국을 지켜야 합니다.

③ 4.15총선 승리

4.15총선이 석 달도 남지 않았습니다. 과감한 물갈이와 인재영입 그리고 부정선거 방지대책을 수립하여 신속하게 집행해야 합니다.

주사파들이 집권하고 있는 지금은 과거 어느 때의 야당이 싸우던 것보다 어려운 총선입니다. 지금의 정세가 얼마나 어려운지에 대해 우리는 냉정해야 합니다. 자기 앞만 보고 싸운다고 이길 수 없습니다.

우리나라를 둘러싸고 있는 국제정세와 각 정치세력의 현황, 그리고 무엇보다 우리 자신의 역량에 대해 냉정하게 분석·판단하고 싸워야 합니다.

어떤 영웅도 혼자서는 이길 수 없습니다. 자유파에는 이승만·박정희 같은 영웅도 지금 없습니다. 모여야 합니다. 밤을 새워서라도 토론해야 합니다. 전략전술을 세워야 합니다. 힘을 합쳐야 합니다.

(6) 문재인 주사파 정권의 4.15총선 5대 카드(1-2)

문재인 주사파 정권은 통상적인 자유민주주의 정권이 아닙니다. 주사파의 특징은 대한민국 전복의 전략전술이 혁명 교과서에 이미 정립되어, 주사파 운동가들이 달달 외워서 조직적으로 실행하고 있다는 점입니다.

지금은 특히 김정은만 집권하고 있을 뿐만 아니라, 남한에서도 종북 주사파 문재인이 집권하고 있어, 남과 북이 "우리 민족끼리" 내놓고 서로 협력하고 있습니다. 문재인이 김정은의 수석대변인이라고 외국에서 먼저 말하고 있습니다.

따라서 자유한국당과 자유파는 이렇게 불리한 정세에서도 싸워 이기기 위해서는 특별한 집중과 단결, 연대를 해야 하지 않겠습니까?

주사파들은 촛불 혁명으로 자유 대한민국을 거의 무너뜨렸습니다. 마지막으로 이번 4.15총선에서 2/3의석을 확보하여 1948년 7월 17일 제정된 자유민주주의 대한민국 헌법을 연방제 통일헌법으로 고치려고 합니다. 종북 주사파들이 100년 집권하겠다는 말이 공연한 헛소리가 아닙니다.

① 선심성 세금 퍼주기

문재인 정부는 올해 예산을 최대한 팽창시켜서, 세금 퍼붓기로 표를 얻으려고 합니다. 특히 노인층, 취약층, 취약지역에 대해 집중적으로 예산을 퍼부으면 무시 못할 득표력이 생길 것입니다.

시도지사, 시장·군수·구청장 등 지방까지 완벽하게 민주당이 장악했기 때문에 선심성 예산 집행의 효과가 더욱 극대화 될 수 있습니다.

② 연동형 비례대표제 선거법 개정

연동형 비례대표제 선거법이 통과되어 지금까지의 양당제가 다당제로 바뀔 경우에 대비해야 합니다. 연동형 비례대표제 선거법은 국회에서 민주당과 정의당, 민주평화당, 바른 미래당 4당이 단합하여, 자유한국당만 빼놓고 날치기로 통과시켰습니다. 연동형 비례대표제는 절대적으로 정의당, 바른 미래당, 우리공화당 같은 소수정당이 유리합니다.

③ 박근혜 석방

박근혜 대통령은 마녀사냥으로 구속되었으므로 당연히 석방되어야 마땅하다. 문재인 정부는 박근혜 대통령을 적절한 시점에 석방시킴으로써 자유한국당을 분당시키는 효과를 노리고 있습니다.

박근혜 대통령은 벌써 석방됐어야 하지만, 내년 4.15 총선 직전에 석방함으로써, 자유한국당과 특히 대구·경북 지역을 중심으로 자유파 내부에 엄청난 혼란과 분열을 가져 올 수 있습니다.

우리는 주사파들의 간교한 분열 공작에 대비해야 합니다. 서로 만나지도 않으면서, 오해하고 비난하지 말아야 합니다. 서로 만나고 토론하며 함께 뭉쳐서 문재인·김정은과 싸워야 합니다.

④ 남북 평화통일 카드

문재인 주사파 정부는 북한 핵미사일 폐기와 남북교류협력·평화통일 카드를 쓸 것입니다. 지난번 6·13 지방선거에서 하루 전인 6·12 트럼프·김정은 싱가포르 회담으로 자유한국당은 완전히 망했습니다.

트럼프·김정은 싱가포르 회담으로 자유한국당이 입은 피해는 거의 쓰나미 수준입니다.

4·15 총선 전에도 김정은이 트럼프 만나서 거짓말로 핵미사일 폐기 선언을 하면, 싱가포르회담 이상으로 자유한국당이 피해를 입게 될 것입니다. 자유한국당은 대비를 해야 합니다. 자유파 애국단체와 손을 잡고, 미국과도 다양한 협력을 해야 합니다.

⑤ 반미·반일 카드

문재인 우리 민족끼리 종북·반미·반일 선동 정부는 김정은과 짜고, 반미·반일 선동을 계속할 겁니다. 주사파 언론노조와 짜고, 가짜뉴스를 만들어 자유한국당 후보를 아무 근거없이 친미·친일파로 매도하는 선제공격을 하면서, 해명할 시간도 주지 않을 것입니다.

반일 카드는 반일 민족주의에 익숙한 우리 국민의 투표에서는 언제나 과반수를 차지하여 왔습니다. 우리 경제가 어려운 까닭이 문재인의 반 대기업 친 민노총 정책 때문이 아니라, 트럼프와 아베의 심술과 친미·친일파 때문이라고 대통령, 민주당, 언론, 민노총, 시민단체 모두 나서서 총력 홍보한다면, 만만찮은 영향을 미칠 것입니다.

(7) 4.15. 국회의원 선거 예상과 대책

① 주사파 대청소 선거

4.15. 선거는 김정은에게 충성하는 집권 주사파에 대한 사상 투쟁장입니다. 따라서 통상의 선거공학적 선거운동만으로는 이미 권력을 잡고 있는 주사파를 이길 수 없습니다. 자유한국당은 사상이념과 연대성, 투쟁성을 강화해야 합니다.

② 민생 투쟁 격화

문재인 대통령의 반 대기업 친 민노총 정책으로 경제가 파탄 나고, 민생 투쟁이 더욱 격화되고 있습니다. 사상이념과 권력의 고지를 점령한 문재인 주사파 세력은 권력을 유지·연장하기 위해서 수단 방법을 가리지 않고 댓글 조작, 부정선거, 선심성 공짜 약속을 남발하고 있습니다.

따라서 자유민주주의 세력이 순진하게, 선거법을 지키면서 막말하지 않고 착실하게 바닥을 누비며, 정책선거운동을 하면, 이길 수 있을 것이라는 생각은 비현실적입니다. 선거 공학, 정책 위주 선거전략만으로는, 온갖 불법 비리 전략과 조작 전술을 능수능란하게 구사하는 문재인 주사파를 이길 수 없습니다.

③ 남북 주사파 연대와 한미 자유민주세력의 혈전

4.15 선거와 다음 대선은 문재인·김정은 남북 주사파 집권연대 세력과 한미동맹 자유민주주의 세력간의 혈전이 불가피합니다. 자유한국당은 선거공학과 여론 조사만으로는 4.15 선거 승리를 기대할 수 없습니다.

(8) 대동단결만이 승리의 길

① 정당의 통합·연대·후보 단일화

정당의 통합이나 연대는 제1야당이며, 종갓집인 자유한국당이 먼저 적극적으로 나서야 합니다.

다양한 모색과 만남을 주선해야 합니다. 새보수당, 우리 공화당, 기독 자유당과 통합하거나, 최소한 지역구별 후보 단일화를 해야 이길 수 있습니다. 흩어지면 죽습니다.

② 태극기와 십자가의 단결

기독교·불교·천주교 종교세력과 태극기 세력이 모두 힘을 합해야 합니다. "주사파척결 애국국민운동"의 깃발 아래 뭉쳐서 싸워야 합니다. 싸우면서 뭉치고, 뭉쳐서 싸워야 합니다.

③ 정당과 국민운동의 역할분담과 협력

선거 전문조직으로서 정당이 뭉쳐서 의석확보와 원내 활동을 성공적으로 해야 합니다. 국민운동 조직은 기독교, 불교, 천주교 등 종교조직과 태극기 운동 조직이 모두 뭉쳐서, 주사파 후보와 주사파 정당을 가려내어 낙선 운동을 벌이고, 애국 후보를 당선시켜야 합니다.

국민운동에 대해 정당이 적극 협력하고, 정당의 선거운동을 국민운동이 적극 도와야 합니다.

서로 다른 위치에서 동지적 신의로 협력하는 유무형의 협의체를 만들고, 새로운 모범을 만들어 나가야 합니다.

이제까지 대통령이나 국회의원, 시장·도지사·구청장·군수가 당선되고 나면 모른 체하는 일이 반복돼서는 안 됩니다. 좌파들이 하는 것 이상으로 서로 협력하고, 상설협의체를 구성해서 함께 종북주사파를 끝까지 척결해 나가야 합니다(2020.1.20.수)."

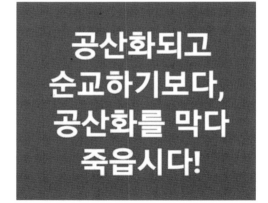

공산화되고
순교하기보다,
공산화를 막다
죽읍시다!

5. 참된 교회냐?
거짓된 교회냐?

하나님께서 이 세상에 세우신 조직에는 두 가지가 있습니다. 첫째
는 결혼 제도를 통해 가정을 세우신 것이며, 두 번째는 주님이 십자가
에 피흘려 죽으시고 부활하신 후(?) 주의 몸된 교회를 세우셨습니다.

해방 후 지긋지긋했던 일제(日帝)의 탄압이 끝나고 갑자기 종교 자
유의 물결과 함께 민족적 비극인 6·25 동란이 겹쳐 북한 신자들의 대
대적인 피난이 불가피했으며, 이로 말미암아 전화위복(轉禍爲福)으로
남한 각처에 갑자기 교회가 불어나서 '섰다면 교회'라는 말까지 유행
할 정도였습니다.

세계를 다녀보면 한국처럼 교회가 많은 나라도 없습니다. 일본 같
은 경우에는 하루종일 교회를 찾아도 보기가 어렵고, 유럽 쪽에는 큰
예배당들이 쉽게 눈에 띄기는 하지만 텅텅 비어 있습니다. 그에 비하
면 우리 한국은 곳곳마다 교회요, 건물마다 교회입니다. 그래서 어떤
이들은 "한 집 건너 다방, 두 집 건너 약국, 세 집 건너 교회가 서 있
다"고 빈정 거리기도 합니다.

그러나 우리 기독 성도들 입장에서 볼 때는 교회가 많은 것이 좋은
것입니다. 술집보다 교회가 많으면 좋은 것입니다. 여관이 서 있는 장

소들에 교회가 선다면 얼마나 복 받은 나라입니까? 그런데 문제는 많은 교회들 중에 거짓 교회가 우후죽순처럼 생겨나는 것입니다. 십자가가 세워져 있고, 교회라는 이름의 간판만 붙으면 다 교회이고, 예수 그리스도를 믿고 구원받는 참 교회인 줄 알았는데, 그것이 아니라 거짓 교회도 있더라는 것입니다. 그리고 내가 다니는 교회가 참된 교회일까? 혹시 거짓된 교회는 아닐까?하는 생각에 갑자기 두려워지기도 합니다.

세상에 속한 교회에는 중생한 그리스도인도 있고, 중생하지 못한 형식적인 신자들도 있습니다. 심지어 이단들도 출석을 합니다. 그런데도 우리는 어떤 사람이 이단인지? 거짓 신자인지 쉽게 알아 차릴 수 없습니다. 이단 교회들도 버젓이 십자가를 세우고 있으며, 교회라는 이름도 도용하고 있습니다. 별의별 교회들이 다 있다 보니, 우리 교회만이 진짜라고 하여 '참 예수교회'라는 이름도 생겨 나고, 진짜 복음이라고 하는 '순복음교회'도 있습니다.

아무리 교회의 건물이 웅장하고, 수만명이 모이고, 병 고치는 이적이 일어난다 할지라도 성경 외의 다른 경전을 주장하고, 예수 그리스도 외에 또 다른 구원자가 있다고 한다면 그것은 참된 교회가 아닙니다. 아무리 귀신을 쫓아내고, 능력이 나타난다 하더라도, 귀신은 제 명을 다하지 못하고 죽은 사람의 분신이라고 주장한다면 이는 성경의 교훈에서 벗어나는 것이며, 참된 교회가 아닙니다.

어떤 교회에서는, 모든 병이 곧 죄와 직접적인 관계가 있다고 합니다. 그래서 병에 걸리는 것은 죄를 지은 까닭이라고 합니다. 눈에 다래끼가 난 것은 못 볼 것을 본 죄를 지은 까닭이기 때문에, 다래끼가 난 눈가에 손을 대고 안수 기도를 하는 곳도 있습니다. 팔뚝에 반점 하나만 생겨도 마귀의 장난이라고 하며, '회개하라'고 야단치는 교회가 있습니다. 이 모두가 성경에 없는 이야기입니다. 이런 가르침이 그 교회의 주된 내용이 되고 있다면 이는 거짓된 교회인 것입니다.

이 땅 위에는 수많은 교회가 있지만 '교회'라고 다 같은 교회가 아닙니다. 과거 천주교는 '성당'이라고 불렸으나 지금은 교회라고 합니다. 안톤 라베이가 1966년 4월 30일 미국 캘리포니아의 샌프란시스코에 세운 '사탄 교회'(The Church of Satan)라도 곳도 있는데, 이들은 사탄성경의 교리를 따르는 사탄주의 조직입니다. 수많은 이단들도 자기들을 교회라고 하며, 좌파 교회도 있습니다.

그러면 좌파 교회란 무엇입니까? 좌파의 이념을 신봉하고 따르는 교회를 말하며, 좌파 교회는 참된 교회가 아니라 그리스도를 대적하는 교회입니다. 이와 같이 교회에는 참된 교회가 있고, 거짓된 교회가 있습니다.

1) 교회란 무엇일까요?

구약에서 '교회'를 가리키는 말로 '카할(qahal)'과 '에다(edah)'라는 두 단어가 있습니다. '카할'은 불러 모으다(to call)를 뜻하는 말 뿌리인 '칼(qal)'에서 유래했고, '에다'는 '지정한다(to appo Int)'를 뜻하는 '야다(yaadh)'에서 유래했습니다. 이 두 단어가 이스라엘 백성에게 적용이 될 때는 일정한 장소에 함께 모이는 모임 자체나 회중을 의미하는 교회를 지칭했습니다(출12:6, 민14 :5).

신약에서 '교회'를 뜻하는 단어에는 '쉬나고게'와 '에클레시아'가 있습니다. '쉬나고게'가 위에 나와 있는 구약의 용어들에 해당되는 유대인의 종교적 집회나 회당(會堂)을 가리켜 사용되었고, '에클레시아'는 일반적으로 신약교회에 적용되었습니다.

한자로 교회(敎會)라는 말은 '가르칠 교(敎)'이니 성경을 배우는 곳이며, 또 '모일 회(會)'이니 모여 예배하는 곳입니다. 그러므로 이 말은 "길이요 진리요 생명이신 예수님의 교훈을 가리키는 모임"이라고 말할 수 있습니다.

교회를 영어로 '처어치(Church)'라고 하는데, 이 말은 헬라어 '키리아콘'에서 온 말로서 '주의 소유'를 의미합니다. 교회는 하나님의 소유물입니다. 이 세상 만물이 다 주님께 속한 것이지만 교회는 성령으로 거듭난 자들의 집단으로서 주님께 생명적으로 연합되어 있습니다. 교회는 영적 차원에서 주님께 속해 있습니다. 교회는 주의 것입니다. 이 얼마나 아름다운 것입니까? 주의 것이란 교회에 주어진 말할 수 없는 특권입니다. 그뿐 아니라 교회는 주께서 친히 십자가에 달려서 살을 찢기시고 피를 흘리셔서 그 피값으로 사신 것입니다. 그러므로 교회는 그에게 있어서 가장 사랑스런 소유물입니다. 부르심을 받은 하나님의 백성들이 모인 단체임을 이 명칭들이 잘 나타내고 있습니다.

'교회'라는 말을 최초로 사용한 분은 그리스도 자신이었습니다. 베드로가 "주는 그리스도시요 살아 계신 하나님의 아들이시니이다."(마16:16)라고 고백했을 때 예수님께서 심히 만족해 하시고 이 신앙고백을 토대(土臺)로 하여 교회를 세우겠다고 말씀하셨습니다(마16:18).

신약교회는 베드로의 신앙고백을 토대로 세워진 것입니다. 오순절의 성령 강림을 계기로 하여 지상에 교회가 많이 세워짐에 따라서 여러 가지 형태의 교회가 출현하였으니 일정한 장소에 있는 신자들이 모여서 신앙을 고백하고 하나님께 예배드리는 곳을 지교회(支敎會)라고 합니다(행5:11,11:26,고전11:18,14:19,28,35,16:1). 예를 들면 예루살렘 교회(행8:1,11:22), 안디옥 교회(행13 :1), 에베소 교회(행2:17), 겐그

레아 교회(롬16:1), 고린도 교회(고전1:2, 고후1:1), 갈라디아 교회(갈1:2), 라오디게아 교회(골4:4-6), 데살로니가 교회(살전1:1, 살후1:1), 유대 교회들(살전2:14), 아시아의 교회들(계1:4)이라고 할 때 이것은 그 일정한 지역에 회집한 교인들의 무리를 가리키며 그것을 지교회(local church)라고 합니다.

개인의 가정에 소수의 무리가 모여서 예배 드리는 곳을 가정교회라 하며(롬16:5, 23, 고전16:19, 골4:15, 몬2), 지금도 어떤 개척지에서 교회가 시작될 때에 어느 신자의 집에서 두 세 사람이 모여 예배하는 것처럼, 사도 시대에도 어떤 부자나 어떤 중요한 신자 가정의 한 방을 집회 장소로 제공한 일이 있는 듯합니다. 그때에 이것을 "집에 있는 교회"라고 불렀습니다(롬16:5, 고전16:19, 골4:15, 몬1:2). 구주 예수 그리스도와 영적으로 연합(聯合)하여 한 지체가 된 신자의 전체를 보편교회라 합니다(엡1:22, 3:10, 21, 5:23, 24, 26, 27, 29, 30, 골1:18, 24).

그리고 신자들이 모여 하나님께 예배 드리는 곳을 '예배당', '교회당', 또는 '성전'이라고도 합니다. 어떤 사람들은 '예배당'은 '성전'이 아니라고 하지만, 그 사람은 '성전(聖殿, 거룩 성, 궁궐 전)'의 뜻을 몰라서 그렇게 주장하는 것입니다. 국어사전에 보면, "성전"이란 "하나님을 모신 집 즉 천주교의 성당과 기독교의 예배당을 가리킨다"고 되어 있습니다. 그러므로 만일 예배당이 성전이 아니라면, 그 예배당은 하나님을 모시지 않은 곳이란 말이 되는 것입니다.

주님이 말씀하시기를 "두 세 사람이 내 이름으로 모인 곳에는 나도 그들 중에 있느니라"(마18:20)고 하셨습니다. 그리고 성도 개개인의 몸에도 성령님이 거하시므로 "하나님의 성전"이라고 하였거늘(고전3:16, 6:19), 하물며 주님의 이름으로 규칙적으로 모여 예배 드리는 곳에 어찌 성령님께서 함께 하시지 않겠습니까? 그리고 성령님께서 그

곳에 함께 계신다면 어찌 그곳을 "성전"이라고 부를 수 없겠습니까?

헬라어에는 "성전"을 뜻하는 단어가 두 개 있습니다. '나오스'와 '히에론'입니다. '나오스'는 '거주하다'는 말에서 시작되어 성전의 건물을 뜻합니다. 그래서 우리 성경에 '성전(마26:61)' 혹은 '성소(마27:5)'라고 번역하였습니다. 그리고 '히에론'은 '거룩함'을 뜻하는 것으로 우리 성경에 모두 '성전(마4:5, 21:12)'으로 번역되었으나 그것은 성전 건물만 뜻하는 것이 아니라, 소와 양들을 팔고 사던 성전의 뜰까지를 다 포함하는 말입니다(요2:14, 15 등).

그러므로 옛날 솔로몬의 성전의 뜰도 거룩하여 "성전"이라고 하였다면, 오늘날 하나님께 예배 드리는 예배당은 더욱 거룩하여 "성전"이라고 해야 하지 않겠습니까?

교회란 무엇인가요? 언제부터인가 우리 사회에 의사 신랑감을 얻기 위해서는 3개의 열쇠가 있어야 한다는 말이 있었습니다. 자동차 열쇠, 아파트 열쇠, 병원 열쇠가 그것입니다. 그런데 일부 계층의 사람들에게서, 사람 대우를 좀 받으며 살기 위해서는 이 세 개의 열쇠만이 아니라 한 개의 열쇠가 더 추가되어야 한다는 말이 공공연히 흘러나오고 있습니다. 나머지 한 개의 열쇠는 '교회 열쇠'라고 합니다.

세 개의 열쇠가 잘못된 결혼관을 말하고 있다면, 네 개의 열쇠는 잘못된 교회관을 반영하고 있는 것입니다.

사실 일부 부유층의 사람들은 자신들의 세속적인 위치에 걸맞는 교회(건물, 예배당)를 선택해서 출석합니다. 나의 세상적 신분이 이러한데, 교회 건물이 초라하고 구성원의 신분도 시원치 않는 동네 교회에 나가서 앉아 있기는 창피한 노릇이라고 생각하여 일부러 멀리까지 가고, 외형이 번지르한 교회를 찾아서 출석합니다. 이러다 보니, 강남을 비롯한 일부 교회들이 신자수는 물론이거니와 그 모양도 마치 궁전을 연상케 하는 초호화판 건물로 변모해 가고 있습니다.

어떤 교회는 출석하는 교인이 2,500명이지만 교회에 등록하지 않고 예배만 참석하고 돌아가는 사람이 1,500명이라고 합니다. 주일 낮에 2,500명이 모여 예배를 드리지만 실제로 그 교회의 정식 교인 수는 1,000명에 불과하다는 것입니다. 나머지 1,500명은 교회에 정식으로 등록하지 않으며, 그 교회의 지도를 받기 싫어하며, 단지 이름있는 큰 교회 목사의 지성적인 설교를 듣는 것으로 만족하는 사람들입니다.

앞으로도 이런 추세는 계속될 전망입니다. 교회를 마치 건물인 것처럼 생각하고 거대한 예배당을 경쟁하듯 지으려고 할 것입니다. 교회의 간섭을 꺼리는 사람들로 인해 큰 교회는 더욱 비대해져 갈 것입니다. 그래서 목회자들도 "교회 건축이 전도"라고 말할 정도입니다. 전도하지 않아도 교회만 크게 지으면 저절로 모여 든다는 것입니다.

예수님께서는 헤롯의 궁전이 아니라 초라한 마굿간에서 탄생하셨기 때문에 들에서 양을 치던 목자들도 아무런 거리낌없이 들어갈 수 있었습니다. 그러나 오늘날의 교회들은 양탄자와 고급 가구들로 치장되어 있어서 선뜻 들어가기가 주저스러울 정도입니다. 그래서 불신자들도 "교회가 기업이라"고 말하고 있을 정도가 되었습니다.

과연 이것이 예수님께서 생각하셨던 교회일까요? 만약 주님께서 외적으로만 너무 화려해지고 사치스러워지는 우리 한국교회를 향하여 "내가 진실로 너희에게 이르노니 돌 하나도 돌 위에 남지 않고 다 무너뜨리우리라"(마24:2)고 말씀하실까 두렵습니다.

많은 성도들이 이처럼 외형적으로 크고 화려한 교회들을 선호하는 것은 교회가 건물이라는 잘못된 개념을 갖고 있기 때문입니다. 교회는 결코 건물이 아닙니다. 건물은 교회당이며, 예배 드리는 장소인 예배당일 뿐입니다. 건물이 교회가 아닙니다. 교회를 건물과 동일시될 수 없으며, 그 이상의 내면적 의미가 있습니다. 나 자신이 교회이며, 예수를 믿는 모든 사람들을 한꺼번에 부르는 이름도 교회입니다. 우리가 제대로 그 의미를 파악하지 못하고 있기에 우리의 신앙조차도 잘못되어 버리기 쉬운 것입니다.

교회는 그리스도의 몸입니다. 예수 그리스도는 교회의 머리이시고, 우리는 그 몸의 지체들입니다. 그 몸에서 분리되면 우리는 죽습니다. 존재할 수가 없습니다. 우리가 하나님의 백성으로서, 교회로서 일할 수 있는 능력이 없어집니다. 그러므로 주님은 "너희가 나를 떠나서는 아무 것도 할 수 없느니라"(요15:5)고 하셨습니다. 우리의 지혜와 힘과 용기와 모든 자원은 몸의 머리가 되시는 예수님께로부터 나옵니다.

교회의 교회됨은 건물이나 교인의 숫자나 헌금의 액수에 있는 것이 아닙니다. 사회적인 영향력에 있는 것도 아닙니다. 교회는 진리를 가지고 있어야 하며, 이 진리를 수호하기 위해 피흘리는 싸움이 있어야 합니다. 진리를 포기하면서 얻어지는 교회의 성장이나 사치스러운 건물은 하나님을 오히려 욕되게 할 뿐입니다.

내가 진정한 성도라면 주님은 그 교회의 머리이어야 하고, 주인이 되셔야 합니다. 그분의 통치를 받아야 하며, 그분의 지체로서 살아야 합니다.

우리 성도들은 주님의 몸된 교회의 지체들입니다. "지체"라는 말은 한자로 '팔다리 지(肢), 몸 체(體)' 자를 씁니다. 즉 '몸의 팔과 다리'라는 뜻입니다. 팔과 다리는 머리의 지시와 명령을 잘 따라야 합니다. 교인들은 교회의 머리되시는 주님의 지시와 명령을 잘 따라야 합니다. 마16:20절에 보면 예수님은 제자들을 경계하사 말씀하셨는데 "자기가 그리스도인 것을 아무에게도 이르지 말라"고 하셨습니다. 교회의 주인이시기 때문에 이렇게 명령을 하실 수 있습니다. 그러므로 우리 성도들은 주님께서 "하라"하면 하고, "하지 말라"하면 하지 말고, 가라 하면 가고, 가지 말라고 하면 가지 말아야 하며, 서라고 하면 서야 합니다. 모든 것을 주님의 말씀에 순종해야 합니다.

성경은 "너희는 그리스도의 몸이요 지체의 각 부분이라"(고전12:27)고 말씀합니다. 몸에는 여러 지체가 모여 있습니다. 지체는 모여 조화를 이룰 때 아름다운 것이지 따로 떨어져 있으면 아름답지 않습니다. 샛별같은 눈동자일지라도 몸에 붙어 있어야 아름답지 따로 떨어져 있으면 보기가 흉측합니다. 우리는 그리스도의 몸이요, 지체이므로 모여 연합하고 교통해야 합니다. 그러기 위해서는 조직과 활동에 적극적으로 참여해야 합니다.

일본은 우리나라보다 약 50년이나 앞서 기독교가 전래되었습니다. 그러나 오늘날 일본 교회는 심히 미약하고 피폐합니다. 반면에 우리나라는 국민의 25%가 기독교인입니다. 일본 교회의 교세가 미약한 것은 일본교회 지도자들이 성도들에게 모이기를 힘쓰도록 강조하지 않았기 때문입니다. 그들은 글이나 설교를 통해 성도들이 모일 때 일어나는 부정적인 일들을 강조했습니다. 그래서 성도들이 모이는 것에 혐오를 느끼게 만들었으며, 무교회주의자들이 많이 생기게 했습니다.

한국교회 지도자들은 처음 복음을 받아 드릴 때부터 성도들이 모이기를 힘쓰도록 했습니다. 성도들이 주일날 모여서 예배드리는 것만으로는 흡족지 않아서 수요일에도 모여서 기도회를 하고, 새벽기도회, 금요 철야기도회도 가지고 수시로 부흥회를 열어서 열심히 모이게 했습니다. 그래서 한국교회의 교세는 날로 늘어 나게 된 것입니다.

우리 성도들 가운데 영적 반신불수는 없습니까? 하나님의 명령을 완전히 지키지 못하고 겨우 일부분만 지키는 사람을 영적 반신불수라고 말합니다.

2) 교회의 구분(성격)

성도들의 모임이 교회입니다. 살아계신 하나님의 교회는 예수 그리스도를 믿는 신자들의 모임입니다. 따라서 교회는 하나님의 소유요, 하나님이 주인입니다. 그러므로 교회는 교회로서의 성격이 있을 것이며, 교회로서의 기능도 있을 것입니다. 교회는 그 역할과 성격 또는 보는 관점에 따라 몇 가지로 구분합니다. 그러면 하나님의 교회는 어떤 성격이 있을까요?

(1) 전투적 교회(지상 교회)와 승리적 교회(천상 교회)

전투적 교회와 승리적 교회는 본질적으로 연결되어 있으므로 상호간에 밀접한 연관성을 지니고 있습니다.

① 전투적(戰鬪的) 교회(지상 교회)

전투적 교회는 지상 교회를 말하고, 지상 교회는 하나님께로부터 부름 받아 이 세상으로부터 구별된 자들의 모임입니다. 이 세상은 궁극적으로는 하나님께서 통치하시지만 일정한 기간 동안은 마귀들의 활동 무대이기도 합니다. 그러므로 교회는 이 세상에 존재하기 때문에 필연적으로 흑암의 권세를 가진 사단의 세력과 마귀와 죄악에 대하여 끊임없이 영적 전투를 하게 되어 있습니다(엡6:12,13). 이로 인하여 세상에 존재하는 교회에서 싸움이 끊임없이 진행됩니다. 이 전투는 인류 시초부터 세상 끝날까지 계속되는 전투입니다.

교회는 하나님을 대적하는 모든 세력과 싸우도록 부름을 받았으며, 현실적으로 싸움에 종사하고 있습니다. 그러나 지상 교회의 싸움은 승리가 보장되어 있습니다(롬8:35-37). 왜냐하면 이미 그리스도께서 사단을 이기심으로 승리가 확정된 상태 속에서 싸우고 있기 때문입니다. 이스라엘 백성과 가나안 7족속과의 싸움에서 승리한 자는 이스라엘 백성이었습니다. 그러므로 지상 교회는 죄악에 대하여 언제나 선한 싸움을 싸워야 합니다. 이 싸움은 혈과 육에 대한 싸움이 아니라 공중의 권세를 잡은 어두움의 세력과의 싸움입니다. 이 어두움의 세력은 교회 밖에만 있는 것이 아니라 교회 안에도 있습니다.

그러면 왜 지상 교회는 싸워야 할까요? 교회의 머리되신 예수님이 싸우고 있기 때문이며(계19:11), 성경에서 지상의 교회도 싸우라고 말씀하셨기 때문입니다(마16:18, 요15:18, 엡6:11-18). 바울 사도도 "내가 선한 싸움을 싸우고 나의 달려갈 길을 마쳤다"라고 하였습니다(딤후 4:7). 교회는 거룩한 전투에 부름 받고 그 전투에 참여하고 있는 것입니다.

그러므로 우리는 사상적인 대적과 도덕적인 대적, 그리고 교회를 대항하는 모든 악한 세력들과 영적 투쟁을 계속해야 하며, 그리스도의 십자가의 군기를 높이 들고 진리를 파수하여 교회의 성결을 보존하기 위하여 선한 싸움을 싸워야 합니다. 예수님께서 마16:18절에서 "내가 반석 위에 내 교회를 세우리니 음부의 권세가 이기지 못하리라"고 하셨는데, 음부의 권세가 이기지 못한다는 말은 교회가 음부의 공격을 받을 것을 전제하신 말씀입니다.

그러면 왜 교회는 세상으로부터 공격을 받을까요? 교회는 그리스도에게 속했기 때문입니다(요15:18). 초대교회에 로마제국과 기독교가 싸워서 승리한 자는 기독교요, 망한 자는 로마제국이었습니다. 초대 교회가 세속과 타협하지 않고 믿음의 선한 싸움을 싸울 때는 강성했으나, 콘스탄틴 대제가 기독교 신앙의 자유를 선포한 후부터 교회는 전투를 중단하고 방종하게 되었습니다. 그 결과 교회는 타락하게 되었습니다.

왜 오늘의 교회가 세속화를 부르짖습니까? 그것은 싸움을 중단하자는 것입니다. 교회가 세상과 죄악과 마귀와의 싸움을 중단하게 되면, 죄악에 삼키우게 되니, 믿음의 선한 싸움을 중단하고 세속과 타협하려는 것은 자살행위와 같은 것입니다. 그러므로 우리는 날마다 영적으로 싸워야 합니다.

오늘날 교회의 내적 갈등과 불화로 인하여 교회 안에서 싸움이 일어나는 것을 간혹 보는데, 이것은 적을 앞에 두고 아군끼리 싸움을 벌리는 것과 같은 이적 행위인 것입니다. 그러고도 어찌 승리할 것을 기대하겠습니까? 교회의 내분을 보고 박수를 칠 존재는 사탄과 그 졸개들입니다. 그러기에 교회의 역사는 흥망과 성쇠의 과정이 반복(反覆)되는 것입니다.

그러면 어떻게 싸워야 할까요? 그것은 방어도 해야 되지만 때로는 공격적으로 해야 됩니다(엡6:16-20, 히12:4). 지상의 교회가 진리를 파수하는 일에 기도와 묵상에만 전념하거나, 영적 은혜를 누리는 것만으로 안주해서는 안 됩니다. 그것은 소극적이며, 어떤 의미에서는 후퇴를 의미합니다. 그러므로 방어전 위주로 해서는 안 됩니다. 우리는 생명을 내걸고 복음을 굳게 파수함과 동시에 또한 비진리를 공격하고 마귀와 더불어 싸워야 합니다. 악의 세력에 대하여 때로는 공격적으로 전력을 다해 투쟁해야 합니다.

교회는 세상에 속한 자가 아니라 하나님께 속한 자입니다. 교회는 죄를 용납하는 자가 아닙니다. 죄를 대적하며, 죄를 미워하는 자입니다. 교회는 마귀를 섬기며 따르는 자가 아니라 마귀를 대적하고 오직 어린양 예수만 따라가야 합니다. 그러므로 교회는 이 세상에서 싸워야 합니다. 싸워야 하는 사명이 있습니다. 죄를 대적하고, 마귀를 대적하고, 거짓 선지자를 대적해서 싸워야 합니다. 만일 교회가 전투적 성격을 포기한다면 교회는 교회로서의 존재성을 상실한 것입니다. 더이상 존재 가치가 없습니다. 더 이상 교회가 아닙니다.

존 칼빈은 교회를 군사적 개념으로 표현하여 "신자의 전우대"라고 했습니다. 진정 교회가 하나님의 교회요, 그리스도께 속했다면 하나님을 대적하는 죄와 마귀와 거짓 선지자와 그 역사를 대적할 수밖에 없을 것입니다. 그들을 용납할 수가 없습니다. 우리 교회는 마귀의 세력을 정복하고 하나님의 나라를 확장시켜야 합니다.

지상 교회가 암흑의 권세를 잡은 자와 싸워서 승리하는 것은 하나님이 친히 원수와 더불어 싸워 주시기 때문입니다. 이렇게 날마다 영적 선한 싸움에 잘 싸운 자들은 세상을 떠날 때 승리적 교회에 참가하게 될 줄로 믿습니다(히12:23).

② 승리적(勝利的) 교회(천상 교회)

승리적 교회는 천상의 교회를 가리키며, 지상에 있는 것이 아니라 천상에 있습니다. 천상의 교회는 승리적 교회입니다. 이는 세상에서 선한 싸움을 잘 싸우고 승리를 얻은 성도들을 축하하는 천상의 교회를 의미합니다. 어떤 의미에서 교회는 지상에서도 승리하고 있습니다. 사실 이 싸움은 승리가 이미 약속되었기 때문에 지상에서도 승리하고 있는 것입니다(요16:33,롬35-37).

그런데 승리적 교회가 아무런 희생없이 얻어지는 것은 아닙니다. 교회사를 보면 승리적 교회에 속한 참 성도들은 승리를 쟁취하기 위하여 생명을 내어 놓고 싸웠던 것을 볼 수 있습니다. 전투와 수난과 좌절과 사망에서 해방되어 승리의 개선가를 부르는 곳이 천상의 교회입니다. 천상의 교회는 창검이 승리의 종려나무로, 전투의 함성은 승리의 노래로, 십자가는 면류관으로 대체된 승리(勝利)의 교회입니다. 여기서 성도들은 그리스도와 함께 영원히 왕노릇 하게 됩니다. 물론 지상의 교회도 원리상 이미 승리가 확정되었지만 실제적으로는 천상 교회에서 완전한 승리의 기쁨을 만끽하게 되는 것입니다. 즉 그곳에는 사망이나 애통하는 것이나 곡하는 것이나 아픈 것이 다시 없습니다(계 21:4).

그런데 로마카톨릭 교회에서는 전투적 교회와 승리적 교회만이 아니라 또한 수난적 교회를 말하면서 이 수난적 교회는 지상에 있지 않지만 천국에는 아직 들어가지 못하고, 연옥에 남아 죄의 정화(淨化)를 받고 있는 신자들을 포함한다는 비성경적 주장을 하고 있습니다.

(2) 무형 교회(불가견적 교회)와 유형 교회(가견적 교회)

종교개혁을 하기 전에는 이런 구분이 없었습니다. 종교개혁 이후 마틴 루터가 최초로 이렇게 구분했습니다. 무형교회와 유형 교회는 두 형태의 교회가 있다는 말이 아니라 동일한 교회의 두 측면을 말합니다. 교회를 현실에 있는대로 보면 보이는 교회이고, 그 본질적으로 생각할 때는 보이지 않는 교회라고 할 수 있습니다. 이는 마치 영혼과 몸에 비유할 수 있습니다.

① 무형 교회(불가견적 교회)

　넓은 의미에서 무형교회는 현재까지 구원받은 자들 뿐만 아니라 아직 부르심을 받지 아니한 전피택자들까지 포함됩니다. 그리고 좁은 의미에서는 현재 지상에서 신앙생활을 하고 있는 피택자(彼擇者)들로 구성된 교회를 가리킵니다. 무형교회는 본질상 영적이기 때문에 어떤 사람이 그리스도와 연합하여 참신앙을 소유하며 참된 영적 교제를 이루고 있는지 육안으로 확인할 수 없습니다. 그래서 불가견적 교회라고 합니다.

　무형교회는 구원의 대상으로 택함을 받고 교회에 가입한 진실한 신자들로 구성되었으며, 유형교회는 참 신앙을 고백하는 모든 사람들과 그들의 자녀들로 구성됩니다. 무형교회는 본질상 영적 교회이기 때문에 육안으로는 누가 이 교회의 구성원인가를 식별할 수 없지만, 유형교회는 신자들의 신앙고백과 순결한 행위와 말씀의 선포와 성례의 집행과 교회의 조직과 정치를 통하여 유형화하기 때문에 그 구성원을 식별할 수 있습니다.

　교회는 하나님의 성전(고전3:16)이고, 그리스도의 몸이며, 그리스도는 교회의 머리(엡1:23)가 되지만, 가견적 교회에서는 하나님도 그리스도도 눈에 보이지 않습니다.

　바리새인들이 예수님께 "하나님의 나라가 어느 때에 임하나이까?"(눅17:20)라고 물었을 때 "하나님의 나라는 볼 수 있게 임하는 것이 아니라."(눅17:20)고 예수님은 대답하셨습니다. 참 교회에는 분명히 하나님이 임재하시지만 눈으로는 보이지 않습니다.

　주께서 "하나님의 나라는 너희 안에 있느니라?"(눅17:21)고 말씀하신 것은 하나님의 나라의 불가견성을 가리키신 것입니다. 엘리야 시대에 바알에게 무릎을 꿇지 않은 7천인이 있었지만 아무도 저들을 보지 못했습니다(왕상19:8-18). 그러나 하나님은 보고 계셨습니다.

하나님은 누가 자기 백성인가를 아시지만(딤후2:19), 사람은 아무도 모릅니다. 다만 믿음 안에서 자신이 그리스도 안에 있고, 그리스도께서 자기 안에 계신다는 것을 깨닫습니다(고후13:5).

오늘날 교회들이 여러 교파로 분리되는 것은 참 교회가 분리되는 것이 아니고 조직화된 외형 교회가 분리되는 것입니다. 그러나 내면적인 통일성을 유지하면서 유형교회가 하나님의 섭리와 합법적인 절차에 따라서 다른 교파로 분립(分立)되는 것은 유기체로서의 교회의 성장과 발전에 불가피한 자연적인 현상인 것입니다. 로마 천주교처럼 조직화된 인위적인 방법으로 교회의 통일성을 고수(固守)하려고 하면, 개인의 신앙 양심을 억압(抑壓)하게 되고, 나아가서 획일(劃一)적인 교회생활을 강요하는 종교적 전체주의에 빠지게 됩니다.

이들은 한 교파 한 교회에만 있는 것이 아닙니다. 여러 교회, 여러 교파 속에 있습니다. 그들은 비록 교회와 교파는 달라도 영적으로 그리스도를 머리로 하나가 되어 있습니다. 가견적 교회에는 교파가 있으나 불가견적 교회 안에서는 교파가 있을 수 없습니다(엡5:8, 골 1:13, 벧전2:5). 불가견적 교회의 구성 요소는 본질적으로 영적 차원에 속한 것이기 때문에 오직 영이신 하나님만이 그들을 알 수 있고, 육안으로는 식별하기 어렵습니다.

바울은 엡1:3-6절에 "하늘에 속한 모든 신령한 복으로 우리에게 복 주시되 곧 창세 전에 그리스도 안에서 우리를 택하사 … 그 기쁘신 뜻대로 우리를 예정하사"라고 하였습니다. 창세 전에 그의 기쁘신 뜻대로 예정하신 일을 사람이 어찌 감히 알 수 있겠습니까? 그러므로 불가견적 교회는 하나님만이 아시는 진정한 하나님의 백성들의 집단이며, 이 불가견적 교회만이 참 교회입니다. 그들은 '택하신 족속이요 왕 같은 제사장들이요, 거룩한 나라요, 그의 소유된 백성' (벧전1;2, 2:9)입니다.

교회의 무형적 성격이란 구원 여부와 관계되고, 선택 여부와 관계되고, 참교회의 증거라고 할 수 있습니다. 따라서 무형적 성격이란 구원성이며, 선택성이며, 진실성입니다. 이를 말 한마디로 요약한다면 참된 신앙, 참된 신자를 가리킨다고 할 수 있습니다.

교회는 참되이 믿는 성격이 있어야 합니다. 외식적으로 믿는 체해서는 안 되고, 형식적으로 믿어서도 안 되며, 습관적으로 믿어서도 안 되는 것을 의미합니다. 진심으로 믿어야 하고, 참되게 믿어야 한다는 것입니다.

② 유형 교회(가견적 교회)

유형교회는 그리스도로 말미암아 구원받은 자들이 지상에서 구원의 복음을 효과적으로 전파토록 하기 위해 그리스도께서 세우신 조직을 가리킵니다. 즉 무형교회의 구성원들은 단순한 영적인 존재들이 아니며, 마치 사람의 영혼이 몸을 입고, 그 몸으로써 자체를 나타내는 것처럼 무형교회는 신앙고백과 행위에서, 말씀과 성례에서, 외형적인 조직과 정치에서 유형적으로 됩니다.

가견적 교회는 교회에 등록하고 출석하는 모든 교인들로 구성됩니다. 그런데 가견적 교회에는 중생한 사람만 있는 것이 아니라 중생하지 못한 사람들도 있습니다(마13:24-30,36-43,행5: 1-16). 가견적 교회는 이러한 두 가지 신자의 혼합 때문에 많은 고통을 겪어 왔습니다. 교회사를 보면 중생하지 못한 지교인들 때문에 교회가 세속화 되었고, 그래서 가견교회 안에서 중생하지 못한 자연인들을 제거하고 순수한 교회를 만들어 보려는 노력이 있었습니다.

그러면 칼빈주의자들은 이 가견적 교회를 어떻게 볼 것입니까? 우리 인간의 힘으로는 가라지와 알곡, 중생자와 미중생자를 구별하기 힘들며, 또 할 수도 없습니다. 어떻게 구원 받을 자와 구원 받지 못할 자를 구별할 수 있겠습니까? 구원 받고 못 받는 문제는 구별할 수 없다 하더라도 교회의 정화 운동에는 계속 노력해야 한다는 것입니다. 그래서 칼빈은 진정한 교회란 말씀선포, 치리, 성례가 거행되어야 한다는 것입니다.

(3) 유기체로서의 교회와 조직체(제도적)로서의 교회

유형교회는 다시 유기체(有機體)로서의 교회와 조직체(組織體)로서의 교회로 구분됩니다. 가견적 단체로 간주된 교회의 상이한 두 방면에만 주의를 요합니다. 그러므로 여기서는 두 구분을 서로 연관시켜 설명하고자 합니다.

'유기체'란 '서로 의지하여 생명에 필수적인 특별한 작용들을 상호 행하는 상이한 기관들이나 부분들로 구성된 몸'을 가리키며, '조직체'란 '공통된 목적으로 함께 일하는 단체로서 한 체제내에 속한 개체들이 체계적으로 연합한 것'을 가리킵니다. 즉 유기체는 생명적 연합체, 조직체는 비생명적 연합체라 할 수 있습니다.

자동차는 여러 가지 기계의 부속품으로 조립된 조직체라고 할 수 있습니다. 그러나 인간의 육체는 여러 지체로 되어 있으나 여러 기관이 생명에 의하여 살아 움직이는 유기체입니다. 인간의 육체는 단일체이지만 수백억개의 살아있는 세포로 조직되어 있습니다.

이와 마찬가지로 그리스도의 몸된 교회도 하나이나 수많은 중생한 영혼으로 구성되어 있습니다. 인간의 육체가 영혼에 의해 생기를 공급받는 것과 같이 그리스도의 몸된 교회는 성령에 의해 생기를 공급받습니다.

유기체란 식물, 동물, 사람의 신체같이 살아 있는 그 무엇입니다. 교회는 본질상 그리스도의 몸입니다. 즉 그리스도 안에서 성령으로 말미암아 구원받은 성도들은 그리스도 안에서 한 몸이 되어 서로 지체가 되며(롬12:5, 고전12:13), 유기적인 생명적 관계에 있게 됩니다.

조직체는 비록 산 사람으로 구성한다 할지라도 그 자체 안에는 생명이 없습니다. 교회는 본질상 유기체입니다. 그러나 그리스도께서 명하신 복음 전파의 사명을 효과적으로 수행하고, 이 세상에서 구원의 방주가 되며, 성도들을 교육하여 그리스도의 형상을 닮도록 하기 위해 일정한 건물과 행정 조직을 필요로 하게 되는데, 그것이 조직체로서의 교회입니다(마16:18, 행14:23, 엡2:20-22).

이것이 우리에게 무엇을 교훈할까요? 그것은 그리스도의 몸이요, 유기체인 교회는 제도와 조직을 무시할 수 없음을 말하여 줍니다. 그러므로 초대교회 당시부터 교인이 모이는 곳곳마다 교회는 조직을 형성하여 신앙과 봉사와 선교에 효율적으로 활동해 왔습니다. 교회는 본질상 그리스도의 몸이요 유기체입니다. 그리고 이 교회에는 그리스도의 명령을 시행하여 좋은 결과를 가져와야 할 의무가 있습니다. 이렇게 조직된 것을 가리켜 제도적 교회라고 합니다.

제도로서의 교회는 죄인들을 인도하여 회개와 구원에 이르도록 도와주기 위한 방편입니다. 다시 말하면 조직과 제도는 유기체로서의 교회를 이룩하기 위한 목적으로 움직이는 방편입니다. 그러므로 제도로서의 교회는 여러 가지 시설을 갖추어 유기체로서의 교회에 영적 생명을 공급하는 일에 이바지 하도록 있는 것이며, 어떤 권리를 행사하기 위해 제도가 있는 것이 아닙니다.

지상에 있는 하나님의 교회가 그 생명을 유지하고 성장해 나갈려면 조직이 되어야 합니다. 하나님의 교회는 그리스도의 몸이기 때문에 조직이 필요하고 또 조직적 성격도 지니고 있는 것입니다. 하나님의 교회는 성령님의 전이기 때문에 성전에 조직이 있듯이 교회에도 조직이 있을 수밖에 없습니다. 그러나 조직체로서의 교회라 할지라도 거기에는 신분이 있는 조직체가 아니라 다만 직임만이 있는 조직체입니다. 교회에 신분이 있다면 그것은 '형제'와 '자매'이며, 다만 봉사의 직임으로 '목사'와 '장로'와 '집사'가 있을 뿐입니다.

구체적으로 교회는 일정한 형식에 따라 운영하는 것입니다. 일정한 형식에 따라 치리를 합니다. 즉 법에 따라 직원을 세워서 일하게 하고, 법에 따라서 교인을 관리하는 것입니다.

교회가 이와같이 조직체가 될 때 안팎으로부터의 도전과 시험을 극복하게 되며, 교회로서의 기능을 능률적으로 감당해 나갈 수 있는 것입니다.

그런데 한국교회의 여러 가지 제도와 조직과 구성원과 목회자들의 목회 방침에 반발하여 교회를 떠나거나 아예 무교회주의를 주장하는 사람들도 있습니다. 그들은 조직교회를 거부하고 몇몇 사람들끼리 모여 일정한 형식도 없이 예배드리는 것으로 만족합니다. 잘못된 교회관을 가르치고 있는 일부 선교단체에서는 그곳에서 드려지는 예배와 성경공부로 조직교회의 예배를 대신하려고 합니다. 그래서 선교 단체의 모임에는 열심을 내지만 기성교회는 부패했다면서 등록하지도 않고, 출석하는 것도 거부합니다. 이러한 무교회주의자들이 갈수록 많아지고 있는데, 이것은 교회를 파괴하며 혼란시키려는 사탄의 궤계임을 알아야 합니다.

교회 무용론을 주장하는 무교회주의자들은 교회가 외형적 조직체를 가져서는 안 된다고 말합니다. 교회의 헌금이 제대로 사용되지 못하고 있기에 개인적으로 남을 도와주는 일에 사용하거나, 선교 단체에 보내기도 합니다. 그러나 이는 성경적이지 않습니다. 교회의 외형적 조직은 하나님께서 사도들에게 영적 지혜를 주어서 되어진 일입니다. 교회는 아울러 외적 조직을 가지고 있어야 교회의 질서를 유지할수 있으며, 누구나 성령의 지시라 하여 각각 자기 주장을 하게 된다면 교회는 질서를 잃어버리게 될 것입니다.

칼빈(John Calvin)은 기독교강요에서 말하기를 "신자에게 있어서 교회란 어머니와 같은 것"이라고 했습니다. 무교회주의자들이나 기성교회가 썩었다고 하여 출석을 하지 않는 이들은 마치 어머니가 없어도 자녀를 키울 수 있다거나, 배 안이 더러워졌기에 그 배를 거부하고 밖으로 뛰쳐 나가는 행동과 같은 것입니다.

우리들은 무교회주의자들이 신앙생활을 제대로 하는 경우를 보기가 힘들고, 조직교회를 부정하며 선교단체에서 일하는 젊은이들이 바르게 신앙생활 하는 것을 찾아보기 힘든 것입니다. 교회의 외형적 조직을 거부하고 가정에서 모여 예배 드리는 신비주의자들 역시 신앙이 정상적이지 못하며 오히려 독선적인 경우가 많습니다.

칼빈은 예배를 마치고 돌아가는 신자들을 보며 "밖으로 전투하러 나간다"고 했습니다. 우리들의 교회는 건물이 아니라 우리 신자들의 모임인 지교회이며, 우리 자신들입니다. 우리의 예배는 예배당 안에서만이 아니라 우리 삶 자체가 하나님이 받으실만한 영적 예배가 되어야 합니다. 당신은 교회 안에서 교회의 임무를 다하고 있습니까? 교회 밖에서도 교회 자체로서 교회의 임무들을 하나씩 수행해 나가고 있는지 자신에게 물어 보아야 할 것입니다.

또한 교회에 베푸시는 하나님의 은혜를 망각하는 자들은 교회에 드러나는 허물만 보고 비난하며, 심지어는 교회를 영원히 떠나가 버리기도 합니다. 물론 교회 안에는 많은 허물이 있고, 세속적인 것들이 들어와 있습니다. 그래서 "교회를 가까이하면 할수록 하나님으로부터는 더 멀어진다"는 말이 공공연히 들려오기도 합니다.

그러나 교회는 인간의 교회가 아니고, 목사가 주인이 되는 곳도 아닙니다. 그 곳의 주인은 오직 예수그리스도 뿐입니다. 교회가 세속화되고 교회에 비난받을 일이 보일지라도, 정당한 지적이나 건의는 할지라도 세상 사람들처럼 패를 가르거나 너무 지나칠만큼 험구하는 일은 삼가야 합니다. 교회의 허물을 불신자 친구들에게까지 떠벌리거나, 다른 지체들에게 요란하게 떠들고 다니거나 퍼뜨리는 일은 하지 말아야 합니다.

교회가 죄를 지었을 때 가장 고통을 당하시는 분은 그 몸(교회)의 머리가 되시는 예수님이십니다. 우리의 비난과 험담이 아닐지라도 머리가 되시는 그분은 지체의 여러 상한 부분들을 보시며 때를 기다렸다가 고치시고, 수술하시며, 떼어 내십니다. 나는 그 일을 위하여 기도하고 교회를 위하여 더 바르게 살도록 힘써야 합니다. 그런 사람들이 많아질수록 교회는 건전해집니다.

내가 다니는 교회가 성경적인 교회요, 그래서 하나님의 은혜를 공급하는 기관이 되도록 끊임없이 기도하세요. 여러분 역시도 은혜를 받을 그릇들이 되기 위하여 항상 깨끗한 삶을 살도록 매일 다짐하고 기도하면서 실천해 나가야 할 줄 믿습니다.

(4) 우주적 교회와 보편적 교회

사도신경에 보면 "거룩한 공회와…"라고 했는데, 여기에서 '거룩한 공회'라는 말은 성공회(聖公會)를 의미하는 것도 아니며, 또한 공회의 '공'은 '카톨릭'이라는 말을 번역한 것인데, 로마카톨릭교회를 의미하는 것이 아닙니다. AD750년 이후의 신경에는 "거룩하고 보편적인 교회(the holy Catholic church)"라고 고백하고 있습니다.

우리말 번역인 "거룩한 공회"는 좋은 번역이 아닙니다. 이 번역으로는 사도신경이 말하려고 하는 교회의 본질이 잘 드러나지 않습니다. 영어로 된 번역인 'Holy Catholic Church'가 오히려 신학적으로 보다 더 정확하게 표현되어 있습니다. 원전인 라틴어에서는 'sanctam ecclesiam cath olicam'이라고 표시하고 있습니다. 여기서 '카톨릭'이라는 말이 나왔고, 이 '카토리카'를 영어에서는 'Catholic'이라고 번역을 했지만 로마카톨릭 교회와 구별되지 않아 혼동하기 쉽고 오해하기 쉬워서 영어를 사용하는 나라들은 'Holy Universal Church'라고 사용하기도 합니다. 우리나라에서는 단어에 대한 거부감 때문에 '공회'라고 의역을 하게 된 것입니다.

그러면 '카토리카'의 의미는 무엇입니까? '카토리카'의 어원이 되는 '카토리코스'는 우주적(Universal), 보편적(General)이라는 뜻을 가지고 있습니다.

이 '공회'라는 말을 이해하려면 교회의 역사적 내력을 알아야 합니다. 처음에 오순절 성령의 역사 이후 예루살렘에 교회가 하나 세워졌습니다. 예루살렘 교회에 핍박이 심하자 흩어진 사람들이 수리아 안디옥에 가서 안디옥 교회를 세웠습니다. 그후에 바울과 실라가 구라파로 가서 빌립보에 또 교회를 세웠습니다. 지금은 세계 도처에 수많은 교회가 세워졌습니다. 이 모든 교회를 합쳐서 부를 수 있는 이름이 있어야 하는데, 이 전체 교회를 카톨릭 교회라고 했던 것입니다.

그런데 오늘날에 와서는 흔히 구교를 카톨릭 교회라고 하고 있습니다. 제1세기부터 7세기까지는 교회를 모두 카톨릭 교회라고 부른 전통에서 그대로 내려 왔습니다. 그러나 7세기를 지나면서 교회가 동서로 나누어지게 되었습니다. 8세기 경부터는 교회가 콘스탄티노플을 중심으로 하는 동방교회와 로마를 중심으로 하는 서방교회로 나누어지고, 동방교회는 다시 희랍정교, 러시아정교, 시리아정교 등으로 나누어지며, 서방교회는 개신교와 성공회와 루터교회 등으로 나누어져 지금은 수많은 교회가 생겨진 것입니다. 그래서 우리가 '공회를 믿는다'는 것은 '전체 교회를 믿는다', '하나의 교회를 믿는다'는 뜻입니다.

그러므로 교회가 지나치게 교파를 앞세우거나 개교회를 중심으로 흘러가면 '거룩한 공회를 믿는다.'는 신앙고백에서 멀어지게 됩니다.

① 우주적 교회

먼저 우주적 교회라는 의미를 생각해 봅시다. 지역적인 교회들은 거룩한 우주적 교회의 일부분입니다. 우리가 믿는 것은 개개의 교회가 아니라 지정학적 개념을 초월한 그리스도를 머리로 한 시공을 초월하는 온 우주적인 하나의 교회인 것입니다.

우주적 교회는 유기체이며, 오순절부터 예수님이 재림하시는 날까지의 모든 믿는 사람으로 구성됩니다. 그들이 하늘에 있든지 땅에 있든지(고전10:32,12:12-14,히12:23) 그들은 "다 예수 그리스도 안에서 하나"(갈3:28)입니다.

② 보편적 교회

보편적이라는 말은 "카톨릭"(catholic)이라는 말입니다. 그런데 "카톨릭교회"(Catholic church)라고 할 때 오해의 소지가 있습니다. 왜냐하면 이 말은 로마카톨릭 교회(일반적으로 천주교를 말함)에서 전유물처럼 사용하고 있기 때문입니다.

본래 '카톨릭'이라는 말은 뜻은 '보편적', '일반적'이라는 뜻입니다. 이 말을 신앙고백에 넣은 이유는 이렇습니다.

교회는 언제, 누가, 어디서, 어떻게 세워졌다고 해도 그 교회가 교회의 참된 요소를 갖추어서 참 하나님의 말씀이 증거되고 있고, 거룩한 성례식이 정당하게 집행이 되며, 교리의 순수성을 위해 권징이 신실하게 수행되고 있으면 그 교회는 전세계 어디에 흩어져 있는 교회라도 다른 교회와 똑같은 일반적이요, 공통적인 교회라는 것입니다.

교회는 한 개인의 소유물이 아니라 하나님의 교회입니다. 전세계에 감사와 찬송의 예배를 드리기 위해 모인 모임입니다. 그런 뜻에서 "보편적 교회" 혹은 "공회"라고 부르는 것입니다.

보편적이라는 말은 어느 시대나 어떤 민족 중에나 어느 나라에나 전세계에 참된 교회가 있다는 것을 의미합니다. 물론 보편적이라는 말이 성경에는 없지만 교회의 보편성을 가리키는 구절들이 있습니다(창12:3, 시2:8, 렘3:17, 말1:11, 마8:11, 28:19, 요10:16, 롬1:8, 10:10-12, 엡12:13-14, 골1:6, 계1:9, 5:9-10).

그러므로 보편적 교회는 하나님의 성령으로 거듭나서 같은 세례를 받고 그리스도의 몸에 연합된 자들이 임명된 직원들의 지도 아래 예배와 봉사의 목적으로 세계 어느 곳에서나 조직된 모든 단체를 가리킵니다(벧전1:1-3, 고전10:32, 12:28, 엡4:11-16).

그런데 로마 카톨릭에서는 비록 전 세계적으로 수많은 교회가 있지만 자기들의 테두리 안에 있는 교회만이 보편적 교회(Catholic

Church)라고 하는데, 이는 비성경적입니다. 그러나 개신교에서는 교회의 보편성을 어느 특정한 교파만이 아니라 모든 교회에 적용시킵니다. 물론 가견적인 조직교회는 여러 모양으로 갈라져 있는 것처럼 보이지만, 불가견적 교회는 머리되신 그리스도를 중심하고 다 같은 보편성을 띠고 있는 것입니다.

교회가 하나가 되어 있다고 말할 때는 교회를 구성하고 있는 성도들의 인격이나 생활 또는 각 교회들의 실제적인 상태를 염두에 두고 하는 말이 아니라 주의 말씀과 그리스도 예수라는 터를 염두에 두고 한 말입니다. 그러나 불행하게도 한 주 예수 그리스도를 믿고 있음에도 불구하고 지역교회는 사분오열되어 있습니다.

교회가 이처럼 분열된 것에는 물론 정당한 이유들이 있을 수 있습니다. 같은 예수님을 믿기는 하지만 성경해석상 중요한 차이가 있어서 같이 예배 드릴 수 어렵거나, 같이 활동할 경우에는 서로 불편하고, 불필요한 부담을 안고 가야 할 경우에 교단을 달리할 수도 있습니다. 예컨대, 카톨릭과 개신교의 분열은 예배의 의미와 절차에 서로 합의하기 어려운 차이가 있고, 기타 중대한 신학적 차이가 있어서 이루어진 분열인데, 어느 정도는 불가피합니다.

개신교의 두 큰 교파인 루터파와 개혁파도 로마 카톨릭만큼 입장의 차이가 크지는 않았지만 성찬의 의미에 대한 해석을 둘러싼 신학적 입장의 차이 때문에 서로 다른 길을 걷게 되었습니다. 또한 같은 개신교 안에서 유아세례 문제를 두고 벌어진 논쟁 때문에 다시 침례교가 형성되었는데, 이 같은 신학적 입장의 차이에 따른 분열은 어느 정도는 불가피합니다.

또 서로 다른 지역으로 전도 활동을 해서 전도지역의 특성에 맞게 신앙 유형을 발전시키다보니 서로 다른 교파를 형성하게 된 경우도 있습니다. 예를 들어 루터교는 독일과 스칸디나비아 지역으로 퍼져나가 자리를 잡았고, 스위스의 칼빈의 입장을 따르는 개신교의 일부가 스코틀랜드, 미국, 그리고 한국 쪽으로 주로 퍼져나가면서 장로교를 형성했고, 다른 일부는 네덜란드, 미국의 미시간주, 그리고 캐나다 일부로 퍼져나가 개혁교단을 형성했습니다. 이같은 경우는 전도지역의 차이 때문에 어쩔 수 없이 서로 다른 교단을 형성하게 된 경우인데, 이것도 불가피합니다.

또 교회가 영적으로 침체되어 있을 때 각성을 촉구하는 부흥운동을 일으켰다가 따르는 신도들이 많아지자 자연스럽게 교파를 형성하는 경우도 있습니다. 요한 웨슬레를 중심으로 시작된 감리교나 오순절 계통의 순복음 교단이 대표적입니다. 이같은 교단의 형성은 역사적인 필연성을 가지고 있는 것으로서 부정적으로 볼 필요는 없으며, 오히려 하나님의 말씀의 다양한 해석의 가능성을 드러내준다는 점에서 긍정적인 측면이 있습니다.

그러나 모든 분열이 이처럼 정당한 이유때문에 이루어진 것만은 아닙니다. 신학적인 이유를 내세우지만 잘 들여다보면 정치 경제적인 이권 때문에 서로 갈라지거나 지역 연고와 지방색 때문에 갈라지는 경우들도 있습니다. 예를 들어 한국 개신교의 80% 이상을 차지하고 있는 한국의 장로교가 수십 갈래로 분열된 것은 철저한 이권과 지방색 때문이었습니다. 이와같은 분열은 교회의 통일성에 중대한 손상을 가하는 것이요, 이 같은 분열을 행한 자들과 교회들에 대해서는 "하나가 되라"는 명령이 주어집니다.

따라서 각 지역교회들은 교회가 지니고 있는 다양성을 건실하게 드러내는 분열이 아닌, 이권의 욕심과 용납하지 못함과 미움과 지방색과 끼리끼리 모이는 파벌의식 때문에 갈라지는 일이 없도록 주의해야 합니다.

그리스도는 교회의 머리가 되시고 그 동일한 머리에 교회는 영으로 연결되어 있고(엡1:22,고전12:3), 하나의 터전 위에 세워져 통일성을 가지고 있습니다(엡4:5,요17:21). 장로교회이든지, 감리교이든지, 침례교회이든지, 성결교이든지 다 보편적인 교회입니다. 그러므로 누구든지 자기의 교파만 참 교회인 듯이 생각하고 신앙을 진실히 고백하는 다른 복음주의적 교파를 무시하면 교회의 보편성을 위반하는 과오를 범하는 것입니다.

3) 참된 교회와 거짓된 교회의 구별 방법

무형교회는 항상 참되지만, 때로는 유형교회에 거짓 사도가 나타나서 사도가 전한 복음 외에 다른 복음을 전파하여 교회를 소란케 합니다. 그러기에 참 교회와 거짓 교회를 구별하는 표지가 있어야 합니다.

그러면 어떤 교회가 참된 교회입니까? 참된 교회는 하나님의 말씀을 바르게 선포하고 순종하며, 성례를 정당하게 집행하고, 권징을 신실하게 시행하는 교회를 말합니다.

우리가 출석하고 있는 모든 지역 교회들이 항상 완전하고 건강한 것은 아닙니다. 우리 눈에 보이는 지역교회에는 거짓된 신자, 구원과 무관한 사람들이 끼어 있을 수 있습니다. 마귀의 가라지도 끼어 있을 수 있습니다. 특히 마귀의 가라지가 목회자가 되고, 장로가 되고, 권사가 되고, 집사가 될 수도 있습니다.

어떤 지역 교회의 구성원 중에 구원을 얻는 참 하나님의 백성은 불과 1% 불과하고, 나머지 99%가 구원과 무관한 거짓 성도일 수도 있습니다. 심지어 지역교회가 완전히 타락하여 구원받을 사람이 단 한

명도 없을 수도 있습니다.

구약 이스라엘에 바알 숭배가 극에 달했을 때, 엘리야가 하나님께 "다른 사람들은 전부 바알에게 무릎을 꿇고 나만 홀로 남아 있나이다"라고 했습니다. 엘리야가 보기에 그 당시 교회가 얼마나 절망적이고, 하나님을 버리고 마귀에게 고개를 숙여버린 그 상황이 얼마나 참담했으면 "다 마귀에게 넘어가고 나만 홀로 남았습니다"라고 했겠습니까? 이것이 이 땅의 보이는 교회의 실상이고 한계입니다.

일제 시대에 신사참배했던 한국 교회를 보십시오. 예배를 시작하기 전에 먼저 일본의 태양신과 그의 아들이라고 하는 천황에게 경배하는 순서를 가졌습니다. 이것은 더 이상 교회가 아니고 기독교 신앙도 아닙니다. 그 교회들이 회개하지 않고, 그 가증하고 더러운 영을 버리지 않고 해방 후에 그대로 한국의 주류를 이루었으므로 이후 한국 교회의 열매가 지금 이 모양이라고 합니다.

성경은 십자가를 달고 있는 건물을 중심으로 모이는 모든 지역 교회들이 전부 거룩한 하나님의 교회이고 영혼을 살리는 교회라고 말하지 않습니다. 어떤 시대의 어떤 나라의 지역교회는 아무도 구원하지 못하는 죽은 교회, 거짓 교회가 되어 버리기도 했습니다.

예수님이 서머나 교회에 이렇게 말했습니다. "내가 네 환난과 궁핍을 알거니와 실상은 네가 부요한 자니라 자칭 유대인이라 하는 자들의 비방도 알거니와 실상은 유대인이 아니요 사탄의 회당이라"(계 2:9). 사람이 보기에 그 교회는 지극히 어렵고 초라하였습니다. 그러나 예수님이 보기에 그 교회는 영적으로 살아있고 부요한 교회였습니다.

예수님이 사데 교회에는 정반대의 말씀을 하셨습니다. "네 행위를 아노니 네가 살았다 하는 이름은 가졌으나 죽은 자로다"(계 3:1). 사람이 보기에는 매우 좋은 교회이고 살아있는 교회이지만 예수님이 보기에는 이미 죽은 교회였습니다. 그러나 우리는 인간이므로 언제나 인간적입니다. 인간적으로 이렇게 말하고 싶고, 이렇게 믿고 싶어 합니다.

어떤 사람이 "헌금도 드리고, 기도도 하면서 교회에 다니는 사람들의 신앙의 진정성을 지금 의심하는 것인가요? 그런 사람들이 구원을 받지 못하면 누가 구원을 받습니까?"라고 묻습니다. 지극히 인간적인 말입니다. 아주 비성경적이고 완전히 바보 같은 말입니다. 다음의 말을 예수님이 누구에게 한 말인지 생각해 보십시오.

"그 날에 많은 사람이 나더러 이르되 주여 주여 우리가 주의 이름으로 선지자 노릇 하며 주의 이름으로 귀신을 쫓아 내며 주의 이름으로 많은 권능을 행하지 아니하였나이까 하리니 그때에 내가 그들에게 밝히 말하되 내가 너희를 도무지 알지 못하니 불법을 행하는 자들아 내게서 떠나가라 하리라 그러므로 누구든지 나의 이 말을 듣고 행하는 자는 그 집을 반석 위에 지은 지혜로운 사람 같으리니"(마 7:22-24)

예수님으로부터 이 말을 듣는 사람은 어떤 사람입니까? 지역교회에도 나가지 않고, 나가더라도 열심히 나가지 않고, 지역교회가 요구하는 신앙의 요건을 가지지 않는 사람이 아닙니다. 지역교회에서 활동을 잘한 사람들입니다. 오히려 지역교회가 가장 칭찬하고 지역교회에서 매우 성공한 사람이요, 인정 받는 사람입니다. 그런데 주님으로부터 "나는 너를 도무지 알지 못 한다"라는 판정을 받는다는 것입니다.

무엇이 문제입니까? '알지 못한다' 는 말은 주님이 그 사람의 존재를 모른다는 것이 아니라 그 사람의 지역교회에서 가졌던 믿음이 주님과는 무관하다는 것입니다. 주님과 무관한 믿음이란 종교생활에서 나오는 습관적 활동으로 세상의 눈에 보이는 교회에서는 성공을 했으나, 하늘의 하나님과는 관련이 없다는 것입니다. 쉽게 말하면, 방언기도도 잘하고, 성령세례도 자주 받고, 귀신도 잘 쫓아내고 …

"좁은 문으로 들어가라 멸망으로 인도하는 문은 크고 그 길이 넓어 그리로 들어가는 자가 많고 생명으로 인도하는 문은 좁고 길이 협착하여 찾는 자가 적음이라"(마 7:13, 14)

이 말씀은 누구에게 하신 말씀일까요? 교회에 안 다니는 사람에게 하신 말씀일까요? 교회와 전혀 상관 없는 사람이 신앙의 좁은 길, 멸망으로 인도할 크고 넓은 길에 대해 무슨 관심이나 있겠습니까? 생명의 길은 좁고 협착하니 영원한 삶을 살기를 원하는 사람은 좁을 길로 가야 한다는 주님의 말씀도 이 세상의 지역교회에 다니는 사람들에게 주신 말씀입니다. 지역교회에 소속하기만 해서 되는 것이 아니고, '바른 믿음'의 길로 가라는 것입니다. 그래야 영생을 얻고 구원을 얻고 하나님께 영광이 된다는 것입니다.

인류 역사상 그 사회에서 개신교의 지역교회에 소속한 사람들의 비율이 지금 한국만큼 높은 사회는 없었을 것입니다. 그런데 지금 실상은 어떻습니까? 한국 사회와 한국 교회에 전혀 성경적인 관계나 성경적인 열매가 나타나고 있습니까? 전혀 나타나고 있지 않습니다.

"하나님을 찬미하며 또 온 백성에게 칭송을 받으니 주께서 구원 받는 사람을 날마다 더하게 하시니라"(행 2:47)

사도행전을 보면 지역교회의 신자가 증가되면 불신사회가 교회로 말미암아 하나님을 두려워하고 하나님에게 존경을 표시하였습니다. 그래서 전도가 더 많이 일어났습니다. 그런데 지금 한국 사회에 그런 모습이 있습니까? 전혀 없습니다. 반대로 9시 밤 뉴스에 사회의 질을 교회가 저하시키고 있다는, 교회가 한국 사회의 적폐라는 부끄러운 뉴스들이 자주 등장합니다.

원인은 무엇일까요? 이 땅의 보이는 교회들이 예수를 믿지만 성경에 의거하여 성경대로 믿지 않기 때문입니다. 성경과 다른 예수를 믿기 때문에 예수와 성령의 열매가 없는 것입니다. 성경대로 예수를 믿으면 반드시 구원을 받고, 구원의 열매로 변화된 삶이 나타나서 자신의 진실성을 증거할 것입니다. 성경대로의 믿음이 아니니까 그 사람이 구원을 받지도 못하고, 그 사람이 구원의 열매도 맺지를 못하는 것입니다. 성경대로의 믿음이 아니니까 주님이 그 사람에게 "나는 너를 도무지 알지 못한다"라고 하시는 것입니다.

모든 지역교회가 구원의 복음을 전파할까요? 우리가 이것을 분명히 알아야 합니다. 이 땅의 지역교회들 모두가 성경대로 믿는 교회가 아닙니다. 그것은 역사가 너무나도 자명하게 말하고 경고하고 있습니다. 이 땅의 지역교회에 다니면 누구나 구원받는 것이 아닙니다. 성경 어디에도 지역교회에 다닌다고 저절로 구원을 얻는다는 말씀이 없습니다.

우리는 구원을 어떻게 받습니까?

"너희도 진리의 말씀 곧 너희의 구원의 복음을 듣고 그 안에서 또한 믿어 약속의 성령으로 인치심을 받았으니"(엡 1:13)

"그가 그 피조물 중에 우리로 한 첫 열매가 되게 하시려고 자기의 뜻을 따라 진리의 말씀으로 우리를 낳으셨느니라"(약 1:18)

지역교회의 출석이 우리를 구원받게 하는 것이 아닙니다. 지역교회가 하나님의 진리의 말씀을 전파해야 인간이 구원받을 일이 생기는 것입니다.

어떤 사람이 이런 질문을 합니다. "성령이 알아서 우리를 거듭나게 하시고 구원하시는 것 아닌가요?"

천만에요. 성령님에게 단독으로 우리를 구원하시는 기능이나 능력은 없습니다. 성령은 오직 예수 그리스도 십자가와 복음으로 우리를 구원하십니다. 그러므로 진리의 말씀이 없는 지역교회에서는 성령의 사역이 있을 수 없는 것입니다.

그러므로 모든 지역교회는 반드시 사도적인 교회가 되어야 합니다. 사도적인 교회가 되어야 한다는 것은 옛날에 사도들이 했던 기적이나 놀라운 성령의 역사나 은사를 다시 회복해야 한다는 것이 아닙니다. 옛날 사도들에게서 죽은 사람을 다시 살게 하는 등의 놀라운 이적들과 특별한 성령의 은사가 나타났던 것은 유대교가 지배하고 있는 사회에서 예수 그리스도의 교회를 세우기 위함이었습니다.

예수의 복음은 그 시대의 사람들에게는 너무나도 생소하고 이질적이었습니다. 신정 일치 사회였던 이스라엘에서는 유대교에 반하는 교리를 주장하면 돌로 쳐 죽었습니다. 스데반이 그리스도를 증거하다가 돌에 맞아 죽은 것을 보십시오. 그런 상황에서 사람들이 예수의 십자가 복음을 믿어 하나님 백성이 되게 하려고 특별한 이적이 나타나고 특별한 성령의 은사들이 나타난 것입니다.

사람들에게 구원을 전파하기 위해 눈에 보이는 지역교회들이 사도적인 교회가 되어야 한다는 것은 그때처럼 방언을 하고, 죽은 사람을 살리고 앉은뱅이를 일으켜야 한다는 것이 아닙니다. 사도들이 하나님으로부터 받아서 전하고 기록한 성경 66권을 증거하는 일에 전부를 투자하는 교회가 되어야 한다는 것입니다. 그래야만 성령이 운행하시는 교회가 되어서 죽은 영혼들이 살아나는 역사가 일어난다는 것입니다.

이제는 지역교회에 대한 잘못된 기준들을 버려야 합니다. 오직 성경을 바르게 가르치고 믿게 하는 교회가 영혼을 살리는 좋은 교회인 것입니다.

지역교회에서 가장 중요한 사람은 누구입니까? 설교하는 목사입니다. 설교는 하나님의 진리의 말씀을 이 시대의 사람들이 알아 듣게 만들고, 믿게 만드는 하나님의 중요한 수단입니다.

설교가 영혼을 구원한다는 말이 목사의 지위를 지나치게 높이는 것 같아서 싫습니까? 그렇다면 앞으로 의사와 의사의 손에 잡힌 칼이 환자를 살린다고 하지 마세요. 그냥 "병원이 환자를 살린다"라고 하세요. 그리고 병원에 있는 의사들의 명성이나 실력을 알아 보지 말고 병이 생기면 그냥 아무 병원이나 찾아 가서 수술 받으시기 바랍니다.

그렇게는 못 하겠지요? 왜 그렇습니까? 병원이 환자를 살리는 것이 맞지만, 사실은 그 병원의 의사와 의사의 전문 지식과, 의사의 손에 들려지는 칼이 환자를 살리기 때문입니다. 돌팔이를 고용한 병원에서는 환자가 살기는커녕 살 사람도 죽입니다.

마찬가지입니다. 교회가 죽은 영혼을 살린다는 말은 맞습니다. 교회에 하나님의 구원의 복음이 있으니까 맞습니다. 그러나 모든 교회의 설교자가 하나님이 우리의 영혼을 구원하시는 수단인 복음을 바르게 증거하고 있습니까? 아무나 복음을 증거하고 설명하는 설교자가 될 수 있다면, 매 주일 교인들 가운데 제비뽑아서 아무나 설교하게 해 보면 알게 될 것입니다. 지역교회의 가장 중요한 기능은 설교입니다. 설교자가 중요합니다.

그러면 설교자에게 요구되는 가장 중요한 것은 무엇입니까? 친절입니까? 욕을 하거나 뺨을 때려도 화를 내지 않는 처세술입니까? 만일 어떤 목회자에게 진리의 말씀이 없으면서 그런 성품이 있다면, 그 사람은 가장 악랄한 마귀의 종입니다. 설교자에게 요구되는 가장 중요한 것은 성령이 역사하시는 수단이 되는 진리의 말씀을 전파하는 것입니다. 그래서 지역교회의 목회자인 디모데에게 바울은 뭐라고 했습니까?

"너는 진리의 말씀을 옳게 분별하며 부끄러울 것이 없는 일꾼으로 인정된 자로 자신을 하나님 앞에 드리기를 힘쓰라"(딤후 2:15)

지역교회의 가장 중요한 요소는 진리의 말씀을 분별하고 올바르게 가르치는 설교자가 있는 것입니다. 그런데 오늘날 어리석고 멍청한 신자들은 무엇을 좋아합니까? 목회자에게 무엇을 기대합니까? 자신이 듣고 싶은 것을 말하기를 기대합니다. 진리의 말씀을 위해 사납기도 하고, 맹수 같기도 한 목회자를 바라는 것이 아니고, 부드러운 스타일을 좋아합니다. 신학과 교리를 중시하여 공부하고 연구하는데 힘쓰는 목회자를 칙칙하다고 싫어하고, 요즘 말로 '꼰대'라고 합니다.

대신에 기타 메고 노래하고 그럴싸한 멘트를 남발하고 "하나님이 당신을 사랑합니다", "옆 사람에게 말합시다. 당신은 존귀한 사람입니다" 이런 소리나 따라 하게 하는 목회자들을 좋아합니다.

성경은 뭐라고 합니까? 소경이 소경을 인도하면 함께 구덩이에 빠질 것이라고 했는데, 그것이 무슨 말입니까?

도대체 우리가 지역교회에서 뭘 하면 구원을 받을까요? 지역교회에 다니면서 기도를 열심히 하는 사람이 구원받을까요? 자신과 남을 속이는 가장 무서운 속임수 중 하나가 기도를 중시하고 많이 하는 것입니다.

도대체 성경 어디에 기도를 많이 하면 구원받는다는 내용이 있습니까? 구원받기 위해 기도를 많이 하라는 성경 말씀이 어디에 있습니까? 불신자들에게 기도를 많이 하게 함으로 구원을 얻게 하는 경우가 성경에 있습니까?

바울이 기도를 전파하여 영혼을 구원했습니까? 베드로가 기도를 전파하여 교회를 세웠습니까? 바울은 어디에 가나 진리의 말씀을 전파했습니다. 바울이 에베소에서 했던 가장 중요한 것이 무엇입니까? 두란노서원을 빌려서 매일 진리의 말씀을 강론했습니다. 베드로도 어디를 가나 진리의 말씀을 전파했습니다.

그러면 사도들과 성경은 어떤 차원에서 기도를 강조했습니까? 이미 진리의 말씀으로 구원받은 신자들이 진리의 말씀을 더 바르게 이해하고 실천하는 신앙과 삶을 위해 기도에 힘쓰라고 한 것입니다. 그것이 기독교의 기도입니다. 기도하여 구원받고, 기도하여 거짓 방언과 같은 은사 얻는 것이 기독교의 기도가 아닙니다.

지역 교회의 제1의 사명은 사람들을 기도시키는 것이 아니라 하나님이 우리를 구원하시는 가장 중요한 수단인 진리의 말씀을 전파하는 것이 지역 교회의 제1의 사명입니다. 이것이 안되면 구원받을 사람이 없습니다.

목회자가 이단에게 말씀을 배우러 다니면서 능력 받겠다고 매일 기도를 많이 하면, 그 양들은 전부 마귀에게 넘어가는 것입니다. 진리의 말씀은 없고, 기도가 많이 있으면 반드시 거짓 영들의 역사가 임합니다. 마당에 말뚝 하나 박아 두고 아침, 저녁으로 소원을 빌면 영험한 일이 일어납니다. 그 말뚝에 거짓 신이 붙어서 종교가 형성되기 때문입니다. 진리의 말씀의 조명을 받지 못하는 대단한 기도는 우리를 마귀의 거짓 세계로 인도할 뿐입니다. 가장 무서운 속임수입니다.

제일 중요한 것은 진리의 말씀을 따라 예수 믿는 것입니다. 성경대로 예수 믿는 것입니다. 거기에서 구원이 나옵니다. 거기에서 하나님의 은혜가 나옵니다. 성경대로 믿지 않는 사람은 아무리 기도하고 헌금해도 구원을 얻지 못합니다. 그러므로 성도들이 지역교회를 택하는 가중 중요한 기준은 무엇이어야 합니까? 자체 건물, 주차장, 접근성… 이런 것은 백화점이나 마트를 선정하는 기준입니다.

성경대로 예수 믿는 것이 무엇인지를 가르치고 보여주는 곳이 어디인지를 봐야 하는데, 대부분의 지역교회에 다니는 사람들이 눈이 감기고, 마음이 둔해지고, 영혼이 죽었으므로 이것을 압니까? 목사가 좀 착하면 '최고'라고 하고, 인상이 좋으면 좋다고 합니다.

많은 신자들이 목회자의 인상을 중시합니다. 저도 인상 좋다는 말많이 들었습니다. 그러나 인상이 좋은 목사가 신자들을 구원시킵니까? 성경대로 예수 믿는 것이 무엇인지를 가르치는 목사를 통하여 하나님의 구원의 역사가 일어나는 것입니다.

성경대로 예수 믿는 원리를 가르치는 건강한 지역교회의 건강한 신자들만이 하나님의 영원한 보편교회(The holy Catholic church, the holy universal church)의 구성원입니다. 그 사람들만 나중에 천국에서 모이게 됩니다. 나머지는 이 땅에서 나그네로서 지역교회에 다닌후에 죽어서 지옥의 형벌로 떨어집니다. 이것은 분명한 사실입니다. 그 이유는 우리의 영혼을 거듭나게 만드는 하나님의 진리의 말씀의 양육을 받지 못했고, 말씀과 더불어서 역사하시는 성령의 은혜를 입지 못했기 때문입니다.

저와 우리 모두가 성경대로 예수 믿는 것에 목숨을 거는 사람들이되기를 바랍니다. 오직 성경대로 믿는 믿음이 아니면 전혀 구원을 얻지 못한다는 사실을 기억하시길 주의 이름으로 축원합니다.

"정치를 외면한 가장 큰 대가는
가장 저질스러운 인간들에게
지배당한다는 것이다"

플라톤 (BC 428-348)

6. 현 시국에 대한 그리스도인의 올바른 자세

1) 대한민국을 위기에서 지키자

대한민국은 제2차 세계대전 이후 탄생한 100여개 신생독립국 중에서 가장 성공적으로 산업화와 민주화를 함께 이룩한 국가이다. 또한 5천년의 역사 속에서 많게는 무려 1300회에 달하는 끊임없는 외침을 받았지만, 지난 70년 가까운 기간 동안 전쟁 없는 평화와 안정을 누려 왔다.

대한민국은 어떻게 전세계에서 유례를 찾아볼 수 없을 정도로 짧은 시간에 '정치적으로 민주화, 경제적으로 산업화, 군사안보적으로 평화와 안정, 종교적으로 기독교 복음화률 20% 및 선교사 파송 세계 2위' 라는 4대 기적을 만들어 낼 수 있었을까? 그것은 대한민국을 떠받쳐온 4대 기둥인 자유민주주의, 자유시장주의, 한미동맹, 기독교 입국론이 있었기 때문이다. 해방 후 한국전쟁의 잿더미 속에서 1인당 국민소득 67달러에 불과했던 세계 최빈국 대한민국이 불과 60여년 만에 1인당 GDP 3만 달러가 넘는 세계 10대 경제대국으로 급성장한데는 자유민주주의 최강대국 미국과의 동맹을 맺고 자유시장경제의 원칙하에 구축된 세계체제에 적극적으로 편입된 것이 결정적 배경으로 작용했다. 부족한 자원과 작은 내수시장의 한계를 극복하기 위해 최적화된 적극적인 '수출주도 산업화' 발전전략을 성공적으로 추진한 것이 오늘날 세계 8위의 무역대국으로 발돋음할 수 있는 원동력이 되었다. 여기에 세계 최강대국이면서 자유민주주의의 가치를 공유한 미국과의 한미동맹은 북한의 군사적 도발 위협을 성공적으로 억제하면서 전쟁없는 평화와 내부적인 안정 속에서 산업화와 민주화의 기적을 만드는 토대가 되었던 것이다. 그것이 오늘날 우리가 자유와 풍요와 안정을 구가하게 된 비결이다.

그런데 문재인 정권이 들어선 이후 대한민국 4대 기둥이 급격하게 흔들리고 있다. 문재인 정권은 지난 70년 넘게 대한민국이라는 집을 튼튼하게 세우고 떠받쳐온 자유민주주의, 자유시장주의, 한미동맹, 기독교 입국론이라는 4대 기둥을 그 뿌리까지 뽑아내고 그 자리에 이미 파탄난 사회주의의 자유없는 독재정치, 시장없는 통제경제, 주사파식 민족주의를 심겠다는 망상에 사로잡혀 있다. 결과적으로 우리 국민은 자유민주주의와 인민민주주의, 자유시장주의와 통제적 사회주의, 한미안보동맹과 주사파식 민족주의, 기독교와 김일성 주체사상 사이에서 대한민국의 명운을 건 선택을 해야 할 기로에 놓이게 되었다.

분단 후 70여년이 지난 오늘, 남과 북의 운명은 너무나도 명확하게 달라졌다. 대한민국은 번영의 국가로 우뚝 서게 된 반면, 북한은 실패하고 파산한 국가로 추락한 것이다. 이 극적으로 달라진 두 운명을 가른 핵심 원인은 무엇일까? 그것은 한마디로 자유가 있느냐 없느냐 여부다. 대한민국은 자유를 택했고, 자유 우방과 함께 피 흘려 가며 그것을 지켰기에 오늘날의 풍요와 안정을 누릴 수 있었다.

인간의 존엄성에 기초해 인권과 개인의 창의성을 존중하는 자유민주주의 정치체제와, 자유롭고 공정한 경쟁 속에서 정당한 이익을 추구하는 자유시장주의 경제체제를 함께 꿰뚫는 가치는 자유다. 한미동맹도 결국은 이 자유를 함께 지키기 위한 '가치동맹'이다. 미국과 자유 우방이 이름조차 잘 알지 못하던 가난한 나라 한국의 생면부지의 국민들을 지켜 주기 위해 목숨을 마다하지 않은 것은 바로, 자유라는 유일의 가치를 함께 보호하고 지켜 내겠다는 신념과 의지가 있었기 때문이다. 인간의 자유를 빼앗고 억압하는 공산주의 세력으로부터 소중한 자유를 지키기 위해 마치 순교자처럼 그 많은 사람들이 목숨을 바쳤고, 그 덕분에 한국은 마침내 미국과 혈맹(血盟)이 되었다.

'자유의 가치동맹'인 한미동맹은 이후 대한민국의 정치, 경제적 자유를 보호해 주는 바람막이가 되어 왔다. 한미동맹이 없었다면 우리는 정치, 경제적으로 튼튼한 기둥을 세우지 못했을 것이다. 이 한미동맹을 통해서 공산주의 독재로부터 대한민국의 자유를 지켜 냈기 때문에 우리의 정치적 자유민주주의와 경제적 자유시장주의는 비약적인 발전을 이룰 수 있었고, 오늘의 번영과 안정의 민주국가를 만들 수 있었다.

그런데 문재인 정권이 이 모든 것을 송두리째 흔들고 있다. 자유를 떠받치는 4대 기둥을 무너뜨리고 자유의 뿌리를 뽑으려고 하고 있다. 지금까지 대한민국의 자유와 번영과 평화를 기적적으로 안겨준 자유민주주의, 자유시장주의, 한미동맹을 더 튼튼하게 만들어서 하나된 통일한국, 대한강국으로 가려고 하기는커녕, 이미 파탄난 나라의 썩은 기둥을 가져와서 이식하려는 작태를 보여 주고 있다. 이 반(半)시대적, 반국가적인 무리들에 의해 오늘의 대한민국을 있게 한 핵심 가치인 자유가 위태로워지고 있다. 목숨만큼이나 소중한 자유와 번영과 평화가 흔들리고 있다. 그래서 나는 문재인 정권을 자유를 파괴하고 무너뜨리는 '자유의 적'으로 규정한다.

문재인 정권의 반국가적 행보는 역설적으로, 국민들에게 자유의 소중함을 일깨우고, 국민들로 하여금 자유의 가치를 더 굳건하게 지키려고 결단하게 하는 긍정적 역할을 하고 있는 것이다. 사람의 한평생 가까운 기간동안 자유와 풍요와 안정을 누려온 우리 국민들은 마치 공기의 소중함을 잊고 있듯이 자유가 얼마나 중요한지를 잊고 있었다. 그런데 갑자기 자유의 적이 등장해서 정치적 자유, 경제적 번영, 군사안보적 평화와 그 뿌리인 자유의 가치를 위협하고 무너뜨리고 있으니 그동안 당연한 것으로만 여겨 왔던 자유가 얼마나 소중하고 우리에게 없어서는 안 될 것인가를 새삼 깨닫고, 이를 지켜야겠다는 신념과 의지를 키우게 되었다.

2) 박근혜 대통령의 탄핵은 법치주의 위반이다.

제가 법을 잘 몰라서 질문을 드립니다. 대한민국은 법치주의를 따르는 법치 국가이다. 맞습니까? 아닙니까? 맞죠? 법치주의(法治主義, rule of law, nomocracy)란 무엇입니까? 법치주의는 사람이나 폭력이 아닌 법이 지배하는 국가 원리, 헌법 원리를 뜻합니다.

현대적 의미의 법치주의 사상은 주로 서구에서 전개되었고, 근대 이후 전 세계로 확산되어 많은 나라에서 통치 원리, 국가 원리로 기능하고 있습니다. 우리 헌법은 국가 권력의 남용으로부터 국민의 기본권을 보호하려는 법치 국가의 실현을 기본 이념으로 하고 있습니다. 이것은 곧 민주법치국가에서 모든 행정(과 재판)이 법률에 근거를 두어야 한다는 뜻입니다.

그런데 이 나라가 법치주의입니까?

대한민국 헌법 제84조에는 "대통령은 내란 또는 외환의 죄를 범한 경우를 제외하고는 재직중 형사상의 소추를 받지 아니한다"고 명시되어 있습니다. 그러면 박근혜 대통령의 탄핵이 법치 국가에서 올바른 것입니까? 아닙니까? 여기에 대해서 여러분들은 어떻게 생각하십니까?

일반적으로 단체의 장이 중간에 공석이 되어서 다시 뽑았을 때는 후임자는 전임자의 잔여 기간동안 직임을 수행하는 것으로 알고 있습니다. 맞습니까? 아닙니까? 맞죠?

제가 살고 있는 부산을 예를 들어 보겠습니다. 부산시장이나 구청장이 그 직임을 수행하지 못하게 되어서 후임자를 뽑았을 경우에, 후임자는 전임자의 잔여 기간으로 직임을 수행하게 됩니다. 맞습니까? 아닙니까? 맞죠?

우리나라 대통령의 재임 기간이 몇 년입니까? 5년입니다. 맞습니까? 아닙니까? 맞죠? 박근혜 대통령의 취임이 2013년 2월 25일이었습니다. 그러면 임기는 2018년 2월 24일까지 되겠죠? 설령 탄핵이 합법이었다 하더라도 한번 생각해 보십시다.

문재인의 대통령 취임은 2017년 5월 10일이었습니다. 그러면 전임자의 잔여 기간인 2018년 2월 24일까지입니다. 그런데 왜 아직도 문재인이 대통령으로 재임하고 있습니까?

이 문제에 대해서 여러분들은 어떤 생각을 가지고 있는지 궁금합니다. 어느 것이 올바른 법치인가요?

저의 생각이 잘못되었다면 무엇이 잘못된 것인지 올바로 가르쳐 주시고, 그리고 저의 생각이 맞다면 어디에, 누구에게 항의해야 합니까?

"이게 나라"라고 정권을 찬탈해 놓고, 그러면 "이건 나라"입니까? 아니죠?

취임식때 당신의 꿈은 '광화문 대통령 시대'를 열겠다고 했습니다. 권위와 불통의 상징인 청와대를 국민께 돌려 드리고, 집무실을 광화문 정부 청사로 옮기겠다고 했습니다. 퇴근길에 국민들과 소주 한 잔을 나눌 수 있는 친구 같은 대통령, 서민 대통령, 국민과 눈높이를 맞추는 소통하는 대통령이 되어서 권위적인 대통령 문화를 청산한다고 했습니다.

공정한 나라를 만들기 위해서 대통령과 청와대, 정부의 고위 공직자부터 깨끗해야 하며, 참여 정부 시절 가장 깐깐하게 인사 검증을 했던 민정수석의 자세와 기준을 더욱 확고히 해서 5대(병역 면탈, 부동산 투기, 세금 탈루, 위장 전입, 논문 표절) 비리 관련자와 반칙으로 특권을 누려 온 인사는 권력과 명예까지 가질 수 없도록, 결코 고위 공직에 오를 수 없도록 원천적으로 배제하여, 깨끗해서 자랑스런 대통령, 국민 모두의 대통령이 되겠다고 했습니다.

그런데 이러한 초심은 어디로 갔습니까? 지금은 거짓말 대통령, 불통의 대통령, 권위주의의 대통령이 되어 있지 않습니까? 법치주의 국가인 대한민국에서 헌법을 무시하는 대통령! 대한민국의 건국 이념을 부정하며 "나는 사회주의자"라고 한 자를 법무부 장관에 임명한 대통령! 나라를 송두리째 북한에 갖다 바치려는 대통령!

제가 지금까지 한 말이 다 맞다면 대통령도 아닌 자에게 하야가 웬말이며, 대통령도 아닌 자에게 탄핵이 웬 말이냐? 하야가 아니다. 탄핵도 아니다. 체포가 정답이다. 문재인을 체포하라!

저의 이러한 궁금점을 여러 밴드에 올렸더니 모 밴드의 김O갑님으로부터 이런 답이 왔습니다. 강석종씨의 말씀은 거의 다가 맞다고 여깁니다. 그런데 그중 한 가지는 저는 생각을 달리합니다. 박대통령의 탄핵은 그 사유와 행위는 탄핵 사유로써 절대로 될 수 없지만 그 절차

만은 거쳤다고 생각합니다.

자유민주주의와 법치주의의 맹점이 바로 여기에 있습니다. 처음 탄핵을 국회에서 발의하여 3분의 2를 찬성하고 넘기는 일도 거치고, 탄핵에 대한 재판도 구성원을 이루었기 때문에 이것은 탄핵 사유와 관계없이 절차의 정당성이 보장되어 탄핵된 것입니다.

우리는 이러한 점을 보강해야 합니다. 예를 들어 탄핵 재판에는 전직 재판관이나 국민의 올바른 대표자를 뽑아 재판관으로 하든지, 종교인이나, 사회의 균형잡힌 기관으로 평가받는 자로 구성하거나 아니면 국민 투표로 결정하도록 법을 바꾸어야 합니다. 앞으로도 박근혜 대통령과 같이 억울하게 당하는 대통령이 없도록 해야 합니다.

새대통령의 통치 기간은 박대통령의 잔여기간만 해야 하는 것도 맞다고 생각하는데, 그때 자유한국당의 전신인 새누리당에서 잔여기간만 하도록 투쟁을 하여 싸우던지, 아니면 법원 판결로서 정해야 하는데 가만히 있어 그 과정을 결여했다고 판단됩니다.

그에 대한 판결은 지금도 늦었지만 법원에 재판을 걸어야 한다고 생각하고, 박대통령 본인이 하든지, 자유한국당에서 추진해야 합니다.

약간의 문제점은 전임자의 잔여 기간이 1년은 넘었는데 선거 과정을 추진하다보니 잔여기간이 1년 미만일 때는 어떻게 하는 건지가 해당될 경우도 함께 검토해야 할 것입니다.

다만 우리 유권자들이 문재인이 공산주의 사상을 가진 자인데도 그자를 대통령으로 뽑았다는 것입니다. 선거 유세 기간동안 그를 상세하게 짚어 보았다면 그가 공산주의자라는게 분명히 드러낼 수 있었던게 분명한데 그 과정을 점검하는데 유권자들이 너무 태만했다고 할 수 있습니다.

우리나라 유권자들 대부분이 선거 입후보자에 대한 연구와 판단을 세세하게 하지 않고 그때의 분위기에 휩쓸리고, 돈과, 지연, 학연에 얽매이고, 연고가 없는 유권자들은 때로는 될 사람 찍기라는 말도 안 되는 생각을 가진 사람들이 의외로 너무 많다는 사실입니다. 자기는 될 사람을 찍어 자기가 뽑은 사람이 당선되었다는 미천하고 어리석은 생각에 젖어 있는 유권자를 자주 보았습니다.

모든 선거는 유권자의 생명과 재산, 국가 안보와 국민의 삶과 우리 후손들을 지켜줄 사람을 뽑아야 하는데, 너무 가볍게 생각하고 투표하고 있기 때문입니다.

좌우지간 앞으로는 공산주의자인 문통에 대해 어리석은 투표를 한 것과 같은 투표를 유권자들이 다시는 저지르지 않도록 이번의 선거를 잊지 말고 거울로 삼아 앞으로의 선거는 각별히 조심을 해야 할 것으로 생각합니다.

3) 정교분리의 원칙

전광훈 목사는 정교분리의 원칙에 대해서 말하기를 "원래 성경에 정치 설교를 하게 되어 있습니다. 교회는 정치 설교를 하게 되어 있습니다. 왜냐하면 장로교의 창시자 존 칼빈이 제네바 시장을 했어요. 그리고 화란의 신학자 아브라함 카이퍼가 화란의 총리를 18년동안 했습니다. 그리고 창1:24-26절에 보면 "하나님이 사람을 만드시고 생육하라 번성하라 땅에 충만하라 땅을 다스리라"고 했습니다. 하나님의 정치 행위는 세상에 대해서만이 아니라 우주 전체를 다 포괄하고 있습니다.

그런데 우리나라는 왜 교회에서 정치 설교를 하거나, 대화 중에 정치를 말하면 '정치 목사'라고 하고, 타락한 목사로 아는데 천만의 말입니다. 원래 '정교분리의 원칙' 이라는 것은 '교회와 세상 정부는 서로 간섭하지 않는다', '서로 타치하지 않는다' 는 것을 일본 놈들이 잘못 가르친 것입니다.

원래 정교분리의 원칙은 미국의 3대 대통령인 토마스 제퍼슨('몬티첼로의 성인'으로 불리움)이 만든 것으로 미국의 초대 대통령 조지 워싱턴, 두 번째가 존 아담스, 이들이 생각하기를 '우리 같이 신앙이 좋은 사람이 절대 권력을 가지고 있으면 이것으로 교회를 무한정 도와줄 수 있지만 절대 권력을 가진 대통령의 신앙이 떨어지면 이 권력을 가지고 교회를 탄압할 수 있으므로 이때에 교회를 보호하는 법을 만들자' 라고 해서 만든 법이 바로 토마스 제퍼슨의 정교분리의 원칙입니다.

3가지가 있습니다. 첫째, 세상 정부는 절대 교회를 탄압하는 법을 만들 수가 없다. 이게 교회가 정치하지 말라는 법이 아닙니다. 반대입니다. 반대. 둘째, 세상 정부는 교회에 세금을 부과할 수 없다. 그런데 작년부터 우리나라 정부가 목회자 세금법을 만들었습니다. 이게 정교분리의 원칙이 아니라는 겁니다.

세상 사람들은 이런 내용을 모르니까 "목사들도 대한민국의 국민이라면 노동을 하는데 세금을 내야 할 것 아닙니까?" 목사들이 노동을 하는 것이 아닙니다. 그럼 목사들을 노동에 넣어서 목사들에게 세금을 때려야 할까? 목사들을 노동법에다 넣어 버리면 목사들의 근무 시간이 새벽기도부터 시작해서, 철야기도, 심방도 다니고, 상담도 하고, 이런 것까지 전부 노동시간에 다 넣어 버리면 목사님들의 임금이 한 사람당 한 달에 2천만원은 줘야 됩니다. 그래서 목사님들의 임금을 월급이라고 하지 않고 '사례비' 라고 하는 겁니다. 왜? 이것은 노동 행위가 아니라는 겁니다. 자기의 종교적인 신념을 따라서 목회하는 것이고, 거기에 감사하여 교회 공동체는 일정량의 돈을 지급하는 겁니다. 사실 이것을 돈으로 계산할 수는 없습니다. 목사들이 목회하는 것은 하나님의 은혜와 같다는 것입니다. 임금으로 계산할 수 없기 때문에 '사례비'라고 해서 주는 것입니다.

그런데 작년부터 목사들을 노동법에다 넣어 놓았습니다. 그러면 이제 목사들도 파업하면 됩니다. 주일날 강단에 올라 가기 전에 "나 오늘 설교 안해" 왜? "나 지금부터 노동 행위를 시작할 꺼야" 이러면 되겠냐구요? 그래서 "세상 정부는 교회에다가 세금을 때릴 수 없다"는 것이 토마스 제퍼슨이 만든 두 번째 법이라는 겁니다. 세 번째가 뭐냐? 세상의 권력자는 교회의 수장이 될 수 없다. 이것은 영국의 성공회를 보고 만든 법입니다. 영국은 성공회가 국교이니까 지금도 절대 권력(상징적이지만)을 가진 엘리자베스 여왕이 목사들을 임명합니다. 그래서 유럽을 보고 그건 아니다. 교회는 교회 자체가 임명을 해야지, 세상의 대통령이 목사들을 임명을 하면 안 된다. 이 세 가지가 정교분리의 원칙입니다.

그런데 이것이 우리나라에 들어 올 때는 언제 들어 왔느냐? 하면 일제 시대에 들어 왔습니다. 일본놈들이 한국에 와보니까 한국교회가 독립운동을 하거든. 그래서 이 독립운동 하는 놈들을 어떻게 못 하게 할까? 해서, 독립 운동하는 사람들을 예배당 안에 딱 가둬 버릴려고 만든 법이 뭐냐? 하면 이 정교분리의 원칙을 비틀어서 일본 놈들이 가르쳤는데, 어떻게 가르쳤는가? 하면, '교회와 세상 정부는 서로 간섭하지 않는다' 이렇게 일본놈들이 사기를 친 겁니다. 그래서 전 세계에 기독당이 76개가 있는데, 일본놈들 때문에 대한민국만 없는 겁니다."라고 했습니다.

4) 공산주의자들의 친일파 프레임

현재 한국에서는 친일파 혹은 일본에 대한 반감이 대단한 나라입니다. 그러나 여행이나 전자 제품 혹은 연예계 그리고 음식은 일본에 대한 인기가 대단합니다. '반반이겠지?' 라고 생각하기도 합니다.

한국에서의 반일감정은 일본에 식민지배를 당한 한국의 암울한 역사 때문입니다. 일제 시대 당시 수많은 독립군들이 일본군이나 일본 당국에 의해서 암살당하거나 고문을 당하거나 피해 보는 일이 만만찮았습니다. 그리고 위안부 문제가 항상 대두됩니다.

그러나 시간적으로 따지면 1919년에 시작하여 36년간 식민 통지받고 1945년에 미국의 원자탄 투하로 결국 일본은 항복하고 한국 지배를 포기합니다. 이제 해방이 된 지는 75년이 지났고, 일제 식민 시작으로부터는 100년이 지났습니다.

그럼에도 불구하고 우리는 아직도 여전히 앞으로도 계속 반일 감정을 놓치지 않을 것 같습니다. 그 이유는 모두들 알다시피 대단한 고문과 대단한 핍박과 대단한 수치가 있기 때문입니다.

하지만 반일 감정이 만들어지고, 부풀려지고, 왜곡된 것이 있다면 어떻게 하겠습니까? 당시 독립군은 기독교를 믿으며 나라를 독립시키고자 생각하며 활동한 독립운동가가 있었습니다. 그들은 한국민족의 언어와 생각과 민족의 의미를 되새기며 결코 소멸되지 않으려는 생각으로 죽음을 담보하여 싸웠습니다. 그것이 바로 3.1절 대한독립만세운동입니다.

하지만 그 3.1절 대한독립만세운동은 총과 대단한 군사를 가진 일본으로부터 핍박을 받기 시작하여 한국민들로 하여금 무력 시위를 시작하게 된 계기가 되었습니다.

그런데 싸우려 해도 돈이 없고, 무기가 없는 일부 독립군들은 소련의 돈을 받기 시작했습니다. 소련의 돈을 받은 독립군은 굉장한 감동을 받았습니다. 어느 선진 나라에서도 주지 않는 독립자금을 받아 감격했지만, 그 소련의 감추어진 의도는 알아채지 못했습니다. 아니 다 알고서 소련의 거룩한 그 은혜의 지배를 받고자 했을 것 같기도 합니다.

　결국엔 소련의 돈으로 독립운동을 하면서 일본군과 일본 위정자들을 죽거나 다치게 하니, 일본이 가만 있을리 만무하고, 잡아들인 무력 독립군들을 고문하는 것은 물론이고 전체 한국민들을 조금 더 강하게 밀어 붙쳤습니다.

　하지만 소련의 돈으로 독립운동하며 한국이 독립한 것은 아닙니다. 미국의 원자탄 투하로 일본은 항복했고, 그 항복으로 인해 일본의 식민 국가에서 해방이 찾아온 것입니다. 참으로 아이러니합니다.

　현재 한국의 드라마나 영화계는 반일감정으로 항상 영화를 만들고, 일본에 대항하여 싸운 독립군의 이야기를 주제로 많이 합니다. 무시무시한 고문받는 독립군들과 한국민족들, 처참히 성노리개로 짓밟혀 죽어가는 한국 소녀들, 강제 징병되어 끌려가는 한국민들. 이처럼 반일감정의 영화들은 굉장한 분노를 일으킵니다.

　결코 일본의 만행이 잘했다고 생각하진 않습니다. 하지만 무언가 조금 이상하지 않습니까?

－ 일본에 항복하여 월급이나 받으면서 목숨 부지하고자 한 고종과 왕족들은 뭐했나?

－ 일본에 강제로 위안부 끌려갈 때 그 소녀들의 아버지나 오빠나 동네의 남자들은 뭐했나?

－ 독립군들은 일본의 지배에서 벗어나 소련의 공산주의 지배를 받고자 한 것은 무엇인가?

- 해방 후 수많은 합의금과 사과와 과거 청산에 따른 국제 사회의 활동들은 무슨 의미가 있었나?
- 같이 활동한 공산주의자들이 마음에 들지 않으면 왜 친일파로 규정하여 죽였나?

한국의 잘못은 요만큼도 없고 오로지 식민지배한 일본에만 잘못이 있다는 어리석은 생각은 한국민들에게 아무런 역사의 교훈이 없습니다. 있을 리가 없죠?

공산주의자들의 친일파 프레임을 대함은 우연한 기회에 생각이 났습니다. 특히 북한 정권을 옹호하고 북한 정권의 우월성을 가지는 한국 내 종북이나 친북인사들은 "북한 정권의 김일성은 친일파를 모두 청산했고, 이승만은 친일파를 기용했다"고 말합니다.

하지만 이것은 거짓입니다. 북한 정권의 친일파는 김일성의 일가부터 시작하고, 그들은 친일파와 연관이 깊습니다. 김일성은 자신만이 북한 정권을 다스린다는 생각으로 자신과 관련된 인사들을 모두 기용했고, 그 안에 일제시대에 일제를 도와 한국민들을 진압한 인사들도 있었습니다.

그리고 이승만이 친일파를 모두 청산하지 못한 이유는 당시 나라를 세우면서 재정비하는데 인력난에 허덕이며, 서류 작성이나 글을 알고 사용할 인력이 필요했기 때문이었습니다. 하지만 기용된 친일파들은 나라의 주요 인사가 되는 것은 아니었습니다. 그들은 결코 독립 국가 한국의 주요 인사가 되는 것은 있을 수 없는 인간이었기 때문입니다.

다시 얘기로 돌아가서 공산주의자들은 친일파 프레임을 씌워 같이 활동한 독립운동가들을 죽이거나 다치게 했는데, 그 대표적인 이야기가 '김단야'의 죽음입니다. 김단야는 박헌영과 같이 친소·친공의 인물로 일제시대에 독립운동을 했습니다. 그런데 김단야가 죽을 때 죄목은 '친·일·파' 였습니다.

그리고 한국내 종북 친북인사들도 한국의 독립된 정부 이승만 정부를 친일파로, 박정희를 일본 장교학교 다녔다는 이유로 친일파로 규정하고 매도하며 욕합니다. 하지만 싱가포르의 리콴유 총리(Lee Kuan Yew, 李光耀 이광요)도 일본 장교학교 나왔지만 리콴유를 친일파로 매도하는 자국민들은 단 한 사람도 없습니다.

이승만은 친일운동한 적이 없고, 오히려 일제시대에 가장 큰 현상금을 걸고 잡히도록 걸린 범죄자였습니다. 이승만은 미국으로 건너가서 하와이에서 독립운동하면서 그곳으로 이주된 한국민들을 교육하고, 특별히 여성 교육의 선구자이며, 미국의 프린스턴, 조지 워싱턴, 하버드를 다니면서 천재적인 학업 성취로 그 학교들의 자랑이 되기도 했으며, 미국의 주요 인사들의 마음을 건드리면서 한국의 독립을 주도한 인물이었습니다.

이처럼 공산주의자들은 항상 자신들의 뜻과 다르게 움직이거나, 그들을 처단할 때는 항상 친일파 프레임을 썼습니다. 그리고 해방된 후에는 미제국주의의 간첩으로 프레임을 씌워 죽였습니다. 그것은 바로 박헌영의 죽음입니다. 박헌영이 미국의 '스파이'라는 증거는 어디에도 없고, 그 조작된 증거를 만들기 위해 김일성은 4천 페이지가 넘는 자료를 만들었습니다.

왜 김일성이 박헌영을 죽였을까요? 남한의 남로당으로 친소·친공의 중요하고 결정적 역할을 했던 박헌영을 죽이고 김일성이 독재하고 독식하기 위해 박헌영을 죽인 것입니다. 박헌영은 김일성의 세퍼트에 2주간 물어 뜯기다가 결국 김일성의 총에 맞아 죽었습니다. 이와같이 자신들의 유리한 대로 프레임을 씌워버리는 것은 그들의 상습범죄였습니다.

또한 일제시대의 억압을 영화나 드라마로 꾸미면 누구나 공감하고 누구나 분노합니다. 그 의도와 접근을 나는 이렇게 생각합니다. 역사를 통해 배우는 민족은 똑똑한 민족입니다. 역사를 바로 볼 줄 아는 민족은 똑똑한 민족입니다. 현재 한국민들은 멍청한 민족인가? 똑똑한 민족인가요?

북한 정권은 여전히 한국민을 핵 인질로 삼아 아직도 위협적입니다. 그동안 KAL기 폭파사건을 필두로 한국민을 테러하고, 죽이고, 납치하고, 이용하고, 가정들을 파괴한 범죄 집단으로 현재진행형입니다.

그런데 그러한 북한 정권보다 일본이 더 밉고 나아가 친일파로 규정한 이승만과 박정희를 더 미워합니다. 이러한 민족에게 무슨 미래가 있고, 더 나은 미래를 가질 수 있는 민족이 될까요?

그리고 '일제강점기'라는 단어는 북한 정권에서 만든 말이고, '일제 시대'가 맞는 말입니다. 일제시대를 일제강점기로 한다고 해서 일제시대 식민 지배 당한 것이 없는 일이 되나요? '일제 강점기'라는 말은 북한 정권이 한국을 이르는 말로 일제에 식민 당하거나, 이제는 미국의 식민 지배 당한다는 의미로 '일제 강점기-미제 강점기'로 이어지는 것입니다.

우리가 지금 미국에 식민 지배 당하고 있나요? 우리는 독립하고 6·25남침을 겪고서 이승만은 미국과 "한미상호방위조약"을 체결했습니다. 이것은 미국과 한국이 동등한 입장이라는 것을 명시하는 것입니다. 그러니 더 이상 '일제 강점기'라는 단어를 쓰지 맙시다.

잘 알면 보수가 되고 잘 모르면 진보가 된다고 하며, 우파는 민족을 기준으로 사고하고, 좌파는 여론을 기준으로 사고한다고 하는데, 진보의 탈을 쓴 좌파 쓰레기 '따불 공산당'이야 말로 토착 왜구들이며,

토착 왜구들이 밑천 딸리면 상투적으로 써먹는 것이 친일파 프레임입니다. 누가 친일파들인지 아래 글을 보고 제대로 알고 떠들어라. 입은 삐뚤어져도 말은 똑바로 하라고 후안무치의 극치에 양심마저 불량한 '따불 공산당'은 무식하면 조용히 꺼져 있어라.

김대중 전 대통령 목포 흥국해운(조선 농민들의 쌀을 수탈하여 일본군 군량미로 수송하던 친일회사), 홍영표 전 원내대표의 할아버지 홍종철은 중의원 참의(장관급), 유시민 의원 부친은 일제 시대때 훈도(선생님), 할아버지는 일제 면장에 작위, 정동영 의원의 부친은 식산은행 서기(동양척식 주식회사 계열)였습니다.

신기남 의원의 부친은 일본 경찰 오장, 이미경 의원의 부친은 일제 헌병으로 천황 경호원, 정동채 의원의 부친은 일본 현병 오장, 김근태 의원의 부친은 일제하 훈도, 큰아버지는 일제 시대 면장, 그의 형제는 현재 북한에서 고위직, 김희선 의원의 부친은 친일 앞잡이 만주 경찰, 조기숙은 조병갑의 증손녀, 할아버지 조강희는 친일신문 동광 신문에서의 주필 겸 편집국장이었습니다.

문재인의 부친인 문용형은 조선총독부 산하 흥남시청공무원(과장)이었으며, 일제 시대 공무원이라면 어떤 역할을 했을지는 삼척동자도 알 수 있습니다. 문죄앙과 노무현은 친일파 김지태(동양척식회사 근무하다 퇴사할 때 일본 정부로부터 땅을 2만평 불하받아 10대 거부가 되었다고 함) 재판에 변호를 맡아 승소하여 국고에 막대한 손실을 초래하고 친일파에서 삭제하여 주었다고 하며, 딸 문다혜는 명성황후를 시해한 일본재단이 설립한 대학에 유학하였으며, 김정숙은 일본 전통 다도 교실에 열심히 다녔으며, 아들 문준용은 일본 에니메이션이 현재의 자신을 있게 했다고 인터뷰까지 했다는데 이렇게 3대에 걸쳐 친일을 해놓고 무슨 낯짝으로 반일을 선동하는지 참으로 양심 불량한 민을 수 없는 위선자에 혹세무민하는 이중인격자 아닌가요?

문죄앙은 김원봉을 존중한다고 했는데 김원봉은 철저한 공산주의자로 일제 시대에는 공산주의자는 독립투사와 같이 철저하게 탄압을 받았는데, 김원봉이 일본 경찰에 수배를 받게 된 것은 독립운동 때문이 아니라 공산주의자였기 때문에 일본 경찰에 집중적인 감시를 받은 것입니다. 지난 대선 당시에 문죄앙은 광화문 시대를 열겠다고 공약했는데 대통령 비서실장까지 지냈는데 물리적으로 불가능하다는 것을 몰랐다면 정말 무능하고 무책임한 것이며 알고도 표를 구걸하기 위하여 포퓰리즘 정책을 들고 나왔다면 양심 불량한 후안무치의 극치를 보여주는 것입니다. 하나만 알고 둘은 모르는 단순무식한 문죄앙을 아직도 빨고 있는 대깨문 달창들 제발 정신 차려라!

한나라의 정치 수준은 그 나라의 국민 수준이라고 했는데, 좌파들의 감성팔이와 달콤한 낭만주의적인 감상주의에 현혹되어 정신 못 차리는 사람들의 부화뇌동은 국익을 해치는 매국노들입니다. 막말에는 눈에 쌍지를 켜고, 비난에 화살을 날리면서 거짓말로 혹세무민하여 갈등과 혼란을 초래하는 선전선동에는 관대한 멍청하고 어리석은 국민성이 정치를 후퇴시키고 사회의 갈등과 혼란을 부추기고 있습니다. 좌파 탈출은 '지능순 양심순'이라고 했는데, 참으로 명언입니다. 진중권 전동양대 교수는 이 시대에 살아있는 양심맨이며, 아직도 좌파에서 헤매고 있는 무지한 자들은 대오각성하여 좌파에서 탈출하라!

좌좀들이 자신들은 마치 친일과 무관한 것처럼 친일을 비난하는 것은 제 얼굴에 침 뱉는 꼴임을 알아야 하며, 보수가 상대적으로 친일에 관대한 것은 시대에 따른 불가피성을 인정하기 때문인데도 마치 보수가 친일파라도 되는 것처럼 비난한다면 좌좀들은 스스로 무덤파는 것임을 명심해야 합니다.

친일을 비난하면 할수록 진보의 탈을 쓴 좌파 무리들의 친일행위가 부각된다는 것을 알아야 하며, '뭐 묻은 개 재 묻은 개' 나무라는 격이며, 좌파들이 친일을 비난하는 것은 자신들의 친일행위 물타기일 뿐입니다

독립투사 집안이 아니라면 조상들이 일제 시대에 무엇을 했는지 떳떳하다고 말할 수 있는가? 역사를 제대로 모르면서 함부로 지껄이는 좌파 좀비 쓰레기들은 부끄러움도 모르는 철면피 바보 등신들이다. 좌좀들은 정신차려라.

20대에 좌파가 아니면 가슴이 없는 것이고, 40대가 되어도 좌파를 계속하고 있다면 머리가 없는 것이라고 했는데, 세상 물정에 어둡고 정보에 취약한 사람들을 거짓 선전 선동으로 이익 보려는 좌파들은 언제 정신 차릴 것인가? 응

그리고 아래 글은 퍼온 글인데, 친일파 전국 최고(국보처 자료). 전라도가 전국구 왕따인 이유는 1946년까지 남북 모두 전국에 걸쳐 친일파 3,800여명을 색출했습니다. 3천8백여명 중에, 전라도 친일파가 2,039명(국보처 자료, 본적 기준.), 서울 경기 600여명, 경상도 200여명, 함경도, 평안도, 제주도 등등 이후에도 홍어들의 매국의 짓은 계속됨. 인민군 전라도 무혈 입성, 전라도에서 가장 많은 빨치산과 빨갱이 활약, 전라도에서 가장 많은 우익 양민 학살, 전라도 국군참전율 전국 최하위, 빨치산의 후예들… 좌빨, 좀비, 토착 빨갱이들은 개과천선하기 바랍니다.

그리고 작년에 발생한 반일 불매 운동의 원인은 문재인 정부가 일본에서 불화수소를 대량 수입했습니다. 그런데 불화수소는 반도체 공정 때 극히 소량만 쓰인다고 합니다. 그러면 불화수소가 어디에 주원

료로 사용되느냐? 핵융합과 화학 가스 제조시 필수 원료입니다.

팩트를 말하자면! 일본의 아베 수상이 한국에서 불화수소를 대량 수입해 갔는데 그 사용처와 북한에 보내지 않았다는 증거를 밝히라고 압박한 것이었습니다. 그러나 문재인은 그 사용처를 밝히지 않았고 오히려 이미 협의가 끝난 강제 징용 배상을 끄집어 낸 겁니다. 그리고 강제 징용에 대한 배상과 미츠비시, 포스코 지분을 압류해 버리고 반일 여론·불매 운동을 선동했습니다.

이에 일본 아베는 국제 안보와 직결되는 불화수소 행적 조사를 하게 되는데 문재인 정부가 북한에 대량으로 밀수출한 걸 알게 되어서 현재 국가 안보 제재를 하고 있는 겁니다. 경제 보복이 아니라 국가 안보 제재를 하고 있다고 하는 게 정확한 표현인 겁니다.

이 불화수소가 쉽게 말해서 핵폭탄과 화학탄 만드는 주원료로 사용되는 겁니다. 이제 아시겠습니까?

북한에 불화수소를 보낸 증거를 일본과 미국은 이미 확보해 놓은 상태인 걸로 알고 있습니다. 불화수소가 정말 문재인 정부가 북으로 보낸 게 맞다면 한국에서 일반 국민이 알게 될까 봐 두려워 지소미아를 파기한 겁니다. 사실이라면 문재인은 국가반역죄로 사법 처리가 가능하며, 무기징역에 처할 수 있습니다.

이런 것 때문에 언론으로 선동해 국민들 귀와 눈을 차단한 겁니다. 반일 운동 선동하고, 지소미아 파기하고, 조국 사건마저 터트리고 조국을 법무부장관 승인했습니다.

현재 한국의 모든 언론이 보도하는 걸 믿지 마시길 바랍니다. 유튜버들도 불화수소에 대한 지식이 없으므로 이걸 크게 보도 안 하는 겁니다. 네이버에서 불화수소를 검색하면 전문 지식인도 이해하기 난해한 용어로만 설명이 되었을 뿐 불화수소가 핵폭탄과 화학탄 만드는 주원료인 건 안 나옵니다.

이제 이해가 좀 되세요? 주한 미국 철수도 코앞에 다가 왔습니다. 철수 쉽지 않다? 2018년부터 철수 준비를 해온 상태고 현재 평택 미군기지에는 미사일 한 발 없는 상태고 방어할 수 있는 게 하나도 없습니다. 주한미군 가족들은 철수 훈련을 빌미로 이미 철수한 상태고, 주한미국 대사관도 철수 명령 떨어져서 비자 관련 업무를 안 보고 있고요, 일본 대사관도 마찬가지입니다. 평택 주한미군 기지에는 수송 헬기 및 비행기만 남아 있는 상태이며, 트럼프나 사령관 명령 떨어지면 바로 일본기지로 철수 준비 끝난 상태입니다.

이런 상황을 모르는 한국 국민들은 아마 미군 철수하면 트럼프한테 미국한테 뒷통수 맞았다며 반미·반일 운동할 것입니다.

다급해진 주사파 정권은 일단 언론노조에 지시해서 반일 불매 운동을 중지하고, 일본에 협상제의를 하게 된 것입니다.

일본의 제재가 단순히 징용 배상문제에 대한 일본의 보복이라 생각했는데 아베가 말하기를 '한국에 대한 제재는 보복이 아닌 국가안보 문제에 대한 제재'라고 발표했으며, 그리고 '대량 수입해간 불화수소를 북한에 넘기지 않은 증거를 대면 제재를 풀겠다'고 했습니다. 깜짝 놀란 문재인 정부는 후쿠지마산 수산물을 수입하겠다고 일본에 협상을 요구했지만 일본의 대답은 불화수소의 행방을 말하지 않으면 추가 제재를 하겠다고 했습니다.

아직까지 우리 국민들은 "설마 우라늄 농축과 화학무기 제조에 필수적인 불화수소를 북한에 넘겼겠어?"라고 생각하고 있지만 이게 사실로 밝혀지면 현직 대통령을 사법처리할 수 있는 유일한 죄목인 국가반역죄에 해당됩니다. 이건 형량도 사형 아니면 무기징역 밖에 없습니다.

'북사'를 아시나요?(2019. 10. 16. 전라도에서 시인 정재학)

● 대한민국 여론을 형성하는 《북사》
기가 막힌 것은 그들(북사)이 대한민국 여론형성에 적극 가담한다는 사실이었다. 지난 대선 당시 필자(筆者)는 인터넷 선상에서 정체를 알 수 없는 자들과 무수히 조우(遭遇)하였다. 심지어 급할 때는 북한 어투가 그대로 나오는 경우도 있었다. 북한 사이버 요원들 이야기다. 줄여서 《북사》.

● 북사(종북과 한패) : 대략 3,000명이 활동
우리가 아는 정보로는, 그들은 무려 3,000명으로 추정되고 있었다. 그들이 대한민국 진보와 한 패가 되어 여론전에 나서는 한편 사이버 테러까지 벌이고 있다는 것이었고, 몇 차례 테러 결과 그들의 활동은 이미 상식이 된 사실이었다.

● 《북사》 실체 확인 방법
의심스럽다면, 지금 당장 포털에 들어가 10월 15일 열린 남북 축구 월드컵 예선 결과에 대한 뉴스를 열람해 보라. 관중 없는 경기에 분노한 네티즌 댓글에 열심히 반대를 누르고 있는 자들이 있을 것이다. 바로 《북사》들이다.

● 탈북자 보고 배신자라 하는 자들! 다 《북사》다
그들은 탈북자 이야기가 나오면, 배신자라는 말을 주저 없이 쓴다. 진보도 다수 그러겠지만, 대다수는 북사로 확인되고 있다. 그리고 진보 정권을 돕고 있다. 그들은 북의 입장과 판단을 대한민국 내부에 투입시키는 여론전 첨병들이었다.

● 북조선 : 분단 이후 무수한 간첩들 남파시켰다.

북은 분단 이후 남로당 계열의 간첩들을 무수히 남파시켰다. 첩자를 이용하는 것은 어느 나라나 필요한 일이겠지만, 공산주의자들이 가장 능숙한 것으로 알려져 있다.

● 공산주의자들 : 첩자 이용에 능숙하다.

스탈린은 미국 부통령도 모르는 맨하턴 계획에 스파이를 넣어서 원자폭탄에 대한 정보와 기밀을 빼내 갔다.

중국의 모택동은 장개석 주변에 첩자를 심어 장개석 군대의 움직임을 상세하게 알고 대처하였다. 국공내란에 승리한 주역이 첩자들이었다.

김일성도 박정희 혁명군 내부에 첩자를 심어 혁명의 모든 것을 알고 있었다. 남한의 신문도 그날 신문이 김일성 책상 위에 놓여 있었다는 황장엽 선생의 증언이 있었다. 그러니 청와대 회의 내용도 보고가 되는 현실을 상상할 수 있을 것이다.

●한국내의 북조선 고정 간첩은 : 남로당 빨치산 경력의 집안 사람들이다.

남한의 북한 고정 간첩은 남파보다는 남로당 활동 경력의 인물과 집안이 적극 가담한 것으로 알려져 있다. 북은 이를 꾸준히 관리하여 왔다. 이를 포섭이라 하나, 필자(筆者)가 경험한 바로는 현재 북을 지지하는 대부분이 남로당 빨치산 경력의 집안 사람들로 판단되고 있다.

● 남로당 빨치산 경력 패밀리들이 : 현 좌파 정권의 전면서 활동

여기에 진보좌파 정권이 들어서면서, 이들의 활동이 전면에

나타나고 있다. 문재인 정부 초기 세상이 시끄러운 적이 있었다. 누군가 이낙연 총리의 총리실에 1급 공무원으로 근무하고 있다는 것. 뉴스에서 드러난 그 자를 우리는 지금도 기억하고 있다. 그는 무려 2년을 북한에서 살다 온 자라고 하였다. 그런 자가 총리실에 근무한다는 것이었다.

그러나 문재인 정부는 아무렇지도 않다는 반응이었다. 간첩을 끌어 들였다는 비난을 불사(不辭)한 것이다.

● 《북사》애들 : 한국내 여론전에 활동은 당연한 일

이런 지경이니, '북사' 애들이 남한 내 여론전에 활동한다는 것은 당연한 일일 것이다. 진보와 북에 유리한 환경을 만들기 위해, 국민 여론의 분열과 대립을 위해, 그들은 오늘도 어느 포털에서나 탈북자를 비난하고 있을 것이다.

그리하여 우리는 이명박 박근혜를 저주하고, 한국당을 아예 아베 정권으로 친일화시키는 작업에 동원된 인물들을 만날 것이다. 만나거든, 이렇게 말하라. "김정은은 무사하신가?"

https://www.nongak.net/board/index.html?id=nca123&no=43814

5) 일본의 과거사 사죄 횟수

일본이 과거사를 사죄한 적이 없었다고 뻥 치지 말고 속지 맙시다. 다음은 대한민국 외교부가 정리한 일본의 과거사 반성 언급 사례입니다.

01. 시나 에쓰사부로 외무 : 1965. 2. 20. 이동원 – 시나 공동성명
02. 나카소네 야스히로 총리 : 1983. 1. 11. 공식 방한 만찬사
03. 나카소네 야스히로 총리 : 1984. 8. 4. 한국언론인 방일 회견

04. 히로히토 천황 : 1984. 9. 6. 전두환 대통령 국빈 방일 만찬사

05. 나카소네 야스히로 총리 : 1984. 9. 7. 전 대통령 국빈 방일 오찬사

06. 다케시타 노보루 총리 : 1989. 3. 30. 중의원 답변

07. 우노 소스케 총리 : 1989. 6. 중의원 답변

08. 가이후 도시키 총리 : 1989. 10. 중의원 답변

09. 나카야마 다로 외무 : 1990. 4. 26. 중의원 답변

10. 나카야마 다로 외무 : 1990. 4. 30. 한 · 일 외무장관회담

11. 아키히토 천황 : 1990. 5. 24. 노태우 대통령 국빈 방일 만찬사

12. 가이후 도시키 총리 : 1990. 5. 24. 노 대통령 국빈 방일 정상회담

13. 미야자와 기이치 총리 : 1992. 1. 16. 공식 방한 만찬사

14. 미야자와 기이치 총리 : 1992. 1. 17. 공식 방한 국회 연설

15. 호소카와 모리히로 총리 : 1993. 8. 10. 기자회견

16. 호소카와 모리히로 총리 : 1993. 8. 15. 전몰자 추도식

17. 호소카와 모리히로 총리 : 1993. 8. 23. 국회 시정연설

18. 호소카와 모리히로 총리 : 1993. 11. 6. 경주 실무 방문 정상회담

19. 아키히토 천황 : 1994. 3. 24. 김영삼 대통령 국빈 방일 만찬사

20. 하타 쓰토무 총리 : 1994. 5. 10. 소신 표명 연설

21. 무라야마 도미이치 총리 : 1994. 7. 18. 소신 표명 연설

22. 무라야마 도미이치 총리 : 1994. 8. 31. 총리 담화

23. 중의원 : 1995. 6. 9. 중의원 부전(不戰) 결의

24. 무라야마 도미이치 총리 : 1995. 8. 15. 전후 50주년 특별 담화

25. 하시모토 류타로 총리 : 1996. 1. 22. 국회 개원시 시정연설

26. 하시모토 류타로 총리 : 1996. 6. 23. 제주 방문시 정상회담

27. 아키히토 천황 : 1998. 10. 7. 김대중 대통령 국빈 방일 만찬사

28. 오부치 게이조 총리 : 1998. 10. 8. 김 대통령 국빈 방일 공동선언 등

29. 고이즈미 준이치로 총리 : 2001. 10. 15. 서대문독립공원 방문 연설

30. 마치무라 노부타카 외무 : 2004. 4. 13. 독도 특위위원단 방일 접견시

31. 고이즈미 준이치로 총리 : 2004. 4. 22. 아시아·아프리카 정상회의 연설

32. 아베 신조 총리 : 2007. 3. 11. NHK '일요토론' 위안부 관련 사죄 발언

33. 아베 신조 총리 : 2007. 3. 26. 참의원 예산위, 위안부 관련 사죄 발언

34. 아베 신조 총리 : 2007. 4. 23. 관저 출입기자단 인터뷰, 위안부에 사과

35. 아베 신조 총리 : 2007. 4. 27. 미·일 정상 공동기자회견, 위안부에 사과

36. 하토야마 유키오 총리 : 2009. 10. 9. 방한 한·일 정상 공동기자회견

37. 오카다 가쓰야 외무 : 2010. 2. 10. 방한 한·일 외교장관 공동기자회견

38. 간 나오토 총리 : 2010. 8. 10. 강제병합 100년 내각총리대신 담화

39. 아베 신조 총리 : 2015. 8. 14. 전후 70년 담화(아베 담화), 과거사 사죄

■ 출처 : 대한민국 외교부*구체적인 언급 요지는 〈네이버 지식백과〉 일본개황
    – 일본의 과거사 반성 언급 사례 참조. [한국 인권 뉴스]

6) 8·15 해방 후 일본과의 결산-귀속 재산,
Vested Property(지만원)

한국과 일본 사이에는 금전적 비금전적 손익 계산서가 존재한다. 그 아이템 중에서 가장 으뜸가는 것이 바로 '귀속 재산'(Vested Property)이다.

귀속 재산이라는 명칭은 미군정이 지은 것이다. 일본이 조선에 쌓아 놓은 재산을 미국이 모두 빼앗아 대한민국 정부에 소유권을 넘겨준 재산이라는 뜻이다.

국민 중에서 이 금전적 항목이 존재했다는 사실을 아는 사람은 드물다. 이 귀속 재산이 무엇인지 아는 순간 사람들은 금방이라도 미국

과 일본에 대해 감사하는 마음을 가질 것이다.

2015년 10월, 성균관대 이대근 명예교수는 '귀속 재산 연구-식민지 유산과 한국 경제의 진로-'라는 700여 쪽의 저서를 냈다. 그 내용 일부를 요약한다.

1945년 해방 직후, 일본은 그들이 36년 동안 조선 땅에 건설해 놓은 수풍댐, 철도, 도로, 항만, 전기, 광공업, 제조업 등 여러 분야의 사회간접자본을 고스란히 남겨둔 채 추방당했다.

아울러 일본인들이 조선에서 운영하던 기업 재산과 개인 재산 모두를 그대로 두고 몸만 빠져 나갔다.

미군은 퇴각하는 일본인들의 주머니를 뒤져 지폐까지도 압수했다. 북조선에는 29억 달러 어치의 공공 재산, 남한에는 23억 달러 어치의 공공 재산이 횡재로 굴러 왔다.

남한에 쌓인 23억 달러 어치의 일본 재산은 미군정이 이승만 정부에 이양했다. 이는 당시 남한 경제 규모의 80% 이상을 차지했다.

한마디로 이 귀속 자산이 없었다면 당시 한국 경제에는 실체가 없었다. 이로부터 만 20년 후인 1965년, 박정희 정부가 일본으로부터 무상으로 공여 받은 액수는 3억 달러, 위의 23억 달러는 이 3억 달러의 약 8배였다. 이 엄청난 자산을 미국이 일본으로부터 빼앗아 한국에 주었다는 사실을 우리는 꼭 알아야 한다.

우리는 묻지 않을 수 없다. 이씨조선 518년을 대대로 통치해온 27명의 왕들이 이룩해 놓은 자산이 무엇이었는가를. 도로를 닦아 놓았는가? 철로를 건설해 놓았는가? 기업이 생겨날 수 있는 여건을 만들어 놓았는가? 한글 단어장 하나 마련해 놓았는가? 그 27명의 왕들은 길을 넓게 닦으면 오랑캐가 침입한다고 믿었다. 그래서 있던 길도 없앴다.

선조는 임진왜란 내내 중국으로 망명할 생각만 했다. 27명의 왕들은 아래 사진이 보여 주는 바와 같이 노예들의 골만 빼먹었다. 조선왕들이 518년 동안 쌓아 올린 재산은 초가집, 도로 없는 서울, 똥오줌으로 수놓은 소로, 민둥산, 미신, 거짓과 음모를 일삼는 미개인들이 공존하는 가두리 땅에 불과했다.

하지만 일본은 불과 36년 동안에 조선 땅에 52억 달러어치의 재산을 쌓아 올렸다. 이 엄청난 재산을 미국이 빼앗아 보관했다가 대한민국 건국자 이승만에게 선물처럼 주었다.

미국은 스스로 지키지 못했던 땅도 빼앗아 주었고, 조선인들로서는 꿈조차 꾸지 못했던 천문학적 규모의 재산도 빼앗아 주었다. 이 두 가지 구체적 선물에 대해 우리는 미국과 일본 모두에 감사의 마음을 가져야 했다.

이 중요한 사실이 묻혀왔기 때문에 우리는 배은망덕한 국민이 되었고, 그 배은망덕의 소치는 순전히 빨갱이들의 역사 왜곡에 있었다.

미군정은 처음, 사유 재산을 압류 대상에서 제외했다가 매우 다행하게도 곧이어 사유 재산까지도 압류했다(군정법령 제8호, 1947. 10. 6. 제정). 공적−사적 재산 목록이 170,605건, 이승만 정부에 넘겨 줄 때까지 3년 동안 미군정은 고생을 했다. 엄청난 관리 인력과 재정이 필요했기 때문이었다.

미군정에 인수되지 않고 농림부 등에 등록되어 있던 또 다른 일본인 재산이 121,304건에 이른다. 이 모두를 합한 총 재산은 291,909건이었다.

미국은 어느 정도로 일본인을 발가벗겨 보냈는가? 귀국하는 일본인이 소지할 수 있는 돈의 액수를 극도로 제한했다. 민간인은 1,000엔, 군 장교는 500엔, 사병은 250엔 이상 소지할 수 없었다. 미군은 부산항을 통해 귀국하는 일본인의 주머니를 검열했다. 1945년 말까지 한반도에서 일본으로 돌아간 민간인은 47만여 명이었다. 하지만 주한미군사령부 정보 참모부가 1945년 11월 3일에 작성한 〈정보 일지〉(G-2 Periodic Report) 54호에 의하면 일부의 일본인들이 150엔을 주고 밀항선을 이용하기도 했다.

이런 자료들은 국사편찬위 전자 사료관에 보관돼 있다. 하지만 밀항선을 타고 탈출한 일본인 숫자가 과연 얼마나 되었겠는가?

우리가 기억해야 할 핵심은 미국이 일본인들을 무산 계급으로 만들어 겨우 몸만 돌려 보냈다는 사실이다.

1945년 10월 12일 부산항에서 귀환선을 기다리는 일본인들의 주머니와 짐을 미군 병사가 수색하고 있다.(미국국립문서관, 국사편찬위 전자 사료관 사본)

일본인들이 남겨 두고 간 그 많은 주식회사 급 기업들은 그 후 어떻게 되었는가? 대부분 그 회사 직원이거나 관련이 있던 조선 사람들에 헐값으로 불하되어 오늘의 대기업들로 성장했다. 오늘의 우리 대기업들은 거의 예외 없이 일본 기업들이었다. 조선인들이 세운 업체는 '상회'라는 이름을 단 개인 가게들이었다.

아래의 사례들은 현 우리나라 대기업들이 해방 이후 맨땅에 헤딩해서 창조한 것들이 아니라는 것을 웅변할 것이다.

'쇼와 기린 맥주'는 당시 관리인이었던 박두병에게 불하 되어 두산그룹의 계열사인 'OB맥주'가 되었다. '삿포로 맥주'는 명성황후의 인척인 민덕기에게 불하 되어 '조선맥주'가 되었다(1998년에 하이트맥주로 상호 변경). '조선유지 인천공장 조선화약공판'은 당시 직원이었다가 관리인이 된 김종희에게 불하 되어 '한화그룹'의 모태가 되었다. '선경 직물'은 공장의 생산관리 책임자이던 최종건에게 불하

되어 'SK그룹'의 모태가 되었다.

SK그룹은 1939년 조선의 일본인 포목상이 만든 조선에서 만주로 직물매매 하던 선만주단(鮮滿紬緞)과 일본의 교토 직물이 합작해 만든 선경 직물로부터 시작됐다. '선경'이란 이름은 선만주단의 '鮮'과 교토 직물의 '京'를 따서 지은 것이다.

'나가오카 제과(永岡製菓)'는 직원이던 박병규 등에게 불하 되어 '해태 제과 합명회사'가 되었다. '오노다 시멘트 삼척 공장'은 이양구에게 불하되어 '동양 시멘트'가 되었다.

'한국저축은행'은 정수 장학회의 설립 멤버이기도 한 삼호 방직의 정재호에게 불하되었다. '미쓰코시 백화점 경성점'은 이병철에게 불하 되어 '신세계 백화점'이 되었다. '조지아 백화점'이 '미도파 백화점'이 되었다.

'조선제련'이 구인회에게 불하되어 '락희화학(LG화학)'이 되었다. 삼척의 '코레카와 제철소'가 해방 후 '삼화 제철'로 상호 변경되어, 장경호에게 불하 되어 '동국제강'이 되었다. '조선생명'이 이병철에게 불하되어 '삼성화재'가 되었다. '조선 연료, 삼국 석탄, 문경 탄광'이 김수근에게 불하되어 '대성 그룹'의 모태가 되었다. '모리나가 제과'와 '모리나가 식품'이 해방 후에 '동립 식품'으로 상호 변경되어 운영되다가, 1985년에 '제일제당'에 병합되었다.

'토요쿠니 제과'가 해방 후에 '풍국 제과'로 상호 변경되어 운영되어오다가 1956년에 동양제과(오리온)에 병합되었다. '경기 직물'과 '조선 방직'이 대구에서 비누공장을 운영하던 김성곤에게 불하되어 '쌍용그룹'의 모태가 되었다. '조선 우선'이 직원이던 김용주에게 불하되어 '대한 해운'이 되었다. '동양 방직'은 관리인이던 서정익에게 불하되었다. '아사히 견직'은 부산 공장장이었던 김지태에게 불하

되어 '한국생사'가 되었다.

'조선주택영단'이 '한국주택공사'가 되었다. '아사노 시멘트 경성 공장'이 김인득에게 불하되어 '벽산그룹'이 되었다. '경성전기-남선 전기-조선전업'이 해방 후 합병되어 '한국 전력'이 되었다. '가네보 방직 광주 공장'이 김형남, 김용주에게 불하되어 '일신방직'이 되었 다. '동립산업'이 관리인이었던 함창희에게 불하되었고, 제일제당(현 CJ)이 이를 흡수했다.

'조선미곡창고 주식회사'가 해방후 '한국미곡창고 주식회사'가 되 고, 후에 '대한통운'이 되었다. '조선 중공업 주식회사'가 해방 후 '대 한조선공사'가 되었고, 후에 한진그룹에 편입되어 '한진 중공업'이 되 었다. '조선화재 해상보험'이 '동양화재 해상보험'이 되었다가, 지 금 '메리츠화재 해상보험'이 되었다.

'쥬가이 제약'은 서울사무소 관리인에게 불하되어 현 '중외제약'이 되었다. 이외에도 내로라 하는 한국기업들은 거의가 다 일본인이 설 립 운영하던 회사라고 생각하면 큰 무리가 없다.

조선인이 설립 운영하던 큰 기업은 김성수 집안에서 설립한 '경성 방직', '삼양사' 정도를 제외하면 대부분 '商會'라는 이름을 달고 있 었다. 화신 상회, 개성 상회, 경성 벽지 등이다.

일본이 팽개치고 나간 회사들을 조선인들이 이승만 정부로부터 '불 하'란 명목으로 헐값에 인수했다. 그래서 이들 중 일부는 1961년 5.16 군사혁명후 정경유착에 의한 '부정 축재자'로 몰렸다.

일본인들은 얼마나 속이 쓰렸겠는가? 반면 불하받은 사람들은 어 떤 '횡재'를 했는가? 그래서 일본은 샌프란시스코 조약 체결단계에서 남조선에 두고 간 23억 달러 어치의 재산에 대한 청구권을 요구했다.

해방 직후 북한을 선점한 소련은 군정을 통해 북한에 건설된 발전소, 공장 등을 계속 운영하기 위해 그것들을 건설하거나 운영해온 일본인 기술자들을 확보하는데 공을 들였다. 소련 군정은 만주에 주재한 '일본 피난민 단장'과 협의하여 북조선에 있던 모든 기계-설비를 계속 운영할 수 있도록 일본 기술자들을 북조선에 남게 해달라고 사정했다. 그들이 건설하고 애지중지 운영해오던 기계-설비들에 대한 엔지니어로서의 애착심에 호소했다고 한다. 그 결과 1946년 1월 현재 총 2,158명의 기술자들을 일본으로의 즉시 귀국을 막고 북조선에 잔류시키는 데 성공했다.

스탈린은 당초 북조선에 있는 설비들을 소련으로 옮기라 명령했고, 소련 군정은 중요한 기계들을 분해하여 포장한 후 소련으로 반출하기 시작했다. 하지만 국경을 넘기 직전 다시 스탈린으로부터 반출을 중단하라는 긴급 지시가 떨어졌다 한다. 세간에는 당시 소련이 북조선 기계들을 모두 뜯어 소련으로 가져간 것으로 알려져 있다. 그러나 이는 사실과 다르다.

그럼 스탈린은 왜 마음을 바꿨을까? 전문가의 말에 의하면 스탈린은 이 당시 이미 6.25전쟁을 염두에 두고 있었기 때문이었을 것이라한다. 6.25 전쟁을 치르려면 북조선에서 병기를 비롯한 군수 물자를 자체 생산해야 하고, 그를 위해서는 기계-설비들이 필요하다고 판단했을 것이란 해석이다.

조선의 산은 민둥산(1903년 서울)이었다. 여기에 일본은 과학의 힘으로 경제성 있는 나무들을 심었다. 지금도 일본에 가면 산마다 쭉쭉 뻗어 올라간 경제목들이 들어차 있다. 그 많은 나무들에 가지도 쳐준다. 미국도 이렇게 한다. 그래서 해방 당시 전국의 산에는 일본이 심은 나무들이 밀림을 이루고 있었다. 지금 광릉에 보존된 나무들이 바로 일본의 작품이다. 그런데 이승만 정부가 들어서고, 전후방에 군부대들이 우후죽순식으로 들어서면서 '후생사업'이라는 것이 활기를 띠었다. 당시는 군대가 판을 치던 시대였다. 역대 사단장들이 너도나도 덤벼들어 군 후생을 빙자해 벌목을 했다. 거목들을 베어내 시장에 팔아 자금을 마련해 여러 가지 목적으로 사용했다. 대한민국 산이 다시 민둥산으로 변한 것이다.

이에 박정희 정부 농림장관인 장경순씨가 대통령의 명을 받고 나무를 대대적으로 심었지만 그 나무들은 일정시대의 산림처럼 경제림이 아니었다. 포항제철 사례에서 보듯이 공업 분야에서는 일본으로부터 기술지원을 대대적으로 받았지만, 나무를 심는 식수계획에서는 일본 기술의 지원을 받지 못했던 것이다. 저자가 장경순씨로부터 직접 들었던 이야기로는 수종선택은 토종기술에 의존했다. 그나마 푸른 산을 푸르게 계속 유지시키기 위해서는 나무를 대체할 수 있는 땔감의 개발이 필요했다. 1960년대, 19공탄이 산림 훼손을 저지시키기 시작했다. 하지만 영국에서는 영조 시대인 1750년대에 석탄이 나무를 대체했다. 영국이 한국을 210년 정도 앞서 간 것이다. 이런 격차를 만들어낸 주역은 1961년에 정권을 잡은 박정희가 아니라 조선의 왕들이었다. 일본이 가꾼 산림, 비록 금전적으로 환산은 될 수 없지만 어마어마한 자산이었음에 틀림없다.

7) 미군 철수를 외치는 자들에게

대한민국은 지정학적으로 대륙세력과 해양세력의 중간 지대에 위치한 반도 국가이다. 그래서 양 세력 간의 패권경쟁에 의해서 나라의 운명이 결정되었다. 고려시대에는 대륙세력의 몽골족인 원 나라의 간섭을 80년간이나 받았다. 고려가 망하고 조선이 건국되면서는 중국

본토의 대륙세력인 명(明)·청(靑)의 조공·책봉 체제에 잇따라 편입되었다.

대륙의 명·청 교체기를 전후하여 우리 민족은 1592년 임진왜란으로 해양세력 일본의 침탈을 당했다. 1627년 정묘호란과 1636년 병자호란, 다시 대륙세력 만주족의 청에 굴복한 우리나라는 다시 1894년 청일전쟁, 1904년 러일전쟁의 결과 다시 해양세력 일본의 직접 영향권에 들어 가고 마침내 국권을 침탈당하였다.

해양세력 일본이 서서히 힘을 키워 대륙세력을 완전히 쫓아내고 조선을 집어삼키는 신흥강국으로 떠오르게 되었다.

이처럼 우리나라는 5천년 역사 동안 적게는 900회, 많게는 1300회에 이르는 크고 작은 외침을 받아 왔다. 그런데 이런 우리의 역사에서 단 한번도 외침을 받지 않은 67년의 기간이 있었다. 바로 1953년 7월 27일 한국전쟁 정전협정이 조인되고나서부터 지금까지이다. 이 평화는 당시 세계 최강대국으로 떠오른 미국과, 당시 1인당 국민소득 67달러에 불과하던 세계 최빈국 한국이 국가 대 국가로 대등하게 맺은 '고래와 새우의 동맹'이라고 일컬어지는 한미동맹 덕분이다. 한미동맹 체결로 우리나라는 역사상 처음으로 67년 동안이나 전쟁없는 평화를 구가하며 안정 속에서 내부 발전에 몰입할 수 있었고, 그 결과 전 세계에서 전무후무한 산업화의 기적을 일으키며 세계 10대 경제 대국으로 발돋움할 수 있었다. 대한민국을 오늘의 세계 10대 경제 강국으로 일으켜 놓은 대(大)반석이 바로 한미동맹인 것이다. 그래서 우리 민족 5천년 역사 속에서 최고의 전략과 정책을 꼽으라면 주저없이 이 한미동맹을 꼽는다.

한미동맹은 끊임없는 외침과 전쟁의 비극 속에 살아온 우리 민족에게 처음으로 '전쟁없는 평화'의 새로운 시대를 열어 주었다. 나를 포함해서 한미동맹이 결성된 1953년 10월 이후에 태어난 사람들은 그 이전 세대가 겪은 일제 식민지배, 1·2차 세계대전, 한국전쟁 등 비극적 전쟁의 참화를 겪지 않고 '전쟁 없는 평화'라는 축복 속에 살면서 그 속에서 자유의 가치를 발전시켜 오늘의 번영과 안정을 누릴 수 있었다. 한반도에서 강력한 전쟁 억지력을 발휘해 온 한미동맹은 무력 적화 통일 기회만을 노리고 있는 북한의 침략 의도를 좌절시켜, 몸서리칠 동족상잔의 비극이 재발하는 것을 막아 주었다. 어찌 보면 한미동맹이 한반도 남쪽뿐 아니라 2200만 북한 동포들도 살려준 것이다. 우리 미래 세대들도 튼튼한 한미동맹의 뒷받침으로 계속해서 평화의 축복 속에서 살아가기를 간절히 바란다.

어떠한 일이 있어도 앞으로 대한민국을 이끌고 갈 우리 미래 세대에게 또다시 전쟁의 비극을 겪게 할 수는 없다. 그렇기에 한미동맹은 앞으로 어떠한 경우에도 흔들려서는 안 된다. 남북통일이 된 후에도 대한민국은 중국, 러시아, 일본이라는 강대국들에 둘러싸여 있는 상황이기 때문에, 한미동맹은 앞으로도 흔들려서는 안 된다. 앞으로 어느 정권이 들어서더라도 한미동맹을 흔들려고 하는 것은 바로 대한민국 국가의 기둥을 흔드는 것이라는 사실을 우리는 명심해야 한다.

분명히 잊지 말아야 할 것은, 한미동맹이 무너지면 대한민국은 순식간에 북한의 핵 공포의 노예로 전락할 뿐만 아니라, 120여 년 만에 다시 주변 강대국 중국, 일본, 러시아의 투전판으로 변해 버리고, 외국의 투자가 순식간에 빠져나가 경제는 삽시간에 블랙홀 상황을 맞을 것이다. 한미동맹은 어떤 경우에도 놓을 수 없고, 끊을 수 없고, 포기하거나 버릴 수 없는 대한민국의 핵심 이익이자 강력한 기둥이다.

자유민주, 시장경제, 한미동맹, 기독교 입국론—대한민국을 떠받치고 있는 이 네 개의 기둥이 흔들린다는 것은 국민들이 살고 있는 집이 무너질 위기에 처해 있다는 것이다. 대한민국 4대 기둥을 바로 세우고. 더 크게, 더 안전하게 보수하고 개혁하는 길만이 우리의 다음 세대에게는 더욱 강력한 통일 대한민국을 물려주는 길이다. 우리가 살고 있고 미래의 우리 후손들이 살아갈 보금자리인 대한민국의 4대 기둥을 지키고 발전시키는데 대한민국의 희망과 밝은 미래가 있다.

대한민국 4대 기둥 중 안보를 떠받치는 핵심 기둥은 한미동맹이다. 이 한미동맹은 오늘의 대한민국의 평화와 번영을 가능하게 해 준 전략적 핵심 이익이다. 일·중·러의 3대 강국에 둘러싸이고 이들의 이해관계가 직접적으로 충돌하는 요충지인 대한민국이 세계에서 가장 강력한 미국과의 동맹을 맺고 있지 않았다면, 셀 수도 없는 외침의 위기와 전쟁의 참화 속에서 신음하고 있었을 것이다. 그런 대한민국이 안정과 평화와 자유 속에서 번영을 이룩하여 세계 10대 무역 강국으로 발돋음한 것은 한미동맹이라는 강력한 군사적 힘이 작용하고 있었기 때문에 가능했던 것이다.

대륙세력과 해양세력에 번갈아 휘둘린 역사를 갖고 있는 우리 대한민국은 과거 대륙을 향해서는 사대(事大)와 조공(助工), 해양에 의해서는 침략과 병탄(倂呑)이라는 굴욕의 역사를 몇 차례나 겪었다. 대륙과 해양 두 세력 모두로부터 직접적 식민지배 또는 간접적으로 식민지배나 다름없는 상태를 강요당했고, 외침(外侵)의 공포없이 안정된 내정 속에서 자유롭고 평화로운 경제부국을 이뤄 본 역사는 거의 없었다. 우리 민족이 처음으로 전쟁없이 안정된 자유와 평화 속에서 경제적 번영을 이루는 위대한 역사를 갖게 된 것은 한국전쟁 이후였고, 그 핵심적인 열쇠가 바로 한미동맹이었다.

1953년의 한미동맹 체결이야말로 우리 민족사에서 가장 위대한 군사동맹일뿐 아니라, 단군 이래 우리 민족이 취한 최고의 국가전략이라고 믿고 있다. 한미동맹은 세계 최빈국, 게다가 내전이라는 최악의 조건 속에서 '자유'라는 소중한 가치를 지키고 키워낸 오늘날 대한민국 번영의 반석이자 토대이다. 대한민국은 이 '자유'라는 가치를 지켜내는데 성공했기에 지난 67년동안 단 한 차례의 외침도 받지 않고 발전할 수 있었고 지금의 안정, 평화, 번영의 열매를 맺을 수 있었다.

풍부한 자연자원과 패전국 일본이 두고 간 산업시설 덕분에 한국전쟁 전후까지만 해도 경제력에서 남한을 압도했던 북한이 삽시간에 세계 최빈국으로 전락해 지금 '꽃제비'들의 천국이 된 결정적 이유는 다름 아닌 '자유'가 부재했기 때문이다. 1953년 1인당 국민소득이 67달러로 아프리카 앙골라보다 더 가난했던 대한민국이 지금 1인당 GDP 3만 달러에 수출액 6천억 달러, 무역흑자만 700억 달러(2018년 기준)에 육박하는 무역 대국의 길을 갈 수 있게 된 것은 '자유'가 있었기 때문이었다. 요컨대 대한민국과 북조선을 번영과 빈곤의 갈림길에서 서로 딴 길로 이끈 결정적인 이유는 자유와 존재의 부재였다. 자유의 존재는 경제 대국으로, 자유의 부재는 세계 최빈국으로, 남과 북의 운명을 갈라 놓았다.

안으로 자유를 보장하고 신장하려고 아무리 애를 쓴다 해도 외침으로 인한 전화(전쟁의 화)의 공포 속에서는 자유라는 가치가 지속 가능하게 유지되고 발현되어 꽃필 수 없다. 인류 보편의 가치인 자유는 결코 저절로 주어지지도, 저절로 지켜지지도 않으며, 희생을 무릅쓰고라도 '쟁취'해야 할 가치이며, 쟁취한 이후에도 지속 가능하도록 끊임없이 보호하고 관리하지 않으면 언제든지 빼앗기고 박탈 당할 수 있다. 오늘날 우리가 당연한 것처럼 누리고 있는 이 자유는 햇빛과 공기, 천연자원처럼 거저 주어진 것이 결코 아니다. 대한민국과 미국을 비롯한 자유 우방의 젊은이들이 흘린 피와 땀과 눈물의 결과임을 우리는 잊지 말아야 한다.

한미동맹의 결정을 가져온 '한미상호방위조약'은 휴전협정 직후인 1953년 10월 1일 한국과 미국간에 체결되었다. 1953년 7월 27일 휴전협정 조인 직후, 8월 8일에 서울에서 변영태 외무장관과 덜레스(John Dulles) 미 국무장관 사이에 한미상호방위조약이 가조인되었고, 10월 1일 워싱턴에서 정식으로 조인되고 1954년 11월 18일 발효되었다.

세계 제일의 강대국과 세계 최빈국이 대등하게 맺은 동맹이기에 '고래와 새우의 동맹'이라고도 일컬어지는 한미동맹은 한국전쟁을 극복하고 자유를 지켜낸 이승만 대통령의 최고의 안보 전략적 작품이었다. 한미동맹은 대한민국이 외국과 맺은 최초의 군사동맹이자, 지금까지도 유일한 동맹조약이다.

역설적이지만 한국전쟁이라는 민족의 비극이 없었더라면 오늘의 한미동맹은 이루어지지 못했을 것이다. 한미동맹은 대한민국의 휴전 반대에도 불구하고 미·소·중 간에 휴전회담이 되는 상황에서, 이승만 대통령이 미국에게 북한의 재침(再侵)에 대비한 강력한 군사동맹을 요구한 결과 얻어낸 전략적 자산이다.

한미상호방위조약은 방위를 목적으로 한 조약이다. 한국이 외부로부터 무력 공격의 위협을 받을 때 미국이 군사적으로 지원(그리고 그 반대 경우도)한다는 것이 핵심이다. 명심할 것은, 한미상호방위조약은 동시에 한국에 의한 북한 공격 또한 용인하지 않고 이를 감시 내지 견제하는 역할까지 함축하고 있다는 사실이다. 즉, 한미상호방위조약이 군사적 공격을 위한 조약이 아니라 방위, 방어적 성격의 조약이다. 조약에 따르면 한·미 두 나라 중 어느 한쪽이 외국이나 적대 집단으로부터 공격을 받지 않는 한, 주한미군은 어떠한 경우도 일방적 선제공격을 할 수 없다. 그러니까 대한민국의 적대 집단인 북한에게도, 미군이 한국에 주둔하고 있다는 것은 한국군 단독으로 북한을 무력침략하지 못하도록 한국군의 북침을 막는 억지력이 되고 있는 것이다. 현실적으로 미군의 한국 주둔은 한국 방위의 핵심 전력으로서 한반도 평화를 지켜 왔을 뿐만 아니라, 한반도를 넘어 동북아시아 전체를 포괄하는 전쟁 억지력으로서 지역의 평화와 안정을 유지하는 데 중추적 역할을 해 왔다.

주한미군 주둔과 한미연합사령부 설치는 이 조약을 구체적으로 실천한 것이라고 할 수 있다. 한미상호방위조약이 체결됨으로써 한미합동방위 체제는 한국 방위의 근간을 이루게 되었고, 이를 바탕으로 하여 대한민국은 방위력 증강은 물론 경제 발전까지 이룩할 수 있었다.

미국이 참전을 결정한 결과 3년간 약 48만명의 미군이 참전하여 그 중 약 10%인 약 4만 명이 전사하고 실종되었다. 미국은 한국전쟁 직후인 1953년 10월 한미동맹조약(상호방위조약)을 체결했고, 1961년까지 대규모 무상 경제 원조를 1970년대 말까지 무상 군사원조를 제공했다.

북한은 미군이 남한을 강점해 민족통일을 막고, 한국을 경제적으로 수탈했다고 주장하지만, 한국의 국가적 성공과 성장은 미국의 안보 지원과 경제 지원 없이는 불가능한 일이었다.

이처럼 우리 대한민국의 굳건한 군사 안보와 경제번영의 토대가 된 한미동맹이 지금 67년만에 최대의 위기를 맞고 있다.

우리는 동맹국으로서의 미국의 신뢰도를 종종 비판하지만 우리 스스로가 미국의 믿을만한 동맹국인지를 생각해 본 적은 거의 없을 것이다. 미국은 우리의 동맹국이므로 당연히 우리를 무조건 도와주어야 한다는 무의식적 생각을 우리 국민들은 뿌리 깊게 갖고 있다. 심지어 미국이 한국의 민주화 등 국내 정치 문제에 더 적극 개입하지 않고 독재 정치를 방치했다는 이유로 미국을 비난하는 사람들도 있었다. 미국은 동맹국으로서의 한국을 어떻게 생각할까? 미국에게 있어 한국은 믿을만한 동맹국일까?

헨리 키신저나 앨빈 토플러를 포함한 대다수 미국 학자들은 한국이 통일되거나 중국 패권 시대가 오면 한국은 중국의 영향권에 귀속될 가능성이 큰 것으로 보고 있다. 중국 전문가와 일본 전문가뿐 아니라, 미국과 일본 내의 한국전문가들도 대부분 그러한 전망에 공감하고 있다. 한국이 계속 미국 진영에 남으리라는 예측은 거의 없다.

워싱턴의 외교가와 학계에서는 한국이 이미 중국의 영향권으로 편입되었다는 현재 완료형의 '중국경사론'까지 제기되고 있는 실정이다. 이러한 평가는 단순히 그들의 이론적 상상력이 만들어낸 시나리오가 아니라 그간 한국의 외교가 미·중 사이에서 보여 온 행동들이 누적된 결과이다. 중국경사론을 부인하는 한국 정부의 입장에도 불구하고 한국의 실제 행동은 점점 이를 재확인 시키는 방향으로 가고 있다.

한미동맹은 대한민국을 떠받치고 있는 핵심 기둥 중의 하나이다. 이 기둥이 흔들리는 것은 곧 대한민국이 흔들리는 것을 의미한다. 지금 한미동맹이 맞고 있는 사상 최대의 위기는 곧 대한민국의 위기로 직결된다는 것을 우리 국민과 위정자들은 직시해야 한다. 균열의 징후를 흘려 보내서는 안 된다. 그 신호는 곧 우리 대한민국의 위기 신호이다.

안보의 기둥인 한미동맹체제는 우리에게 67년동안 안정된 평화를 담보해 준 핵심 이익의 역할을 해 왔다. 한미군사동맹체제가 체결된 이래로 한반도에는 전쟁이 없었고, 우리는 주변국들로부터 외침을 단

한 차례도 받지 않는 긴 평화의 시대를 누려 왔다. 바로 이 한미군사 동맹체제 덕분에 자유와 민주주의도 외부로부터 침입을 받지 않고 성장할 수 있었다.

왜 우리는 주한미군을 반드시 붙들고 있어야 할까?

2000년 6월 남북 1차 정상회담을 할 때 김대중 대통령이 김정일에게 "주한미군은 통일이 된 후에도 내보내지 맙시다."라고 하자, 김정일은 "나도 마찬가지 생각입니다."라고 대답했다. 그런데 20년이 지난 지금 분위기는 그렇지 않다. 미국이 있겠다고 해도 이 정부는 자꾸 내보내고 싶어 하는 분위기다.

먼저 전작권을 문대통령 임기 중에 완전히 이양받겠다고 한다. 전시에 우리가 미군을 지휘하겠다는 것인데, 이렇다면 미군이 남아 있을 이유가 없다. 이것은 종전선언, 평화 협정, UN사 해체와 별개의 문제로 전작권이 한국군에 완전히 이양되면 한반도에 전쟁이 발발할 때 미국이 예전과 같은 성의를 가지고 증원군 69만명, 항공기 200대, 함정 1,000정을 투입할 가능성은 없다. 한국에 주한미군이 들어온 이유를 뒤돌아 보자.

사실 1945년 8월 15일 원자폭탄 투하로 승전 후 미국이 일본을 완전히 비무장 국가로 만들고자 43만명의 미군이 일본에 주둔했다. 이 주둔군 중 하나가 8군이고, 이 부대가 극동사령부와 함께 동경에서 서울로 옮겨 왔다. 미8군은 엄밀히 전투병이 아니라 행정병이다. 미8군은 전후 문제 처리를 위해 일본에 머물고 있었다. 지금도 한국에서 미8군의 주요업무는 행정이다.

미국 육해공군은 6·25때 들어오게 되었다. 6·25전쟁이 휴전으로 끝나자 맥아더 장군은 본래의 목적이었던 공산주의 남하를 막아냈으니 한국에서 철수하려고 하였는데, 이승만 대통령이 맥아더의 다리를 붙잡고 "제발 가지 마라, 한국이 너무 가난하고 국방력도 너무 허술하기 때문에 미군이 떠나버리면 한국은 거지가 될 뿐아니라 공산주의에 먹혀 버리므로 미군이 철수해선 안 된다, 미국의 국익이 민주주의의 세계 확산이라면 미군은 한국에 머물러야 한다"고 설득했다. 그리고 미국과 한미상호방위조약을 체결하였다. 동맹국이 침략당하면 미국이 침략당한 것과 동일하게 간주하여 동맹국을 방어해 주는 집단방위체제다.

이 덕택에 박정희 대통령에 이를 때까지 경제성장을 할 수 있었다. 미군에서 쓰던 군수물자를 공짜로 또는 헐값에 가져왔고, 미군이 우리 군을 훈련도 시켜주었고, 공산세력의 남하를 막아주어 한국 사회를 안정시켜 이를 기반으로 경제발전을 이룩했으니 미군의 공이 매우 컸다.

이런 얘기를 하면 20대 청년들은 말도 안 되는 소리를 한다고 할지도 모르지만, 1970년대 중반까지 한국은 북한보다 못 살았다. 6·25전쟁때 북한은 탱크를 앞세워 쳐들어 왔지만 한국군은 소총, 삽자루를 들고 이에 대항하던 상황이었다.

6·25전쟁이 끝난 직후 1953년 한국에 있던 미군은 22만명 정도였다. 그 후 한국 사회는 이제 안정되었으므로 미군은 철수하겠다고 카터 대통령이 말하자 박정희 대통령은 그를 설득하여 결국 7사단만 철수하는 것으로 합의했다. 한국과 미국이 공동방위를 하도록, 전략을 다시 만들자고 제안하여 한미연합사령부가 창설되었다. '연합사령부'라는 것은 쉽게 말해 인계철선이다. 한국에서 전쟁이 날 때 미국이 자국의 병사들을 보호하기 위해서라도 증원군을 파견한다. 그런데 한국에 미군이 주둔해 있지 않으면 한국에서 전쟁이 일어나도 미군을 보낼 이유가 없어진다.

한미연합사가 생긴 후부터 우리는 미군과 공동방어를 하게 된 것이다. 이승만, 박정희 대통령은 미군이 떠나려는 것을 붙들어 주었고, 우리의 경제발전을 이룩한 분들이다.

그 후 김영삼 대통령때 전작권을 이양받겠다고 하자 미국에서는 '넌워너' 법을 만들어 향후 10년에 걸쳐 주한미군을 모두 철수시키겠다고 했다. 막상 미국이 전작권 돌려 주고 철수하겠다고 하자 한국 정부는 겁을 먹고 전작권 안 받을 테니 머물러 달라고 사정했다. 그렇게 달라고 하다가 미국이 막상 다 주겠다고 하니 한국 정부는 감당하지 못했던 것이다.

그러다가 다시 2004년 럼스펠트 국방부장관 시절 지상군 2개 사단이 철수했다. 2011년 주한미군은 28,500명이 되었고 현재까지 이 수준이 유지되고 있다. 노무현 대통령때 또 전작권을 가져와야 자주국방을 이룰 수 있다며 난리를 치다가 결국 감당할 수 없음을 깨닫고 다시 시기를 늦추어 달라고 했다. 노무현 대통령이 전작권 이양 시기를 2007년 12월까지로 미국에 제안했고, 이명박 대통령은 다시 2012년으로 미루었다가 또다시 2015년으로 미루고, 박근혜 대통령 때는 조건이 갖춰질 때까지 이양받지 않는 것으로 무기한 연기를 해두었다.

그런데 문재인 대통령은 자신의 임기 중에 전작권을 가져 오겠다고 밝혔다. 만약에 다른 미국 대통령 같으면 한미간 협상의 여지가 있고, 우리가 그럴 준비가 안 되어 있으니 또 기다려 줄 수 있을 테지만, 트럼프 대통령은 그럴 가능성이 가장 낮다. 그의 성향, 미국 국익 최우선주의, 미국 고립주의 등 평소 그의 모습을 보면 예상할 수 있다.

미군이 점령군으로 들어갔던 독일과 일본에 현재 주둔하고 있는 병력이 전 세계의 미군기지들 중 가장 많다. 일본에 52,000명, 독일에 38,000명이다. 독일이 자주국방 능력이 없어서 미군을 주둔시키고 있는 것이 아니다. 그 다음이 한국에 주둔하고 있는 28,500명이다.

1992년경 필리핀의 국내 상황은 매우 혼란스러웠다. 경제는 어려운데다 반미 데모가 극심했고, 필리핀 의회는 국민들의 눈치를 살피며 미군주둔협정 연장을 거부하여, 결국 미군이 1992년 철수하자 그 다음 해에 바로 중국이 쳐들어와 스플래틀리 군도를 집어 삼켰다. 1989년 UN에서 만든 세계해양법이 있지만, 중국은 1992년 중국 해양법을 멋대로 만들고 필리핀 영토인 스카보로 섬까지도 점령해 버렸다. 필리핀은 반미감정 때문에 미군을 내보낸 후 국방개혁도 실패하고, 경제발전도 실패했다. 설상가상으로 중국에게 영토까지 빼앗겨야 했다.

이제야 필리핀은 정신을 차리고 부랴부랴 2014년 의회에서 타국의 군대가 필리핀에 주둔하는 것을 허용하는 법안을 통과시켰고, 미국에게 제발 다시 들어와 군사기지를 세워 달라고 부탁했다. 2016년 미국은 자국의 공관을 보호한다는 명분으로 해병 18명을 보냈지만, 필리핀은 다시 미군기지가 들어오도록 간절히 바라고 있다. 남중국해에서 중국의 위법적인 영토 도둑질을 막으려면 미군이 없어서는 안 된다고 깨닫게 된 것이다.

대만의 경우도 살펴보자. 대만에는 오래전부터 미군 부대가 주둔했고, 1954년 양국은 상호방위조약도 체결했다. 1979년 미중 데탕트에 의해 미중간 수교가 이루어졌는데, 이 수교의 조건으로 중국은 one China를 인정해 달라고 요구, 미국은 이를 받아 들여 미군을 철수시키고 대만과의 국교를 단절했다.

1970년대에 공산주의 중국과 미국은 아무런 공통점도, 아무런 이해관계도 없었는데 미국은 자신의 세계전략에 의해 소련의 공산주의 확장을 막기 위해 중공과 손을 잡았고 중공의 요구에 따라 대만을 하루아침에 버린 것이다.

주한미군은 예외가 될 것인가?

심지어 대만은 필리핀과 달리 반미 데모도 없고 오히려 붙들고 싶어 했다. 그런데도 미국은 중국과의 동맹이 대만과의 동맹 유지보다 훨씬 더 큰 국익이 걸려 있다고 판단하여 대만을 떠났던 것이다.

일본의 경우는, 진주만을 공격하여 하루 동안에 미군 2,944명을 죽였다. 9.11 테러때 사망한 숫자와 비슷하다. 미국이 다른 나라의 기습을 받아 병사의 목숨을 잃은 사건은 이것이 처음이었고 지금까지도 가장 큰 규모다. 미국은 2차 대전 승전 후 일본에 수십만의 군대를 주둔시키며 일본을 무장 해제시키고 1947년 평화헌법을 만들었다. 그런데 6·25 전쟁이 발발하자 일본에게 군수 물자를 만들게 했고, 그 덕택에 일본이 다시 일어서게 되었다. 경제 대국이 되었고 지금은 미국의 가장 가까운 동맹국이 되었다. 일본도 미국을 붙들어야 과거와 같은 강대국으로 돌아 갈 수 있는 기회를 잡을 수 있다고 생각했다.

주한미군을 내보내면 어떤 사태가 벌어질까?

첫째, 필리핀처럼 우리 경제는 결딴이 난다. 아니 필리핀보다 더 망가지게 된다. 당시 필리핀은 해외 직접투자를 거의 받지 않은 상태에서도 경제가 어려운 처지였지만, 현재 한국은 세계 11위의 경제 대국으로서 엄청난 규모의 해외 투자가 들어와 있다. 우리의 안보가 안정적이지 않으면 외자가 들어오지 않는다.

둘째, 우리 안보가 무너지면, 중국은 필리핀에게 그렇게 했던 것처럼 우리를 향해서도 영토 야욕을 드러낼 것이다. 일본보다 중국이 더할 것이다. 일본은 남한만 자기편이라도 좋겠다고 생각하지만, 중국은 한반도 전체를 친(親) 중국 식민지로 만들려는 야욕을 가지고 있다. 이것이 중국이 세계 패권을 장악한다는 중국몽(中國夢)의 일부분이기도 하다. 이렇게 되면 우리는 중국의 그늘에 들어가서 공산주의 체제로 살게 된다.

셋째, 주한 미군이 한국에 있는 것이 당연한 듯 생각하는 사람들도 많은데, 미국이 주한미군 유지를 위해 엄청난 돈을 쓰고 있다. 미군이 나가도 우리 스스로 우리 돈을 들여 무기 체계를 개선하는 등 국방개혁을 하면 된다고 지금 청와대도 국방부도 합창으로 떠들고 있는데 그게 될 것 같은가? 우리 혼자 동북아에서 주변의 위협 속에 생존할 수 있는 형편이 전혀 안 되어 있다. 예를 들어 첩보위성이나 정찰기를 통한 정보수집 능력은 95% 이상 미군에 의존하고 있다. 일본도 첩보위성 능력이 뛰어나다. 미국과 일본의 첩보 위성과 정찰기에서 수집한 정보 중에서 한국에 알려주고 싶은 것만 제공하고 있는 실정이다.

U2기는 한 번 띄우는데 11억원이 들어가고, 한반도에 12대의 U2기를 운용하는데 연간 1조 9천억원이 들어간다. 트럼프가 주한미군 주둔 비용으로 1조 3,500억원을 내라고 하니 우리는 기절할 지경인데, 사실 미군이 미국 국민의 세금으로 한반도에 운용중인 U2기 비용만 연간 1조 9천억원을 쓰고 있는 것이다. 또 KH12 같은 군사위성도 미국의 돈으로 운용중이다. 38North에서 발표하는 풍계리 핵실험장에 관한 움직임도 KH12 위성으로 정찰하고 있는 것이다. 이뿐만 아니라 한반도에 깔아놓은 미군의 전략자산 가치가 약 25조원이나 된다.

주한미군이 철수할 때 이런 자산들을 한국군에게 공짜로 넘겨 주고 갈까? 그런 일은 있을 수 없다. 그런데 U2기 연간 운용비가 1조 9천억원이나 들어간다고 한번도 미국이 우리에게 윽박 지른 적이 없다. 물론 미국도 한반도를 지키는 일과 중국을 견제하는 일을 동시에 하고 있지만, 우리는 그보다 더 큰 이익을 미국으로부터 얻고 있다. 이렇듯 주한미군이 철수하면 우리의 경제와 안보는 박살이 나게 되어 있다.

한 국가에서 가장 핵심이 되는 것은 경제와 안보이고, 대통령의 가장 큰 책무는 부국과 강병이다. 국방을 튼튼히 하여 국토를 잘 지키고 국민들 배부르게 하면 대통령의 역할은 다 끝나는 것이다. 공수처 만들어라, 뭘 어찌 해라 … 이런 것은 대통령이 관여할 일이 아니다.

미국은 2014년 캠프 캐시의 기갑여단을 해체한 다음 미국 본토에 기갑여단을 새로 만들고 한반도의 주한미군 병력은 9개월마다 순환 배치되게 만들었다. 다시 말해, 주한미군을 9개월마다 본토로 보내 정예훈련을 받게 한 후 다시 한국에 배치시키는 순환배치 제도를 운영하고 있다. 지금 트럼프가 한미관계에 불만을 가지고 한국이 주한 미군 유지를 위해 돈을 써도 미국이 득을 보는 것은 없다며 하루아침에 결심하여 시리아 미군을 철수시키듯 주한미군도 철수시켜 버리면 한국은 폭삭 망하게 된다.

이런데도 반미 단체들이 미군철수 시위를 하고, 이 정부는 전시작전권을 반드시 임기 내에 회수하겠다고 한다. 지난 2018년 11월 한미 연례안보협의에서 한미연합사의 사령관을 한국군, 부사령관을 미군으로 하자는 한국측의 요구를 미국이 받아들인 의도가 뭐겠는가? 한국에 머물면서 한국을 지켜주기 위해 그것을 받아 들인 것일까? 아니면 떠날 준비를 하고 있는 것일까?

우리는 지금 미군의 다리를 붙들어야 한다. 우리 주변국들을 보자. 동북아에 우리보다 약한 나라가 어디 있는가? 심지어 북한도 우리의 10분의 1밖에 안 되는 국방비를 가지고도 우리를 위협하고 있다. 박 정희 대통령은 미국이 주한미군을 빼겠다고 하자 워싱턴포스트지와 인터뷰하면서 미국이 핵우산을 제공하지 않으면 우리는 독자적으로 핵 개발을 하겠다고 했다. 현 정부는 박정희 대통령만큼의 야심도 계획도 없이 그냥 미군만 쫓아내면 태평성대가 오고, 이 세상에 평화가 정착되고, 중국은 친구로써 우리를 보살필 것이라고 착각하고 있다.

처칠은 "젊을 때 진보를 하지 않으면 게으른 것이고, 늙어서 보수를 하지 않으면 아둔한 것이다."라고 말했다. 요즘 한국의 젊은 층은 진보를 하고 주한미군에 반대를 하면 뭔가 자주적이고 멋있어 보이고 '쿨(Cool)'한 것으로 착각하고 있다. 그것이 '쿨'하고 폼 나는 일이라는 근거는 어디서 나온 것인가? 20대 여성의 63%가 아직도 문대통령이 국정 운영을 잘 하고 있다며 착각하고 있는 것과 똑같다. 뭔가 문대통령은 착한 것 같고 편하고 인간적인 것 같고 우리 정서를 이해하는 것 같다고 생각들 한다.

결론은 명백하다. 어떤 일이 있어도 이 정부는 미국과의 신뢰를 회복해서 아주 좋은 한미관계를 만들어 내야만 한다. 시리아 철군 발표 이후 아프간에서도 철군하겠다고 하니 중국은 입이 찢어져라 좋아하고 있다. 왜냐하면 파키스탄과 아프가니스탄에 중국이 지금 대단히 정성을 쏟고 있기 때문이다. 시진핑의 계획대로 이 두 나라를 끌어 들이면 인도양으로 나가 해양 패권을 쥐는 일이 가능할 것이기 때문이다. 한편 시리아에서 미군이 철수하겠다고 하자 러시아의 푸틴은 얼마나 좋았는지 1,700명의 기자를 불러놓고 기자회견을 했다.

한 가지 확실한 것은 트럼프의 생각이다. 동맹국이 동맹국으로서의 대우를 받고 싶으면 그만큼 물질적·정신적으로 미국 편에 서고 미국과 비용을 분담하자는 것이다. 통일 후 주한미군이 있고 없고는 아주 먼 이야기이다. 지금 당장 앞으로 5년내에 주한미군의 변화가 반드시 올 것으로 본다. 그리고 그 시점이 더 빨리 올까 불안하다. 왜 우리가 반드시 미국을 붙들어야 하는지 제대로 알아야 한다.

일본이 무엇때문에 52,000명의 미군을 주둔시키고 있는지, 독일은 무엇때문에 38,000명의 미군을 주둔시키고 있겠는가? 일본과 독일이 바보라서 그렇게 하고 있는 것이 절대 아니다. 1945년 미국과 총을 겨누고 싸우던 적이었지만 지금 이 두 나라가 미국을 붙들고 있는 분명한 이유가 있다. 그것이 경제적으로도 군사적으로도 자신들의 살 길이라고 판단했기 때문이다.

많은 한국인들이 미군이 6·25때 들어와 우리를 도와주었고 배고픈 시절 우리 손을 잡아준 나라라는 옛 시절의 기억과 향수 때문에 미국을 혈맹(血盟)이라 부르며 미군의 주둔을 바라고 있는데, 감성적인 연대만을 생각하지 아주 현실적으로 주한미군이 없어지면 안 된다는 것을 "왜?"라는 차원에서 제대로 이해하지 못하는 분들도 많다.

그런데 이 나라에 미군 철수를 외치는 자들이 있다. 미군이 철수하면 자주국방은 당신들이 지킬 수 있습니까? 당신 자식들은 지킬 수 있을까? 당신들의 후손들까지 내려가기 전에 우리 조국은 존재하지 않을 것이다. 대신 북한에 합류된 북남조선민국이 되어 있겠죠?

왜 동독 〈슈타지〉에서 드러난 미인계에 넘어간 간첩이 생각날까?

월맹과 베트콩도 미인계로 사이공을 파괴했다. 김일성-김정일 정권 시기에 해외 정치인·언론인·사업가·유명인에게 여성을 보내 유혹하게 한 뒤 비디오를 찍거나 아이를 갖게 해서 이들이 친북 활동을 하도록 협박·이용했다.

일본의 북한 전문가들과 고위층 탈북자 등도 일본의 정치인·언론인들이 이 '씨앗 심기 작전'의 대상이 됐다고 증언했다. 이들이 북한 여성과 관계해서 낳은 자식은 공작원으로 키워진다. 특히 김정일 정권 시기에 방북 해외 인사들을 대상으로 '꽃뱀' 작전을 대대적으로 벌였다.

이른바 '씨앗 심기 작전' 해외 정치인·언론인·사업가·유명인 등을 초청한 뒤 '꽃뱀 작전'의 대상으로 삼는 것이다. 평양 숙소에서 샤워를 마치고 나오자 나체 여성이 방에 있었다. 북조선의 작전이 명백하다. 이들 여성은 아이를 가졌다. 인사들이 호텔 침실에 있을 때 비디오를 찍은 걸 알고 있고 협박 수단으로 썼다.

일본사회당 의원과 요미우리 신문 기자가 북조선에서 여성을 임신시킨 사실을 일본 정보 당국을 통해 알게 됐다. 북조선과 우호적인 관계를 유지했던 일본사회당의 경우 의원들 가운데 북조선 여성과 관계를 맺고 자식까지 됐다는 정황이 끊이질 않고 있다.

북조선의 고위층이었던 탈북 시인 장진성 씨는 '씨앗 심기 작전'에 넘어간 인사가 수십 명에 이른다고 밝혔다. 북조선의 평양을 자주 방문하는 인사들은 통역이나 보조원 등으로 배정된 여성과 친밀한 관계를 쌓게 되는데 이들이 모두 공작원이다.

북조선은 '신격화된 수령 절대주의, 공산 독재 사상, 세습체제' 유지를 위해선 금기가 없다. 북조선의 '씨앗 심기 공작'은 그들이 저지를 수 있는 일 가운데 아주 사소한 수준이다.

그리고 김일성의 〈갓끈 전술〉을 알고 있는가? 1972년에 김일성은 "남조선은 미국과 일본이라는 두 개의 끈에 의해 유지되고 있다. '미국'이라는 끈과 '일본'이라는 끈 중 어느 한쪽만 잘라도 남조선은 무너진다"고 역설했다. 이른바 〈갓끈 전술〉이다. 여기에 기초하여 북한은 韓美日 공조 중에서 가장 약한 고리인 한일관계를 타깃으로 한국에서 과거사 이슈 등을 집요하게 끄집어내어 반일 감정을 촉발하게 만들고, 知日을 주장하는 한국인들을 '친일파'로 매도하도록 하는 등의 한일 이간책을 구사해 왔다.

문명사회에서 전혀 통할 것 같지 않았던 이러한 '갓끈 전술'은, 안타깝게도 김일성이 공언한 지, 50년 채 안 되어 거의 성공 단계로 접어 들었다. 오늘날 한국에서는 '主敵은 일본'이라는 말이 공공연하게 언급되고, 자유민주진영 일본 수상보다 오히려 북조선 김정은이 훨씬 인기를 끈다. 많은 한국인들이 김일성 갓끈 전술의 일환인 '반일 선동'에 너무 쉽게 놀아나 이제 적과 아군의 구분조차 헷갈리는 지경에 빠졌다. 문재인 정권은 특히 반일에 특화된 정권이다. 문재인 정권은 '토착 왜구'라는 선동용어까지 등장시켜 사실상 반일 선동을 직접 진두지휘하며 '관제 민족주의'라는 말까지 회자되게 만들었다.

한국 상황이 이처럼 심각하게 돌아가자 급기야 일본 정부는, 핵심 소재의 한국向 수출규제라는 전무후무한 초강수를 들고 나왔다. 문재인 정권은 반일 선동에 매진하여, 김일성의 '갓끈 전술' 완성에는 기여했지만, 한편으로, 일본의 수출규제를 초래하여 한국 경제를 위기에 빠뜨렸다는 여론이 한국 내에서 형성될 여지를 만들어 놓았다. 상황이 더욱 극단적으로 흐른다면 문재인 정권 역시 주어진 임기를 다 채운다는 보장은 못하게 되는 상황으로 전개될 수도 있다.

아무리 선동에 취약하고, 문재인 정권에 호의적인 한국인이라도, 일본의 수출규제로 한국경제가 휘청거리는 것이 두 눈으로 직접 확인되고, 당장 각자의 생활이 팍팍해지는 경우를 피부로 절실히 느끼게 되면 또 어떻게 돌변할지 모른다. 문재인 정권이 반성하거나 변하지 않고 계속 이런 식이면, 참다못한 한국인들이 조만간 문재인 정권을 겨냥한 촛불을 들지 않는다는 보장은 아무도 못한다. 촛불로 흥한 자 촛불로 망하는 경우가 생겨날지 모르겠다.

여러분들은 주한 미군 철수를 요구 서명한 국회의원들을 어떻게 생각하십니까? 미군 철수를 요구 서명한 국회의원들 명단입니다. 주한 미군 철수 요구! 갈 테면 가라! 慕華派 친중 사대주의자 송영길과 47

인의 민족 반역자들의 성명, 이 자들 배때기가 부르니 眼下無人이구 먼!!!

- 민주당 – 강병원, 강훈식, 기동민, 김민기, 김병욱, 김상희, 김영호, 김철민, 김한정, 노웅래, 민병두, 박경미, 박완주, 박 정, 박재호, 박홍근, 서삼석, 서영교, 소병훈, 송옥주, 송영길, 신창현, 심기준, 안민석, 안호영, 어기구, 우원식, 위성곤, 유동수, 유승희, 윤관석, 윤일규, 윤준호, 이개호, 이석현, 이후삼, 임종성, 전재수, 정재호, 정춘숙, 제윤경, 조승래.
- 정의당 – 김종대, 주혜선.
- 평화당 –정동영
- 대안 신당 – 박지원, 천정배. 총계 47명

1949년 한국전쟁 직전 국회 부의장 '김약수'와 남로당 프락치들은 주한 미군 철수를 건의하는 결의안을 상정하였고, 미군은 고문관 500명 미만을 남기고 모두 철수하였다. 이어서 1950년 1월 20일 애치슨 미국무장관은 "한반도는 미방위선 밖"이라고 내외에 선포하였다.

이미 스탈린의 내락을 받은 김일성은 탱크와 중포를 은밀하게 38선 일대에 포진하고 6.25 새벽 4시를 기해 일제히 남침하였다.

그 전에도 남한 정부는 낌새를 차리고 미국에 공격용 무기를 지원해 달라고 요청했으나, 미국은 남에서 북침할 가능성이 있다고 거부하였다.

실상 신성모 국방장관과 채병덕 육군 총참모장은 국회 답변에서 전쟁이 나면 "아침은 개성에서 떼우고, 점심은 평양에서, 저녁은 신의주에서 먹는다." 호기롭게 큰소리를 쳤다.

막상 6.25 전날은 전 장병의 1/3이 농번기 휴가를 보냈고, 2주일 전에는 전후방 사단장의 인사 이동에 이어 육군 장교 회관 낙성식이라는 미명 아래 밤새 댄스 파티와 여흥을 즐겼다.

전쟁이 터지자, 하루만에 옹진 반도와 개성, 의정부까지 실함되고, 망연자실한 이승만 대통령은 27일 새벽 3시 기차를 타고 대구까지 내려갔다가, 대전으로 돌아 왔다.

28일 당시의 유일한 한강 인도교와 철교를 폭파하고, 육군본부는 수원으로 이동하기로 하였다가, 맥아더 장군의 지원이 있다고 하자 허겁지겁 시흥으로 되돌아 왔다.

이 대통령은 수원 비행장에 도착하는 맥아더 원수를 구세주 마중하듯 대전에서 올라와 영접했고, 한국군의 작전 지휘권을 맥아더에게 양도한다고 선언했다. 비참하지만 그게 우리의 생생한 역사였다.

실상 국군은 완전 와해되었고, 총기와 실탄은 물론 모든 보급품과 식량, 군복 등도 모두 미군이 주는 걸 감지덕지 받아서 지탱했다.

정부 예산은 모두 군사 원조와 민간 원조의 달러를 공매해 대충 자금이란 항목이 절대 비중을 차지하고 원조 물자로 국민을 기아 상태에서 살려낸 상황이다.

이런 우여곡절을 거쳐 이제 살만하니까, '갈테면, 가라. 양키 고홈!'을 외치는 종북 빨갱이들을 보는 미국인들의 심정은 어떠할까?

아무리 장사꾼 출신 트럼프가 무리한 요구를 하더라도 인간이라면 도리를 알아야 한다. 마치 부모가 소 팔고, 논 팔아 자식을 공부시켜 놓은 뒤 출세한 자식놈이 시골에서 가난하게 사는 부모형제에게 쥐꼬리만한 용돈을 주며 생색내는 '호로자식'과 무엇이 다른가?

정 그렇다면 '갈테면 가라!' 萬折必東과 친중 사대파들아! 니들이 원하는 개마 고원이나 아오지로 가서 잘 살아라! 베이징으로 가던, 충칭으로 가던 니들이 떠나라! 니가 가라 하와이!

미군정이 한반도에서 진출하면서 그들은 편의상, '전라도를 하와이, 경상도를 플로리다, 평안도를 텍사스, 함경도를 알라스카'라고 호칭했다. 그중 하와이만 별칭으로 남았고 호남인들은 '하와이'라면 경기를 일으킨다. 하와이든 알라스카든 좋다면 거기 가서 살면 될 일이다. 더불어 김정은과 만수무강하라! 토착 왜구가 아베와 친하든 말든 선동질 말고…

위 47인의 역적들과 曺國의 시다바리 박범계, 홍익표, 이재정 등 최소 50명은 다음 국회에서는 아예 얼굴도 내밀지 못하게 하자!!!

8) 이승만! 그는 누구인가?

이승만은 언론을 무기로 삼아 항일 운동과 구국 투쟁을 전개한 언론인이자 독립운동가요 정치가였다. 그는 청년기부터 언론을 통해 항일 운동과 정치 개혁을 전개한 후 마침내 자유 민주주의를 기반으로 한 대한민국 건국을 일궈냈다.

이승만의 언론 활동을 연구한 정진석 박사는 이승만을 "언론 대통령"이라고 칭했다(「두 언론 대통령 이승만과 박은식」, 정진석, 기파랑, 2012.). 필자는 일천한 역사 인식으로 인해 이승만을 다시보기 시작한 후 그가 언론으로 사회 활동을 시작했다는 사실을 접하고 큰 감명과 도전을 받았다.

수년 전 '고당 조만식(생명의 말씀사)'을 집필하면서 부제로 〈하나님이 보낸 사람 민족 지도자〉를 넣었던 적이 있다. 동일한 확신으로 "우남 이승만" 역시 "과연 이승만은 대한민국 건국을 위해 하나님께서 보내신 사람"이라는 결론에 이르게 되었다. 그 결론 후 일단 역사에 묻힌 채 오해와 편견에 사로잡혀 있는 이승만을 바로 알려야 한다는 취지로 크리스천포커스에 [이승만 바로알기] 코너를 마련했다.

이승만은 이 땅에 5천년 만에 처음으로 '자유 민주주의'의 씨앗을 뿌려 대한민국의 번영의 기틀을 다진 건국 대통령이다. 70년 전 이승만이 세운 자유 민주주의로 인해 대한민국은 세계 강국의 대열에 서게 되었다. 이승만을 바라본 외국인들의 다양한 시각과 평가들은 놀랍다.

이승만의 청년기를 직접 지켜봤던 올리버 R. 에비슨 선교사(좌측 사진)는 "이승만이야말로 과거에도 그랬고, 지금도 위대한 인물이다. 그는 한국이 배출한 [세계적] 위인 중의 하나이다"라고 말했다(유영익, 젊은날의 이승만, 연세대학교출판부, 2002., p. 50.).

이승만 대통령의 정치 고문이었던 로버트 T. 올리버 박사는 "이승만은 금세기에 등장하기 시작한 새로운 유형의 인간 지도자형으로써 동서 문화를 조정 통합하는 탁월한 능력의 소유자였다"고 평가했다(로보트 T. 올리버, 서정락 역, 「대한민국 건국대통령 이승만」, 단석연구원, 2015, p.8.).

동시에 그는 "20세기를 통틀어 이승만 만큼 중요한 역할을 한 역사적 인물은 거의 없을 것이다. 그러면서도 우리 시대의 가장 걸출했던 인물 중에서 그는 아마 가장 덜 알려진 인물일 것이다. … 그의 이름은 많은 정치가들을 배출한 한국 역사상 가장 위대한 정치가로 기록될 것이다. … 이승만은 참으로 위대한 인물이다. 그는 조직력과 지도력, 예언자의 비전을 두루 겸비한 참으로 훌륭한 인물"이라고 극찬했다(로보트 T. 올리버, 같은 책, pp.348~349).

유엔 사령관 마크 클라크(Mark Clark)는 "한국전을 통하여 이승만은 아시아에서 장개석 네루와 버금가는 위상을 확보하였다. 그는 공산주의자들과의 투쟁을 통하여서 뿐만 아니라 때로는 미국과 맞서기를 서슴치 않는 행동을 한다는 사실을 통하여 그런 지도자가 되었다. … 많은 아시아 사람들에게 이승만은 극동 지역에 존엄과 자존심을 가져다 준 인물이었다."고 말했다(이영훈 박사 영상 강의 "이승만의 일생", 이승만 학당).

한국전을 승리로 이끌어 "한국군의 아버지"라는 호칭을 얻었던 미 8군 사령관 밴 플리트(Van Fleet, 우측 사진)는 "그는 그의 몸무게만큼의 다이아몬드와 같은 존재이다. 그는 우리 시대의 가장 위대한 사상가, 학자, 정치가 및 애국자들 중의 한 사람이다."고 회고했다(이영훈 박사 같은 영상).

특히 한국사 연구의 기념비적 저작으로 꼽히는「소용돌이의 한국 정치」의 저자 그레고리 헨더슨은 "그는 1945년 조국에 첫발을 내디딘 순간부터 이미 일종의 "위기를 극복하기 위해 신이 내려준 인물이 되었다."고 극찬하기도 했다(그레고리 헨더슨, 박행웅 이종삼 역,「소용돌이의 한국정치」, 한울아카데미, 2008.).

심지어 1965년 이승만이 하와이에서 서거하자, 미국 [애드버타이즈]는 7월 20일자 사설에서 "이승만의 90년 삶에는 열정과 논란이 있었지만 1960년대 이승만과 대한민국은 미국 반공의 심볼이었다. 이승만은 2차 대전 후 아시아에서 가장 뛰어난 지도자였고, 그는 단순한 미국의 꼭두각시가 아니었다. 무엇보다도 이승만은 대한민국의 애국자였다"고 적었다.

해외에서는 그처럼 위대한 지도자로 평가를 받았으나 이승만은 정작 대한민국의 역사에서 잊혀졌다. 잘못된 역사 인식과 편견으로 인해 '이승만은 민주주의 파괴자'로 인식되어 왔고 '독재자'였다는 누명까지 쓰게 되었다. 오늘에 이르러서는 건국 대통령이었던 이승만의 위상이 추락되었고, 갈곳 없는 역사의 방랑자가 되어 슬픈 역사의 주인공이 되었다.

미국에서는 링컨 대통령이 일궈낸 업적을 기리며 수백년이 지난 지금도 그를 추모하면서 유명한 게티즈버그 연설을 노래하고 있다. 이제라도 우리는 건국 대통령 이승만이 세운 업적들을 재조명하여 역사를 바로 세워야 한다. 이에 크리스천포커스는 [이승만 바로 알기] 특집을 마련하여 이승만이 대한민국의 역사에서 무슨 업적을 남겼는지, 그가 대한민국 번영과 자유를 위해 어떤 일을 했는지 하나씩 살펴 보려고 한다.

대한민국의 해방 전후는 혼돈 그 자체였다. 일제의 압제에서 해방되었으나 대한민국 국민들은 방향을 잃었다. 당시 대다수의 사람들은 민족주의를 주창한 김구나 사회주의를 주창한 여운형 등에 열광하면서 자본주의나 민주주의를 외면했다. 5천년 역사에서 자본주의나 민주주의란 말조차 들어보지 못한 탓이었으리라.

그 무렵 1946년 군정청에서 실시한 여론 조사에서 "귀하가 찬성하는 것은 무엇입니까?"라는 질문에 답한 8천명 중에서 77%가 사회주의·공산주의를 찬성했다. 그리고 자본주의는 14%, 모르겠다고 답한 사람이 8%였다는 통계는 해방 후 대한민국의 사회적인 상황을 알 수 있는 단서가 된다.

실제로 해방 직후 대한민국에 조선인민공화국이 수립되었다는 언론 보도가 나올 정도였으니 사회주의 및 공산당 활동이 얼마나 득세했는지 짐작이 간다. 당시 여운형이 주도한 건국준비위원회가 박헌영이 만든 조선공산당의 책동에 따라 1945년 9월 6일 〈조선인민공화국〉을 조직 구성하여 9월 15일자 매일신문에 보도했다(아래 1945년 9월 15일자 매일신문 기사 사진 참조).

당시 상황은 그 정도로 좌익이 판을 치던 시기였다. 아슬아슬한 순간이었다. 그로부터 한달 후 1945년 10월 26일 이승만은 귀국한 후

위 언론 보도과 관련하여 자신은 "(조선)인민공화국 주석을 공식적으로나 비공식적으로 수락한 적이 없다"는 성명서를 발표했다(자유신문 1945년 11월 8일자).

그 무렵 국민들의 인식대로라면 대한민국은 사회주의·공산주의로 향하는 것은 시간문제였다. 하지만 단 한 사람 이승만은 자본주의를 주창했고, 자유 민주주의만이 대한민국이 살길이라고 외쳤다. 이승만에게는 자유와 평등, 자유민주주 등을 그 무엇과도 바꿀 수 없는 절대적인 가치로 삼았고, 평생동안 부동의 신념으로 가슴에 새겨 왔다.

송복 교수는 다음의 글에서 이승만이 대한민국의 공산화를 막아내고, 자유 민주주의를 뿌리내리게 한 장본인이라고 주장한다.

"오늘날 우리는 자유민주주의 국가다. 그 자유민주주의가 어떤 우여곡절, 어떤 기적의 과정을 밟으며 오늘날 이같이 정착되었는지 그 연원을 따져 올라가면 오직 이승만에게 가닿는다. 그가 아니었다면, 자유 민주주의 지식과 신념이 없던 시대, 정치지도자들의 좌우합작 열풍에 휘말려, 당시 동구가 모두 공산화되듯이 우리 또한 공산화되었을 것은 불을 보듯 분명하다. 오로지 이승만의 확고한 자유민주주의 신념과 비전이 공산화를 막고 오늘의 한국으로 살려낸 것이다"("이승만의 저술 활동과 역사적 의미", 송복 외,「이승만의 정치 사상과 현실 인식」, 연세대학교출판부, 2011, p.26.).

이승만의 가슴에 새겨진 민주주의에 대한 신념은 청년기부터였다. 이승만의 청년 시절을 지켜봤던 미국 선교사 올리버 R. 에비슨은 갑신정변의 주역들이 개혁에 실패하여 일본, 청나라, 미국으로 망명하였으나 "약간의 개혁의 씨가 뿌려졌고, 이승만은 그들을 추종하는 일부 사람들과 접촉했고, 자신의 조국에 민주주의를 도입하려는 생각을 마음에 품게 되었다"고 증언했다(박형우 역,「올리버 R. 에비슨이 지켜본 근대 한국 42년, 1893-1935」, 청년 의사, 2010, p.80.).

이어 올리버 R. 에비슨 선교사는 "그는 자신의 일생을 조국의 정부 형태를 바꾸는 것을 돕는데 바치기로 했다고 나에게 말했고, … 그는 너무나 위대한 목표를 추구하는데 있어서 자신에게 무슨 일이 닥쳐오더라도 기꺼이 받아 들이겠다 말했으며, 이후 너무나도 혹독한 시련, 뼈에 스미는 고통, 살해의 협박 등이 있었음에도 자신의 이상에 여전히 충실했다"고 증언했다(위 같은 책).

이처럼 이승만은 청년기 때부터 조선 땅에 민주주의를 세워야겠다는 확고한 신념으로 일생동안 투쟁하다 마침내 대한민국에 자유민주주의의 기초를 세운 건국 대통령이 되었다.

그러면 이승만은 어떤 사람이었을까? 로버트 올리버(이승만 대통령 정치 고문)는 "모든 역경에도 이승만 박사는 한국 고유의 독립을 되찾으려는 자신의 십자군 운동을 끈질기게 이끌고 나갔다"(로버트 올버, 박일영 역,「이승만 없다면 대한민국 없다」, 동서문화사, 2008, p.18.)고 증언한 바 있다.

이승만은 구한말 무너져가는 조국을 위해 개혁의 깃발을 든 후 5년 7개월간의 옥중 생활, 33년간의 해외 독립 운동 등으로 투혼을 불사르다 마침내 대한민국을 자유 민주주의 나라로 세웠다.

1945년 10월 17일 33년만에 귀국하여 가진 기자회견에서 이승만은 '조선의 자주독립에 대해서 다음과 같은 소회를 밝혔다.

"나는 앞으로 조선의 자주독립을 위해서 일하겠거니와 싸움을 할 일이 있으면 싸우겠다. 그러나 여러분 사천 년의 우리 역사가 어둠에 묻혀 있는 것은 우리 민족의 불미한 탓이었다. 그중에도 나와같이 나이가 많은 사람의 잘못이 많았다. 그것은 내가 책임지겠다. 여러분은 젊기 때문에 그 책임이 적다. 4천년의 역사가 이제 우리들의 손으로 다

시 꽃피어야 하는 것이다. 그 좋은 기회가 우리 앞에 있다."(매일신문)

1948년 8월 15일 건국 경축사에서 이승만은 대한민국이 민주주의로 건국된 감격을 다음과 같이 표현했다.

"오늘에 거행하는 식(式)은 우리의 해방을 기념하는 동시에 우리 민국이 새로 탄생한 것을 겸하여 경축하는 것입니다. 이날에 동양에 한 고대국(古代國)인 대한민국 정부가 회복되어 40여년을 두고 바라며 꿈꾸며 투쟁하여 온 결실이 표현되는 것입니다. 그러므로 오늘 이 시간은 내 평생에 제일 긴중(緊重) 시기입니다"

그리고나서 이승만은 "민주주의가 인민의 자유 권리와 참정권을 다 허락하되 불량분자들이 민권 자유라는 구실을 이용해서 정부를 전복하려는 것을 허락한 나라는 없다"고 호소한 후 "민주주의에 대한 믿음, 민권과 개인의 자유 보호, 서로 이해와 협의, 동포들의 생활 개량, 경제적 원조" 등의 주제로 연설했다.

이어 그는 "가장 중대한 바는 일반 국민의 충성과 책임심과 군센 결심"이며, "이것을 신뢰하는 우리로는 모든 어려운 일에 주저하지 않고 이 문제를 해결하며 장애를 극복하여 이 정부가 대한민국에 처음으로 서서 끝까지 변함이 없이 민주주의에 대한 모범적 정부임을 세계에 표명되도록 매진할 것"을 선언했다("경향신문 1948년 8월 16, 18, 19일", 재인용, 이승만 학당 http://syng manrhee.kr/)

이처럼 이승만은 대한민국에 견고한 자유 민주주의의 기초석을 세웠다. 그는 자유의 개념이 낯설고, 민주주의의 체제가 무엇인지 알지 못하던 구한말 시대부터 대한민국에 자유민주주의를 도입하기 위해 일생을 싸우면서 국민들을 설득하고 계몽하여 마침내 건국 대통령이 되었다. 실로 이승만은 대한민국을 위해 하나님께서 보낸 위대한 지도자였다!(2020.1.31. 크리스챤포커스 송삼용 대표기자 참조)

9) 한 위대한 한국인을 눈물로 추모하며
(수원 헤브론 교회 조정환 목사).

지금부터 약 55여년 전인 1965년 7월 19일 오전 0시 35분. 하와이의 한 노인 요양원에서 나이 아흔의 한국인 환자가 유명을 달리하였다.

서거하시기 한 달 전부터 피를 토했다. 그가 숨을 거두기 하루 전인 7월 18일엔 너무 많은 피를 토하셨다.

그의 생애 마지막 임종을 지켜보는 이는 평생동안 곁에서 돕고 수발하던 부인과 대(代)라도 잇겠다며 들인 양자와 교민 한 사람밖에 없었다.

마지막 호흡을 크게 한 번 들이 쉬더니 이내 영면의 눈을 감았다. 파란만장한 길을 함께 걸어오며 어떤 어려움에도 우는 법이 없었던 아내가 오열했다.

작가 이동욱씨는 국부 이승만의 영결식의 한 장면을 이렇게 기록했다.

한 미국인 친구가 울부짖었다. "내가 너를 알아! 내가 너를 알아! 네가 얼마나 조국을 사랑하였는지! 그것 때문에 네가 얼마나 수많은 고통을 겪어 왔는지! 바로 잃어버린 조국, 빼앗긴 국토를 되찾으려는 그 애국심 때문에 네가 그토록 온갖 조소와 비난받으며 고난의 가시밭길을 걸어 온 것을. 내가 알아."

그 미국인은 장의사였다. 그는 1920년에 미국에서 일하다 죽은 중국인 노동자들의 유해를 중국으로 보내주고 있었다. 그런데 이승만이라는 중년의 조선인이 찾아와 중국인 유해를 안치할 그 관(棺)에 숨어 상하이로 가겠다고 했다. 한국 독립운동을 하는데 일본이 자신을 현상수배 중이라고 했다. 그가 바로 조선인 이승만이다. 이 이승만이 실제 관에 들어가 상하이 입국 밀항에 성공하였다.

"너의 그 애국심 때문에 네가 얼마나 파란만장한 삶을 살았고, 또 그때로부터 지금까지 얼마나 많은 비난을 받아왔는지 나는 안다"는 피를 토하듯한 절규! 이 절규는 그냥 넋두리로 푸념이 아니라 가슴 깊은 곳에서 나온 통한의 절규였다.

2019년 7월 15일 아침 서울 국립현충원. 이승만 초대 대통령 묘소를 찾았다. 나흘 뒤면 그의 50주기다.

필자 역시 이 대통령에 대해 부정적 얘기만 듣고 자랐다. 그의 생애 전체를 보고 머리를 숙이게 된 것은 쉰이 넘어서였다.

이날 아침 이 위대한 대통령 묘 앞에서 나는 "만약 우리 건국 대통령이 미국과 국제정치의 변동을 미리 내다보는 혜안이 없었다면 지금의 대한민국 자체가 존재할 수 있었을까?"라는 생각을 해보았다.

그였기에 그만이 할 수 있는 건국이었기에 이 역사의 물음 앞에 나는 머리를 가로저으며 흐느끼고 말았다. 그 없이 대한민국을 건국하고, 그 없이 우리가 자유민주진영에 서고, 그 없이 전쟁에서 나라를 지키고, 그 없이 한·미 동맹의 대전략이 가능했겠느냐?는 질문에 누가 "그렇다"고 답할 수 있을까?

추모비에 적힌 지주(地主) 철폐, 교육 진흥, 제도 신설 등 지금 우리가 디디고 서 있는 바탕이 그의 혜안에서 나왔다. 원자력 발전조차 그에 의해 첫발을 내디뎠다. 그는 무지몽매한 나라에 태어났으나 그렇게 살기를 거부했다. 열아홉에 배재학당에 들어가 외국인들의 눈을 통해 나라 밖 신세계를 처음으로 접했다. 썩은 조정을 언론으로 개혁해보려다 사형선고까지 받았다.

그러한 상황의 감옥에서 낮에는 심문을 당하고 밤에는 영어 사전을 만들었다. 이 대통령은 독립하는 길은 미국을 통하는 길밖에 없다고 믿었기에 1905년 나이 서른에 조지워싱턴대학에 입학하고 하버

드대 대학원을 거쳐 프린스턴대에서 국제정치 논문으로 박사 학위를
받았다.

1941년, 미국에서 'JAPAN INSIDE OUT(일본의 가면을 벗긴다)'을
펴냈다. 그 책에서 그는 "일본이 반드시 미국을 공격할 것"이라고 역
설했다. 책이 나온 지 넉 달 뒤 일본이 추측이 아닌 실제로 진주만을
폭격했다. 미국 정치인들은 한국인 이승만을 놀란 눈으로 새롭게 보
았다.

이 대통령은 1954년 이 책의 한국어판 서문을 이렇게 썼다. "일본인
은 옛 버릇대로 밖으로는 웃고, 내심으로는 악의를 품어서 교활한 외
교로 세계를 속이는 그러면서도 조금도 후회하거나 사죄하는 태도를
보이지 않을 뿐더러 … 미국인들은 지금도 이를 알지 못하고 일인들의
아첨을 좋아하며 뇌물에 속아 일본의 재무장과 재확장에 전력을 다하
고 있는데도 … 심지어는 우리에게 일본과 친선을 권고하고 있으니…"

이 대통령은 한국어판 서문에서 "우리는 미국이 어찌하든지 간에
우리 백성이 다 죽어 없어질지언정 노예만은 되지 않겠다는 각오로
합심하여 국토를 지키면 하늘이 우리를 도울 것이다"라고 머릿말을
맺었다.

뱁새가 봉황의 높은 뜻을 어찌 알리요마는 관에 들어가는 순간까지
반일(反日)로 살아온 그를 친일(親日)이라고 하고, 평생 용미(用美)한 그
를 친미(親美)라고 하는 것은 사실을 너무 모르거나 알면서도 매도하
는 것이다.

최정호 울산대 석좌교수는 "어지러운 구한말 모두 중·일·러만 쳐
다 보고 있을 때 청년 이승만은 수평선 너머의 미국을 바라보았다. 그
래서 그를 19세기 한국의 콜럼버스라고 부른다. 우리 수천년 역사에
오늘날 번영은 오로지 대한민국을 건국한 이 박사의 공로다. 그런데

지금 우리 국민은 이 위대한 지도자를 몰라도 너무 모른다”고 했다.

거인이 이룬 공(功)은 외면하고 왜곡하며, 과(過)만 파헤치는 일들이 지금도 계속되고 있다. 건국 대통령의 50주기를 쓸쓸히 보내며 그에게 감사할 줄 모르는 우리의 자해(自害)와 업(業)을 생각한다.

이승만 대통령은 자리에서 미 하와이로 물러난 후 한 겨울에 난방할 땔감도 없었다. 하와이에선 교포가 내준 30평짜리 낡은 집에서 궁핍하게 살았다. 부인 프란체스카 여사의 친정에서 옷가지를 보내줄 때 포장한 종이박스를 옷장으로 썼다. 교포들이 조금씩 보내준 돈으로 연명하며 고국행 여비를 모은다고 5달러 이발비를 아꼈다. 늙은 부부는 손바닥만한 식탁에 마주 앉아 한국으로 돌아갈 날만 기다렸다.

그렇게 5년이 흘렀다. 이 대통령이 우리 음식을 그리워하자 부인이 서툰 우리말로 노래를 만들어 불러줬다고 한다.

이 대통령도 따라 불렀던 그 노래를 이동욱 작가가 전한다.

'날마다 날마다 김치찌개 김칫국/
날마다 날마다 콩나물국 콩나물/
날마다 날마다 두부찌개 두부국/
날마다 날마다 된장찌개 된장국'

아무도 없이 적막한 그의 묘 앞에 서서 이 노래를 생각하니 목이 메인다.

10) 나라 밖에서 본 박정희 대통령 평가

한국의 1인당 국민소득은 1900년에 9달러였고, 1910년에 11달러, 1920년에 20달러, 1930년에 99달러, 1940년 초 110달러가 되는 등 아주 저조했다.

한 나라의 주권과
그 국민의 인권은
빈곤의 탈피로부터
시작된다
- 대한민국 대통령 박정희 -

박정희 전 대통령이 이끈 산업화는 수 천 년 이어져 온 한국 사회를 뿌리부터 바꾸어 놓았다. 하지만 좌파 진영에서 박 전 대통령은 '무자비한 독재자'이며, 독립군을 때려잡은 일본 육사 출신의 친일파이다.

사실 광복 후 분단될 당시 경제적인 여건에서는 북한이 더 유리한 조건에 있었다. 압록강에 건설된 동양 최대 수력 발전소인 수풍댐이 있었고, 일제가 함경남도 일대에 건설한 세계적인 규모의 화학 생산 기지가 있었다.

1인당 국민소득도 북한이 남한보다 높았다. 박정희가 정권을 잡은 1961년 1인당 국민소득은 한국은 북한보다 낮은 82달러였으나, 북한은 한국보다 50% 이상 더 높은 124달러였다. 이런 사정이 1973년까지 지속되다가 1974년에 북한의 1인당 국민소득이 521달러, 한국이 588달러로 앞서기 시작했다.

그 후 반세기 만에 한국은 1인당 국민소득이 2만 달러를 넘어서는 부유한 국가가 됐고, 2012년 국내총생산(GDP) 기준 세계 15위, 무역 규모 1조675억 달러로 세계 8위, 외환 보유액 3,450억 달러로 세계 7위권 국가로 성장했다. 또 LCD패널 · TV · 조선 · 휴대폰은 세계 1위, 반도체는 2위, 자동차는 5위의 생산국이 된 것이다. 지난해(2018년)는 3만 3,434달러였다.

지난해(2018년) 기준 북한의 1인당 국민소득(GNI)은 142만 8,000원으로 한국(3678만7000원)의 3.9%에 불과하며, 한국의 1978년대 수준으로, 캄보디아나 인도, 몽골보다 한참 뒤처지는 수준이다.

오늘날 세계는 박정희 대통령을 향하여 "탁월했던 세계 3대 지도자 중 한 명"이라고 말하고 있다.

외국인들은 세계 최빈국을 경제 강국으로 끌어올린 영웅을 영웅으로 대접하지 못하는 한국을, 그리고 한국에 박정희 기념관이나 동상 등 국가기념물이 없는 것을 이해하지 못한다.

노무현 대통령은 재임 기간 5년 동안 23차례에 걸쳐 49개국을 순방, 역대 대통령 가운데 최다 해외여행 기록을 갖고 있는데, 봉하 마을을 방문한 호주 국립대 김형아 교수에게 "외국을 돌아 다녀보니 외국 지도자들이 온통 박정희 얘기뿐이더라"고 고백한 바 있다.

미래학자 엘빈 토플러는 "민주화는 산업화가 끝난 후에야 가능하다. 이런 인물을 독재자라고 말하는 것은 언어도단이다. 박정희는 누가 뭐래도 세계가 본받고 싶어하는 모델"이라고 극찬했다.

공산권 지도자인 러시아 푸틴 대통령은 "박정희 관련 책은 다 가져와라. 그는 나의 모델"이라고 했다. 주중 대사를 지낸 황병태 경산대 총장은 우리나라보다 중국에서 훨씬 더 인기가 있는 인물이다. 중국의 장쩌민 전 주석은 당시 황병태 주중대사에게 새마을 운동과 한국의 경제개발 5개년 계획 등 한국의 발전 모델을 전수해 줄 것을 특별히 요청했고, 각 성장(省長)과 인민 대표들에게도 황 대사의 특별 교육을 받도록 지시했다.

중국 개방을 이끌었던 덩샤오핑은 평소 "박정희는 나의 멘토"라고 말했다. 미국 랜드(RAND) 연구소는 "덩의 개혁은 박정희 모델을 모방한 것"이라고 분석했다.

최영하 우즈베키스탄 대사는 "우즈벡의 카리모프 대통령이 한국의 경제 발전 모델을 중시하고 있다. 특히 박정희 전 대통령의 전기를 많이 읽으며, 박정희식 발전 모델을 참고로 하고 있다"고 강조했다.

전 몽골 총리 잔라빈 차츠랄트는 "박정희 리더쉽과 개발 모델이 필요하다"고 말했다. 훈센 캄보디아 총리는 "캄보디아 경제 발전을 위해 여러 사례를 연구했는데, 한국이 캄보디아와 가장 유사했고, 박정희 전 대통령의 (새마을 운동) 모델을 많이 따르고 있다"고 밝혔다.

마하티르 전 말레이시아 총리는 박정희 대통령에 대해 "박 장군은 매우 강한 지도자였으며, 대기업을 일으켜 국부(國富)를 증진시킨 강한 지도자"라고 말하기도 했다.

박 대통령과 경쟁 의식을 갖고 있었던 싱가포르 리콴유 수상에게 미국의 공공정책과 국제관계를 주로 연구하는 허드슨 연구소 소장 허만 칸이 말하기를 "당신이야말로 한국의 박정희를 만나야 할 것 같다. 내가 보니 대단한 사람이다. 만나면 서로 의기투합할 것"이라고 권했다.

한국의 놀라운 고도성장을 높게 평가했던 싱가포르의 전 리콴유 수상은 "어떤 지도자들은 자신들의 관심과 정력을 언론과 여론조사로부터 호의적 평가를 받는데 소요합니다. 또 다른 지도자들은 자신들의 정력을 오직 일하는 데만 집중시키고 평가는 역사의 심판에 맡깁니다. 만약 대통령이 눈앞의 현실에만 집착하는 분이셨더라면 오늘 우리가 보는 이런 대한민국은 존재하지 않았을 것입니다"라고 말했다.

미국 하버드대 한국학 연구소장 카터 에커트 교수(역사학자)는 "그는 자신에게 엄격했으며, 검약하고, 정직했다"라고 말했다.

미 시카고대 브루스 커밍스 교수(역사학)는 "부패하지 않은 박정희, 진정으로 국력 키웠다"라고 말했다.

그리고 평소 한국 군사정권에 비판적 입장을 취해온 미 하버드대 에즈라 보걸 교수(사회학)도 노무현 전 대통령을 만난 자리에서 "박정희가 없었다면 오늘날의 한국은 없다. 그는 헌신적이었고, 개인적으로 착복하지 않았으며, 열심히 일했다. 국가에 일신을 바친 리더"라고 평가했다.

전 미 국무장관 헨리 키신저 박사는 "민주주의와 경제발전이 동시에 이루어지기란 사실상 어려웠다. 러시아가 이 두 가지를 동시에 추구하다가 어떤 결과를 초래했는지 다 알고 있지 않은가? 자유를 좀 누르더라도 경제를 회생시켜야 한다고 봤던 당시 박 대통령의 생각이 옳았다"라고 말했다.

미 랜드(RAMD) 연구소의 윌리엄 H. 오버홀트(William H. Overholt) 박사는 '중국의 부상'(Rise of China, 1989)이란 책에서 후진국이 서구식 민주주의를 할려고 하면 실패할 수밖에 없는 세 가지 이유를 들면서 박정희 대통령의 업적을 높이 평가했다.

한국 경제에 대해 2011년 노벨경제학상을 받은 토머스 사전트는 "한국의 역사와 경제는 기적 그 자체"라고 했다.

경영학의 대가 피터 드러커는 "역사에 기록된 것 가운데 6·25전쟁 후 40년 동안 한국이 이룩한 경제성장에 필적할 만한 것은 없다"고 극찬했다.

기 소르망 파리 정치대 교수는 "한국의 경제 발전사는 인류의 소중한 문화유산"이라고까지 평가했다.

중국 등소평이 모택동의 행적을 평가한 말이 '공칠과삼(功七過三)'
이다. 등소평은 '공(功)이 일곱 가지이고 과(過)가 세 가지'인 모택동
을 중국 근현대사의 최고 지도자로 받들어야 한다고 주장했다. 이는
인생만사에 공(功)과 과(過), 득(得)과 실(失), 미(美)와 추(醜)의 상반된
면이 공존한다는 진리를 일컫는 것일 게다. 중국은 이런 '공칠과삼'
인식으로 안정된 통치체제를 만들었고 사회와 경제 발전을 이룩하고
있다.

국내에서는 '공칠과삼' 정도가 아니라, '공팔과이(功八過二)' 혹은
'공구과일(功九過一)'로 평가 받는 지도자가 있다. 바로 박정희 전 대
통령이다.

왜 한국과 북한 간에 엄청난 경제력 차이가 났을까?

한국과 북한 간에 엄청난 경제력 차이가 나는 연유에 대해서 체제
차이 이외에는 달리 설명할 방법이 없다. 보통 주류 경제사학자들은
국가간 경제력 차이는 지리적 위치나 자연환경에 따른 문화, 사회 규
범, 가치와 노동윤리 등에 기인한다고 믿고 있는데, 한국과 북한은 분
단 당시 민족, 언어, 문화, 지리적 여건 등 모든 면에서 동일했다.

다른 점은 단 하나 남쪽의 한국은 사유 재산이 보장되는 시장 경제
체제를 유지했고, 북한은 사유 재산을 몰수하고 경제 행위가 시장이
아닌 국가에 의해 수행되는 철저한 공산주의 체제를 선택했다는 것뿐
이었다.

남한에서 시장경제체제를 유지 발전시킨 데에는 이승만 대통령과
박정희 대통령의 리더십이 크게 작용했다. 이승만 정부는 사유 재산
확보, 기회 균등 제공, 사기업 체제 등을 마련하면서 자본주의 시장
경제의 기반을 다졌다. 그런 기반 위에 박정희 정부가 사유재산권을

더욱 보장하고 경쟁을 도입하며 시장경제체제를 강화하는 시스템을 만들었다.

이런 시스템 안에서 국민들은 열심히 일했고, 저축하며 자본을 축적했으며, 기술을 발전시켰다. 기업가들은 위험을 무릅쓰고 과감하게 투자하는 투철한 기업가 정신을 발휘했다. 척박한 자동차 산업과 조선업에 도전해 세계적인 기업으로 키운 현대의 정주영, 국수 생산에서 시작해 오늘날 세계 제일의 전자기업으로 성장한 삼성의 창업자 이병철 등과 같은 기업가들이 한국 경제를 발전시킨 원동력이었다.

반면 북한은 토지를 무상으로 몰수해 무상으로 배분하는 토지 개혁을 단행하고, 생산시설을 국유화하며 생산시설마다 생산 목표치를 할당하는 사회주의 계획경제체제를 실시했다.

물론 한국에서도 이승만 정부 시기에 농지개혁을 단행했다. 그러나 그것은 유상몰수 유상분배 방식으로, 북한과는 달랐다. 토지의 유상몰수 유상분배와 무상몰수 무상분배는 개인의 재산권을 인정하느냐 하지 않느냐 하는 점에서 근본적으로 다르다.

유상 몰수와 유상 분배는 기본적으로 개인의 재산권을 존중하지만, 무상 몰수와 무상 분배는 개인의 재산권을 인정하지 않는 것이다.

한국이 북한보다 훨씬 살기 좋은 나라임을 극명하게 보여주는 사실은 목숨을 걸고 한국으로 넘어오는 탈북자들이 줄을 잇고 있다는 점이다.

지난해 말 현재 한국에 거주하는 탈북자 수는 2만6,000여명에 이른다. 몸으로 직접 선택하는 것만큼 분명하고 극적인 지표는 없다.

송복 연세대 명예교수는 "다른 편에 속하는 사람이면 아무리 공(功)이 커도 과(過)만 보는 당파성의 가장 큰 피해자가 박정희"라고 지적했다.

대한민국 5000년 역사에
가장 위대한 두 지도자
이것이 자랑스런 역사다!

이 사실을 부인하는 자는
무식하든지 빨갱이다!

　　대한민국의 산업화를 이끈 박 전 대통령의 업적을 통해 오늘날 대한민국을 되새겨 볼 기회가 되기를 기대한다.

11) 국립현충원 박정희 대통령 서거 40주년 추도사
　　(김문수 전 지사).

　　40년 전 오늘, 당신께서는 너무도 갑작스럽게 저희들 곁을 떠나셨습니다. 그날 저는 사회주의 혁명을 꿈꾸며 대학에서 두 번 제적된 후,

공장에 위장 취업해 있었습니다.

한일공업 노동조합 분회장으로서, 출근길 지하철 바닥에 뿌려지는 "박정희 대통령 유고" 호외를 보고 깜짝 놀라면서도, 한편으로는 "이제 유신독재가 끝나고 민주화가 되겠구나" 가슴이 두근거리기도 했습니다.

저는 고등학교 3학년 때 당신의 3선 개헌에 반대하는 시위로 무기 정학 되었습니다. 교련 반대, 유신 반대로 대학을 두 번 쫓겨 났습니다.

경부 고속도로가 히틀러의 아우토반처럼 독재 강화의 수단이라는 운동권 선배들의 가르침대로 저도 반대했습니다. 그러나 36년 뒤 제가 도지사가 되어서야, 경기 북부 전방 지역 발전을 위해서 고속도로 건설이 필수적임을 깨닫고, 당신의 선견지명에 반대했던 제가 너무 부끄러웠습니다.

마이카 시대를 외치던 당신을 향해, 히틀러 나찌 독재의 국민차 '폭스바겐'식 선동이라며 대학교수들과 우리 대학생들은 반대했지요. 우리나라는 자동차 제조 기술도, 자본도, 시장도 없고, 후진국에서 그 어떤 나라도 자동차를 성공시킨 사례가 없다며, 조목조목 근거를 대며 반대했습니다. 그러나 놀랍게도 당신은 우리나라를 세계 5대 자동차 생산 대국으로 만들었습니다.

제철, 자동차, 조선, 중화학, 전자, 방위산업 모든 부문에서 당신은 최고의 산업 혁명가였습니다. 포항, 울산, 구미, 창원, 안산, 신도시를 건설한 당신은 최고의 도시 계획가였습니다.

박정희 신도시는 첨단산업뿐만 아니라, 대학, 공원, 주거 모두 역사상 최고 수준의 복합 신도시를 최단시간에 만들었습니다. 고속도로, 지하철, 항만, 공항 건설, 당신은 최고의 국토 건설자였습니다.

당신의 원대한 구상과 최첨단의 마스터 플랜, 그리고 강력한 추진력은 세계 역사상 그 누구도 따라올 수 없는 한강의 기적을 이룩했습니다.

제가 늘 꿈꾸던 네 가지를, 제가 가장 미워했던 당신께서는 모두 이루어 주셨습니다.

첫째, 배 부르게 먹는 꿈입니다.

농지 개량, 통일벼 생산, 비료 공장 건설, 댐 건설, 간척지 개발 등 농업혁명으로 오천년 배고픔을 해결해 주셨습니다.

둘째, 건강과 장수의 꿈을 이루어 주셨습니다.

아파도 병원에 갈 수 없었던 어린 시절을 살아왔던 저희들에게 지금 같은 의료 혁명은 꿈만 같습니다. 당신께서 추진하셨던 의료보험 제도와 의료 기술 수준은 미국인조차 부러워하고 있습니다.

셋째, 20대까지도 전기 없이 호롱불 켜고 살았던 저희들이 세계 최고 수준의 전기를 사용할 수 있게 된 것도 당신의 원자력 발전 덕택입니다.

넷째, 항상 물이 부족하여, 먹을 물 받으러 양동이를 지고 줄 서서 기다리던 저희들이었습니다.

농업용수도, 공업용수도 모두 부족한 물 부족 국가에서 당신께서는 댐을 건설하고, 산림녹화를 하고, 수도 시설을 발전시켜, 아무리 가물 때도 주방에서, 화장실에서, 맑은 물을 펑펑 쓸 수 있게 되었다니 꿈만 같습니다.

당신이 가장 사랑하는 따님이자 저의 동년배인 박근혜 대통령은 촛불 혁명 구호아래 마녀 사냥으로 탄핵되고 구속되어 32년 징역형을 선고 받고, 지금 병원에 입원 중입니다.

반공을 국시의 첫 번째로 삼으셨던 당신이 떠나신 후 40년 세월동안 민주화가 도를 넘어, 지금 대한민국은 종북 주사파가 집권하였습니다.

대한민국은 적화통일의 위기에 처했습니다. 빨갱이·기생충들이 나라를 벌겋게 물들이고, 한강의 기적을 허물어 뜨리고 있습니다.

통혁당 주범 무기수 신영복을 가장 존경하는 사상가로 평창 올림픽에서 김여정과 세계 정상들을 향해 커밍 아웃하는 김정은의 대변인 문재인이 대한민국 대통령이 되었습니다.

김정은을 칭송하며 위인으로 맞이하는 환영단이 생겼습니다. '우리 민족끼리'를 외치며, 반일 죽창 투쟁을 선동하는 조국이 법무부장관이 되기도 했습니다.

당신께서 이룩하신 한강의 기적을 송두리째 무너뜨려 김정은에게 갖다 바치는 자가, 당신을 친미·친일 반공 수구 적폐세력으로 공격하며, 역사를 뒤집어엎고 있습니다.

한미 동맹을 해체하고, 무상 복지를 약속하며, 평화 경제를 외치고 있습니다. 우리 민족끼리는 있어도, 주적은 없다고 가르칩니다.

김정은이 핵·미사일로 전 세계를 위협하고 있는데도, 주사파 집권자는 이제 평화는 있어도 전쟁은 없어졌다고 거짓 선동을 반복하고 있습니다.

트럼프 대통령 국빈 방문 중에 트럼프 참수 대회가 미국대사관 앞에서 열리기도 했습니다. "미군 철수" 플랑카드를 미국 대사관 앞에 몇 년 째 걸어 두어도 철거하지도, 조사하지도 않는 나라가 되어 버렸습니다.

"싸우면서 일하자!" 당신의 구호입니다. "국방과 경제"의 근본 정신이요, 기본 원리입니다. 소련·중공·북한 공산국가와 대치하는 최전방 대한민국에서도, 한강의 기적을 이루어낸 당신의 구호가 절실한 오늘입니다.

"우리 민족끼리 싸우지 말고 나눠 먹자!" 종북 주사파 문재인의 "평화 경제"구호입니다.

첫째, "우리 민족끼리" 김정은과 백두산 천지에서, 두 손 마주 잡고 파안대소합니다.

김정은은 갑자기 싸움 상대가 아니라, "우리 민족끼리" 퍼주기 대상이 되어 버렸습니다. 김정은의 핵무기는 폐기 대상이 아니라, 미제 국주의자와 일제 침략 세력에 맞서는 "우리 민족"의 보검이랍니다.

둘째, 문재인은 평양까지 김정은을 찾아가서 9.19 평양 군사 합의서로 NLL, DMZ, 정찰 비행까지 김정은에게 다 내주어 버렸습니다.

셋째, 경제와 일자리의 주축인 기업을 "적폐 세력"으로 몰아 다 죽이고 있습니다.

집권세력인 민주 노총의 강성·만성 파업·시위로 기업은 문을 닫고, 자본 해외 도피가 대세가 되어 버렸습니다.

넷째, 당신을 따라 "싸우면서 일하자!"고 하면, "시대착오 수구꼴통" 취급당하는 세태가 되어 버렸습니다.

일하지 않고 잘 사는 개인도, 기업도, 국가도 없음을 절감하신 당신이 외치던 "싸우면서 일하자!"는 외침이 그리운 오늘입니다.

"하면 된다"던 당신을 향하여, "할 수 없다"고 침을 뱉던 제가, 이제는 당신의 무덤에 꽃을 바칩니다.

당신의 꿈은 식민지 시대의 배고픔과 절망에서 자라났지만, 역사를 뛰어 넘었고, 혁명적이었으며, 세계적이었습니다. 당신의 업적은 당신의 비운을 뛰어넘어, 대한민국과 함께 영원할 것입니다. 당신의 무덤에 침을 뱉는 그 어떤 자도, 당신이 이룬 한강의 기적을 뛰어넘지는 못할 것입니다.

위대한 혁명가시여! 당신의 따님, 우리가 구하겠습니다. 당신의 업적, 우리가 지키겠습니다. 당신의 대한민국, 우리가 태극기 자유통일 이루겠습니다. 편히 쉬십시오.

2019년 10월 26일 국립현충원 박정희 대통령 40주기 추도식 김문수 재배

12) 사랑하는 자식들에게 꼭 들려 주고 싶은 이야기
(이계성 대표)

나는 왜 시민운동을 하게 되었나?

나는 정년 후 12년 동안 전교조 척결운동과 천주교 정의구현사제단 척결운동에 앞장 서 왔다. 40년간 교육에 몸담아 온 내가 전교조 척결운동에 앞장서게 된 이유는 전교조 참교육이 민중혁명교육이기 때문이다.

전교조 의식화 교육 받은 학생들이 11월 5일에도 수만 명이 거리에 나와 대통령 퇴진을 외쳤다. 또 천주교 신자인 내가 정의구현사제단 신부들 척결운동에 나서게 된 이유는 정의구현사제단은 전교조와 같은 친북, 반미, 반정부 강론을 하고 거리 시국미사 빙자하여 광우병 촛불 폭동 같은 국가 전복 선동하는 앞잡이 역할을 했기 때문이다.

내가 살아온 수난의 세월

내가 살아온 70년은 수난의 세월이었다. 내가 태어난 1940년은 2차 대전이 한참 진행 중인 시기였다. 당시 우리나라는 일제 식민지라 한국의 아버지들은 일본 보국대로, 누나는 정신대로, 형들은 일본군 총알받이로 끌려갔다. 농사를 지어 놓으면 공출이라는 명목으로 다 빼앗아가고 만주에서 콩기름 짜고 남은 비료로나 쓸 수 있는 콩깨묵

을 배급 줘 먹고 살게 했다. 일본인들은 한국인을 개돼지 취급을 해도 하소연할 곳이 없었다.

1945년 해방은 되었지만 무정부 상태 혼란기에서 배고픔은 면할 길이 없었다. 초근목피(풀뿌리 나무껍질)로 살았다. 그리고 5년 뒤에 김일성에 의해 6.25가 터져 300만 명의 동족이 희생 되었다. 이때 내 소원은 평화 속에서 쌀밥 실컷 먹는 것이었다. 이런 어려운 시절 초중고등학교를 마치고 고학으로 대학을 마치고 군대 다녀와서 교단에 서니 밥 굶고 오는 아이들이 많았다.

나는 아이들에게 너희들 배고프지 않으려면 공부하라고 가르쳤다. 내가 1965년 처음 교단에서 받은 봉급은 6,500원인데 세금 제하면 6,200원이었다. 그때 쌀 한 가마가 3,500원이었으니 쌀 한가마 반을 살 수 있는 돈이었다. 지금 돈으로 따지면 한 달에 25만원 정도 보수를 받은 셈이다. 이 박봉으로 4남매를 키우며 살아 왔다. 그리고 열심히 공부하라는 내 말에 순종했던 제자들이 독일 광부로 간호사로 외화를 벌어 들이고, 월남전에 파병되어 전쟁수당으로 보내온 외화로 경제건설을 했다. 또 중동사막에서 피땀으로 벌어들인 외화로 산업화를 이루는 데 성공했다. 그리고 민주화도 이룩했다.

자식과 언쟁

내가 12년동안 좌익세력과 투쟁하는 동안 자식들이 묵묵히 지켜보고 있어 내 의견에 따르고 있다고 생각했다. 그런데 자식들과 식사하는 자리에서 40대 큰아들이 새누리당과 박근혜 정부 정권교체를 해야 한다고 했다. 그래서 설득하려고 했으나 오히려 나를 설득하려 들었다. 식사 자리라 언쟁을 피하고 지나 갔다.

그런데 지난 일요일 식사 자리에서 또 박근혜 대통령 무조건 사퇴

해야 한다고 해서 언쟁을 하자 자식과 의 상할까 두려워 언쟁을 피했다. 그래서 자식이 받아들일지 안 받아 드릴지는 모르지만 내가 왜 아파트에서 종북 세력 척결운동을 하고 있는지 알릴 필요가 있어 이 글을 쓰게 되었다 .

좌익이 정권 장악하면 안 되는 이유

나도 70-80년대 박정희 전두환 대통령 때 민주주의 억압에 대해 비판을 해 왔었다. 그러나 지나고 보니 남북 분단 준전시국가인 대한민국에서 질서가 확립되지 않으면 경제 성장은 할 수 없다는 사실을 알게 되었다. 박정희 전두환 두 대통령 때 경제가 10% 이상 성장 할 수 있었던 것은 반공을 국시로 한 공권력의 확립으로 사회 안정 덕이었다.

민주화 운동 세력이라던 김영삼 대통령이 등장하면서 민주라는 이름으로 사회 혼란이 가중되면서 경제 성장은 흔들리기 시작했다.

박정희·전두환 정부 20년 동안 국민소득 67불에서 1만의 신화를 만들었으나 노태우 정부부터 사회기강이 무너지면서 김영삼·김대중·노무현 정부 20년간 2만 불을 넘지 못했다. 김대중 정부는 전교조 합법화시켜 교육을 장악시키고 민노총을 합법화시켜 기업을 장악시켜 좌익세상을 만들어 갔다.

노무현 정부와 민주당은 북한 인권법 국회통과를 10년이나 거부했고 북한 퍼주기로 죽어가는 김일성 3대 세습 독재의 목숨줄을 연장시켜 주었다. 김대중 노무현 정권이 없었다면 우리나라는 이미 통일이 되었을 것이다.

대역 죄인은 박지원과 문재인

특히 김대중 정부 들어 전교조 합법화, 민노총 창립으로 이어지면서 사회 혼란과 갈등은 극에 달했다. 그리고 김대중 정부는 햇볕 정책이라는 미명 아래 북한에 2조 7천억을 퍼주고 박지원 비서실장 통해 4억 5천만불(5천억)을 불법 송금했다.

　노무현 정부는 북한에 5조 7천억을 지원하여 핵과 미사일을 개발시켰다. 또 노무현 대통령은 북핵개발자금 지원에 이어 NLL(바다의 휴전선) 해체 해군을 무력화시켰고, 한미연합사 작전권 환수 통해 한미연합사 해체와 미군 철수의 길을 열어 놓고 60만 군대를 50만으로 줄였다. 김대중 노무현 대통령은 안보를 무력화시키고 북한 핵과 미사일을 개발시켜 북한 김정은에 5,000만 국민의 생명을 담보 잡히는 대역죄를 저질렀다.

　김대중 정부 비서실장 박지원은 북한에 4억5천만불 불법 송금해서 대역죄를 저질렀으며, 노무현 정부 비서실장 문재인은 노무현 전 대통령이 김정일에게 NLL 해체하겠다고 한 녹취록이 있는데도 없다고 거짓말을 했고, 유엔북한인권결의안에 북한 김정일 결재 받고 기권표 던졌다는 송민순 당시 법무부장관 회고록에 대해 명확한 답변을 회피하고 있다. 이 두 사람은 정치계에 발을 붙여서는 안 될 대역 죄인들이다.

　박지원과 문재인은 북한에 8조를 지원하여 핵 발사시킨 장본인들인데 북핵을 막기 위해 사드 배치하려 하자 "사드를 배치하면 전쟁난다"고 선동했다. '사드는 전쟁', '북과 대화는 평화' 라며 국민을 속이면서 유엔이 북한 경제제재 중임에도 북한에 쌀 지원해야 한다고 주장하고 있다.

　박지원 문재인은 대한민국을 위해 존재하는 사람이 아니라 북한을 위해 존재하는 인간들이다. 그런데 이들에게 정권을 넘기기 위해 박

대통령을 퇴진시킨다는 것은 적화통일로 가자는 것이다. 박지원, 문재인과 박근혜 대통령 중 누가 대역 죄인인가 묻지 않을 수 없다.

대통령을 고립시키기 위한 언론의 불공정 보도
- 박근혜 발목잡기 허위날조 보도 내용
  - 윤창중 성추행 사건 허위날조 보도로 매도(성추행 사건 미국 법원서 무죄판결) 낙마
  - 문창극, 김용준, 안대희 총리 후보 및 이완구 총리 허위 보도로 낙마
- 불공정한 보도
  - 최순실 딸 이대 체육특기자 특례입학 비난 보도
  - 박원순 딸 서울 미대서 법대로 전과 문제 심각 덮어
  - 노무현 아들 동대 경주분교서 연대 편입학 문제 심각 덮어
  - 이해찬 딸 숭실대서 연대에 편입학 문제 심각 덮어
  - 노회찬 딸 경희대서 이대로 편입학은 눈감은 언론

비리 박물관 김대중, 노무현 정권은 박근혜 정부 욕할 자격 없다.

김영삼 대통령 차남 황태자 노릇한 김현철이 140억대 한보철강 관련 비리와 기업인들로부터 66억원을 받고, 12억원을 탈세한 혐의로 구속되었다. 김대중 대통령 아들 홍업, 홍걸 형제는 특정 기업체의 이권에 개입해 청탁을 해주고 25억원을 챙긴 혐의로 구속 기소돼 실형을 선고받았다. 장남 홍일씨는 2003년 나라종금 로비 의혹에 연루되었고, 차남 홍업씨는 2002년 7월 20억원의 불법자금 수수 등의 혐의로, 막내 홍걸씨는 체육복표 사업자 선정과 관련 36억원, 최규선으로부터 9억원 미국에 호화 주택 구입을 받은 혐의로 구속됐다.

노무현 대통령은 형 '봉하대군'으로 불리는 노건평씨는 세종증권 매각 비리 덮고 29억 받았고, 태광실업과 땅 거래 차익 9억을 횡령해 구속되었다.

노 전 대통령 딸 정연씨는 태광실업 박연차 회장의 돈 140만 달러를 비롯 280만 달러(30억) 호화 주택을 미국서 구입 조사를 받다 노대통령 자살로 조사가 중단되었다.

이명박 대통령 형 이상득씨도 수십억의 불법 비리로 3년형을 받았다. 김영삼, 김대중, 노무현, 이명박 가족 비리는 권력을 이용한 사리사욕이었다.

그리고 박원순 서울시장은 아름다운 재단 통해 1,800억 불법모금하고 희망제작소 통해 140억 불법 모금으로 재판과 수사를 받고 있다. 이 모두 개인 사리사욕 위한 비리다.

여기에 비하면 박근혜 대통령의 개인 비리는 하나도 없다. 문화융성을 위한 미르 문화재단과 K 스포츠재단인 공익재단 설립 위해 기업에서 700억을 모금한 것이다.

이것이 왜 비리인가 묻고 싶다. 다만 최순실 개입해 이권을 챙겼기 때문에 대통령이 비난을 받는 것이다.

김영삼, 김대중, 노무현, 박근혜, 어느 대통령이 가장 깨끗한 대통령인지 사랑하는 자식들이 판단해 주기 바란다.

나는 박근혜 대통령을 지키자는 것이 아니다. 대통령이 흔들리면 나라가 흔들리고 나라가 흔들리면 경제 안보가 흔들리기 때문에 법에 따라 대통령의 잘잘못을 따지자는 것이다.

북한 지령대로 국가보안법 폐지, 미군 철수, 연방제 통일을 주장하면서 사드 반대, 북한 쌀 지원 주장하는 박지원이나 문재인이 대통령이 된다면 북핵 아래서 안보는 무너지고 김정일에 굴복해 조공을 바

치거나 북핵 공격에 속수무책으로 당할 수밖에 없기 때문에 정권교체
는 안 된다는 것이다.

지금 한국이 월남 패망 전야와 비슷한 상황이다. 여소야대 정국에
서 만일 문재인이 대통령이 되면 노무현 전 대통령의 무조건 북한 지
원 핵 개발, NLL 휴전선 해체, 연합사 해체, 미군 철수로 이어지면 대
한민국은 적화통일로 가는 길밖에 없다. 국민들의 피와 땀과 눈물로
이룬 한강의 기적을 김정은에게 넘겨 우리 아들 딸들이 지옥 속에서
피눈물을 흘리며 살게 할 수는 없다. 그래서 목숨을 걸고 문재인 대통
령은 막기 위해 박근혜 대통령 하야를 막고 있는 것이다.

사랑하는 아들 딸들아! 너희 아들딸이 살아야 할 세상에 김정은의
지옥 세상이 오는 것을 바라지 않는다면 문재인, 박지원에 속지 말기
를 간곡히 부탁한다.

2016.11.8. 이계성 〈시몬〉=필명 : 남자천사 〈반국가교육척결국민
연합(반교척)공동대표〉 〈새로운 한국을 위한 국민운동 공동대표〉

13) 역사 그리고 증언(2019년 10월 15일, 김탁환 목사)

필자는 대한예수교장로회 군산노회(합동) 소속 41년째로 2002년 군
산노회 촬요합본집(1~63회)을 발행 편집하였고, 2019년 군산노회 제
80주년을 맞이하여 노회록 결의서 합본집(64~80회)을 발행하는 위원
장을 맡아 일하는 중에 한국교회가 이 나라 정치계와 사회에 끼친 영
향 즉 한국 교회사와 한국 정치사가 어떻게 서로 엮여 나가는지를 보
면서 교회와 노회와 총회의 발자취가 얼마나 소중하고도 귀중함을 알
게 되었습니다.

우리 한국 교회사에서 1907년 평양에서 놀라운 성령의 나타남 속

에 교회가 크게 부흥하는 가운데 1938년 9월 9일 평양 서문밖 예배당에서 제27회 총회시에 일본의 강압으로 신사참배를 가결한바 그 자리에 있던 교회는 없어지고 그 자리에 김일성 김정일 우상이 세워져 지금도 수많은 사람들이 그곳에서 우상숭배가 끊이지 않고 있음을 보고 있습니다.

특이한 것은 총회가 신사참배 건에 대한 수의 건을 각 노회에 보낸바 반대표를 올린 노회는 유일하게도 경남 노회(당시 경상남도에는 경남노회만 있었음)뿐이었는데 6.25가 발발하여 우리나라 모든 지역은 공산당 침략으로 엄청난 피해를 입은 반면, 경남 노회가 있는 경상남도만은 공산당의 침략을 받지 않고 하나님의 보호하심이 있었다는 역사적인 사실입니다.

8.15해방 이후 북한은 김일성의 외삼촌인 강양옥 목사가 김익두 목사를 포섭하여 김일성이는 하나님께서 북한에 세운 위대한 지도자라고 교회를 순회하면서 선전하게 하여 김일성을 환영하며 받아들인 결과 북한에 있던 모든 교회는 흔적도 없이 사라졌고, 목사 장로 집사 이상은 다 죽임을 당한 것도 탈북자의 간증을 통해 알았습니다.

그때 한경직 목사는 공산주의에 대해 적극 반대하여 북한에서 남한으로 내려와 이승만과 같이 손잡고 이 남한 땅에 자유민주주의를 세우는데 많은 공을 세웠습니다.

1950년 4월 21일 대구제일교회당에서 제36회 총회로 모여 성경유오설을 주장하는 분들과 이를 반대하는 보수 신앙인들과의 싸움으로 총회 전에 성찬을 뒤집고 화장실의 오물을 예배당에 뿌려 총회를 진행할 수 없어 정회한 후 6.25가 발발하여 많은 교회가 파괴되고 여러 많은 순교자의 피를 흘리게 되었으며, 그 후 장로교는 보수 신앙을 추구하는 대한예수교장로회(예장)와 성서 비평학과 자유주의 신학을 받아들여 진보를 추구하는 기독교 장로회(기장) 즉 예장과 기장으로 갈라지게 되었습니다.

정치계에서는 6.25 발발로 많은 사람들이 죽고, 재산상의 피해도 헤아릴 수 없이 많았지만, 세계 전쟁 역사에 유례없는 세계 67개국 나라에서 이 땅에 유엔 파병 16개국, 의무지원 5개국, 물자재정지원 46개국의 도움의 손길과 세계 많은 젊은이들이 이 대한민국 땅에 와서 피를 흘려 자유민주주의를 지키게 해 주었습니다.

그 후 1959년 대한예수교장로회 즉 예장이 교회 일치와 연합을 추구하는 에큐메니컬 운동 단체인 W.C.C(세계교회협의회)로 인하여 신앙 노선이 맞지 않아 탈퇴에 찬성한 분들은 승동교회에서, 그렇지 않은 분들은 연동교회에 모여 결국 1960년에 총회는 또 둘로 나누어지는 아픔을 겪었습니다.

승동측 중심에는 박형룡 박사가 있었고, 연동측 중심에는 한경직 목사가 있었습니다. 승동측은 신앙 노선이 같은 교단과 합동하자고 하였고, 연동측은 신앙 노선은 달라도 나누어지지 말고 서로 통합하자고 외치는 중에, 승동측은 고신파 목사들을 만나 우리는 신앙 노선이 서로 같으니 합하자고 하는데 합의되어 1960년 12월 13일 하오 6:30 서울 승동 교회당에서 쌍방 총대들이 회집하여 고신 교단과 합동 총회가 성립되어 합동이라 부르게 되었고, 연동측은 폭을 넓혀 보수주의로부터 외면당한 모든 분들을 다 수용하고 통합하였기에 통합측이란 명칭을 사용하게 되었습니다.

예장이 합동과 통합으로 나누어지면서 이 나라 정치계는 1960년 4·19 혁명이 일어나 6월 26일 이승만 대통령 하야가 있었고, 나라는 혼란 중에 1961년 5·16 군사혁명이 일어나 군사 정권이 청와대로 들어오게 되었습니다.

그 후 합동측은 1979년 9월 또 둘로 갈라졌는데 대전중앙교회 이영수 목사(주류)와 광주중앙교회 정규오 목사(비주류:개혁 총회)와의 교권 싸움에서 비주류측이 계속 수세에 밀리게 되자 총신대학 신대원을 쪼개어 서울 방배동에 신학교를 세우게 되어 결국 총회가 둘로 나누어지자 10월 26일 박정희 대통령 시해 사건이 일어났고, 다음 해인 1980년 5월 18일 광주 사태가 일어 났습니다.

왜 하필이면 전남 광주일까? 총회를 갈라놓은 장본인이 광주에 있었기에 5.18 광주 사태가 광주에서 일어났다는 것이 보여질 때 저는 큰 충격이 되었습니다.

그 후 2005년 9월에 개혁 총회(처음에 비주류측)와 다시 합하게 된 것은 불행 중 다행이라 여겨집니다.

그 후 예장을 통합과 합동으로 나누게 했던 사회주의 즉 공산주의도 수용하는 W.C.C 제10차 총회가 2013년 부산 벡스코에서 있었습니다(회장에 통합측 명성교회 김삼환 목사). 이때 보수 신앙인들 중에 소수만 적극 반대하였고, 대부분 보수주의 교회들은 구경만 하는 중에 행사장은 마쳤습니다.

그 후 정치계에서는 우파인 박근혜 대통령이 탄핵되었고, 친북인 주사파가 청와대로 들어와 정권을 잡게 되어 현 정부는 북한과의 낮은 연방제를 실행하기 위해 자유민주주의 대한민국을 사회주의 즉 공산주의 국가를 세우기 위해 부단히 질주하고 있는 것을 보고 있습니다.

이러한 현 시점에서 한기총 대표 회장되신 전광훈 목사께서 기독교와 범국민 통합을 추진하여 2019년 10월 3일과 9일에 서울 광화문 광장에서 사회주의 즉 공산주의로 나아가는 현정권에 대해 강력히 반대하며 일어섰는데, 수많은 사람들이 자발적으로 광화문 광장에 모여

같이 동참하여 지지해 주었습니다.

이 나라 위기 때마다 그 중심에 목사님들이 있었고, 한국교회를 대표하는 바른 신앙 노선을 따라 나가는 우리 대한예수교장로회 총회가 나누어질 때마다 이 나라 이 땅에서는 피흘림이 있었습니다.

이 사건 하나하나가 어찌 우연이라 하겠는가? 이 나라는 한국교회가 하나님의 말씀을 따라 가느냐 아니면 하나님의 말씀에 거슬리는 어떤 철학이나 인간 이론을 따라 가느냐에 따라 이 나라 정치계도 그대로 반영되는 것을 보여 주고 있습니다.

주님께서 이스라엘 백성들이 가나안 땅에 들어가기 직전 모압 땅에서 모세를 통해 "내가 생명과 사망과 복과 저주를 네 앞에 두었은즉 너와 네 자손이 살기 위하여 생명을 택하고"(신30:19하) 하신 말씀과 같이 한국교회가 깨어 바른 신앙 노선을 선택해 걸어 간다면 이 나라 정치 경제 사회 교육 군사 안보 외교 문화 예술 체육 전반에 걸쳐 무궁한 발전과 성장과 형통의 복이 임할 것을 주님께서는 역사를 통해 분명하게 보여 주고 있습니다.

따라서 앞으로 바른 신앙 노선을 따르는 우리 한국교회가 어디로 가느냐에 따라 이 나라의 운명도 결정된다는 것을 기억해야 할 것입니다.

그러므로 목회자와 교회가 깨어 주님께서 기뻐하시는 길 즉 한국교회가 그리스도 안에서 하나 되어 사회주의 즉 공산주의와 기독교와는 공존할 수 없기에 공산주의로 나가는 세력에 대해 구경만 할 것이 아니라 적극적으로 싸워 물리치고, 자유민주주의와 자유시장경제와 한미동맹을 굳건히 유지하고 복음으로 통일하여 예수 한국, 민족 복음화를 이루어 전도와 선교를 향해 전심전력해 나아간다면 이 나라는 무궁한 발전과 축복이 있을 것을 한국 교회사와 정치사를 통해 분명하고도 너무도 확실하게 보여 주고 있습니다.

14) 오늘날 대한민국의 현실을 보고(탈북민 이성회)

종북 세상이 온다면요. 미국 일본 유럽과 멀어지게 되니까 경제가 무너지고 먹고 살기가 어렵겠지요. 좋은 점은 데모도 없고, 비판, 반대가 허용 안 되니 평화롭겠네요. 핵 위협도 없고 전쟁 공포도 없고, 그러나 자유는 없고 배고프고 난방도 어려워 추위에 떨겠고 해외여행은 더욱 어렵겠지요. 그래서 세상 사람들이 무시하고 괄시하겠지요.

그런데 언론이 필요 없고 정부 정책 홍보만 있는 세상이 될 테니까! 지금 남조선 신문과 방송은 모두 없앨 것인데? 이 난장판 벌리는 기자, 언론은 실직에다, 반골 기질 땜에 처형 일순위인데, 그것도 모르고 까불고 있는 게 참 불쌍하지요.

지금이 얼마나 좋은 세상인지 이 사람들은 모르지요. 노조가 어디 있고, 시민단체가 어디 있겠어요? 처형 일 순위 인걸요.

그런데 그 불쌍한 길로 가는 것을 막을 세력이 없어요. 이제 종북 세상의 길로 가야 할 운명같이 보이네요. 모두가 지금 잘 사는 세상이 질려서 망하고 싶어서 하나같이 정신이 나간 사람들 같이 보이네요.

국운이 여기까지인가요? 막을 자는 '자한당'인데, 이념 무장된 자가 없이 기회주의자 뿐이고, 좌익들의 앞잡이 뿐이네요. 종교 지도자, 언론인, 유명 인사 등은 북에 가서 사기꾼 포주에게 코가 꿰여 고양이 앞에 쥐 신세가 되었으니, 종북 세상은 길이 확 열려 있네요.

우리는 살만큼 살았지만 우리 손자 손녀들 불쌍해서 잠이 오지 않네요!!! 노조 집행부, 국회 및 정치인, 종교인, 경찰, 군인, 언론인, 법조인, 공무원, 교사 등등 남한에서 부역한 반동들은 공산 치하에서 처형 1순위인 걸 모르시나요? 종북 세상이 오면 "기절"을 할 겁니다. 데모? 항의? 캠핑? 해외여행? 주거지 이동? 사장님? 모두 국가 재산인데 사장님이 어디 있어요? 직장생활? 좋아하네요. 혹여 직장 못 나가면 안전부 끌려가 비판서 써보셨나요? 지금 국회에서 헌법을 개정하여 당신을 북한으로 끌고 가려는 것은 알고 있나요?

누가 해결해 줄 사람이 없네요. 지금 당신이 나서지 않으면 급해요. 어서 모두 일어나야 합니다. 하루 빨리 이 땅에 뿌리 내린 좌파들을 물리쳐야 합니다. 시급합니다. 일어 서세요!!

15) ROTC 19기 총동기회 카톡방에 올린 글

이 글을 읽고 울분을 토하거나 욕을 하거나 모두 여러분들의 자유이고 권리입니다. 나는 이 글을 자식이나 주위 사람들이 읽고 자유대한민국을 수호하는데 조금이라도 도움이 되리라는 기대를 가지고 여기에 올립니다. 동의하지 않거나 관심이 없는 동기들은 그냥 신사적으로 지나쳐 주면 좋겠어요. 싸움 걸지 말고…

100년 전 일제강점기에 숨도 제대로 쉴 수 없었던 그 처절한 시기에 대한민국의 33인들은 목숨을 걸고 독립선언서를 발표하고 전 세계를 향해 대한민국은 자주독립민주국가라는 것을 선언했습니다. 우리는 그분들을 독립선언서에 서명한 33인들이라고 칭하고 그들의 애국심을 경배하고 지금도 추모하고 있습니다.

그분들 33인은 기독교 16명, 천도교 15명, 불교 2명이었습니다. 그들은 60대 2분, 50대 15분, 40대 11분, 30대 5분들이었습니다. 3-40대 16분의 젊은 분들이 민족의 지도자 이름으로 독립선언문에 서명하고 민족의 어른이 된 것입니다. 지금보다 더 절박하고 척박한 그 시기에 3-40대의 젊은이들이 민족 지도자가 되고, 나라의 젊은 어른이 되어 목숨을 걸고 이 나라를 지키려고 했습니다. 100년이 지난 지금 3-40대 여러분들은 어떤 모습입니까?

우리 조국 대한민국이 소멸해 가는 이 누란의 위기에 조국을 '헬조선'이라고 조롱하고 심지어 모욕하고 있습니다. 특히 여러분들을 양육하고 글로벌 인재로 교육시키고 풍요로운 환경에서 의식주 걱정 없이 살게 만들어 준 아버지 세대를 냉소하고 그들의 노고를 폄훼하고 빈정거리고 있습니다. 여러분들이 그 잘난 민주화한다고 외친 것이 공산주의입니까? 사회주의입니까? 공산주의, 사회주의는 모두 망했습니다. 사회주의는 엉터리 사기 이론이라는 것이 이미 판명이 되었습니다. 그런데 이 21세기 대명천지에 유독 대한민국만 사회주의를 신봉합니까? 전부 교육이 잘못되었다 주장합니다. 맞습니다. 교육이 중요한데 잘못되었습니다.

그러나 세계는 4차 산업혁명을 이루고, 세상이 디지털화되고 5G가 세상 변화를 천지개벽으로 이끄는 혁명적인 기술개발 시기에도 아직도 중·고등학교 시절 전교조 쓰레기들이 집어넣어 준 엉터리 지식에 갇혀 새로운 세상을 모르고 있습니까? 그러고도 대학을 나왔다고 주장합니까? 그렇게 책을 읽지 않은 것입니까?

무인 자율차가 도로를 질주하고 주차도 하고, 드론이 하늘을 날고, 로봇이 공장을 돌리고 가사 일을 전담하고, 인공지능이 소설을 쓰고 판매장을 관리하고, 인공지능 바둑이 이세돌을 이기는 이 대변혁의 시기에 아직도 전교조 쓰레기들한테 받은 쓰레기 지식과 정보, 그 쓰레기들의 머리와 입에 갇혀 있나요? 얼마나 지력이 없고 사색이 없기에 그렇습니까?

그래서 북괴 김일성 3대 세습 살인마 일가를 존경합니까? 고모부도 고사포로 쏴 죽이고, 형도 독극물로 죽인 자가 그렇게 매력적인가요? 자유도, 먹을 것도 없는 북괴 사회가 좋은가요? 자유가 없어지는 게 로망인가요? 그러면 그들에게 가면 됩니다. 정말 안타깝습니다. 그런 게으른 지성의 능력과 머리로 세상을 살아가니 보고 느끼는 게 아무것도 없는 것입니다.

3-40대 여러분! 공자는 40세를 불혹의 나이라 했습니다. 흔들리지 않는 지성으로 세상을 살라는 것입니다.

링컨 대통령은 "나이 40이 되면 자기 얼굴은 자기가 책임져야 된다"고 말했어요. 처칠은 "나이가 40이 되어도 우파·보수가 아니면 뇌가 없는 인간"이라고 했습니다. 나이 40이 되면 가족, 가정, 사회, 조국에 대한 책임을 지고 발전시키고 보호해야 할 책임을 지는 나이라는 것입니다.

그러나 오늘날 대한민국 3-40대 여러분의 위치는 어디에 있습니까?

아직도 정신적으로 유아기에 있습니까? 아직도 정신적으로 미숙아의 상태인가요? 입고 먹고 쓰는 것은 세계적 수준인데 지성과 이성은 원시적이고 미개합니까? 여러분들의 그 잘난 몸과 옷과 명품 가방에 무엇을 쑤셔 넣고 다니는가요? 쓰레기입니까? 아니면 품격과 인격, 자기절제와 애국심이고 지성입니까?

여러분들은 태극기를 드는 세대를 조롱하고 비아냥거린다죠? '꼰대' 니, '틀딱' 이니, '꼴통' 이니~ 여러분은 여러분의 부모로부터 모든 것을 다 받았습니다. 영혼, 정신, 신체, 얼굴, 머리카락, 여러분들이 즐겁게 봉숭아 물들이는 새끼손가락 손톱까지도 모두 부모로부터 받았습니다. 그러나 여러분들은 부모에게 머리카락 한 올도 드릴 수 없습니다. 여러분들이 부모들을 위해서 줄 수 있는 것은 아무것도 없습니다. 용돈 몇 푼, 그걸 준다고 하는가요? 추우면 춥다고, 더우면 덥다고 어르고 달래며 그분들이 여러분들을 키웠습니다. 그런 부모세대들이 여러분들이 살고 여러분의 아들 딸, 손자들이 살아갈 나라를 다시 제대로 반듯하게 만들겠다고 노구를 이끌고 나와 태극기를 드는 이 피눈물 나는 심정을 알기나 하나요? 어떻게 해서 여기까지 온 나라인데. 이 나라를 망치는데… 그분들은 오대양 육대주를 누비며, 살인적 더위의 사막에서도 굴하지 않았고, "살아만 오라!(Glück Auf!)"는 글이 낡은 판자때기에 적혀 걸려 있는 입구를 지나 지하 2천 미터의 탄광에서 목숨 걸고 피땀 흘리며 조국의 부흥을 이루는데 청춘을 바쳤습니다. 오늘 여러분들이 서 있는 그 자리가 바로 그런 피땀과 눈물로 이루어진 것입니다.

그러면 여러분들은 "설마 대한민국이 망하겠어요?"라고 반문하지요. 그러나 보세요. 나라가 어떻게 돼 가나요? 국방은 어떤가요? 주적인 북괴는 전혀 변하지도 않았는데 우리는 미리 댕겨서 전방의 GP가 폭파하고, 철책선도 없애고, 지뢰도 제거하고, 적군 대전차 방어 둑도 없애고, 군인 훈련도 없애고, 전투기는 뜰 수도 없고, 훈련도 안 하고, 이순신 장군이 지킨 바다는 다 내주고, 심지어 한강 밑바닥까지 정보를 다 주었다는 것이고, 경제는 폭망하고 있고, 실업자가 120만 명에 이르고, 공장은 문을 닫고, 기업들은 해외로 나가고, 자영업자 소상공인은 하층민으로 전락하고, 조작과 거짓이 정의로 둔갑하고, 오직 강성노조와 공무원만 '룰루랄라' 하며 즐겁고 행복해 한다지요? 정치는 전부 지들 뱃속 채우기에 혈안이고, 공직자들은 재개발 정보를 빼내 수십억 원의 부동산 투기나 하고, 자기가 하면 재테크고 남이 하면 부동산 투기라는 놈들, 국민정신은 TV만 틀면 먹고, 노래하고 춤추고, 마시고, 붙고, 핥고, 빨고, 영화는 전부 욕설이 대사의 절반이 되고 거짓 역사를 만들어 사회를 분열시키고, 해외로 놀러 다니는 것들을 통해서 정신을 몽롱하게 약쟁이 같이 멍청하게 만들고 있습니다.

심지어 쓰레기 같은 개동이란 놈이 사회자 마이크를 잡고 싸구려 감성팔이에 나서고 괴물같이 생긴 도얼라 이 개똥철학으로 엉터리 사관을 심어주고 있으니 이게 제대로 된 나라의 모습이라고 생각합니까? 여러분들도 뛰고 넘어지고 자빠지는 멍청한 코메디언들이 펼치는 놀음에 빠져 미래를 준비해야 할 시간에 그들의 꼭두각시로 놀아나고 있는 것 아닌가요? 지성은 없어진지 오래되고 이성은 마비되고 오직 싸구려 감성에만 중독되어 하는 말들이라는 게 고작 '헐!, 아우!, 대박!, 좋겠다' 섹시 타령에 '미투' 나 하는 영혼에 무슨 이성이 자라겠습니까? 이 말이 틀렸습니까?

3-40대 여러분! 이게 여러분들이 좋아하고 바라는 나라 모습인가요? 여러분이 꿈꾸는 나라는 어떤 나라인가요? 모두가 다 잘 사는 나라? 그게 어디에 있나요? 누가 있다고 합디까?

땀 흘리지 않고 잘 사는 나라는 아무데도 없습니다. 그게 있다고 말하는 놈은 사기꾼이거나 거짓말로 선동하는 사회주의자 놈들입니다. 그래서 바라는 게 사회주의 나라인가요? 북괴, 베네수엘라, 쿠바, 그리스 등등 보세요! 어디가 잘 살고 있나요? 여러분들도 배급제 식사를 바라나요? 배급제 패션을 바라나요? 배급으로 나오는 물건을 기다리면서 살기를 바라나요? 제발 정신 차려야 합니다. 공짜로 잘 사는 나라는 없습니다.

사기꾼 좌파들의 괴변에 놀아나지 마세요! 그러면 그들의 노예가 되는 것입니다. 조지 오웰의 '1984'를 읽어 보세요. 감시하고 감시받는 배급제 나라의 비극이 무엇인지… 주인공 윈스턴의 삶을 들여다보세요. 그래도 여러분들은 사회주의가 답입니까? 세월호 사고가 나라에 공헌한 게 있습니까? 그렇게 노란 리본 달고 지랄하게. 잘 사는 사람들이 여러분들을 못 살게 만들었습니까? 기업들이 여러분들을 착취했습니까? 국개의원 놈들과 정치인, 대통령, 공무원들의 월급은 어디서 나오나요?

모두 기업과 기업에서 일한 사람들이 낸 세금입니다. 기업이 없는 한국을 상상해 보세요. 기업들이 떠나고 사람들이 나가버린 그 자리에 뭐가 있을까요? GM이 떠난 군산은 강아지만 거리에 돌아다니고 이삿짐센터만 호황이라지요? 우린 뭘로 먹고 살아 갈까요? 여러분들이 비난하는 기득권, 그들이 누구인가요? 나이든 분들입니다. 그분들이 무슨 죄를 지었나요?

죄가 있다면 오직 열심히 일한 죄밖에 없습니다. 물론 거기에는 사기꾼 몰염치한 놈들도 있습니다. 그러나 대다수 국민들은 앞만 보고 달려 왔습니다. 당신들과 그 아래 후손들의 앞날을 위해 열심히 벌고 아껴서 교육시키고 자손들에게 옛날 배고프고 어렵게 지내던 궁핍한 생활을 물려주지 않기 위해서 말입니다.

좌파들을 보세요! 자기들이 진보라고 우기는 거짓말과 조작의 사기꾼들을 보세요. 모두 못된 짓을 골라서 다 하잖아요. 주적에게 아부하고 법은 아예 무시하고 공짜만 바라고… 그들이 이 나라 이 사회를 위해 한 짓이 무엇인가요? 그들은 우파가 쌓아 놓은 것을 빼먹고 빨대 꽂아 빨아먹고 있는 것입니다. 임의 행진곡은 김일성을 위한 노래라지요? 어느 지역은 그 노래를 애국가 대신 부른다 하네요. 어딘지 아세요?

"여러분은 어떻게 생각하세요? 이게 정상적인 나라라고 생각하세요?" 멀쩡한 원전을 중단하고 연탄으로 전기 생산하고 태양열로 전기 생산한다고 온 산림을 훼손하여 벌거숭이산으로 만들고, 멀쩡한 과수원이 태양광 발전소로 바뀌고, 저수지도 오염시키고, 원자재는 중국 놈들 배 채워 주고, 그 원자재 폐기되면 대한민국 온 국토가 독극물로 오염돼도 좋은가요? 경제학 책에도 없는 거짓 이론인 소득주도성장은 사기 이론입니다. 주 52시간 근로 땜에 좋은가요? 투잡 뛰는 사람이 생긴데요~. 그런가요?

장관 후보에 오른 '년놈'들을 보세요. 부동산 투기에, 탈세에다. 거짓말에다, 주적을 이롭게 하는 말, 온통 똥 구더기에 기생하는 구더기 같은 인간들이 나라 경영하는 장관이 되겠다고 우기고 그런 인간들은 임명하는 '뭉가'란 놈을 보세요. 전 세계를 돌아다니며 주적인 북괴 김정은 이의 수석 대변인 역할만 한 놈이 이 나라 대통령이라고 잘한다고 생각하고 지지합니까?

대한민국 국민들의 자존심을 짓밟은 놈, 이 뭉가 놈을 지지하는가요? 아직도 뭉가 일당 놈들을 지지하고 침묵하고 동조합니까? 얼마나 더 망하고 내려앉아야 제정신 차릴 것인가요? 정말 실망스럽습니다. 그런 짓은 역사에 죄를 짓는 일입니다.

3-40대 여러분, 세상을 좀 보세요! 세상 변화와 부딪혀 보세요! 기존 질서에 도전해 보세요! 전 세계는 젊은 지도자가 탄생하고 있습니다. 프랑스 마크롱 대통령 41세, 오스트리아 수상 32세, 뉴질랜드 여자 수상 39세, 캐나다 수상 39세, 베네주엘라 국회의장이자 야당 지도자 38세, 우크라이나 대통령 후보 30대 등등, 3-40대들이 자기 조국을 부강하게 만들고 강병을 위해 진력하고 있습니다. 지금 여러분은 어떤 가치와 신념으로 조국을 보고 살아 갑니까? 젊은 우파가 기존의 우파 어른들이 늙었고 진부하다고 자신들은 '댄디 우파'라고 하

죠? 그들은 어디에 있나요? 청바지에 짧은 머리에 패션 티셔츠를 입고 스타벅스 커피를 마시며 버닝썬을 낄낄거리며 말하고 노는 것이 댄디 우파 모습인가요?

지성도 야성도 없이 오직 세치 혀로 세상을 농락하는 그런 기회주의적인 처신으로는 절대 지도자가 될 수 없습니다. 아스팔트 위의 뜨겁고 차가운 햇볕을 맞으며 독재자 민주를 가장한 사회주의자 국익을 말하면서 주적을 도우는 그런 지배자를 비판하고 정적을 무조건 감옥에 처넣는 무법천지의 나라를 만드는 지배자 놈들을 비판하고 그에 저항해야 하는 것입니다. 그리고 시민들과 직접 소통하고 설득하는 지혜와 능력을 배양해야 합니다. 태극기 자유민주 시니어 우파들은 그런 젊은 우파 여러분이 나선다면 결연히 길을 열어 드리고 뒷전에서 열심히 여러분들을 돕고 지원할 것입니다. 아직도 우리에게 사탕과 꿀을 줘야 한다거나 우리 기분을 좋게 해야 나서겠다면 그런 이기적이고 파렴치한 탐욕의 나약하고 공짜에 정신이 병든 젊은 우파들은 정중히 사양합니다. 조국을 바로 세우는데 사탕이 어디에 있고 유인책이 있어야 합니까? 누가 주어야 합니까? 독립선언서 서명 33인 중 3-40대 그들은 조국이 주는 사탕 없이도 스스로 조국 독립을 위해 몸을 던졌습니다. 누가 해줘야만 한다는 생각 버리고 스스로 지도자가 되길 바랍니다. 몇 십 만원의 청년 수당, 몇 푼의 지원금에 조국이 망가져도 침묵하고 묵시적으로 뭉가 일당들을 지지하는 것은 정말 부끄러운 일입니다. 역사에 죄를 짓는 일입니다. 무사와 안일과 편안함, 먹방에 병들어가는 영혼을 가지고는 어떤 세상도 자신 있게 살 수 없습니다. 천년 사직의 로마는 지도자들의 타락과 공짜 빵과 서커스에 영혼을 빼앗긴 시민들의 방탕함에 의해 쇠락했습니다. 모두가 내부의 타락과 자만과 교만으로 인한 쇠망이고 붕괴였습니다. 지금 이

나라는 어디로 가고 있는가요?

오늘을 사는 3-40대 젊은 자유 민주 우파들이여!

소멸의 위기, 백척간두에 서 있는 조국은 여러분들의 행동하는 애국심과 자유민주주의와 시장 경제를 지키려는 뜨거운 열정을 기다립니다. 태극기를 들고 모이고 외치고 행동합시다!!

국민 여러분!!

이 글은 붉은 좌파의 소행으로 보이는 극심한 방해 공작을 무릅쓰고 알리는 글입니다. 이 글을 한 분이라도 더 알리는 것이 우리 국민의 힘으로 정권 교체시켜 기울고 있는 자유대한의 경제를 살리고 赤化를 막는 길입니다.

16) 패스트트랙 3대 악법과 사전 선거 및 전자 개표 반대

(1) 패스트트랙 3대 악법

① 공수처법(공직자 비리 수사처의 줄임말)

공수처 법이란 검찰이 갖고 있는 고위공직자에 대한 수사권, 기소권, 공소유지권을 대통령 직속 기관인 공수처에 둔다는 것이며, 공수처장을 대통령이 임명한다는 것이다. 공수처의 수사 대상자는 현직 및 퇴직 후 2년 이내의 고위공직자와 그 가족으로 대통령, 국무총리, 국회의원, 대법원장, 대법관, 판사, 헌재소장, 재판관, 광역자치단체장, 교육감을 비롯해 각 정부부처 정무직 공무원, 대통령비서실, 경호처·안보실·국정원 3급 이상, 검찰 총장, 검사, 장성급 장교, 경무관급 이상 경찰공무원이 포함된다.

이렇게 막강한 권력을 갖게 되는 공수처를 대통령이 장악해서 사법부를 권력의 시녀로 전락시켜 무력화 시키겠다는 의도인 것이다. 헌법재판소를 좌파 이념자들로 임명하고 법관과 검찰, 그리고 경찰을 정권 시녀들로 채우고 선관위와 금융시장, 국세청 그리고 언론까지 코드인사로 완전 장악하고도 또 제2, 3의 안전장치를 마련해 두려는 음모인 것이다.

결국 공수처법이란? 또 하나의 히틀러의 게슈타포, 스탈린의 KGB, 중국의 중앙기율부, 북한 김정은의 인민보위부가 탄생하는 것이다.

"검찰이 수사중인 사건을 공수처장이 요구하면 즉시 이첩하여야 한다."라는 조항에 따라 검찰이 수사하던 조국 사건도 공수처가 넘겨 받아 유야무야 무혐의 종결 처리하고, 성창호 판사, 윤석렬 총장 등 눈엣가시 같은 판검사들을 탈탈 털어 민노총 언론들과 합세, 마녀사냥으로 인민재판에 회부하는 문재인판 국가보위부, 판검사 노예법으로 "좌파 무죄, 우파 유죄법"으로 세계에서 가장 악랄한 독재자 사정 기관!

공수처장 임기는 최대 9년이며, 7명의 위원 중 6명을 대통령과 여당 측이 임명하며, 대통령 일가와 국회의원은 수사대상에서 제외되었으며, 차관급 이상 공직자, 모든 판·검사가 수사대상이다. 수사권 기소권을 가지는데 공수처 내부에 검사는 50% 미만, 민변(좌파) 등 변호사가 50% 이상으로 구성, 변호사가 수사도 하는 이상한 꼴임. 마음만 먹으면 누구든 파면, 숙청 가능하고, 자기편은 보호 가능함. 중국처럼 사회주의 입법에 반대하는 사람은 언제든 비리로 몰아 제거 가능하다. 유사한 기구가 세계에 단 두 곳 중국과 북한에 있고 중국은 '중앙기율부', 북한은 '인민 보위부'이다. 지금 민주당이 하려는 공수처는 중국식을 가지고 오는 것이다. 판사 검사에게 재갈(압력 등)을 물려 삼권분립을 심각하게 위협한다.

- 공수처를 폐기해야 할 10가지 이유

① 북한의 국가 보위부 + 히틀러의 게슈타포 + 시진핑 감찰위의 악독한 것만 발췌하여 만든 좌파 독재자의 최악의 호위 총국. (특히 같은 사정 기관이라 하더라도 우파는 이를 신사적으로 "최소한 사용"하는데 비해, 좌파는 문재인이 현재 저지르고 있는 악행을 보듯이 … 이를 극악무도하게 "최대한 악용"하는 등 제도보다는 운용상의 커다란 폐해가 발생할 가능성이 매우 큼)

② 청와대나 민주당이 반대하는 인사는 절대 공수처장으로 임명할 수 없도록 만들어 놓은 독재적 임명 절차

③ (신분이 보장되고, 임기도 최대 9년인) 공수처장이나 공수처 요원들 대부분은 민변, 우리법, 좌파 인사들로 구성되어 "우파 유죄, 좌파 무죄" 수사가 뻔하고, 우파 대통령은 탄핵도 불사

④ 대통령과 친인척, 국회의원 등 (국민의 신뢰도가 최악인) 집단은 기소를 면제시켜 주고, 판검사나 경찰 간부들만 기소를 하는 특혜와 불공정이 난무하는 위헌적 악법

⑤ 특히, 판검사나 경찰 간부들만 기소를 함으로서 성창호 판사, 윤석열 검사처럼 눈엣가시 같은 판검사들을 먼지털이 식으로 신상을 탈탈 털어 겁박함으로써 판검사들과 경찰을 장악하는 "판검사 노예법"

⑥ 검찰이 수사중인 사건이 (좌파)대통령과 (좌파)인사들에게 불리하다고 판단되면 즉시 수사권을 빼앗아 사건을 종결 처리.

⑦ (민변 검찰청인) 공수처가 우파 대통령을 몰아 내려고 마음만 먹으면 개인 신상과 친인척 사생활을 탈탈 털어 (민노총이 장악한)언론들과 합세하여 여론몰이, 마녀사냥, 인민재판으로 탄핵시킬 우려

가 매우 큼(현재의 6명 이상이 민변, 우리법 출신).

⑧ 공수처장은 대통령, 국회의장, 대법원장 등을 능가하는 무소불위의 칼날을 휘둘러도 공수처장과 공수처를 견제할 수 있는 장치가 없어 위에서 언급한 바와 같이 대통령도 꼼짝 못함.

⑨ 두 대통령도 구속시킬 정도로 사정 기관의 칼날은 충분하기에 "상설 특검제" 활성화 및 검찰과 경찰력을 최대한 활용하면 된다. 별개의 공수처 신설은 '좌파독재 영구 집권'을 위한 술책이자 (죄를 많이 지은) 문재인과 측근들이 수사망을 피하기 위한 꼼수!(문통은

공수처는 히틀러의
게슈타포의 21세기형 변종

아직도 임명치 않고 있는 '청와대 감찰관'이나 임명하라!).

⑩ 프랑스 혁명 당시 단두대를 만들어 반대파들을 무자비하게 숙청했던 "로베스피에르"도 결국 자신이 만든 단두대에서 처형당한 역사가 있는 만큼, 정권이 바뀔 때마다(공수처를 악용하여) 대한민국에서도 똑같은 비극이 되풀이 되지 않도록 '공수처'를 폐지하라!(특히 3, 5, 6번 사항이 가장 치명적임!)

② 연동형 비례대표제 선거

연동형 비례대표제 선거제란? 국회의원 선거에서 정의당이 지역구 0명 당선, 당 지지도에서는 10%를 얻었다면, 국회의원 총수는 당 지지도 10%로 (300명×10/100=) 30명으로, 지역구에서 0명 당선되었으므로 30-0=30명을 비례대표로 가져갑니다. 반면, 한국당은 지역구 120명을 당선시키고, 당 지지도율 30%를 얻었다면, 당 지지도 30%로 300×30/100=90명인데, 이미 지역구서 120명을 확보했으므로 비례대표는 120-90=30 가져갑니다.

만약 한국당이 당 지지도를 40%를 얻었다면 당 지지도 40%로 300×40/100=120명인데, 이미 지역구에서 120명 확보로 비례대표는 120명-120명으로 한 명도 못 가져가게 됩니다. 여당인 민주당은 같은 편인 정의당과 평민당을 합하면, 원내구성이 자동으로 되어 합하면 과반수를 넘어 좌파들이 맘대로 북한 같은 공산 사회주의 국가 통치체제로 만들려는 것입니다. 따라서 같은 좌파인 정의당과 평민당도 절대 유리하여 적극 찬성하고 있는 것입니다.

그렇게 되면 대한민국은 국민의 기본권인 자유와 인권을 최고의 가치로 여기는 자유민주주의 나라로서 종말을 고하게 되는 것입니다. 지금의 북한 같이 자유가 그리워 탈북자가 속출하는 지옥 같은 세상을 벗어나기 위해서도 우리는 좌파가 노리는 연동형 비례대표제 선거제를 반드시 막아야 합니다.

한국당이 선거에서 압도적 지지를 받아도 현실적으로 과반수 이상을 차지하지 못하고, 지역구에서 일정 의석수를 넘길 경우엔, "한국당에 투표한 비례대표는 모두 무효표"가 되어 민주당 1·2·3중대가 과반~ 2/3를 차지하여 온갖 좌파 법안 프리패스와 사회주의 헌법 개정으로 연방제 시작!

③ 검경수사권

조국~청와대까지 연결되는 초대형 권력형 게이트인 '버닝썬 사건'과 '드루킹 댓글 사건'을 문재인의 충견인 견찰이 덮었는데, 이런 견찰에게 검찰의 수사권을 넘겨주어 "좌파 무죄, 우파 유죄" 및 민생 인권 파탄과 비리 견찰 가속화!

그러므로 10월 말~11월 중, 좌파독재 영구집권용 패스트트랙 3대 악법이 통과될 확률이 99%다! 따라서 한국당이 목숨을 걸고 막되, 그렇지 못할 경우 즉시 "의원직 총사퇴"라는 최후의 카드를 써야 한다. 왜냐하면 "국회의원 정수는 200석 이상이어야 한다"는 헌법 조항에 따라 국회가 폐쇄되면 패스트트랙은 물 건너 가고, 조기 총선으로 가야 한다.

- ■ 올해 4·15 총선에서 반드시 떨어뜨려야 할 역적들, 야바위꾼들 명단
- ■ 야바위꾼, 주적 '문희상' (국회의장)

- 연동형 비례대표제 선거법 5적-야바위꾼들
  ① 심상정(정의당) ② 손학규(바른미래당) ③ 정동영(민주평화당)
  ④ 유성엽(대안신당) ⑤ 이해찬(민주당)
- 공수처법 5적-야바위꾼들
  ① 박주민(민주당) ② 여영국(정의당) ③ 최이배(바른미래당)
  ④ 조배숙(민주평화당) ⑤ 천정배(대안신당)
- 공수처법이란? 게쉬타포법이며, 중국 공안 검열법이며, 북한 보위부법이며, 친문 무죄법이며, 반문 유죄이며, 대통령 측근 불법비리 덮기법이며, 대통령 불법 비리 뭉개기법이며, 반문 야당 복수법이며, 정적 제거법이며, 문재인 영구집권법이다.

이들은 문재인과 손잡고, 대한민국을 공산주의 국가로 바꾸려는 역적들이요, 야바위꾼들입니다. 반드시 기억하고, 국회의원 선거에서 떨어뜨려야 합니다.

(2) 사전 선거 및 전자 개표 반대

자유한국당과 황교안 대표님, 제 말 좀 들어 보세요!

저는 세 식구의 가정을 꾸려가는 중년의 가정주부입니다. 그런데 자유한국당의 처신이 너무 답답하고 속상해요!

지난 5.9 대선과 6.13 지방선거가 어떻게 치루어 졌는지 알긴 아세요? 그리고 이번 4.15총선도 그렇게 아무것도 모른 체, 그렇게 무식하게 선거를 치룰 것인가요?

뭐요? '공천관리위원회'에서 투명한 공천으로, 훌륭한 후보를 내면 된다구요? 자유한국당 국개님들! 참 순진들 하십니다. 그래서 답답해서 지금 이 글을 적는 거예요.

지금 '빨갱이 소굴 청와대 놈들'과 '더불어공산당 놈들'은 속으로 비웃고 있는 거 아세요? 왜냐구요? 자유한국당 황대표님! '사전 선거' 아세요? '전자개표기' 아세요?

황교안 대표! 그리고 자유한국당 소속 국개의원님들! 모두들 제발 정신 좀 차리세요. 사전선거와 전자개표기로 이 좌빨 '선거관리위원회'가 어떤 장난을 쳐서, 지금 이 나라가 이렇게 빨갱이 천국이 되어 있는 줄 알긴 아세요? 지난 5.9 대선 때도 그리고 지난해 6.13 지방선거 때도 모두 부정선거를 저질렀다 이 말입니다.

황대표님! 그리고 자유한국당 국개의원님들 제 말 좀 들어 보세요.

우리 가족은요 지난 5.9 대선 때 사전선거 첫째 날에, 제 남편과 제 딸이랑, 저 이렇게 셋이서 투표를 했다 이 말입니다.

그런데 투표하고 집에 돌아와 저녁 밥상을 앞에 두고 식구들이 대화하다가 이구동성으로 똑같은 말을 하게 됐다 이 말입니다. 똑같은 말이 무슨 말이냐구요? "웬 투표용지가 칸이 너무 좁아서 도장 찍기가 너무 힘들어 겨우 겨우 찍었다" 이 말입니다.

이렇게 좁은 칸에 나이 드신 어르신은 어떻게 찍죠? 그렇잖아도 시력이 나쁘신데 투표지에 도장 잘못 찍어서 칸에 물리면 무효표가 되는 게 아닌가요?

5.9 대선이 끝나고 좌빨이 대통령 된 거 도저히 믿기지 않아서, 몇 날 몇 일을 울분으로 지새고 있던 참에 유튜브TV를 보고 깜짝 놀랐어요. 내용인즉슨, 칸이 좁은 가짜 투표 용지로 왕창 표 바꿔치기 부정선거가 치뤄졌다는 소식을 듣게 되었다 이 말입니다. 그런데 그것 뿐인 줄 아세요? 전자 개표기로 조작 개표가 이루어졌다는 소식도 들었어요.

자유한국당 황교안 대표님! 제 말 들으시고 이해가 되세요? 황대표님! 더 웃기는 건, 이렇게 부정선거, 사기 선거가 치루어졌는데도, 당사자인 자유한국당에서는, 부정선거에 대해서 아무도 지적하거나 거론하는 사람이 없다는 것에 정말 기가막혀 한숨이 나온다구요!

이런 부정선거와 사기 선거를 저지른 이 좌빨 정부의 선관위와 법원에서는 또 뭐라고 그러는 줄 아세요? "착시현상"이라고 합니다! 착시현상요! 한 두 사람이 착시현상이라면 몰라도, 문제를 제기한 그렇게 많은 투표자들이 전부 다 착시 현상이라니 그 말 믿으시나요?

거기에다 뭉가 정부의 앞잡이가 되어 좌빨들 나팔수가 된 모든 언론은 사전선거의 문제점과 전자개표기의 문제점을 지적하거나, 문제 제기하는 곳이 한 군데도 없다는 것입니다. 어련하겠어요? 선거 패배로 피해를 당한 당사자인 '자유한국당' 마저 입을 처닫고 있는데요!

그래서 정말 저는 자유한국당과 황교안 대표님이 너무너무 답답해요! 정말 정신들 좀 차리세요! 이런 좌빨정부의 선거 제도 하에서 자유한국당은 4.15총선 때, 좋은 후보 내고 국민들이 심판하면 승리할 수 있다고 생각하십니까?

정말 꿈도 야무지네요. 참 한심합니다. 제발 정신 좀 차리시고 사전선거와 전자개표기에 의한 부정선거에 각별히 좀 대비해 주세요. 저는요 이번 선거가 너무너무 걱정이 됩니다. 우리 자유우파 후보가 많이 당선되어야 하잖아요.

자유한국당 황교안 대표님!

정말 부탁드려요. 보잘것없는 아낙네의 잔소리로 듣지 마시고 부정선거 대비 철저히 좀 해달라 이 말입니다! 거듭거듭 부탁드려요! 4·15 총선 때 부정선거 대비 철저히 좀 해주세요! 자칫하면, 이 나라가 공산적화 될 수도 있는데, 부정선거 대비 철저히 해주시길 신신당부 부탁드립니다! 그럼 이만 줄입니다. 2020년 이월 초하루 가정주부 박해자 드립니다.

사전투표 하지 맙시다 !!

사전투표 ✕ 선거당일 투표 ○

주권회복운동 공정선거국민연대

관우 정보기술을 운영하던 유재화 사장은 말하기를 "우리 회사가 제16대 대선 부정 전자개표기 컴퓨터를 만들어서 중앙선관위에 납품한 관우 정보기술 주식회사입니다. 우리 관우 정보기술이 부정 전자개표기 컴퓨터를 만든 것은 다 사실입니다. 金大中, 신건, 박지원, 이해찬의 주문을 받아서 부정 전자개표기를 만들어 부정선거를 하는 데 일조를 하였습니다.

저는 金大中 정권에게 속았습니다. 저 유재화를 국회청문회에 불러 주시면 국회의원이 있는 가운데 제16대 대선 전자개표기 부정선거의 실체를 국민들에게 모든 전말을 양심적으로 증언하겠다."라고 했습니다.

미국의 '타라 오 박사'도 "4.15총선 사전투표하면 中國 화웨이 장비로 조작 가능하다"고 한국에 경고했습니다.

그러니 국민 여러분! 4.15총선에는 절대 사전투표를 하지 마시기 바랍니다. 사전투표를 하면 중국 화웨이 장비에 심어 놓은 '백도어'를 통해 우리나라의 선거투표 상황을 중국 베이징 공산당 본부에서 모두 조작이 가능하도록 만들어진 '중국 화웨이 장비의 백도어'를 잊지 말기를 당부했습니다.

'타라 오(Tara O)'는 한국에서 출생하여 초등학교 4학년까지, 미군 공군(대위)으로 주한미군 근무, 한미연합사 근무(소령), 2014년 퇴역

후 국가 안보 이슈와 동아시아 군사 전략 부분에서 종사하고 있습니다. 콜로라도 이민 거주, 대학 진학전 육군에서 사병으로 군 복무(독일, 한국)했으며, UC데이비스, 프리스턴 대학 석사(공공행정학과) 졸업후 미공군으로 한미연합사 근무 동아시아 전략 전문가입니다.

17) 서울대 권영찬 학생의 감동적인 두번째 연설

안녕하십니까? 서울대 인문대 학부생 권영찬입니다. 그저께 서울대에서는 학생들이 자체적으로 조국 사퇴 집회를 진행했습니다. 총학생회가 조국과의 싸움을 포기했음에도 불구하고 우리 학생들이 이 싸움을 계속한 것이 너무나 자랑스럽습니다.

"하늘이 무너져도 정의를 세워라"라는 외침과 함께 정의의 종을 타종한 것은 큰 감동이었습니다. 조국이 사퇴하고 대한민국에 진정한 정의와 공의가 이루어지는 그 순간까지 우리는 이 싸움을 절대로 멈추지 말아야 할 것입니다.

- 서울대 총학생회에게

먼저 서울대 총학생회에게 말합니다. 총학생회는 우리나라 정치인들을 비판할 자격이 없습니다. 당신들의 모습이 바로 비겁한 현 우리나라 정치인들의 모습이기 때문입니다.

우리나라 정치인들의 비리가 계속되는 이유가 무엇인지 압니까? 비리를 너무나 철저하게 저질러 서로에게 들키지 않기 때문일까요? 아닙니다. 서로의 비리를 알고 있지만, 각자의 이해관계가 얽혀 적절한 선에서 서로 덮기 때문입니다.

조국 사퇴를 향한 투쟁을 그만 두겠다고 총학이 내린 결정은 바로 그러한 우리나라 비겁한 정치판의 복사판입니다.

그리고 총학의 조국 사퇴 집회를 멈추게 만든 총학 내부의 집권 여당 끄나풀들에게는 이 말만 하고 싶습니다. 당신들이 바로 조국의 과거요, 당신들의 미래가 조국입니다.

총학생회는 이런 조국과 같은 인물들을 총학에서 제하여 다시금 학생들의 신뢰를 회복해야 할 것입니다.

그리고 민중해방의 불꽃이라는 총학 구호부터 바꿉시다. 서울대가 북한이나 중국 학교입니까? 민중해방은 인민 해방이라고 하면 너무 공산주의 티가 나니까 살짝 바꿔 놓은 용어라는 것은 모두가 아는 사실 아닙니까?

총학생회가 운동권의 하수인 노릇을 한다는 비판으로부터 벗어나려면 구호부터 바꿔야 할 것입니다.

- 문재인 정권, 공산주의의 본질, 거짓말

본격적으로 조국과 문재인 정권에 대해 말해보려 합니다. 조국이 국민을 가장 분노케 하고 있는 점이 무엇입니까? 바로 그의 거짓말입니다. 상상을 초월하는 거짓말이요, 처음부터 끝까지 거짓말이요, 작정하고 내뱉는 거짓말이요, 그러면서도 일말의 양심의 가책이 없는, 양심이 완전히 마비된 거짓말입니다.

그리고 문재인은 얼굴에 철면피를 깔고 거짓의 화신 조국의 법무부 장관 임명을 강행하는 후안무치를 보여 주었습니다.

문재인이 더욱 뻔뻔스러운 것은 그는 밖으로는 도덕과 정의를 부르짖는다는 점입니다. 그러면서도 실상은 거짓으로 완전히 점철되어 있다는 것입니다.

우리는 또 질문을 던져야 합니다. 현 정권의 거짓, 양심이 완전히 마비된 거짓은 어디에서 오는 것인가? 거짓을 행함과 동시에 정의를 외치는 이 뻔뻔스러움은 어떻게 가능한 것인가?

이 질문에 답을 하기 위해서는 이 정권의 본질을 꿰뚫어야 합니다. 이 정권의 본질은 바로 공산주의의 망령 아래 얽힌 종북, 친중 카르텔입니다.

공산주의자들의 유일한 정의는 무엇입니까? 그것은 바로 공산주의 혁명 실현입니다. 그리고 공산주의 혁명을 위해서는 모든 것이 용인됩니다. 이들에게는 국가보다 공산주의가 먼저입니다. 그러므로 이들에게 있어 자유민주주의 국가 대한민국은 적이요, 공산주의 국가인 북한과 중국은 동지입니다. 이렇게 자신의 나라보다 이웃한 적국들을 사랑하는 자들을 위한 용어가 있습니다.

바로 무엇일까요? 매국노라고 하는 것입니다. 그렇습니다. 문재인 정권의 본질은 매국노 집단입니다. 그것도 가장 악질인 공산주의 매국노 집단입니다.

공산주의자들이 매국노라는 것은 역사가 증명합니다. 당장 문재인 정권이 충견같이 따르는 중국 공산당만 보아도 그렇습니다.

중국 또한 20세기 초에 자유민주주의와 공산주의가 대립하는 과정을 겪었습니다. 국민당과 공산당 간에 전쟁이 있었지요.

"그러나 2차 세계대전 당시 일본이 중국을 점령하려는 움직임을 보이자 공동의 적에 맞서기 위해 국민당과 공산당이 일시적으로 국공합작을 했으며, 2차 세계대전이 끝난 후, 다시 국민당과 공산당 간에 전쟁이 벌어져 공산당이 승리하였다."

이것이 흔히 사람들이 알고 있는 중국 역사입니다. 그러나 실상은 그게 아닙니다. 겉으로는 국공 합작이었으나, 실제로 일본과 주로 맞서 싸운 것은 국민당이었습니다.

그렇다면 그때 중국 공산당은 무엇을 하고 있었을까요? 중국 공산당은 후방에서 국민당을 도와주는 척하면서 실제로는 일본과 내통하고 있었습니다. 전쟁이 끝나고 일본이 중국 침략을 사죄하러 오자, 마오쩌둥은 이렇게 답했습니다.

"일본군이 쳐들어오지 않았다면 공산주의 정권을 수립하지 못했을 것이며, 차라리 일본에 감사하다."

이게 바로 공산주의입니다. 공산주의 혁명을 위해서는 적과 내통하는 것이 정의요, 동족을 배신하는 것이 정의라는 것입니다.

이 사례에서 알 수 있는 공산주의의 가장 중요한 특징이 무엇입니까?

바로 거짓과 속임수입니다. 매국입니다. 반역입니다. 그러면서도 이 모든 것이 공산주의 혁명 달성을 위한 정의로운 활동이라고 믿는 파렴치함입니다. 양심의 화인 맞음입니다.

대한민국 국민들은 이제 문재인 정권이 거짓말쟁이라는 것을 깨닫고 있습니다. 특히 문재인 정권에 기대를 가지고 우호적이었던 국민들도 조국 사태를 통해 큰 상처를 받고 그들에게서 등을 돌리고 있습니다.

그러나 아직 많은 대한민국 국민들이 문재인 정권에게 상처를 받았지만 우리나라의 '진보'라 불리는 이상에 대한 미련이 남아 있습니다. 대략 이런 관점이겠지요.

"진보"를 추구하는 자들은 고고한 이상을 가지고 있지만, 현실 정치에서는 부정부패와 결탁할 수밖에 없는 안타까움이 존재한다."

"문재인 정권이 약속한 대로 도덕성을 갖추고 정의로운 나라의 실현을 기대했으나, 그들의 실상은 조국 사태에서 드러나듯 너무나 비참하다."

안타깝지만 그러한 관점은 너무나 순진한 관점이고, 아직 현 정권의 본질을 파악하지 못한 관점입니다.

문재인 정권의 본질은 무엇입니까? 공산주의 매국노 집단입니다. 이들은 애초에 도덕성이나 국민들이 생각하는 정의에는 아무런 관심이 없습니다. 과거에도 없었고 지금도 없고 앞으로도 없습니다.

이들의 유일한 목적은 정권 탈취요, 공산주의 혁명을 이룩하는 것이며, 국민을 향한 이들의 모든 말은 철저히 기획된 거짓과 선전 선동 외에는 아무 것도 없습니다.

「공산주의비판 전서」를 펴낸 요셉 보헨스키는 공산주의의 핵심에 대해 이렇게 말합니다.

"공산주의의 허구성을 파악하기 힘든 주요 원인은, 거짓말이 지나치게 심할 뿐만 아니라 끊임없이 이러한 방법에 호소하고 있기 때문이다. 공산주의자가 아닌 사람으로서는 누구라도 그렇게 엄청난 거짓말을 끊임없이 할 수 있으리라고는 믿기 어려워서이다."

그렇습니다. 공산주의자들은 상상을 초월하는 철면피요 거짓말쟁이들입니다. 대한민국 국민이 이 공산주의의 끔찍스러움을 눈을 크게 뜨고 볼 수 있어야 할 것입니다. 그리하여 이 공산주의 매국 정권이 어떤 말을 하고, 정권에 장악된 언론이 어떤 말을 쏟아내든지, 절대 그 말을 믿거나 흔들려서는 안 될 것입니다.

공산주의자들은 콩으로 메주를 쑨다고 해도 믿으면 안 됩니다. 이들은 메주를 쑨다고 약속하고 받아낸 콩 한 쪽까지 모조리 다 뒤로 빼돌릴 인간들이기 때문입니다.

대한민국 국민의 입장에서 북한을 바라보면 길거리에 벌겋게 배치된 선전 문구와 북한 방송에 세뇌된 북한 국민이 안타깝게 보이지 않습니까?

"위대한 김정은 동지 따라 최후의 승리를 향하여 앞으로", "잊지 말라 승냥이 미제를" 따위의 선전 선동으로 나라가 다스려지는 모습을 보며 어떻게 저런 일이 가능한가라는 물음이 들지 않습니까?

그러나 우리는 이러한 일이 대한민국에서도 동일하게 벌어지고 있다는 것을 알아야 합니다.

현 정권과 언론이 반일 선동을 일으키자 얼마나 많은 대한민국 국민들이 선동되어 정권이 원하는 대로 따라갔습니까?

이와 같은 사례는 무수히 많습니다. 이명박 정권 시절 광우병 사태, 박근혜 정권 시절 촛불 집회 등 … 얼마나 많은 국민들이 TV만 보고 사실 관계를 생각해볼 새도 갖추지 못한 채 흥분하여 길거리로 달려 나갔지 않습니까?

우리는 스스로 돌아볼 필요가 있습니다. 왜 보수 정권만 들어서면 이런 일이 반복되고 언론에 대대적으로 집회가 보도되었는가. 반대로 문재인 정권을 규탄하는 집회는 사람이 아무리 많이 모여도 왜 언론에서조차 다루지 않는가.

올해 광복절에도 비가 내림에도 불구하고 50만 명이 문재인 정권을 규탄하기 위해 광화문에 모였는데 왜 언론에서는 애써 무시했는가 … 이런 점들을 대한민국 국민들이 주체적으로 판단해야 할 것입니다.

이미 오래전부터 북괴에게 장악되어 가짜 뉴스가 되어버린 주요 언론에게 속지 말아야 할 것입니다.

현 정권과 언론은 국민을 "개돼지"로 보고 있습니다. 우리는 더이상 그들의 개돼지가 되지 말아야 할 것입니다. 거짓의 올무로부터 벗어나 진실을 바라보는 국민의 눈이 뜨일 때에 대한민국은 공산주의로부터 해방되고 자유민주주의 국가로의 통일이라는 위대한 여정을 이루어 나갈 수 있을 것입니다.

– Yuri Bezmenov의 공산주의 전복 이론과 대한민국의 현 상황

대한민국은 그동안 조직적으로 공산주의 세력들에게 침투 당해 왔습니다. 이들은 그들의 주특기인 거짓과 선동으로 대한민국 각 분야를 장악해 왔고, 지금 청와대를 장악하여 나라를 북한에 넘기기 일보 직전 상태입니다.

문재인 정권이 북한을 향해 보이는 굴종적인 태도는 대한민국 국민 누가 보아도 의문을 품을 수밖에 없는 행동들입니다. 그러나 아직 많은 대한민국 국민들은 공산주의의 침투 과정이 얼마나 조직적으로 장기적으로 진행되어 왔는지에 대해서는 잘 알지 못합니다.

어떤 사람들은 문재인 정권을 김대중, 노무현 정권과 비교하며 이렇게 말하고는 합니다.

"이전의 진보 정권들은 그래도 합리적인 진보 정권이었지 현 정권만큼 노골적으로 북한에 나라를 갖다 바치려는 태도를 보이지는 않았다."

그러나 과연 그것이 맞는 말일까요? 그리고 현 정권 들어 갑자기 전국에서 주요 기간 시설들에 화재가 일어나고, 붉은 수돗물이 나오고, 전무후무한 산불이 발생해 강원도를 불사르고, 경제가 마비되고, 군대가 해체되고, 도덕이 무너지고… 이렇게 사회 전반이 무너져가는 현상이 우연의 일치일까요?

이에 대한 답을 하기 위해서는 공산주의가 구체적으로 한 나라를 어떻게 장악하는지에 대한 방법을 살펴볼 필요가 있습니다.

구소련 KGB 요원으로 외국 요인 포섭을 담당했다가 미국으로 망명 온 Yuri Bezmenov라는 분이 있습니다. 이 분은 사회주의가 구석구석 침투한 미국의 상황을 염려하여 어떻게 자유민주주의 국가를 사회주의 국가로 만드는지 공산주의 국가의 전략에 대해 설명하셨습니다.

총 4단계로 이루어져 있습니다. 1단계, Demoralizaton(풍기 문란화), 2단계 Destabilization(불안정화), 3단계 Crisis(대위기). 그리고 4단계가 Re-stabilization(재안정화)입니다.

먼저 1단계 풍기 문란화는 간단히 말하면 사회주의에 옹호적이며, 도덕이 타락한 새로운 세대를 교육시키는 것입니다.

국력을 약화시키기 위해 정치계, 언론계 침투, 교육계 침투를 자행하여 사회주의와 함께 동성애 옹호나 페미니즘과 같이 국력을 약화시키고 국가를 분열시키는 사상을 새로운 세대에게 주입시킵니다. 약 20년 걸립니다.

새로운 세대가 준비되면 2단계 불안정화로 넘어 갑니다.

이 단계에는 국가 각 분야를 모두 장악하여 안보, 군대, 경제 등 사회 각 시스템을 단계적으로 해체합니다. 약 3-5년 걸립니다.

국가 시스템 해체가 완료되면 3단계 대위기를 일으킵니다.

재난이나 전쟁 등 사회적으로 큰 혼란 상황을 야기해 무질서 상태로 만듭니다. 약 몇 주 걸립니다.

마지막으로 4단계 재안정화입니다.

사회주의 옹호자들을 무장시켜 권력을 주어 새로운 국가를 탄생시키고 새로운 질서를 정립합니다. 오랜 시간 1-2단계를 준비하여 3단계에 다다르면 돌이킬 수 없는 살상이 발생하게 됩니다.

여러분 제가 아주 중요한 질문을 드리고 싶습니다. 지금 우리나라는 어디 정도에 와 있는 것 같습니까?

이게 바로 제가 여기서 연설을 하는 이유입니다. 대한민국이 지금 얼마나 위급한 상황에 빠져 있는데, 이를 인지하지 못하는 사람이 너무나 많아요. 특히 젊은 층들일수록 상황이 어떠한지에 대한 이해가 전혀 없습니다.

자신들이 바로 지금까지 살아오는 평생에 바로 이 거대한 공작의 대상이었음에도 불구하고 말이에요.

지금 대한민국은 1단계인 풍기 문란화를 지나 2단계 불안정화 끝자락에 와있습니다. 3단계 대위기를 눈앞에 준비 중입니다. 자칫하면 돌이킬 수 없는 결과를 피해를 향해 달려가고 있는 것입니다.

먼저 1단계 풍기 문란화로 시작하겠습니다.

지난 20년간 전교조와 운동권, 그리고 노조를 통해 자라나는 청소년과 대학생들, 직장인들은 사회주의, 동성애, 페미니즘 옹호가 옳은 것으로 평생토록 학습되어 왔습니다.

그리고 이 일을 수행한 것이 김대중 노무현 정권입니다.

김대중 씨가 대통령 되자마자 제일 먼저 한 것이 무엇인지 아십니까? 국정원의 대북 담당 조직을 완전히 붕괴시켰습니다. 더욱 끔찍한

일이 무엇인지 아십니까? 북한 내부의 남한 정보조직을 북한에게 다 알려줘서 모조리 숙청되게 만들었어요. 그리고 남한의 국정원은 북한의 간첩 소굴이 되게 만들었습니다.

여러분! 이것은 대한민국을 넘어 세계적으로 전무후무한 반역입니다. 국정원이 북한에게 장악 당했다는 것이 무슨 의미입니까?

즉각적으로는 일반 국민들에게는 별 영향이 없어 보입니다. 그러나 시간이 지나면 모든 분야에서 결과가 나타납니다. 왜 자꾸 그렇게 변해 가는지도 모른 채… 국정원은 일반적인 법이 통하지 않는 곳입니다. 그런데 그곳을 북한이 장악하면 정치계, 언론계, 연예계, 재계, 교육계가 일반적인 법이 통하지 않는 방법으로 북한에게 장악되어요. 결과적으로 북한이 원하는 방향대로 사회 전방위로 공작이 가능해지는 것입니다.

저는 언젠가, 아니 곧 김대중 전 대통령에 대한 역사적 재평가가 일어날 것으로 믿습니다. 또 반드시 그렇게 되어야 한다고 믿습니다.

풍기 문란화에 대해서 하나 더 이야기하자면 김대중 정권 시절 국가 인권 위원회를 만들면서 언론에서 동성애가 에이즈 전염 원인이라는 사실을 알리는 것을 법으로 금하여 막았습니다.

그 결과 어른들 세대에서는 학교 교육을 통해서 상식으로 알고 있는 동성애가 에이즈 전염 경로라는 사실을, 우리 젊은 세대들만 잘 모르는 퇴행 현상이 일어났습니다.

이 외에도 사회주의, 낙태, 페미니즘 등에 대해서도 위의 세대들과 반대되는 경향들이 나타나게 되었습니다.

길을 가다가 학교 내에서 맑시즘 추종자들이 쓴 대자보를 보면 동성애 옹호, 낙태 옹호, 페미니즘 옹호하는 글들을 쓰기도 합니다. 그렇다고 동성애 옹호론자나 페미니스트들이여 이를 보고 너무 좋아하지는 말기 바랍니다.

공산주의자들은 동성애나 페미니즘이 국력을 약하게 만들고 사회를 분열시킨다는 걸 알고 그러는 것이니까요. 그리고 공산주의의 최대 숙적인 교회를 대적하는 세력으로 써먹을 생각인 것이니까요.

풍기 문란화의 결과로 우리 젊은이들은 공산주의 자체에 대해서도 무지하게 되었습니다. 어른 세대들은 직접 경험을 통하여, 또 반공 교육을 통하여 공산주의가 얼마나 끔찍한지 알고 있습니다.

그러나 젊은 세대들은 반공을 외치면 시대에 뒤떨어진 사람이며, 반공이라는 용어는 보수 정권 유지를 위한 프레임이라는 생각을 전교조들에게 교육받았습니다. 그리하여 공산주의가 얼마나 끔찍한지에 무지하게 되는 퇴행 현상을 보이게 되었습니다.

이렇게 김대중 정권과 노무현 정권으로 이어지며 국가 전체적으로 풍기 문란화가 이루어졌습니다.

이명박 박근혜 보수 정권이 들어 섰지만 이미 북한에게 전방위로 장악당한 사회의 흐름을 잘 막지 못하였습니다. 그리고 거의 20년이 흐른 다음, 공산주의자들은 불안정화 단계 실시를 위해 정권 찬탈을 준비했습니다.

1단계에서 2단계로 넘어가는 데에 있어 결정적인 계기가 되는 사건이 있었습니다. 바로 세월호 사건입니다. 세월호 사건에 대해서는 그 진실에 있어서 많은 논쟁들이 있어 왔습니다.

한국의 진보 정치인들은 세월호 사건의 진실 규명을 요구하며 이를 박근혜 대통령 탄핵과 정권 찬탈까지 이어 나갔습니다. 저도 개인적으로 세월호 사건에 대한 진실이 언젠가 다시 밝혀지면 좋겠다는 생각이 있습니다.

그러나 모든 진실이 밝혀질 경우에 결단코 진보 정치인들에게 좋은 방향으로 흘러가지 않을 것으로 믿습니다.

어찌 되었든, 사회 각 분야를 장악한 공산주의자들은 다시 청와대에 주사파 정권을 진출시켜 대한민국의 각 분야를 해체하기 시작했습니다. 경제가 해체되고, 군대가 해체되어 가고 있습니다. 안보가 해체되어 가고 있습니다. 2단계 불안정화를 마무리하며 이제 3단계 대위기를 준비하고 있습니다.

현 정권 들어 주요 근간 시설이나 공장에서 불이 나고 수돗물이 붉은색으로 변하고 강원도에서 대규모 산불이 발생하는 등 준재난급 상황들이 일어나고 있습니다. 정말로 한 번도 겪어보지 못한 나라를 향해 가고 있습니다. 특히 강원도 산불에 대해서는 할 말이 있습니다. 산불이 나기 전날, 국회의원 보궐 선거가 있었습니다. 그중에 창원 성산 지역 선거는 자유한국당과 정의당 후보의 접전이 예상되는 곳이었습니다.

저는 2019년 올해 4월 3일 날 밤을 기억합니다. 개표가 막바지로 향해 가고 자유한국당 후보가 정의당 후보를 이기는 것이 확정되는 것 같아 보이는 중, 개표가 잠시 멈추더니 사전투표 개표로 이어지며, 순식간에 정의당 후보가 자유한국당 후보를 앞질러가 승리를 가져가고 개표율이 100.1%가 되는 등 '이례'적인 사건의 연속이었지요.

그리고 그 날 밤은 네이버의 댓글 통제도 무소용인 듯, 부정 선거를 의심하는 사람들의 댓글들이 인터넷을 온통 뜨겁게 달구었습니다.

그리고 다음 날, 강원도에서 산불이 나기 시작했고, 모든 다른 뉴스가 덮었습니다. 저는 현 정권 들어 일어난 재난들이 모두 자연 재해인지 아닌지 모릅니다. 다만, 공산주의자들은 그들의 정권 유지를 위해서라면 무엇이든지 할 수 있다는 점만 말하고 싶습니다.

어찌되었든, 우리는 대한민국에서 3단계인 대위기가 일어나는 것을 반드시 막아야 합니다. 대한민국을 전복시키려는 세력들이 혹여 전쟁이나 원전 폭파와 같은 대재앙을 일으킬 때에는 후회해도 늦습니다. 문 '재앙' 정권 아래 말 그대로 진정한 재앙이 닥치기 전에 반드시 이 정권을 끝장내야 합니다.

그렇다면 이러한 공산화 진행을 막는 방법은 무엇일까요? 유리 베즈메노프는 이를 막는 유일한 방법은 국민들이 다 함께 깨어나는 것이라고 말합니다. 국민들이 모두 진실을 알고 거짓과 세뇌에서 벗어나야만 이러한 위기를 막을 수 있습니다. 천만다행인 것은, 조국 사태를 통해 국민들이 문재인 정권이 무언가 이상하다는 점을 깨닫기 시작했다는 점입니다. 앞으로 더욱 국민들이 진실을 깨닫고, 이 추악한 공산주의 매국노 정권의 실체를 깨달아 국민 모두가 사력을 다해 대한민국을 지켜나가야 할 것입니다.

조국은 분기점입니다. 조국을 막지 못하면 조국 뒤에 있는 주사파 정권과 북한, 그리고 조국을 이용하여, 코링크를 통해 대한민국 각 분야를 장악하여 식민지화하려 했던 중국에게 대한민국을 뺏기고 마는 것입니다. 조국은 결사 저지해야 합니다. 이는 대한민국의 운명을 건 싸움입니다. 공산주의와의 싸움입니다.

미국도 현재 공산주의와의 싸움이라는 대한민국과 동일한 싸움을 하고 있습니다. 그리고 이겨 나가고 있습니다. 사회주의화 되어가고 대재앙을 맞을 준비를 하던 미국은 트럼프 대통령의 극적인 당선을 시작으로 다시 한번 자유민주주의를 회복시켜 나가고 있습니다.

트럼프 대통령을 향한 진보 성향 주요 언론의 무조건적인 비판은 망해가는 세력의 발악입니다. 미국 국민들은 깨어나고 있고, 더 이상 그들은 언론을 믿지 않습니다. 대한민국도 미국의 길을 본 받아야 합니다. 미국과 함께 승리의 길을 나아가야 합니다. 그러나 우리 국민들이 계속 언론에 세뇌된 채, 눈이 뜨이지 않는다면 아무리 미국이 도우려 해도 한계가 있습니다. 결국 우리 국민들이 거짓을 받아들이는 것을 스스로 멈추고, 깨어 자유의 편을 택해야 합니다. 그러할 때 승리는 우리의 것이 될 것입니다.

– 대한민국 교회와 기독교인들에게

마지막으로 대한민국의 교회와 기독교인들에게 몇 마디 드리려 합니다.

앞서 언급한 유리 베즈메노프는 공산주의의 집요한 사회 파괴공작에 맞서 국민들을 지키는 방법은 도덕에 관한 절대적 가치를 국민들 사이에서 육성하는 것이라고 하였습니다. 그리고 이런 일을 가능케 하는 것은 해당 사회를 지탱케 하는 신앙이라고 하였습니다. 그는 소련에서의 사례를 예로 들며 소련은 건국 때부터 망할 때까지 항상 수용소에 국민 2천만 명이 갇혀 있었는데, 오직 기독교인들만이 끝까지 공산주의에 세뇌되지 않고 버텼다는 이야기를 했습니다.

대한민국에서도 기독교는 공산주의와 싸워 온 최후의 보루 역할을 해왔습니다. 북한이 공산화가 될 때에도 최후의 순간까지 공산주의에 맞서 조직적으로 싸워온 세력은 교회밖에 없었습니다.

대한민국에서도 기독교는 성경에 절대적 기준을 두어 공산주의자들과 맞서 싸우고 공산주의자들이 사회 파괴 전략의 일환으로 퍼뜨리는 동성애 옹호, 낙태 옹호, 페미니즘 사상들의 확산을 막는 최전선의 역할을 감당하였습니다.

이 사실을 누가 가장 잘 알고 있습니까? 바로 공산주의자들입니다. 그리하여 그들은 끊임없이 교회에 침투하여 인본주의를 퍼뜨리고 공산주의 사상을 성경 말씀에 혼합하여 퍼뜨려 왔습니다.

또한 페미니즘이나 동성애 옹호 사상을 교회에 침투시켜 왔습니다. 그리고 대한민국의 대형교회를 타락시키고, 쪼개고, 대형교회를 향한 부정적 여론을 대한민국에 퍼뜨리는 데에 힘을 써왔습니다.

교회가 깨어 있지 못하여 이러한 틈을 열어준 것을 회개합시다. 그리고 다시 한번 대한민국을 재건하는 데에 교회가 힘을 합쳐 싸워 주시기를 간곡히 부탁드립니다.

특히 자라나는 교회의 아이들을 올바르게 교육시켜 주시길 바랍니다.

그리고 공산주의 사상에 호의를 표하는 기독교인, 동성애, 낙태나 페미니즘에 호의를 표하는 기독교인, 흔히 자신을 진보 기독교인이라고 표현하는 분들에게 고합니다.

교회의 지도자 자리를 맡고, 대학교의 선교 단체의 간사를 맡고, 기독인 교수의 역할을 맡으면서 민중 신학, 해방 신학과 같은 기독교의 탈을 쓰고 기독교에 교묘히 침투해 들어온 공산주의 사상과 인본주의 사상들을 퍼뜨리는 분들은 빨리 회개하시길 촉구합니다.

해방 신학은 전직 KGB 요원들이 공산주의의 작품이라고 직접 시인까지 한 신학입니다. 이러한 유의 신학을 퍼뜨리며 어린 기독교인 영혼들을 사냥하는 그대들은 하나님을 향한 반역죄를 저지르고 있음을 어찌하여 깨닫지 못하십니까.

성경 말씀에 분명히 죄로 명시되어 있는 동성애를 죄라고 본인이 말하지 못할 뿐만 아니라, 다른 목사님이 강단에서조차 동성애를 죄라고 말하면 불법 행위가 되어 잡혀가게 만드는 차별금지법을 제정하려는, 교회를 탄압하는 세력들과 뜻을 같이 하는 그대들은 하나님을 진노케 하는 배도의 길을 걷고 있음을 어찌하여 깨닫지 못하십니까?

하나님과 대한민국을 사랑하여 국가를 위해 기도하고 악한 정권과 맞서 싸우는 기독교인들을 향하여 도리어 바리새인이라고 비판을 가

하는 그대들이여. 그대들이야말로 하나님이 가장 가증이 여기시는 바리새인들의 길을 걷고 있음을 어찌하여 깨닫지 못하십니까.

"화 있을진저 외식하는 서기관들과 바리새인들이여 너희는 천국 문을 사람들 앞에서 닫고 너희도 들어가지 않고 들어가려 하는 자도 들어가지 못하게 하는도다 화 있을진저 외식하는 서기관들과 바리새인들이여 너희는 교인 한 사람을 얻기 위하여 바다와 육지를 두루 다니다가 생기면 너희보다 배나 더 지옥 자식이 되게 하는도다"

끝까지 회개치 않으면 이 말씀이 그대로 그대들에게 임할 것을 어찌하여 깨닫지 못하십니까. 그대들을 위하여 간절히 기도하오니, 부디 하나님의 정의와 공의의 길로 돌아와 주시기를 간곡히 부탁합니다.

– 맺는 말, 기도

마지막으로 조국 임종석 문재인을 비롯한 종북 친중 패거리들에게 고합니다.

대한민국을 북한과 중국에 넘기려는 그대들의 음모는 결코 실현되지 못할 것입니다. 그러나 만일 그대들의 음모가 실현되어 혹 대한민국이 공산화가 된다면 당신들은 당신들이 그렇게 핍박하던 기독교인들보다도 유일하게 더 빨리 처형되는 당사자들이 될 것입니다.

베트남의 공산화에 희열을 느꼈다는 문재인 씨에게 질문을 하나 던집니다. 평화 통일을 주장하면서, 동시에 간첩이기도 했던 남베트남의 제1야당 대선 후보가 베트남의 공산화 이후 비참하게 포로수용소에서 생을 마감한 사실에 대해서도 희열을 느끼는지요?

마지막으로 기도로 연설을 마무리하고자 합니다.

하늘에 영존하시는 하나님 아버지! 그 아들 예수 그리스도를 이 땅에 보내 주시사 십자가에 피흘려 죽이기까지 우리를 사랑하시고, 예수님 앞에 스스로 죄인임을 인정하여 구세주로 영접하고 회개하는 이에게 영생과 참 행복을 허락하신 하나님 아버지를 찬양합니다.

당신의 종 이승만 대통령은 당신과 함께 영원한 안식을 누리러 가기 전 땅에서 마지막으로 이렇게 기도를 올려 드렸습니다.

"이제 저의 천명이 다하여 감에 아버지께서 저에게 주셨던 사명을 감당치 못하겠나이다. 몸과 마음이 너무 늙어 버렸습니다. 바라옵건대 우리 민족의 앞날에 주님의 은총과 축복이 함께 하시옵소서. 우리 민족을 오직 주님께 맡기고 가겠습니다. 우리 민족이 굳게 서서 다시는 종의 멍에를 메지 않게 하여 주시옵소서."

하나님 아버지, 지금 대한민국은 다시 한번 마귀의 종의 멍에를 메느냐 아니면 하나님께서 부여하신 사명을 감당해 나가느냐의 기로에 서 있습니다. 저와 우리 민족의 죄를 회개하고 간구하오니 대한민국의 앞날에 주님의 은총과 축복을 부어 주시옵소서. 국민들의 눈을 열어 주시옵소서. 공산주의의 거짓과 모든 미혹으로부터 해방시켜 주시옵소서. 탐심을 버리게 하시고 진실을 보게 하여 주시옵소서. 모세와 같이 하나님의 백성을 이끌어 나가며, 스룹바벨과 같이 하나님의 백성을 회복시키는, 하나님을 경외하는 지도자를 세워 주시사 그와 함께 온 국민들이 단합하여 진리와 영광의 길을 나아가게 하여 주시옵소서. 이를 끝까지 방해하는 세력들은 남김없이 멸하여 주시옵소서. 자유 통일된 대한민국의 위대한 여정에 함께하여 주시사 예수 그리스도의 보혈이 복음이 한반도 온 땅과 만주와 열방에 퍼지게 하시옵고, 대한민국이 하나님을 경외하며 열방 중에 으뜸의 나라로 부강하게 인도하여 주시옵소서. 우리 구주 예수 그리스도의 이름으로 기도합니다. 아멘.

모든 영광은 하나님께 드립니다.

서울대학교 종교학과 17학번 권영찬

18) 2020년 이후의 대한민국에 대한 경고

박승학은 '2020년 이후의 대한민국에 대한 경고'라는 제목의 칼럼에서 말하기를 "드라마나 시청하고 먹방이나 보면서 나라가 망하는 것도 모르고 희희덕거리는 분들을 개돼지와 같다고 비하합니다.

그러면 우리 기독인들 목사들 중에서도 나라가 사회주의가 되던, 연방제가 되던 관심 끄고 자기 보신이나 하며 혹시 자기 교회 피해 입지 않을까 쓸개 빠진 환관처럼 입 다물고 눈치나 보는 기독인들은 어떻게 불러야 할까요? 비굴한 기회주의자가 되지 맙시다.

문재인의 최종 목표는 영구 집권과 사회주의 연방제입니다. 이를 막을 견제의 대안이 없습니다. 선거는 100번 해도 아무 소용 없습니다. 조작된 여론조사 수치대로 사전투표와 전자개표기로 표는 나올 것입니다. 과거 3.15부정선거는 조족지혈입니다.

올해 4월 15일 국회의원 총선에서 이해찬 대표는 260석 목표라고 합니다. 200석이든 260석이든 그들 마음대로 가능합니다.

미국 CIA의 여론조사에서 '문재인 지지율은 4.4%, 반대 92%, 박근혜 대통령 탄핵이 잘못되었다는 것이 90%, 찬성이 9.8%'라고 조사되었답니다. 하지만 국내에서는 문재인 지지율이 51%라고 일제히 보도합니다. 그렇다면 지금 신임투표를 해도 투표결과는 51%가 될 것입니다.

지난번 경기도지사 이재명과 서울시장 박원순의 여론조사 지지율대로 득표 결과가 정확히 일치하더군요. 그게 과연 진실일까요?

만일 2020년 4월 15일 국회의원 선거에서 저들의 의도대로 3분의 2가 된다면 어떤 일이 일어날까요?

저들이 이미 준비해 놓은 헌법개정을 할 것이고, 자유민주주의에서 자유를 삭제하여 인민민주주의가 될 것이고, 차별금지법 통과로 동성애가 합법화될 것이고, 대통령은 임기 4년, 연임이 될 것입니다. 한·미·일 동맹은 파기될 것이고(이미 파기되어 가고 있습니다), 그다음 주한미군은 철수해야 할 것입니다.

대통령은 연임제가 되어 두 번, 세 번, 다섯 번, 계속할 수 있게 되고 좌파들의 영구집권이 시작될 것입니다.

경제는 이미 베네수엘라의 길을 접어 들고 있습니다.

그러면 교회는 어떻게 될까요? 중국이나 북한처럼 될 것입니다. 이미 교회의 미래는 시한부 운명이 되었습니다. 이때가 되면 미국 영주권이나 시민권을 가진 자들은 여차하면 도망갈 것입니다. 그것이 너무 가까이 와 있습니다. 기독인들 특히 목사들 정신 차려야 합니다.

이번 8월 15일 전 국민들이 아스팔트로 몰려나와 홍콩시위를 능가하는 단합된 의지를 전 세계에 보여줘야 합니다. 이것이 이쩌면 대한민국의 최후의 기회가 될지도 모릅니다."라고 했습니다.

또한 박승학 목사는 '한국교회 목사님들에게' 라는 칼럼에서 "우리들의 소중한 자녀들이 평화로운 나라에서 행복하게 살게 하려면 이 나라가 자유민주주의 나라로 존재해야 합니다. 그러나 지금 이 나라의 상황을 보면 이대로 간다면 수년 내에 사회주의 연방제로 헌법이 개정되고 종북 친중 정부가 될 것을 우려합니다. 경제는 점점 더 악화되고 그리스보다 더 상황이 나쁜 베네수엘라처럼 될 것이라 우려됩니다.

그 때가 오면 기독교는 어떻게 될까요? 가장 확실하게 핍박을 당할 집단은 기독교일 것이고 기독교인들일 것입니다. 그때가 되어도 귀하의 교회는 안전하리라 생각합니까? 아니면 돈을 챙겨 외국으로 도망치렵니까? 저의 우려가 기우였으면 좋겠습니다.

성령의 아홉 가지 은사 중 영 분별의 은사가 있는데 만일 지금 이 시대의 국가의 정세와 정치적 상황이 얼마나 엄중한지를 분별치 못한다면 그는 성령의 사람이 아닌 가짜입니다. 예수 이름을 이용하여 밥이나 먹고 사는 예수님 덕에 호강이나 하는 가련한 삯꾼이라 생각합니다.

만일 분별하고도 뭔가 잃을 것이 있거나 불이익 당할 것을 우려하여 침묵하고 행동하지 않는다면 겁쟁이 비겁한 졸장부라 생각합니다.

지금 이 시간에도 영하의 추위에도 이 나라를 위하여 나라가 공산화될까 우려하여 청와대 앞 아스팔트 도로에서 텐트 속에서 눈물로 기도하고 있는 이름없는 성도님들을 생각해 보았는지 모르겠습니다.

저는 목사라는 성직을 받은 자들이 종북 친중 공산주의자 문재인에게 아부 동조하거나 아니면 이러한 위기를 못 본체 외면하고 침묵하는 비겁한 목사들에게 분노하고 있습니다."라고 했습니다.

19) 광화문 신당에 대하여(홍무열 목사)

지금 김문수 지사가 작심을 하고 한국당이 아닌 다른 신당 창당을 주창하고 나섰다.

본래 좌파의 힘은 사회주의가 가지고 있는 노동자론에 있다. 왜 사람이 사람을 지배하고, 노동을 착취하느냐? 하는 것이다. 그러면서 노동자가 단결해서 부당하게 노동을 착취하는 세력을 제도적으로 없애고, 노동자의 노동 댓가를 정당하게 받는 사회를 만들자는 것이다.

그러면, 여기에는 두 가지 시너지 효과가 생긴다. 그중 하나는 '좋다 그렇게 하자'는 세력들이 강하게 결집하게 된다. 이들은 세상이 뒤

집어지기를 원하는 상처받은 자, 혹은 평등을 꿈꾸는 순수한 자들이다. 또 다른 하나는 그런 투쟁 세력에게 동조할만큼 수고하고 헌신하는 지도자들이다.

문제는 사회주의 이론이 순수하고 아름다운만큼, 그 세력을 이끄는 자들이 그만큼 순수한가? 하는 것이다.

19세기 초엽(1917년) 볼세비키 혁명이 동구라파에서 성공한 것은 당시 사회가 중세봉건시대 후기로 썩을대로 썩고, 부패할대로 부패한 그야말로 사회주의가 꼭 필요한 가진 자, 못 가진 자가 극명하게 드러나는 사회였기에 성공확률이 높았다. 오죽했으면, 미국도 초기에는 사회주의를 동조하지 않았는가?

중국도 모택동이가 장장 60,000키로의 장정을 국민당 장계석에게 쫓겨가면서도 민심을 잃지 않은 것은 그들의 헝그리, 섬김 정신 때문이었다. 배고픔, 굶주림 죽음속에서 노동자들의 천국 이상을 심으며, 모범을 보였기에 그들은 노동자들의 힘을 하나로 결집할 수 있었다. 당시 모택동의 게릴라군들은 군복도 없고, 군화도 없고, 맨발에 물통과 소총 하나로 당시 세계 최고의 군대인 장계석 국민당을 갈아엎고, 중국 대륙에 사회주의 깃발을 꽂을 수 있었다.

지금의 우리 사회에서 이런 사회주의를 외치는 자들에게 문제가 되는 것은 크게 두 가지다. 먼저 하나는 그들 역시 초기 사회주의 혁명가들처럼 모범적이고 헌신적인가? 하는 것이다. 또 다른 하나는 그렇게 성공한 사회주의가 왜 실패했는가? 하는 것이다.

그러면서 이들이 남긴 것은 엄청난 부조화의 상처만 남겼다. 사회주의는 이론이 좋은 만큼 엄청난 선동력이 있다. 그리고 그 선동에 넘어간 자들의 피와 땀의 댓가에 무엇을 지불했느냐? 하는 것이다. 그 이론을 따른 자들의 말로는 결국 더 큰 실의와 좌절뿐이었다.

지금 사회주의가 예전이나 지금이나 평등한 사회인가? 그들의 슬로건대로 가난하고 소외된 자들이 없는가? 동구라파는 사회주의가 시작되면서 두 가지가 확실해졌다. 그들의 평준화는 모두를 가난하게 했고, 그냥 그렇게 살 수 없어서 자진 해산을 해야 했다. 구소련의 무너짐은 외세의 힘이 아니다. 자진 선택이다. 당시의 고르바조프는 그냥 자진해서 백기를 던졌다. 그리고 아직 그 사회주의를 버리지 못한 구소련의 반쪽 러시아는 지금도 그 가난을 빠져나오지 못하고 있다. 그나마 러시아와 중국이 수정사회주의(자본주의, 즉 자유민주주의의 사유재산권 인정)로 수정을 했기에 그나마 극빈곤은 면하고 있다. 그러나 그들의 꿈인 계급없는 사회, 평등한 세상은 꿈도 꾸지 못하고 있다. 다 속은 것이다.

몇년 전에 베트남에 간 적이 있다. 거리에 서서 도로를 건너려 하는데, 웬 젊은 공안 친구가 나이 많은 어르신을 부르더니 그냥 따귀를 쳐올린다. 그런데도 누구도 말리지 않고, 그 노인은 사정을 하면서 맞고 있다. 물어보니 뭘 조금이라도 잘못하다 공안에게 걸리면, 나이 상관없이 맞고, 고초를 겪는단다. 지금 우리 사회와는 비교가 안 된다. 그것이 계급없는 공산국의 현실이다. 공산주의 국가에서는 공안 즉 공산당이 최고다. 그들 이론대로라면, 공산당은 혁명을 위해 수고한 공로가 있는 사람이고 공산당이 아닌 자는 그런 공로가 없는 자들이다. 그래서 차별화 된다. 아니지 않는가? 본래 그들의 이론대로라면, 공산당원의 수고로 혁명이 완성되었으면, 그냥 그 공로로 끝나고, 그냥 일반 인민과 똑같이 평등한 사회가 되어야 맞지 않나? 이것이 공산주의의 허상이다. 베트남, 중국도 그렇지만, 우리 북한도 똑같이 겪었다. 김일성과 반하는 세력은 다 숙청 당했다.

김일성은 그렇게 자기와 함께한 자들, 여운형, 박헌영 등 다 죽인 놈이 남한의 이승만을 욕할 때는 '김구'만을 내세우면서 마치 이승만이 김구를 죽인 것처럼 몰고 간다. 그래서 남한의 주사파들은 대한민국의 건립 공로자를 이승만, 박정희를 부인하고, 오로지 김구만을 이야기한다. 그들은 김일성이 죽인 수많은 인사들에 대해서는 함구일언이다.

그러면 지금 우리 사회, 특히 정권을 잡은 문재인과 그를 따르는 주사파 무리들은 과연 그들이 꿈꾸는 사회주의, 공산주의, 더 좁혀서 김일성 주체사상 주창자들은 과연 그들의 혁명을 성공 시킬 수 있겠는가? 또 성공할 자질을 갖추었는가?

나는 단언컨데 '아니다' 이다. 이것은 내가 자유민주주의자이기 때문에 그런 생각을 갖고 싶은 것도 부인하지 못하지만, 이들은 누구 하나 정말 사회주의자들이 가지고 있는 이상만큼이나 도덕적이고, 양심적인가를 물으려 하면, 한 사람도 그런 사람이 없다는 것이다.

이것을 확실하게 보여준 모델이 '조국' 이다. 조국을 털어보니 소위 강남 좌파의 대표적인 인물이었다. 그러고 보니 조국을 옹호하는 무리도 같은 패거리들이다. 이번에 민주당 젊은 후보로 뽑힌 친구의 말이 어불성설이다.

그 친구 왈, 조국 부부의 행위는 당시 강남 부자들의 관행이란다. 정말 내로남불이다. 그러면 그 젊은 친구도 똑같은 놈이다. 그런 조국을 지지하고 따르는 친구들이나, 옹호하는 문재인 세력들은 이미 순수 좌파에게는 원수같은 존재로 먼 이웃이 된 것이다.

그리고 지금 이들은 이제 온갖 기득의 권세를 가지고 자신들을 변호하고, 옹호하는 것에 써먹고 있다. 지금의 여당, 문재인 당은 자유민주주의의 기본 가치를 무시하고, 초법적 행위를 밥먹듯 한다.

이들 수법이 언제 해먹던 버릇인가 생각해 보니 전두환 정권때 소위 민주화 투쟁을 한답시고, 법망을 피하기 위해 때로는 떼거지를 쓰고, 그게 안 되면 그에 맞는 법령을 고치도록 여론몰이를 하고 해서 싸우던 버릇이다. 그때 당시의 단련된 초법적 대응의 솜씨가 정권을 잡은 지금 거침없이 나온다. 그 예가 조국이의 법무부장관 단독 인사청문회다. 한국당이 준비가 안 되어 인사청문회를 미루니까 자기 혼자서 기자들을 초청해서 국회를 민주당 빽으로 빌려서 전 국민을 상대로 했다. 기가 막히고 코가 막히는 발상이다.

지금 이 정부 들어 이런 행태가 정당과 법원도, 언론도, 여론몰이 모든 것을 그렇게 해나가고 있다. 조국과 문재인, 김경수, 유재수 등 정부의 핵심 인사들의 비리, 범죄행위가 드러나서 자기들이 세운 검찰총장이 법으로 이들을 다루려 하니, 법무부장관을 두 번이나 바꾸면서 검찰 담당 수사관들을 좌천시키고 있다. 실로 초법적이다.

그래서 민변이 일어나고, 실무 검찰들이 반발하고, 전국의 6,000여 교수들이 성명을 내도 눈하나 깜짝 않는다. 목사들이 일어나고, 수백만 성도들이 매일 집회를 해도 유투브 외에는(TV조선은 제외) 일체 방송을 않는다. 경제가 망해가는데 곧 죽어도 잘되고 있단다. 도대체 어디가 잘 되고 있단 말인가?

그래서 나는 이들의 혁명이 세 가지 큰 이유로 이들은 반드시 실패한다. 하나는 이 땅에 복음이 깊이 들어와 있기 때문이다. 복음과 사회주의는 공존할 수가 없기 때문이다. 어찌 유신론과 무신론이 합할 수 있겠는가? 또 하나는 이 나라가 이미 자유민주주의의 가치가 그래도 사회주의, 특히 김일성 주체 사상보다는 낫다고 하는 자들이 많기 때문이다.

그리고 나머지 결정적인 이유는 이 사회를 사회주의로 이끄는 무리들이 그들이 주창하는 사회주의와는 너무나 거리가 먼 부르조아 세력들이기 때문이다.

이들은 데모를 해서 이익만 쟁취할 줄 알았지. 그 쟁취의 결과가 춥고 배고픈 사회주의, 인민민주주의라는 사실을 알면 다 도망갈 졸부들임이 만천하에 드러난 것이다.

조국, 임종석 같은 친구들은 데모로 부를 쟁취한 친구들이다. 그리고 대기업의 민주노총도 그냥 어슬렁어슬렁 일하고, 억대의 연봉을 받는 것이 이미 방송에서 다 알려졌다.

이는 한국당이나 민주당이 다 같다. 왜 보수 우파인 내가 한국당을 함께 비방하나? 그나마 한국당이 민주당보다 나은 건 사실이다. 그나마 자유민주주의를 주장하는 이들이 많은 것이 사실이니. 그러나 한국당은 문재인 정권이 나라가 개판으로 가도 그것을 막지 못한 잘못이 크다. 지금 이 나라는 한국당이 책임을 다하지 못해서 빚어진 결과다.

그들은 170석을 확보하고도 방심하다가 탄핵도 당하고, 정권도 내줬다. 그러면서도 최근까지 집안싸움을 하고 더 이상 문재인이 사회주의로 가지 못하게 하는 역할을 못하고 있다.

그래서 광화문이 신당 카드를 들었다. 이들은 아무도 광화문 집회를 나오지 않는다. 아니 광화문 집회를 무시한다. 광화문이 그냥 우리 보수파이겠거니 한다. 그래서 이번 설날을 기점으로 광화문에서 전광훈, 김문수가 신당 창당을 외쳤다.

나는 이 신당 창당을 환영한다. 나 역시 광화문 투사들 만큼이나 자한당을 지지하고 기다렸다. 그러나 지금의 자한당은 유승민을 끌어안으려 한다. 그래서는 안된다. 그런 배신자를 끌어 안고, 보수 전체적 지지를 받기 힘들다. 그런 관점에서 종합하고 다시 살펴보니 자한당의 한계가 보인다.

자한당으로는 안되는 것이다. 지금 나는 나라가 두 쪽이 나더라도, 그래서 어떤 어려움을 겪게 되더라도 제발 신당이 나왔으면 좋겠다.

기왕이면 자한당을 뛰어넘는 강인한 보수당이 나왔으면 좋겠다.

그래서 지금의 자한당이 바싹 엎드려서 신당과 합하면 그나마 가능성이 있을 것 같다. 단언컨대, 지금 자한당의 흐름으로는 민주당을 못이긴다.

박대통령 탄핵은 사기다. 주사파로의 정권 이양은 문재인의 촛불의 힘이기도 하지만, 실상은 한국당의 오만방자함이 만든 비극이다. 이것을 부인하는 사람은 없을 것이다. 탄핵은 자한당이 협조를 안 했으면, 절대로 이루어지지 않을 사기극이었다. 김무성, 유승민의 어리석음이 부른 화이다. 그런데도 이들은 뉘우치지 않는다. 그저 정권만 다시 잡으면 속죄가 되겠거니 한다. 정말 파렴치한 놈들이다. 그러면 그동안 노력이라도 좀 하든지 하지.

자한당은 국민들을 거리로 내몰아 놓고, 지들은 다시 권력 놀음을 하고 있다. 무능하고, 어리석은 놈들…

그래서 다 갈아야 한다. 새로운 민주세력이 자리를 잡아야 한다. 자유민주주의가 피땀의 수고로 이루어짐을 보여 줄 투사들, 자유민주주의 수호를 위해 목숨 바칠 각오가 되어 있는 공부한 민주 인사들이 필요하다.

한번도 땀을 흘리며 일해보지 않은 자들이 무슨 주의를 운운하는 세상이 되지 않도록 새로운 세상을 만드는 것이 우리의 새 당면 과제라 생각한다. 감사합니다.

20) 진짜 교회와 가짜 교회 / 진짜 목사와 가짜 목사를 분별하라

난세에 영웅이 태어나며, 국가가 어려울 때 충신이 나오며(어진 재상을 알아 보고), 가정이 어려울 때 어진 아내를 알아 본다고 했습니다.

우리가 살고 있는 자유민주주의 국가인 대한민국이 참으로 위태롭습니다. 지금처럼 자유민주주의와 시장경제로 가느냐? 아니면 사회주의 및 공산주의(국가 배급 경제)로 가느냐? 하는 기로에 서 있습니다.

이런 시국 상황에 대한 교회와 목사들의 자세들을 살펴보면 하나님의 말씀대로 준행하는 진짜와 가짜를 바로 알 수 있습니다.

우리가 살아 가는 이 세상에는 각종 질서를 위해 지켜야 할 여러가지 규칙들과 규범들과 법칙들이 있습니다. 모든 단체에는 규약들이 있고, 회칙들이 있으며, 법률들이 존재합니다.

그러나 예수 믿는 사람들에게는 이 모든 법 위에 우선 되는 법이 있습니다. 세상의 법보다 더 우위에 있는 법은 곧 성경입니다. 성경 위에 그 어떤 법이 존재할 수가 없습니다. 성경 위에 그 어떤 사상이나 이념이 존재할 수가 없습니다.

하나님께서 자신이 하신 말씀을 기록한 성경을 우리에게 주신 이후부터 성경이 왕입니다. 최고의 권위가 성경입니다. 성경보다 더 높은 권위가 없습니다. 개인의 어떤 생각도, 주장도, 사상도, 신념도, 이념도 성경 위에 둘 수가 없습니다.

우리의 모든 생각도, 말도, 행동도 성경의 잣대와 기준에 합당해야합니다. 아무리 뛰어난 사람의 생각이라도, 아무리 훌륭한 사람의 말이라도, 모든 사람들에게 존경을 받는 사람의 행동이라도 성경의 권위보다 아래에 있습니다.

진짜 성도는 하나님의 말씀인 성경의 가르침대로 행해야 합니다. 여러분의 마음에 심겨진 하나님의 말씀인 성경의 가르침을 겸손하게 받아 드려야 합니다. 이 말씀은 여러분의 영혼을 구원하는 가르침이기 때문입니다.

하나님의 말씀인 성경의 가르침대로 행하세요. 듣기만 하고 행하지 않는 사람이 되어서는 안됩니다. 앉아서 듣기만 하는 것은 자신을 스스로 속이는 것입니다.

하나님의 말씀인 성경의 가르침을 듣고 아무 것도 행하지 않는 사람은 마치 거울을 들여다 보고 있는 사람과 같습니다. 그는 자기 얼굴을 들여다 보고도 일어나면 금방 자신의 얼굴이 어떠했는지 잊어 버리는 것과 같습니다.

그러나 하나님의 사람은 들은 것을 잊어 버리지 않고 그 말씀대로 행하는 사람입니다. 이러한 사람은 그 행하는 일에 복을 받을 것입니다.

사도 바울은 말하기를 "의와 불법이 어찌 함께하며, 빛과 어둠이 어찌 사귀며, 그리스도와 벨리알이 어찌 조화되며, 믿는 자와 믿지 않는 자가 어찌 상관하며, 하나님의 성전과 우상이 어찌 일치가 되리요"(고후6장)라고 하시면서 "너희는 믿지 않는 자와 멍에를 같이 하지 말라"(고후6:14)고 명령하셨습니다.

천지만물을 말씀으로 창조하신 하나님을 믿고 가르치는 목사(교회)가 어찌 하나님을 거역하는 사상과 이념을 가진 유물론과 무신론을 주장하는 인본주의와 진보와 좌파와 사회주의와 공산주의를 지지하며, 찬성한다는 말입니까? 그것은 있을 수 없는 일이며, 있어서도 안 되는 배교요, 배역입니다.

사도 바울은 말하기를 "우리의 싸움은 혈과 육이 아니요 통치자들과 권세들과 이 어둠의 세상 주관자들과 하늘에 있는 악한 영들을 상대함이라"(엡6:12)고 하셨습니다.

지금 우리의 싸움은 일반인들이 생각하는 '여·야'의 정치적인 싸움이 아니며, 좌파와 우파의 이념 논쟁 이전에, 진보와 보수의 정치적인 투쟁과 대립이 아니라 기독교를 최대의 적으로 알고 있는 공산주의자(주사파)들과의 영적인 싸움입니다.

　현 우리나라의 시국상황에 대한 성도들과 교회와 목사들의 자세들을 분류해 보면 – 제가 그동안 주변에서 겪은 사람들을 보면 7가지 부류가 있습니다.

　1. 정부(공산화)에 적극 협조하는 교회
　2. 정부(공산화)에 겉으로 협조하지는 않지만, 정부(공산화)에 반대하는 교회를 비난하는 교회
　3. 이 쪽과 저 쪽도 아니라 눈치 보는 교회
　4. 우리는 정치에 관심 없다고 하며 침묵하는 교회
　5. 정부(공산화)에 반대하지만 행동하지 않는 교회
　6. 정부(공산화)에 반대하지만 적당히 눈치 보는 교회
　7. 정부(공산화)에 반대하며 행동하는 교회

　보스턴 대학살 기념관 밖에 있는 비석에 새겨진 그 유명한 '마르틴 니묄러'의 시를 떠올리게 합니다.

　"나치는 처음에 공산주의자를 숙청했다.
　나는 공산주의자가 아니기에 침묵했다.

　그 다음엔 유대인을 숙청했다.
　나는 유대인이 아니기에 침묵했다.

　그 다음엔 노동조합원을 숙청했다.
　나는 노동조합원이 아니기에 침묵했다.

그 다음엔 가톨릭교도를 숙청했다.

나는 개신교도였기에 침묵했다.

마지막에 그들이 내게로 다가왔을 때

나를 위해 말해 줄 이가 아무도 남아 있지 않았다."

이 시비(詩碑)를 도심에 세운 것은 '침묵은 잠시 침묵자의 통행증이지만, 결국 침묵자의 묘지명이 될 것'이라는 점을 시시각각 사람들에게 일깨워주기 위함이다.

여러분과 여러분이 출석하는 교회와 목사님은 어디에 속하십니까? 그것을 어떻게 파악할 수 있느냐?하면 이렇게 질문해 보세요 "목사님은 광화문 집회를 어떻게 생각하세요?" 그리고 "목사님은 광화문에 가 보셨나요?"

이 말이 걸림이 되면 가짜입니다. 마음에 갈등이 생긴다면 "내 백성아 거기서 나오라"(계18:4)는 하나님의 말씀을 순종하시고, 말씀 중심의 교회, 진정한 교회로 옮기시기 바랍니다.

지금 한국에선 대통령이라는 자와 그를 지지하고 신봉하는 친중, 친북, 종북 좌파들이 드러내 놓고 노골적으로 공산화를 위한 대한민국 허물기를 하고 있지만 아직도 그들을 맹목적으로 지지하는 어리석은 사람들도 있고, 대다수 국민들은 그것을 알면서도 먹고 살기 바쁘다며 침묵하고 방관하고 있습니다.

종북 좌파들이 대한민국을 허물어 공산화를 진행하는 것을 뻔히 보면서도 이를 방관하고 침묵한 댓가는 실로 끔찍할 것입니다.

악을 보고도 침묵하는 것은
그 자체가 악이다.
하나님은 그런 우리를
죄 없다 하지 않으실 것이다.

7. 전광훈 목사의
발언에 대한 논란

　과거 2005년도에 대구 서현교회에서 개최했던 「성령의 나타남」이
라는 '목회자 세미나'에서 전광훈 목사의 발언을 뉴스앤조이의 최재
호 기자의 기사로 인하여 많은 논란이 되었으며, 뜨거운 감자가 되었
습니다. 그 당시에 전광훈 목사를 변론했던 글들이 많았지만, 그중에
두 개의 글이 선정되었습니다. 하나는 '조국과 조국 교회의 회복을 꿈
꾸는 자'라는 필명의 글과 또 하나는 김호근 대학생이 쓴 글이었습니
다. 그 후에 '조국과 조국 교회의 회복을 꿈꾸는 자'라는 필명의 글을
각색하여 비슷한 글들이 많이 있었던 것을 알게 되었습니다. 그때 제
가 '조국과 조국 교회의 회복을 꿈꾸는 자'라는 필명으로 작성한 글
이었음을 이제야 밝힙니다.

1) 과거의 논란(2005년)

(1) 전광훈 목사가 밝히는 '빤스 발언'의 진실(2011년)

　전광훈 사랑제일교회 목사(청교도영성훈련원장)가 " '빤스 내려라 해

서 그대로 하면 내 성도요, 거절하면 내 성도 아니다'라는 발언의 의
도가 악의적으로 왜곡됐다"며 해당 기사를 쓴 언론사를 상대로 법적
대응을 하겠다고 밝혔다.

〈한겨레〉는 지난 8월 30일 전광훈 목사가 주도한 기독자유민주당
창당을 앞두고 전 목사의 지난 발언들을 환기하는 기사를 보도했다.
전광훈 목사는 "언론사들이 지난 2005년 〈뉴스앤조이〉 1개 기독교
언론사가 취재해서 쓴 내용을 그대로 받아쓰면서, 내 해명 한 줄 붙이
지 않았다"며 "6년 전 발언이 계속 이야기되면서 내 이름 앞에 악의
적으로 '빤스 발언을 한'이라는 수식어가 붙어 상당한 모욕감을 느끼
고 있다"고 말했다.

〈한겨레〉는 지난 22일 서울 시내 한 호텔의 커피숍에서 전광훈 목
사를 만나 그가 어떤 취지로 해당 발언을 했는지 해명을 들어 봤다.

전광훈 목사는 지난 2005년 1월 19일 대구 서현 교회에서 열린 청
교도영성훈련원 목회자 집회에서 목사 2000명을 상대로 '성령의 나
타남'이라는 주제의 강연에서 해당 발언을 했다. 전 목사는 "'목사가
성도의 신뢰와 존경을 악용해서는 안 된다'는 취지로 해당 발언을 했
다"고 주장했다.

전 목사는 "어떤 목사가 여집사와 불륜관계에 있었다. 그 목사가 검
찰에 불려가 조사를 받는 과정에서 '나는 책임 없습니다. 집사님이 꼬
셔서…나도 피해자입니다'라며 모든 책임을 성도에게 돌렸다더라. 나
는 그 목사의 잘못을 설명하는 과정에서 '성도들이 목사 좋아하는 것
은 선이 없다. 성경책을 보면 성도들이 사도 바울에게 눈까지 빼준다.
생명도 바친다. 우리 교회 집사님들은 나 얼마나 좋아하는지 내가 빤
스 벗으라면 다 벗어. 목사가 벗으라고 해서 안 벗으면 내 성도 아니
지. 그런다고 해서 집사들에게 책임을 지우면 되겠느냐'라고 말했다.

이런 맥락에서 한 발언"이라고 주장했다.

전 목사는 '인감 도장 가져오지 않으면 내 성도가 아니다'라는 발언도 같은 선상에서 나온 것이라고 주장했다. 그는 "사도 바울에게 생명까지 바치는 성도들이 인감도장 못 가져 오냐. 그러나 성도들이 인감도장 가져온다고 해서 그걸 목사가 악용하면 되느냐. 내 취지는 성도 중에 집 바치고 통장 바치는 사람이 있는데, 그걸 들고 미국으로 도망가는 목사들도 있어, 그들을 책망하기 위함이었다"고 말했다.

전 목사는 2005년 자신의 발언이 보도되고 난 뒤 기독교 신문 기자들이 조사위원회를 꾸려 발언의 진위에 대한 조사가 이뤄졌고, "그 조사로 이미 발언 진의의 왜곡이 확인됐다"고 말했다.

실제로 〈뉴스앤조이〉의 보도 직후인 지난 2005년 1월 말, 10개 기독교 언론사의 청교도 영성훈련원 출입 기자들이 모여 '전광훈 목사 팬티 발언 조사위원회'를 구성했다. 조사위원회는 4개 언론사로 조사단을 꾸렸다. 조사단은 전 목사의 청교도영성훈련원 집회에 참석한 목사 2000명 가운데 무작위로 100명을 뽑아 전 목사 발언을 어떻게 들었는지를 묻는 방식으로 조사를 진행했다. 전광훈 목사는 "조사에 응한 목회자 가운데 1% 이상이 '팬티를 벗으라 해 벗으면 내 성도이고, 벗지 않으면 내 성도 아니다'라는 내용 그대로 받아 들였다면 스스로 목회 현장을 떠날 것을 약속했다"고 말했다.

당시 조사 결과 응답한 목사 100명은 모두 "당시 설교가 '성경을 설명하는 과정에서 예화와 풍자적으로 설명한 것이지, 실제 팬티를 벗으라고 강요한 말은 아니다. 그렇게 들었다면 전 목사를 향해 항의했을 것이며, 집회 도중에 자리를 떠났을 것이다"라고 한 목소리를 냈다.

2005년 2월 20일자로 발행된 조사보고서는 "조사에 협조한 목회자 모두는 '진보언론으로 분류되고 있는 모 언론매체가 극우 성향의 전광훈 목사를 도덕적으로 상처입히기 위해 기획, 연출한 언론 폭력으로 볼 수밖에 없다고 평가했다' "고 썼다.

당시 조사위원회는 유달상 당시 기독교신문 편집부국장(현 크리스챤 신문 편집국장), 백상현 국민일보 기자, 이재호 크리스챤 신문 기자, 전광훈 목사 소속 교단지인 기독신보의 문병원 부장으로 구성됐다.

전 목사는 "세상 사람들이 기독교 교리를 설명하는 내용을 들으면 이해할 수 없다"며 "목회자를 대상으로 세미나를 할 때는 언론은 취재해서는 안 된다"고 말했다.

전 목사는 "나는 교회를 세속으로부터 지켜야 한다고 생각한다"며 "내가 언젠가 여름에 큰 기도원 높은 강단에서 설교하다 바닥에 앉은 성도가 가슴 파진 옷을 입고 와서 위에서 보고 '젖꼭지 새카만 게 다 보여. 그런 옷 입고 오면 되겠냐'고 발언한 적 있다"며 "그 발언도 뉴스앤조이가 발언만 따서 보도하며 여성학 교수한테 '그 발언이 수치감을 일으킨다'는 멘트를 따서 내가 성희롱적 발언을 했다고 보도했다"고 말했다. 전 목사는 "그러나 그 자리에 있었던 여집사님들은 아무도 내 발언으로 수치심을 느끼지 않았다"며 "아, 이제는 교회 올 때는 파진 옷 입지 말아야 한다'고 생각하면서 '아멘'을 외치고 다 같이 웃었다"고 말했다. 전 목사는 "세속에서 그 발언만 따서 보도하니 문제가 되는 것"이라고 주장했다.

전 목사는 해당 발언들이 사회적으로 논란이 되고 있으며, 인권 감수성이 부족한 발언이라고 지적하자 "성경책 안에는 내가 한 말보다 더 진한 말들이 수도 없이 기록돼 있는데, 그건 왜 문제 삼지 않느냐"고 답했다. 기독교 방송 등 텔레비전 프로그램에서 다른 목사 혹은 다른 종교지도자들이 강연할 때 성적으로 노골적인 이야기가 훨씬 많지만 그 발언들은 문제되지 않는다고 했다. 전 목사는 "내가 대한민국 정체성을 들고 문제 삼으며 종북주의자들을 비판하니 그들이 나를 폄훼하는 것"이라고 말했다.

전 목사는 "한국 목사들이 그렇게 만만한 사람들이 아닌데, 내가 정말 '빤스를 벗어야 내 성도'라는 뜻으로 발언했다면 목사들이 내 설교를 계속 듣겠냐"며 "그런 의도가 아닌 것이 목사들 사이에서는 서로 교감이 되기 때문에 지금도 내가 집회나 부흥회 하면 1만명씩, 수천 명씩 와서 내 설교를 듣는 것"이라고 말했다.

전 목사는 "한 언론이 내가 발언하는 곳마다 취재 와서 보도해. 그런다고 내가 그 말을 한 번 하고 그만 두나. 보도하면 그 담 주엔 더 세게 말해. 전광훈 목사 막을 사람도 없다. 난 사역 안 할 생각하고 말해. 왜? 난 당당하니까."라고 말했다.

(2) 강석종 목사의 변론(2005년)

① 최재호 기자의 청교도 영성훈련원 전광훈 목사에 대한 기사 내용, 진실인가? 왜곡인가?

최재호 기자님! 지금도 사회 정의 구현을 위해 부지런히 뛰어 다니시겠죠? 독일의 히틀러 한 사람의 말이 모든 독일인들을 전쟁의 도가니로 몰아 넣어서 전 세계를 피로 물들인 것을 잘 아실 겁니다. 말이라고 하는 것은 그 말이 진실이든 거짓말이든 큰 위력을 가지고 있습니다.

과연 최 기자님의 눈에 비친 전광훈 목사님의 청교도 영성훈련원의 기사 내용이 사실에 기초한 진실일까요? 아니면 사실을 잘못 이해하여 왜곡한 것일까요?

사람이 어떤 사물이나 사건을 평가할 때의 기준이 무엇인지 잘 아실 겁니다. 어떤 사물이나 사건을 평가할 때 숲도 보고, 나무도 보고 평가를 내려야 하는데, 숲만 보고 평가를 내리거나, 아니면 나무 한 그루만 보고 평가를 내린다면 그것은 사실을 크게 왜곡할 것입니다. 그리고 기자의 눈은 많은 사실을 자기의 눈으로 해석하기 때문에 사실이기보다 왜곡할 경우가 많을 것입니다.

서울 금란 교회 집회때 12,000여명이 참석했고, 대구 서현 교회 집회에 2,000여명이 참석했다고 했는데, 이들의 눈과 최 기자의 보는 눈이 서로 다른가 봅니다.

그러면 무엇이 진실이었고, 무엇이 왜곡한 것인지 최 기자의 눈에 비친 기사 내용을 한번 자세히 살펴 보겠습니다.

첫째로, 오직 하나님의 영광을 위해 살았던 '청교도'들의 흔적을 찾아 보기 힘들었던 지극히 비정상적인 강연 내용과 그 강의에 몰입하는 무수한 청중들이 있을 뿐이었다고 하셨는데…,

그러면 지금 내가 태어난 조국 한국과 한국 교회를 위해 수고하시는 목사님들의 지식 수준이나 교육 수준이 – 참석한 목사님들이 대부분 합동측 목사님들이었다고 하신 것 같은데 그렇다면 그 목사님들이 졸업한 총신 대학의 교육 수준이 지극히 비정상적인 강연 내용을 분간하지 못할 정도로 어리석다는 것입니까? 아니면 지극히 비정상적인 강의에 몰입하는 무수한 청중들의 수준이 최 기자님이 보시기에 그렇게 무식하거나 어리석게 보였다는 말입니까?

총신대학의 교육 수준이나 목사님들의 교육 수준이 최 기자님의 수준보다 못하다는 말입니까? 도대체 우리나라 신학의 메카라고 할 수 있는 총신대학을 어떻게 보고 하는 말입니까? 정말 총신대학의 수준이 그 정도라면 교육인적자원부에 총신대학의 교육인가를 취소하라고 진정서를 제출하세요. 총신대학을 졸업하신 목사님들이 하나님의 영광을 위해 살았던 청교도의 정신도 분간하지 못하는 그런 어리석은 자들이라면 당장 인가 취소 탄원서를 제출하세요. 우리가 그런 것도 분별하지 못한다는 말입니까?

둘째로, 청교도라는 어색한 옷을 입은 신비주의 부흥사와 그 강의 앞에 성경도, 전통적인 교회의 고백도 던져 버리고, 오로지 목회 성공만을 꿈꾸는 '로또 인생(?)'들만 있을 뿐이라고 하셨는데…,

최 기자님은 교회를 다니십니까? 만약 교회를 안 다니신다면 그런 말을 할 자격도 없으며, 다니신다면 혹시 교회만 다니시는 종교인은 아닌지요? 기독교는 '신비'입니다. 성경은 '신비'입니다. 교회를 다니시는 분이라면 그 정도는 아실 줄 압니다.

사람이 어떻게 성경을 다 알 수 있습니까? 그리고 성경도 전통적인 교회 고백도 던져 버렸다고 하셨는데, 도대체 누가 성경도 버리고, 전통적인 고백도 버렸다는 것입니까? 전광훈 목사님의 강의를 들은 모든 분들은 오히려 성경의 신비함에 푹 빠져 버렸습니다. 전통적인 고백이란 '사도신경'을 말하는 것인데, 아무도 그런 사람이 없습니다. 오히려 최 기자님이 성경이나 전통적인 교회의 고백인 '사도신경'을 버린 것은 아닌지요? 정말 그렇다면 최 기자님은 종교인이지, 예수 믿는 사람은 아닐 것입니다.

또 목회 성공을 꿈꾸는 로또 인생(?)들이라고 폄하하셨는데, 지금의 한국교회가 어떤 상황인지 잘 아실 겁니다. 인구의 25%가 기독교인이라고 하지만 그 힘은 너무나 약합니다. 기독교가 인구 증가율에도 미치지 못하고 점점 줄어 들고 있는 실정입니다. 목회 성공이 아니라 산간벽지, 섬, 농어촌, 도시에서 개척하시면서 영혼 구원을 위해 몸부림치는 목사님들의 기도 소리가 최 기자님의 귀에는 로또 인생으로 보이다니요. 한국교회의 부흥과 경제 회복을 위해서 몸부림치는 목사님들을 '로또 인생(?)'이라니 너무 심한 말이 아닙니까? 로또 인생(?)이 잘못된 것이라면 로또 복권을 판매하는 정부에 '로또 복권 판매가 처분 신청서'를 법원에 제출하시든지 정부에 항의 서한을 보내든지 하세요

셋째로, 강의 내용이 한국교회의 병폐 중 하나인 비성경적이고, 비윤리적이며, 부적절한 어법으로 목사를 우상화하는 내용으로 채워진 '해괴한 강의였다'고 하셨는데…, 본질을 왜곡한 것은 아닐까요?

전광훈 목사님의 강의가 비성경적인 것이 아니라 더더욱 성경적이며, 비윤리적인 것이 아니라 말을 잘못 오해하여 그렇게 본 것이며 ─ 이것은 최 기자가 말의 참뜻을 파악하지 못한 것입니다. ─ 부적절한 어법으로 목사를 우상화한 해괴한 강의가 아니라 결코 자신을 우상화한 적은 없으며, 처음부터 끝까지 참석한 분들은 한결같이 말씀 중심의 강의라고 하며, 성령의 뜨거운 체험을 통하여 목회에 힘을 잃었던 분들이 활력을 찾으며, 교회들마다 놀라운 변화의 역사가 일어 나고, 성도들의 병이 고침 받고 하는 것은 어떻게 설명해야 할까요? 과연 이런 역사들을 최 기자님은 어떻게 설명하시렵니까?

넷째로, 하나님 앞에서 인간의 뜻과 이론은 무너져야 하며, 자신의 강의 앞에 신학도, 이론도, 지식도 내세우지 말 것을 반말로 거듭 강조했다고 했는데…,

예수 믿는 사람이 자기의 뜻과 이론을 가지고 신앙생활을 한다면 그는 예수 믿는 사람이 아니요, 교회를 다녀도 자기를 믿는 자일 것입니다. 이런 사람은 교회가 세상을 복음으로 변화시키는 것이 아니라 세상이 교회를 변화시키게 할 누룩이 될 것입니다. 교회를 처음 나올 때에야 인간의 뜻과 이론을 가지고 나오지만 믿음의 년수가 오래될수록

자기의 뜻과 이론은 하나님의 말씀 앞에 무너져야 합니다. 그리고 잘못된 신학과 잘못된 이론과 잘못된 지식은 내세우지 말아야 할 것입니다.

　물론 강의 중에 반말로 한 것은 사실이지만 부모가 자식에게 반말한다고 누가 그 부모를 잘못한다고 할 수 있겠습니까? 전광훈 목사님은 부모로서 자식된 이들에게 하는 어투로 한 말인데, 왜 그것을 가지고 그렇게도 야단입니까? 최 기자님은 자식에게 반말로 말하지 않습니까? 혹시 반말로 하지 않더라도 친구들이나 형제들이나 주위 분들이 자식에게 반말한다고 그분들을 이렇게 야단치십니까? 그러면 그런 사람들이 최 기자님 보고 뭐라고 할까요? 좋게 볼까요? 아니면 이상한 사람으로 볼까요?

　다섯째로, 신학적으로 매우 위험한 발언 – 예수님께서 하나님 앞에서 자신의 구속 사명을 두 번이나 거부하려 했다 – 도 했다고 하셨는데…,

　이것은 신학적인 것보다 하나님이 사람의 몸을 입고 오신 예수님이 갈보리의 십자가를 지시는 것이 인성을 가지신 예수님이 그만큼 힘들었다는 심정을 말씀하신 것입니다. 우리도 어떤 일을 앞두고 결단을 내리지 못할 때 너무나 괴로운 것처럼, 그러나 마음속으로 어떤 결단을 하고 나면 그 문제에 대해서 이제 편안한 마음을 가지는 것처럼 – 바로 이러한 심정을 말한 것이었는데 – 이것을 그렇게까지 왜곡시킬 필요가 없지 않겠습니까?

　여섯째로, 성령이 1년에 50km씩 이동하며 지금은 중국 내륙 지대를 통과한다고 주장하기도 했다고 했는데…,

　이것은 이런 의미였습니다. 성령은 말씀이 있는 곳에 역사 합니다. 말씀이 없는 곳에 성령은 역사하지 않습니다. 그래서 말씀 충만은 곧 성령 충만이며, 성령 충만은 곧 말씀 충만이라고 우리는 이미 그렇게 들어 왔고, 알고 있습니다.

그러면 세계 역사를 살펴 보면, 성령이 이동한 것을 알 수 있습니다. 복음이 예루살렘에서 출발하여 로마로, 그리고 프랑스로, 독일로, 네덜란드로, 영국으로, 덴마크로, 스웨덴으로, 노르웨이로, 불가리아로, 러시아로, 서부 유럽으로, 동부 지역으로, 미국으로, 아시아로 이동했음을 인류 역사는 증거하고 있습니다. 그리고 많은 사람들은 말하길 앞으로는 중국에서 큰 역사가 일어 난다고 증언하고 있습니다. 그러니 이 주장도 결코 허무맹랑한 주장은 아닙니다.

일곱째로, 성경에도 없는 자신의 강의 내용의 절대성 – 즉, 쪼개져야 한다, 내 강의 앞에 여러분의 이론과 신학은 없어져야 성령을 받는다. 이것은 성경에도 없어요 – 을 주장하였으나 참석자들은 '아멘' 으로 화답했다고 했는데…,

강의 내용이나 사상이 성경에 없다는 말이 아닙니다. 우리가 잘 알듯이 '삼위일체'라는 용어가 성경에 없지만, 그 사상은 성경에 수없이 많이 있습니다. 삼위일체라는 단어가 성경에 없지만 우리는 그것을 믿습니다. 전 목사님의 강의 내용 중에 '자신의 이론과 신학을 버리는 것' 을 '쪼개져야 한다' 고 한 것입니다. 구약 시대 이스라엘 백성들이 모세의 인도로 애굽에서 나와 가나안에 들어 가기 위해 광야를 지나갈 때 모세가 반석을 쳐서 – 쪼개어서 – 그들에게 생수를 공급해준 것처럼 자신의 이론이나 생각을 버려야 성령을 받는다는 뜻으로 설명한 것이었습니다.

이 사건을 잘 모르시면 다시 한번 성경을 자세히 읽어 보시길 바랍니다. 그런 의미로 말씀한 것이었기 때문에 참석자들은 '아멘'으로 화답한 것이었습니다.

여덟째, 자신의 사진을 붙여 놓고 기도했더니 성령이 나타났다. 새벽기도 시간에 제일 먼저 자신을 위해 기도하면 성령이 나타나며, 이것은 기도하는 자신들을 위한 것이라고 했는데…,

이것이 정말 해괴한 강의라고 하신다면, 며칠만 있으면 민족의 명절인 구정(설)이 다가 옵니다. 그러면 많은 사람들이 사진을 걸어 놓고 절을 합니다. 그러면 최 기자님은 그들에게도 해괴한 짓이라고 기사를 올리세요. 왜 그 일은 안 하십니까? 불교의 종주국이라고 할 수 있는 태국에서도 사진을 걸어 놓고 절을 안 한다고 하는데, 이 나라의 불교는 엉터리요 해괴한 짓이라고 기사를 만들어서 올리세요. 그런 일은 용기가 없습니까? 왜 아직까지 그런 기사는 안 쓰시나요?

아홉째, 목사를 위해 죽으려는 자가 70% 이상이다. 내가 손가락 1개 펴고 5개라 하면 다 5개라 한다. 어떤 의미에서 목사는 교주가 되어야 한다는 주장에 대하여…,

우리나라 기독교나 성도들의 결속력을 어떻게 생각하십니까? 개인적으로는 잘 하는 것 같은데 대부분의 사람들이 연합은 잘 안된다고 합니다. 그런데 잘못된 단체들의 결속력은 대답합니다. 교회는 하나님이 세우신 단체인데 그들보다 왜 단결이 잘 안 될까요? 조직폭력배들은 잘못된 일인 줄 알면서도 보스를 위해서 대신 감옥에 가기도 하고, 죽기도 합니다. 그리고 이단들도 그런 것 같습니다. 이들은 잘못된 것인 줄 알면서도 그렇게 합니다. 우리는 잘못된 단체도 아닌데 왜 이럴까요? 목사님을 통해서 주시는 하나님의 말씀이 그들에게 없는 것은 아닐까요? 사도 바울을 위해 눈이라도 빼어 주고, 목이라도 내놓을 사람이 이 시대에는 없는 것이 아닐까요? '말괄량이 길들이기'라는 말을 잘 아실 겁니다. 손가락 1개를 펴서 그것을 5개라고 말했다고 해서 큰 죄라도 지은 것입니까? 그렇게 했다고 해서 지옥 가는 것입니까?

열번째로, 이 성도가 내 성도가 되었는지 알아 보는 2가지 방법 중에 하나는 여집사에게 '빤스 내려라 한 번 자고 싶다' 그렇게 말해서 그대로 하면 내 성도요, 거절하면 '똥' ("똥이 아니고 '뻥'이다"입니다. 이것을 보니 듣는 귀도 아주 어두운가 봅니다)이다. 또 하나는 인감 증명을 끊어 오라고 해서 아무 말 없이 가져 오면 내 성도요, 어디 쓰려는지 물어 보면 '아니다' 그리고 "목사 앞에 성도들이 깨어질 때 성령이 나타난다"에 대하여…,

그 교회 여집사에게 "빤스(팬티) 내려라 한번 자고 싶다" 그렇게 해서 당한 사람이 있으면 나와 보라고 하라. 아무도 없을 것이다. 어느 목사님이 그렇게 하겠는가. 아무도 그렇게 안 할 것이다. 말의 의도를 잘 알고 기사를 써야지, 이게 도대체 무슨 난리입니까? 쓸데없이 성도들에게 목회자의 불신을 심어 놓는 저의가 무엇입니까?

아무리 이 사회가 질서를 파괴하지만 도대체 왜 그러세요? 인감 도장을 목사님께 가져 가서 망한 사람 있습니까? 그 교회에 한번 찾아 보세요? 있는지? "보화를 땅에 쌓지 말고 하늘에 쌓아라"고 하지 않았습니까? 전광훈 목사님을 저도 잘 모르지만 댁은 더 모르십니다. 성도들이 승용차를 사 주면 그 차를 팔아서 어려운 성도들에게 줘 버리고, 또 사 주면 또 그렇게 하시는 분인데 왜 그러세요? 그 정도의 교회 규모 같으면 좋은 아파트에서 살 수 있는데도, 직접 한번 가 보세요. 어떤 곳에서 사시는지? 이 나라와 민족을 살리고, 한국교회를 위해서 생명 바쳐 수고 하시는 목사님께 칭찬과 박수를 하지는 못할망정 그렇게까지 매장 시키려는 저의가 무엇입니까? 최 기자님! 회개 하세요.

열한번째, 자신의 강의에 부정적인 생각을 하는 자들에게 성령이

안 나타난다고 했으며, 마치 자신이 하나님이신 성령을 줄 수 있는 것처럼 주장했다고 하셨는데…,

하나님의 말씀을 올바로 깨닫지 못하는 사람이 어떻게 남을 평가할수 있겠습니까? 그의 말이 사실이라면 그 사람도 존경하는 것은 당연하지 않겠습니까? 최 기자님은 그 사람의 말이 진실이라면 그 사람도 존경하시겠죠? 말만 좋아 하고, 사람은 싫어하십니까? "나무도 좋으면 열매도 좋다 하라"고 예수님이 말씀하셨습니다.

자신이 성령을 줄 수 있다는 말이 아니라 그렇게 사모하라고 한 뜻이 아니었을까요? 어떻게 사람이 성령을 주고 받을 수 있다는 말입니까? 물론 성경에도 목사님의 안수를 통하여 성령을 받는다고 한 곳도 있지 않습니까?

열두번째, 앞서 언급된 성희롱적인 표현이 계속된다고 하면서 "자신의 강의대로 하면 방언이 터지고 입신을 하는데, 입신해서 누운 여집사 빤스 벗기지 말고"라는 이 말에 대해서…,

정말로 전광훈 목사님의 강의대로 하니까 방언을 하고, 입신하는 일들이 일어 났습니다. 그런데 최 기자님의 말은 입신해 있는 여집사의 빤스를 벗기라는 말인지…, 왜 이런 말을 가지고 책을 잡습니까? 전광훈 목사님의 말이 "빤스를 벗기라"는 말이 아닌 줄 잘 아실텐데 왜 그러세요. 정말 너무 하십니다.

최 기자님의 기사는 언어 폭력입니다. "펜은 칼보다 강하다"고 했는데, 눈에 칼이 안 보인다고 함부로 휘두르면 되겠습니까? 왜 숲을 보지 못하고 나무만 보고 그렇게 하십니까? 공개적으로 사과하세요.

우리나라 말에 '아' 다르고 '어' 다르다고 했는데 정말 너무한 것 아닙니까? 도대체 한 사람을 이렇게 매장시켜서 무엇을 얻으려고 하십니까?

이 나라와 민족을 위기에서 구하고, 조국의 교회가 다시 한번 부흥하기를 원하며 그렇게 몸부림치는 목회자들의 기도 소리가 최 기자님의 귀와 눈에는 저들이 목회 성공을 꿈꾸는 "로또 인생(?)"으로 보였다면 오히려 최 기자님이 기자로서 대박을 꿈꾸는 "로또 인생(?)"이 아닐지요?

② 뉴스앤조이의 최재호 기자님께 고함

청교도 영성 훈련원 전광훈 목사님은 5년동안 약 40여회나 진행된 「성령의 나타남」이라는 세미나와 그리고 「말씀 학교」를 통하여 목회의 힘을 잃은 목회자들에게 새 힘을 주는 계기가 되었습니다.

그런데 최재호 기자님은 3박 4일 동안 진행된 성령의 나타남이라는 세미나에 처음부터 끝까지 참석한 것이 아니라 어느 한 날 한 타임만 참석하여 숲(전체)이 아니라 나무 한 그루만 보고 전체를 평가하려고 했습니다. 최재호 기자님의 기사 내용은 뜨거운 감자가 되었습니다. 그 기사 내용만 보고 많은 성도들이 상호비방과 욕설이 난무하고 있습니다. 만일 이를 이대로 두면 모든 사람이 최재호 기자님의 기사 내용을 그대로 믿을 것입니다(요11:48절에 만일 저를 이대로 두면 모든 사람이 저를 믿을 것이요…).

최재호 기자님도 대구 명덕 교회의 집사인 것으로 알고 있는데 결코 이런 일을 원하지는 않을 것입니다. 예수님의 피로 값주고 사신 하나님의 백성들이 서로 물고 먹으면 피차 멸망할 것입니다.(갈5:15) 이런 일은 우리의 원수 마귀 사탄이 가장 박수를 칠 것입니다.

마13:13-14절을 보면, "… 저희가 보아도 보지 못하며 들어도 듣지 못하며 깨닫지 못함이니라… 너희가 듣기는 들어도 깨닫지 못할 것이며 보기는 보아도 알지 못하리라"고 했으며, 또한 고전1:21절에 "하나님의 지혜에 있어서는 이 세상이 자기 지혜로 하나님을 알지 못한다"고 했습니다.

초대 교회의 일곱 집사님 중에 한 분이셨던 스데반 집사님이 은혜와 성령이 충만하여 큰 기사와 표적을 민간에 행하니 각 회당에서 어떤 자들이 일어나 스데반으로 더불어 변론을 했습니다. 스데반 집사님이 지혜와 성령으로 말하니까 저희가 당할 수 없어서 거짓 증인들을 내세워 "이 사람이 모세와 및 하나님을 모독하는 말을 하는 것을 우리가 들었다"고 하게 했습니다(행6장). 결국 사람들이 성밖에 내치고 돌로 칠 때에 증인들이 옷을 벗어 사울이라 하는 청년의 발 앞에 두었습니다(행7장).

사울은 스데반 집사님이 죽임 당하는 것을 마땅히 여겼습니다. 그 날에 예루살렘에 있는 교회에 큰 핍박이 나서 사도 외에는 다 유대와 사마리아 모든 땅으로 흩어 졌습니다. 사울이 교회를 잔멸할려고 각 집에 들어가 남녀를 끌어다가 옥에 넘겼습니다(행8장).

사울이 주의 제자들을 대하여 여전히 위협과 살기가 등등하여 대제사장에게 가서 예수님의 도를 좇는 사람을 만나면 무론 남녀하고 결박하여 예루살렘으로 잡아 오려고 다메섹 여러 회당에 갈 공문을 청했습니다. 그때에 사울이 다메섹에 가까이 갔을 때에 예수님을 만나게 되므로 자신의 생각과 이론이 잘못된 것을 알고 깨어지게 되었습니다. 그래서 사울이 변하여 바울이 되었습니다. 이방인의 사도로 크게 쓰임 받게 되었습니다.

행5:12-40절 말씀을 보면, 사도들의 손으로 민간에 표적과 기사가 많이 나타나서 믿는 사람이 많아지게 되니까 대제사장과 그와 함께 있는 사람 즉 사두개파가 다 마음에 시기가 가득하여 일어나서 사도들을 잡아다가 옥에 가두었습니다. 그 후에 그들이 사도들을 죽이려고 할 때에 교법사로 모든 백성에게 존경을 받는 바리새인 가말리엘이 이런 말을 했습니다.

"이스라엘 사람들아 너희가 이 사람들에게 대하여 어떻게 하려는 것을 조심하라 … 이 사람들을 상관 말고 버려 두라 이 사상과 이 소행이 사람에게로서 났으면 무너질 것이요 만일 하나님께로서 났으면 너희가 저희를 무너뜨릴 수 없고 도리어 하나님을 대적하는 자가 될까 하노라"고 했습니다(행5:35, 38-39).

그동안에 수많은 목회자들과 성도들이 전광훈 목사님을 통하여 은혜를 받고 첫사랑의 감격을 회복하게 되었는데, 이런 그들을 목회 성공이나 바라는 로또 인생으로 본질을 왜곡시켜 버리고 말았습니다. 정말 저들이 최재호 기자님의 말대로 목회 성공을 바라는 로또 인생들이라면, 최재호 기자님 역시 특종 기사를 노리면서 대박을 터뜨려 보자는 로또 인생이 아닐까요?

엡5:6절에 "누구든지 헛된 말로 너희를 속이지 못하게 하라 이를 인하여 하나님의 진노가 불순종의 아들들에게 임한다"고 했으며, 또한 눅13:3절에서도 "…너희도 회개하지 않으면 다 이와같이 망한다"고 하셨습니다.

최재호 기자님! 예수님을 올바로 알지 못해서 예수님과 성도들을 핍박한 사울이 변하여 바울이 된 것처럼, 최재호 기자님이 잘못되는 것은 원치 않습니다. 회개하십시오. 바울이 되십시오. 최재호 기자님에게 향한 하나님의 큰 계획이 있는 줄 믿습니다. 사울이 변하여 바울이 된 것처럼 이방인을 위한 큰 전도자로 하나님께 쓰임 받는 주의 종이 되시기를 기도 드리겠습니다. 최재호 기자님을 사랑합니다. 주님의 이름으로

③ 예수님의 보혈로 한 몸(지체)된 분들에게

예수 그리스도의 피로써 한 몸된 그리스도인들이여! 우리는 예수님의 지체들입니다. 왜 이렇게 싸우십니까? 예수님의 지체들이 서로 싸우면 어떻게 되겠습니까? 누가 좋아 하겠습니까? 성도와 성도, 성도와 목사, 목사와 목사끼리 싸워서 누가 유익이 되겠습니까? 이 사이트를 불신자들이 보면 뭐라고 하겠습니까? 세상의 빛과 소금이 되어야 할 우리가 서로 싸우면 어떻게 되겠습니까? 우리의 원수 마귀 사탄이가 좋아 하며 박수 칠 노릇입니다. 이성을 잃어 버리고 우리의 본분을 망각한 것은 아닙니까?

우리는 한 몸인 그리스도의 각 지체들입니다(고전12:27). 몸은 하나인데 많은 지체가 있고 몸의 지체가 많으나 한 몸임과 같이 그리스도도 그러합니다(고전12:12). 몸은 한 지체뿐 아니요 여럿입니다. 만일 발이 이르되 나는 손이 아니니 몸에 붙지 아니 하였다 할지라도 이로 인하여 몸에 붙지 않은 것이 아닙니다. 또 귀가 이르되 나는 눈이 아니니 몸에 붙지 아니 하였다 할지라도 이로 인하여 몸에 붙지 않은 것이 아닙니다. 만일 온 몸이 눈이면 듣는 곳이 어디며, 온 몸이 듣는 곳이면 냄새 맡는 곳은 어디입니까?

하나님이 원하시는대로 지체를 각각 몸에 두셨습니다. 만일 다 한 지체뿐이면 몸은 어디입니까? 지체는 많으나 몸은 하나 뿐입니다. 눈이 손더러 내가 너를 쓸데 없다 하거나 또한 머리가 발 더러 내가 너를 쓸데 없다 하지 못합니다(고전12:14-21). 몸 가운데서 분쟁이 없고 오직 여러 지체가 서로 같이 하여 돌아 보게 하셨습니다.

만일 한 지체가 고통을 받으면 모든 지체도 함께 고통을 받으며, 한 지체가 영광을 받으면 모든 지체도 함께 즐거워 하는 것입니다. 우리는 그리스도의 몸이요 지체의 각 부분입니다(고전12:25-27). 서로 비난하지 맙시다. 서로 욕하지 맙시다. 서로 정죄하지 맙시다. 어찌하여 형제의 눈 속에 있는 티는 보고 자기 눈 속에 있는 들보는 깨닫지 못합니까?(마7:3)

우리의 의가 서기관과 바리새인보다 더 낫지 않으면 결단코 천국에 들어 가지 못합니다(마5:20). 만일 서로 물고 먹으면 피차 멸망할 것입니다(갈5:15). 우리가 이웃을 기쁘게 하되 선을 세우고 덕을 세워야 하지 않겠습니까?(롬15:2) 하나님은 만홀히 여김을 받지 않습니다. 사람이 무엇으로 심든지 심은대로 거둘 것입니다(갈6:6-7).

이성을 잃지 마시고 우리의 본분도 잃지 맙시다. 우리는 다 예수님의 지체들입니다. 예수님의 얼굴에 침 뱉는 행동을 하지 맙시다. 제발 부탁입니다.

(3) 전광훈 목사님의 세미나에 참석한 대학생 김호근의 변론

정식으로 제 소개를 먼저 하겠습니다. 제 이름은 '김호근'이구요, 나이는 28살, 현재 전병욱 목사님이 시무하시는 삼일교회를 섬기고 있구요, 삼일교회 7진 12팀 소속입니다. 2002년 1년동안은 삼일교회 서울대 캠퍼스 모임 대표로서, 서울대기독인연합 대의원으로서 활동도 했었구요, 삼일교회 내에서는 12~16차 대만 선교를 참석했었고, 15차 대만선교 준비위원장으로서 활동한 적도 있습니다. 대학 때문에 서울에 올라오기 전엔 고향인 전남 광양에서 영광감리교회를 섬겼었구요, 제 본 교회 담임 목사님은 백성기 목사님이십니다. 참고로 저의 고향교회는 아직 성도가 30여명 정도밖에 안 되는 작은 시골 교회이구요.

제가 처음 전광훈 목사님을 알게 된 건 작년 5월경, 그러니까 학기

중에 고향 교회 목사님의 소개로 전광훈 목사님의 테잎 설교를 듣게 되었었는데, 그게 처음이었습니다. 그리고 그해 여름 양수리 수양관에서 목회자 세미나를 참석하게 되었었죠. 약 3,000명 이상의 장로교, 감리교, 성결교, 침례교 등 교단을 초월한 수많은 목사님, 사모님들이 모였었구요, 전 고향교회 목사님과 사모님과 함께 참석했었는데, 이때 아세아 연합 신학대학원 임택권 총장님도 함께 하셨었죠.

설교의 내용에 대해서는 논란도 많고, 제가 메모를 좋아하는 사람이라(특히 설교는 거의 다 메모를 하는 스타일이죠) 드릴 말씀도 많지만 신학적 논쟁은 피하고자 합니다.

사실, 전광훈 목사님의 설교는 새로운 것도 그분이 처음 주장하시는 것도 아닙니다. 로이드 존스 목사님의 "성령 세례"라는 책의 내용과 동일하다고 보시면 됩니다. 따라서 신학적 논쟁은 위 책으로 대신하고 싶네요. 로이드 존스 목사님에 대해서는 저보다 더 잘 아실 거라고 믿고요. 네이버에서 검색하시면 나올 꺼에요. 아마.

일단, 개인적으로 지난주 집회에서 전 큰 도전을 받았습니다. 방학 때마다 제주로, 대만으로, 통영으로, 목포로, 교회 형제, 자매님들과 함께 선교를 다니면서, 간사로 섬기면서, 수많은 사역속에 큰 하나님의 영광과 감격을 맛보았던 저에게, 전광훈 목사님을 통한 하나님의 말씀은 앞으로의 사역에의 방향을 제시해 주는 귀한 말씀이었습니다.

하지만 이번 주 서울에 올라와서 뉴스앤조이의 기사를 보면서, 굉장히 당황스럽기도 했고, 무척 안타깝기도 했습니다. 솔직히 약간의 의분도 들더군요. 하지만 차분하게 생각을 가다듬고 고민해 보았습니다. 무엇이 문제인가 하면서요.

일단 정보의 허구성에 대해 먼저 여러분들과 나누고 싶습니다. 작년 2학기 때 '정보사회의 윤리'라는 수업에서 현대사회에서 정보는 재화이자 권력이자 존재의 가치를 가진다고 배웠습니다. 특히 이번 사건과 관련해서는 정보가 곧 권력이라는 면이 부각 될 수 있을 것 같습니다. 이것은 정보의 불평등, 비대칭성 때문에 생기는 문제라고 볼 수 있는데요.

일단 제가 질문을 한 번 해보겠습니다.

〈위대한 지도자 선택〉

여러분은 다음 세 후보자 중에 누구를 선택하시겠습니까?

후보 A. 부패한 정치인들과 결탁한 적이 있고, 점성술을 가지고 결정을 하며, 두 명의 부인이 있고 줄담배를 피우고, 하루에 8 내지 10잔의 마티니를 마신다.

후보 B. 두 번이나 회사에서 해고된 적이 있으며 정오까지 잠을 자고, 대학 시절 마약을 복용한 적도 있고 매일 위스키 4분의 1병을 마신다.

후보 C. 전쟁 영웅이다. 채식가였으며 담배도 안 피우고 경우에 따라 맥주를 가끔 마신다. 불륜관계를 가진 적이 없다.

(실제 위 후보 세 분의 이름은 글 끝에 올리겠습니다.)

물론 이 질문은 공정하지 않은 것입니다. 왜냐하면 우리들은 일방적으로 주어진 정보만으로 최선의 선택을 할 수밖에 없기 때문입니다(동대학보 2002. 6. 3. "Hero").

우리의 일상생활과 직접적 혹은 간접적으로 연관된 정보의 대부분은 사실 미디어를 통해 얻습니다. 드라마와 같이 의도되고 치밀하게 계획된 연출을 통해 가상의 내용을 보여주는 픽션 장르와는 달리 뉴스, 신문기사 등과 같은 사실적인 장르는 실제의 사실을 다루고 있다는 인식을 우리는 잠재적으로 하고 있고, 또한 그 모든 정보가 왜곡

없는 실재의 반영일 것이라고 쉽게 믿게 되는 경향이 있습니다. 즉 제공되는 현실의 내용이나 형식 문장 구조 등이 구성된 것임에도 실재의 반영이라는 인식을 갖게 되는 겁니다. '보들리야르'의 '시뮬라시옹'이라는 이론에 따르면 현대사회는 미디어를 통해 매개된 간접 정보로 구성된 제 2차 현실의 세상이라고 합니다. 즉 왜곡되고 조작되는 이미지가 그 이미지의 근원인 실체보다 더 위력을 가지는 세상이라는 거죠. 이러한 정보의 홍수와 상징조작의 일상화 속에서 개인은 자신의 인식과 판단에 대해 참/거짓을 확신하기가 그만큼 어렵게 된 겁니다.

결론적으로 얘기하면, 정보사회에서의 개인은 '확실성'이나 '필연성'에 의거하지 못하고, '개연성'과 '그럴듯함'에 근거하여 판단을 내리게 되는 거죠. 즉 우리는 우리에게 전달되어진 정보를 "우리가 믿고 싶은 대로 믿을 뿐"인 겁니다.

일단 그 집회의 상황을 개인적으로 설명해 보겠습니다. 이번이 총 3번째로서, 목회자 세미나를 고향교회 목사님과 함께 참석해 본 결과, 전광훈 목사님은 항상 첫 시간에 이런 말씀으로 시작합니다. 이번 집회 기간 동안은 여러분 목사님이 집사님이 되어 주실 수 있겠습니까? 목요일까지만 여러분이 조금 낮은 자리에서, 듣는 자리에서 제 얘기를 들어 주실 수 없겠습니까? 하면서 목사님들께 사전 양해를 구하십니다. 즉, 집회 중 조금 과격한 말을 하더라도 용서해 달라는 말씀이죠.

그리고나서 집회의 분위기는 Small talk가 이루어지는 분위기로 바뀝니다. 음. 비유로 설명하자면 우리가 초등학교 동창을 갑자기 길에서 만나거나, 동창회를 갈 때, 현재 자신의 지위 등은 다 잊어버리고 그 당시로 돌아가 "야~ 이 짜식! 반갑다~ 퍽퍽…" 하면서 허물없이 지내지 않습니까? 그리고 그런 분위기에 대해 다들 전혀 무례하다고 느끼진 않습니다. 물론 이는 서로 다들 잘 아는 관계라는 전제가 깔려 있죠.

제가 섬기는 삼일교회에서도 리더 모임이라는 걸 합니다. 매주 토요일 날 이루어지는 모임인데, 이 모임엔 평신도들은 참석할 수 없습니다. 리더와 간사급 이상의 리더들만 참석하게 되어 있죠. 따라서 이 모임에선 전병욱 목사님께서 속에 있는 얘기를 많이 하십니다. 일반 성도들에겐 하지 못하는 얘기, 때로는 과격한 말씀도 종종 하시죠. 하지만 우리 리더들은 전혀 이상하게 여기지 않고, 그 말의 행간의 내용, 중심을 받아 들입니다. 그리고 서로 신뢰 관계가 있기 때문에 왠만한 책망도 오히려 감사하게 여기게 되죠.

예수님도 베드로, 야고보, 요한 세 제자를 중요한 사건에 따로 데리고 다니신 걸 보게 됩니다. 변화산 사건에서 그랬고, 회당장 야이로의 딸을 살리는 사건에서도 그랬죠. 즉 그 현장에서의 정보를 감당할 만한 사람들에게만 그 당시 정보를 공개하셨던 거죠. 물론 지금은 우리 모두에게 정보를 공개하셨지만.

이 글을 읽는 여러분도 정말 허물없는 친구 사이에서 얘기하는 편안한 분위기를 다들 아실 겁니다. 사회적 지위를 떠나, 오직 한 인간 대 인간으로 만나며 얘기할 수 있는 분위기. 집회 당시의 분위기는 바로 그런 분위기였습니다.

하지만 솔직이 아직 총각인 전 그 메시지, 즉 둘째날 집회 메시지(최재호 기자님은 한 번의 집회 밖에 참석하지 않은 걸로 사료됩니다. 기사의 내용과 제 메모를 비교해 보면)에서 그 예화가 나올 때 약간 민망하기도 하고, 얼굴이 화끈거리기도 하더라구요. 그래서 집회현장을 나온 후 혼자 약 한 시간 정도 고민을 했습니다. "주님 저 예화는 너무 한 것 아닌가요? 어떻게 생각해야 하나요…"

그리고 나름대로 혼자 내린 결론은 집회의 분위기였습니다. 전광훈 목사님이 상당히 재밌고 편안하게 설교를 하시는 스타일인데, 줄곧 청중들은 대부분 즐거운 분위기에서 말씀을 듣습니다. 이 small talk가 가능한 분위기. 서로 잘 알기 때문에 용납이 가능한 분위기. 하지만 이 small talk는 특성상 다른 외부인이 듣게 되면, 굉장히 무례함을 느끼거나 소외감을 느끼게 되죠. 그래서 small talk가 가능한 서로 신뢰하는 사람들 사이 또는 상호간에 어떤 약속의 전제를 공유한 사람들 사이에서만 무리가 없는 거죠.

어떤 사람과 우리가 대화를 할 때, 우리는 오고 가는 언어 이상의 것을 느낍니다. 말하는 사람의 행동과 표정을 통해서도 전후 문맥을 통해서도 그의 감정, 의지를 느낄 수 있는 거죠. 하지만 뉴스앤조이 최재호 기자님의 기사에서는 그 모든 것을 배재해 버린, 자신의 의도에 맞게 새롭게 구성한 내용이라는 생각이 강하게 들더라구요.

그래서 전 여러분에게 한 번이라도 전광훈 목사님의 집회에 직접 참석해 보시길 권하고 싶습니다. 최재호 기자님에 의해 재구성 되어지고 가공되어진 기사에 의해 섣불리 판단을 내리지 마시고, 여러분 스스로의 이성을 사용해서 판단해 보셨으면 좋겠습니다. 제가 알기로는 최재호 기자님께서 전 강의를 참석하신 것도 아니라고 들었습니다. 즉 모든 정보를 다 제공 받고 쓴 기사가 아니라는 거죠.

혹시 시간이 되신다면 그분의 다른 강의를 들어 보시는 것도 괜찮을 듯 합니다. http://www.d21.org/worship/revival.asp?action=list&DivCode=부흥회&page=4&key=&keyword=(4페이지를 클릭해 보세요.)

서울대 불어교육학과를 나오시고, 백전불굴 크리스찬의 저자이자

CCC총순장 출신인 김인중 목사님께서 시무하시는 안산동산교회 싸이트의 작년 신년부흥회 설교 동영상입니다. 제작년엔 장경동 목사님, 올해는 옥한흠 목사님이 신년부흥회를 담당하셨군요. 참고로 첫째날 설교를 보시면, 이런 말이 나옵니다. 김인중 목사님께서 전광훈 목사님의 설교 테잎을 다 들어보신 후에 이러이러한 단어나 문장은 설교 중에 하지 말아 달라고 부탁하셨다는 부분. 실제로 전광훈 목사님은 청년집회(작년 12월 말 양수리 개최)나 평신도 집회에서는 저런 과격한 말−개인적으로는 충격요법으로 생각하고 있습니다−을 하지 않으시는 것으로 알고 있습니다.

아. 참고로 전광훈 목사님은 장경동 목사님과도 형님, 동생하는 사이로 지내는 걸로 알고 있습니다. 이번 뉴스앤조이의 기사에 대해 장경동 목사님께서도 직접 전광훈 목사님께 전화를 걸어 격려해 주신 사실이 있구요.

마지막으로 뉴스앤조이의 성향은 여러분들이 다들 잘 아시리라고 믿습니다.

개인적으로 어떤 사람을 변화시키는 최선의 방법은 그 사람에 대한 비판보다는 끝까지 믿어주는 신뢰와 진실한 사랑을 가질 때인 것 같습니다. 여기에 대한 견해는 사람마다 다를 수 있지만, 저는 짧은 삶을 통해 그렇게 느꼈습니다. 사람을 변화시키는 건 오직 하나님이라는 것, 그리고 우리가 할 일은 오직 서로 사랑하는 거라는 것. 그렇다고 전혀 기준을 세우지 마라는 건 아니지만, 우리가 어떤 사람에게 기준을 세워줄 땐, 그 사람에 대한 진실한 사랑과 따뜻한 관심이 우선되어야만 주님께서 기뻐하시지 않을까 생각해 봅니다. 정말 최소한 그 사람을 위해 한 번이라도 진실하게 기도해 준 적이 있는 사람만이 기준을 세워 줄 자격이 있는 것 아닐까요?

"기자의 눈에 비친 청교도영성훈련원 집회는 하나님 말씀을 경외하며 오직 하나님의 영광을 위해 살았던 '청교도'의 흔적을 찾아보기 힘들었다. 아니 지극히 비정상적인 강연 내용과 그 강의에 몰입하는 무수한 청중들이 있을 뿐이었다."

"기자가 취재한 청교도영성훈련원의 대구집회에는 청교도라는 어색한 옷을 입은 신비주의 부흥사와 그의 강의 앞에 성경도, 전통적인 교회의 고백도 던져버리고 오로지 목회 성공만을 꿈꾸는 '로또 인생'(?)들만 있을 뿐이었다."

"해괴하기만 한 강의였으나 주된 참석자들인 대구 경북 지역 목회자 부부들은 양손을 치켜들고 '아멘'으로 화답하기에 바빴다. 그들 중 상당수는 보수신학을 자랑하는 예장 합동측 목사들이었다."

물론 부족한 점도 있겠지만, 평생을 주님의 일을 위해 헌신하신 수많은 목회자 분들이 오직 최재호 기자님에 의해 성경도, 전통적인 교회의 고백도 던져버린 '로또 인생'으로 매도 당하고, 그저 아무 생각 없이 양손을 치켜들고 '아멘'으로 화답하는 사람들로 비춰지는 편향된 기사에 너무 가슴이 아파서 솔직히 두렵고 떨리지만 용기를 내어 글을 적습니다.

끝으로, 이 글은 제 개인적인 생각일 뿐이니, '아. 이렇게 생각할 수도 있겠구나?'하며 편하게 읽어주시면 좋겠습니다. 결국 판단은 궁극적으로는 하나님의 몫, 그리고 여러분 개인의 몫이니까요.

후보 A : 프랭클린 D.루즈벨트

후보 B : 윈스턴 처칠

후보 C : 아돌프 히틀러

2) 최근 "하나님! 까불면 나한테 죽어"라는 말에 대한 논란 (2019년 12월)

(1) 전광훈 목사의 해명과 공개 사과

"요즘 전광훈 목사를 어떻게 하면 죽이냐?" 하다가 어제 그저께 전광훈 목사가 설교하다가 "하나님! 나한테 까불면 죽어!" 그렇게 내가 말했다고 영상을 퍼 나르고 난리 났어. '전광훈 목사가 신성모독했다' 고, "목사가 되어 가지고 그렇게 성경을 모르냐?" 잘 들어 봐요.

성경에 보면 하나님이 사람과의 관계를 설명할 때 이 세상에 있는 극단적인 제도를 통하여 설명을 해, 예를 들면 히브리서 11장에 보면, 하나님이 아브라함 보고 이렇게 말했어, "너! 나하고 친구하자고 했어 친구", 뭐 하자? "친구하자" 그것 알아요? 몰라요? "알아요" 어따, 여기는 성경 많이 있는 동네네, 하나님이 어떻게 사람 하고 친구를 하냐구? 그 말은 뭐냐? 하나님이 사람과 제일 가까워질 수 있는 최고의 단어를 뽑아서 '내가 너 하고 친구하고 싶다' 고 그랬어. 오늘 이 시간에 하나님이 여러분 하고 친구 하겠다고 나오면 감사해? 떨버? 감사하죠?

거기다가 호세아 2:19절에 보면, 여러분은 성경 잘 안 읽으니까 이런 구절이 눈에 안 보일꺼야? 거기 보면 뭐라고 되어 있냐? 하면, "내가 너에게 장가 가고 싶다"고 그래, 사람한테, 하나님이 사람한테 어떻게 장가를 오나? 그런데도 하나님은, 그렇게 성경에 쓰여 있어요. "내가 너에게 장가 가고 싶다"고 그래. 이해가 되요? 이 말이 뭔 말이냐? 하나님이 사람 하고 제일 가까운 관계로 오고 싶다고 표현하는 표현이요. 아멘? 그게 어디에 쓰여 있다고? "호세아 2장" 호세아 2장 몇

절에? "19절에" 진짜 그렇게 쓰여 있는지 한번 읽어 볼래요? "내가 네게 장가 들어 영원히 살되 공의와 정의와 은총과 긍휼히 여김으로 네게 장가 들며" 그러면 오늘 밤에 우리 하나님 하고 신혼방 한번 치루기를 바랍니다. 요 말만 해도 아멘 안 하잖아? 성경 모르는 인간들은, 하나님 하고 한번 신혼방 치룰지어다? "아멘"

그리고 그보다 더 찐한 말은, 아가서를 보면 "내가 너 하고 침상에서 만나자"고 해요 침상에서, 어디서? "침상" 침상이 뭐 하는데요? 난 잘 몰라, 그런 것 잘 몰라, 침상이 뭐 하는데요? 하나님이 어떻게 사람하고 침상에서 만나자고 하냐구?

그뿐이 아니라 시편에 보면, "여호와를 송축하라"는 말이 성경에 있어요? 없어요? "있어요" 그 송축이라는 말을 원어 성경을 찾아 보면 "하나님이 나를 축복한다"는 말이 전혀 아니고, 내가 하나님을 축복한다는 말이야. 거꾸로, 애교 떠는 거야, 애교 떠는 것, 뭐 떠는 거요? "애교" 요즘 한국말로 하면 손주들이 할아버지한테 이렇게 말하는 것과 같은 거야, "할아버지! 오래 사세요" 이게 하나님을 향하여 "내가 여호와를 송축하리로다" 그런 뜻인데, 그 송축이라는 말의 원어를 깊이 추적해 보면, '내가 하나님께 안수 기도 해주고 싶다' 는 거야. 아니 사람이 하나님한테 안수기도 할 수 있나? 그것은 인간이 하나님을 향하여 사랑하는 극단적인 표현을 그렇게 하는 거야. 믿습니까?

전광훈 목사가 "하나님! 내가 애국 운동하는데 내가 하자는대로 안하면, 하나님! 까불면 나한테 죽어!" 이랬단 말이야. 그런데 이걸, 성경을 제대로 모르는 인간은 "전광훈 목사가 신성모독했다" 그래. "야! 전광훈 목사 하고 하나님과의 가까워진 사이가 니들 하고 같은 줄 알어?" 나는 하나님 하고요 얼만큼 깊은 관계를 가지고 사느냐? 농담해요 농담. 아멘. 할렐루야!

그런데 지들 신앙이 개떡이니까 내가 한 걸 가지고 뭐 "신성모독"이라고 해서 막 인터넷 돌리고 난리 났는데, 예수도 안 믿는 김진 논설위원이 방송을 했는데, "전광훈 목사가 발언한 그 발언은 최고로 하나님을 존경한다는 뜻이다." 이렇게 방송을 하는 거야. 아니 예수도 안 믿는 김진 논설위원도 알아 차리는데, 목사 새끼들이 어찌 그렇게 모르냐? 목사 새끼들이!

여러분들은 이제 알았어? 몰랐어? "알아요" 앞으로 전광훈 목사가 "하나님! 내가 하자는대로 안 하면, 나한테 까불면 죽어!" 이 말은 전광훈 목사가 하나님을 향하여 간절한 최고의 사랑에 대한 애교를 떠는 사실인 것을 여러분이 알았으면 아멘해 봐요? "아멘" 앞으로 전광훈 목사를 비방하는 놈들은 주먹 가지고 코를 다 쥐어 박아 버려. 이해 되었어요? "아멘" 이건 신학적으로 사실이야 사실. 믿습니까? "아멘"

봐요! 예수님을 바리새인들이 돌로 칠려고 했거든, 돌로 칠려고 한 것 알죠? "아멘" 뭐 때문에 돌로 칠려고 했느냐? 예수님이 말 실수를 잘 하는 거야. 예수가. 누구처럼? 전광훈처럼, 예수님이 꼭 날 닮아 가지고 예수님이 말을 실수해, 그 중에 최고의 실수가 뭐냐? 거룩하신 여호와 하나님을 뭐라고 부르냐? 하면 이렇게 말하는 거야. "하늘에 계신 우리 아빠" 이렇게 부르는 거야. "이 경거망동한 놈의 자식아! 여호와 하나님을 어디에 니 아빠라고 불러" 그래서 돌로 칠려고 했거든. 그것은 예수님이 경거망동해서 그렇게 부른 게 아니고, 예수님과 하나님과의 사이는 그 중간에 그 어느 사람도 방해할 수 없을만큼 하나님의 본체, 자신이라 말이야, 예수가, 믿습니까? 그러니까 예수님은 하나님을 부를 때 그렇게 가까이 불렀다 이 말이요. 이걸 가지고 바리새인들이 돌로 칠려고 한 것처럼 어제, 그저께 사이에 나를 좋아했던 인간들까지도 "아이구, 전광훈 목사한테 실망했어" 뭘 실망을 해? "하나님! 나한테 까불면 죽어!" 야, 이 개자식아! 한국말을 그렇게 못 알아 들어? 그래서 어쨌던 좌파 애들이 지금 어떻게든지 날 죽일려고 난리치는데, 저 안 죽어요. 왜 안 죽냐? 주님이 내 편이야, 아멘, 할렐루야!

내가 만약에 그걸 교리적으로, 신학적으로 그 말을 했다면 내가 또라이지, 내가 또라이 입니까? 신학적으로 그런 말을 하게. 그게 아니고, 두 번째는 내가 왜 안 죽냐? 여러분 때문에 나는 절대 안 죽어, 나를 좋아 하는 팬들이 저렇게 많은데 난 안 죽지! 반드시 나는 문재인 저 놈을 끌어 내리고, 주사파를 처단하고, 예수 한국 복음 통일을 반드시 이루어낼 것입니다. 동의하시면 아멘? 두 손 들고 아멘? 할렐루야! 여러분이 '할렐루야' 하는 것 보니까 눈물인 날려고 그래. 그래서 이미 이 게임은 끝났어요.

전광훈 목사는 작년 10월말 청와대 앞 광야교회 저녁 예배 설교에서 "하나님! 꼼짝 마, 하나님! 까불면 나한테 죽어"라고 했던 것이 알려지면서 신성모독이라는 비판을 받았는데, 이 발언에 대해 2020년 1월 30일 한기총 총회 도중 선거에 앞서 공개 사과했다.

(2) 비신자 김진 논설위원의 분석

전광훈 목사가 말하기를 "비신자 김진 논설위원도 전광훈 목사의 발언은 하나님을 최고로 존경한다는 뜻"이라고 했는데, 그러면 김진 논설위원의 분석을 들어 보십시다.

전광훈 목사가 약 2달 전에 청와대 광야 교회에서 한 발언을 놓고 '신성모독' 이라고 공격하는 사람들이 있습니다. 오늘은 제가 과연 신성모독인지 아닌지 한번 따져 보겠습니다. 저는 특정 종교를 가지고 있지 않습니다. 그저 한 사람의 상식적인 평론가로서 한번 분석을 해 보겠습니다. 라이프 성경 사전에서 규정하고 있는 신성 모독의 행위들 "1.하나님보다 높임을 받으려는 행위 2.하나님을 무시하고 경멸 3.하나님의 거룩하신 전을 가볍게 대하는 태도 4.우상숭배 5.하나님 이름으로 거짓 맹세 6.하나님의 법을 거스림 7.안식일을 범하는 행위 8.성령을 훼방하는 행위" 이 8개가 신성모독이라고 합니다. 그렇다면 전 목사의 언행이 저 8가지 중에 어느 하나라도 해당이 되는지 한번 따져 보겠습니다.

먼저 전 목사의 발언을 제가 다시 한번 읽어 드리겠습니다. "지금 대한민국은, 문재인은 벌써 하나님이 폐기처분 했어요" 이 말은 아무런 문제 될 것이 없습니다. 전 목사나 나라를 걱정하는 많은 애국 시민들이 증오와 경멸의 대상으로 삼고 있는 문재인, 그 문재인을 정치적으로, 이념적으로 규정하고 비판한 것입니다. 전 목사는 종교인이니까 종교적인 관점에서 "하나님이 폐기처분했다" 전 목사님이 생각하는 하나님의 뜻과 가르침, 노선, 이것을 완전히 이탈한 사람이기 때문에 폐기처분 했다.

"대한민국은 누구 중심으로 돌아 가는 것이냐? 전광훈 목사 중심으로 돌아 가게 되어 있어, 기분 나빠도 할 수 없다. 앞으로 점점 더 합니다. 앞으로 10년동안 대한민국은 전광훈 목사 중심으로 돌아 가게 되어 있다니까요" 자! 이 말도 아무런 문제가 될 것이 없습니다. 왜냐? 전광훈 목사는 문재인 정권에서 반문재인 세력의 중심 기둥이 되고 있습니다. 자유한국당의 황교안 대표와 더불어, 황교안 대표는 정당, 정당 바깥의 시민사회, 종교 세력의 반문재인 세력의 중심 기둥이 전광훈 목사입니다. 자, 그렇다면 앞으로 10년동안 적어도 문재인으로 상징되는 좌파 세력에 대해서 징계하고, 이들을 대항하고, 이들을 교정하고, 이런 투쟁이 대한민국의 중요한 흐름이 될텐데 이런 흐름의 중심 기둥에 내가 서 있다. 이것은 전광훈 목사가 본인이 그렇게 스스로 주장을 하는 겁니다. 적지 않는 사람이 그 평가에 대해서 또 동의를 하고, 자! 그래서 이것도 아무런 문제가 되지 않는다.

자! 이제 가장 논란이 되는 대목입니다. "나에게 기름 부음이 임했기 때문이다. 나는 하나님 보좌를 딱 잡고 살아. 하나님! 꼼짝 마, 하나님 까불면 나한테 죽어, 내가 이렇게 하나님 하고 친하단 말이야, 친해" 아니, 전 목사 스스로 내가 왜 이렇게 표현하는지를 설명을 했지 않습니까? "내가 이런 말을 할 정도로 하나님 하고 친하다." 하나님과의 교분, 더 솔직히 얘기하면 하나님께 완전히 빠져서 살고 있는 전광훈의 인생과 종교, 뭐 이것을 얘기하는 것 아니겠습니까? '기름 부음이 임했다' 는 것은 '하나님의 종으로 선택되었다' 는 뜻 아니겠습니까? "하나님의 보좌를 딱 잡고 산다" 하나님 곁에 있다. 이런 얘기고!

"하나님! 꼼짝 마, 하나님! 나한테 까불면 죽어" 이 대목을 이제 집중적으로 공격하는 사람들이 많은데, 그 공격도 제가 봤을 때는, 예를 들어서 가장 대표적으로, '교회개혁실천연대'라고 하는 단체의 대표를 맡고 있는 방인성 목사가 'CBS 김현정 쇼'에 나와서 이렇게 얘기를 했습니다. "어떻게 자신이 믿는 신에게 '까불면 나한테 죽어' 라고 말할 수 있나요? 과대망상이나 만용의 극치, 성직자로서는 입에 담지 못할 망말의 수위다. 예수님은 온유하고 겸손하셨다. 그런데 전 목사는 경거망동도 유분수지 이런 망말을 이렇게 해대는 걸 어떻게 하나님과 가까이 있다고 할 수 있는가?" 이렇게 비판을 했습니다. 그런데 저는 이 비판의 수준이 너무 낮다고 생각을 합니다. 그저 "까불면 나한테 죽어!"라는 단어만 가지고 시비를 거는 거에요. 어떤 사람이 말을 할 때 우선 말하는 사람이 어떤 사람이냐? 과거에 어떤 경력을 가지고 있고, 그가 자신의 의사를 표현하는 스타일이 어떤 스타일이냐? 를 잘 봐야 됩니다. 두 번째, 그가 어떤 장소에서 어떤 목적으로 왜 그런 표현을 썼는가를 알아야 합니다. 한마디로 얘기를 하면, 전 목사님이 손가락으로 달을 가리키고 있는데, 방인성 목사로 대표되는 비판하는 사람들은 달을 보는 것이 아니라 손가락을 보고 있습니다. 저는 이 제목을 제가 드리면서 '아! 전 목사가 무지무지 하나님을 사랑하고, 하나님의 종이 된 것을 기뻐하고 하나님의 품 안에 푹 빠져서 종교인의 생활을 하고 있구나' 라는 것을 제가 느낄 수 있었습니다. 더 가까이는 "본인이 누구보다도 하나님의 계시를 받았고, 누구보다도 하나님의 노선에 충실할 수 있는 의지와 능력을 가지고 있는 인물이다"라는 자기 자신에 대한 자부심! "까불지 마! 까불면 나한테 죽어!" 라는 표현은, 예를 들어서 아주 친한 아버지와 아들이 있다고 칩시다. 아들이 중학교나, 요 정도 되는 아이! 뭐 고등학교도 좋습니다. 아버지와 아주 친해서 아버지와의 관계에서 스스럼없는 아들은 저렇게 얘기를 합니다. "아빠! 까불지 마, 까불면 나한테 죽어!" 친한 아들이 친한 아버지에게 왜 그렇게 못합니까? 충분히 할 수 있고, 물론 이제 과거에 유교, 어떤 유교 정신에 이런 교육을, 분위기의 집안에서는 그렇지 않을 지는 모르지만 요즘 서구화되고 또 디지털화 되고, 상당히 개방된 이런 관계에서 아버지와 아들 사이에서는 충분히 할 수 있는 얘기입니다. "아빠! 까불지 마, 까불면 나한테 죽어!" 그것은 얼마나 그관계가 친한지를 나타내는 겁니다. 제가 전 목사가 설교하는 것을 몇번 가까이 이렇게 옆에서 지켜본 적이 있는데, 전 목사는 설교를 할때 마치 사랑하는 여자의 집의 창문 아래에서 세레나데를 부르는 사랑에 빠진 청년, 이런 분위기입니다. 그저 하나님 이야기를 하고, 예수님 이야기를 하는 것이 저렇게 좋을 수가 있을까? 비신자인 제가 봤을 때 참으로 신기할 정도로, '얼마나 하나님과 예수님과 사랑에 빠지면 저런 말과 표정을 지을 수 있는가?' 라는 느낌을 저는 받곤 했습니다.

자! 여덟 개 함 볼까요? "1. 하나님보다 높임을 받으려는 행위" 전 목사가 하나님보다 높임을 받으려고 했습니까? 하나님의 종이 되고, 하나님의 심부름꾼이 되고, 하나님의 투사가 된 것이 너무나도 행복하고 즐거운 전광훈! '하나님의 밑에 있는 사람이 얼마나 즐겁고 행복한가?' 를 말을 그런 식으로, 역설적으로 표현한 것이죠. 2. 하나님을 무시하고 경멸했습니까? 천만에, 하나님에 대한 극진한 애정을 나타내는 말이었습니다. 3번. 하나님의 거룩하신 성전을 가볍게 대했습니까? 천만에요. 오히려 전 목사는 청와대에 광야교회라는 것을 만들어서 청와대 앞에서 그 추운 날씨에 노숙하면서 예배하고 하나님에 대한 종교생활을 하는, 하나님의 성전을 더욱더 실존적인 공간으로 넓힌 것, 4번째 우상을 숭배했습니까? 천만에요. 전 목사의 마음 속에 있는 경배 대상은 하나님뿐일 겁니다. 아마도. 다섯 번째, 하나님 이름으로 거짓 맹세를 했습니까? 거짓 맹세를 한 것은 하나도 없습니다. 시대적인 요구에 따라서 나라 걱정하는 많은 국민들이 원하는 것처럼 "하나님의 이름으로 문재인을 폐기처분한다, 하나님의 이름으로 이 정권을 끝장 내겠다."라는 식의 시대적 요구에 부합하는 맹세를 했지, 거짓 맹세는 하나도 없다. 여섯 번째, 하나님의 법을 거스렸습니까? 천만에요. 오히려 하나님을 공경하고, 하나님을 찬양하고, 신성 모독이 아니라 신성 찬양이고, 안식일을 범하는 행위를 했습니까? 천만에요. 안식일은 일곱 번째 날에 쉬는 것을 말하는 것이지요. 유대교에서는 토요일, 그리스도교에서는 일요일, 일요일을 쉬지 않고 거슬렸습니까? 천만에요. 마지막으로, 성령을 훼방하는 행위를 했습니까? 이것은 제가 답하지 않아도 여러분께서 너무나 잘 아실 겁니다. '성령'이라고 하는 것, 홀리 스피릿(Holy Spirit), 이 시대에 성령과 하나님이 요구하는 것이 무엇이겠습니까? 공산주의자, 종교를 부정하고, 종교의 자유를 억압하는 공산주의자들을 존경한다고 하는, 사랑한다고 하는 이 나라의 어느 지도자, 그 지도자에 맞서서 거대한 투쟁을 벌이고 있는 것이 성령을 공경하고 옹호하는 행위이지 이것이 훼방하는 행위입니까? 신성모독이 아니라 신성 찬양입니다. 비신자인 김진이 분석을 했을 때 그렇습니다.

(3) 두레교회 김진홍 목사(은퇴)의 생각

김진홍 목사가 과거 청계천에서 활빈교회를 개척하여 빈민 사역을 했고, 또 좌우를 넘어서 한국교회의 수많은 제자들을 양성했다는 것은 잘 알려져 있지 않습니다. 2011년 구리에 있는 두레교회에서 은퇴한 이후에 동두천 일대의 교회와 학교, 수도원 등의 공동체를 만들어서 제2의 인생을 살고 있는 김진홍 목사가 얼마 전 단식하고 있는 자유한국당 황교안 대표와 전광훈 목사를 찾아 갔습니다. 한국교회와 사회에 꼭 필요한 원로의 메시지를 함께 들어 보십시다.

모 기자가 김진홍 목사를 찾아 가서 인터뷰 중에 "최근에 황교안 대표랑 전광훈 목사님을 방문하셔서 여러 가지 언론에 또 논란이 있어 왔는데, 방문하신 이유는 뭐 특별한 것이 있습니까?"라는 질문에 이렇게 대답을 했습니다.

"황교안 대표가 청와대 앞에서 차가운 시멘트 바닥에서 단식하더만, 그래서 내가 가보니까 자기 개인 위해 하는 것도 아니고, 한국당 위해서 하는 것도 아니야! 그 어른이 나라를 위해서 하는 진정성이 있더라고 내가 보니까, 그래서 내가 가서 격려해 주는 것이 좋겠다. 내가 동참해서 같이 단식할 입장이 아니잖아요? 내 일이 내가 있으니까. 그 사람이 나라를 위해서 그리하기 때문에 간 거지, 내가 한국당, 여당 야당 관심 있는 것도 아니고, 우리가 나라를 위해서 걱정하는 사람들이 한 자리에 모이고, 교회식으로 말하면 합심 기도하고 뜻을 모아야 되지! 간 걸음에 내가 보니까 김문수도 있고, 김문수 지사는 나 하고 각별하니까, 김문수 지사가 경기도지사를 할 때 학교 서류도 많이 도왔어요. 또 그 사람 워낙 처신이 투명하니까, 그 사람 참 정직하고 국가관이 분명합니다. 그 사람도 만나고, 또 전광훈 목사도 내가 가서 수고하신다고 격려를 했지요. 그래서 내가 갔더니 무슨 교회 있데요. 세멘 바닥에서 교회를 하던데, 전광훈 목사께서 나한테 '마이크 한번 잡아 주십시오' 하길래 '아! 나는 거기까지는 아니고, 오늘은 내가 격려차 온 거'라고 하고 왔는데, 그 어른도 나라를 위한 에너지가 넘치더만, 그 사람 참 애국자더만, 그래서 내가 격려하면서 말한 것은 구약성경에 나오는 사사, 이스라엘 나라가 어려울 때 16명의 사사가 등장해서 자기 역할을 하고 사라진 거야. 사사가 왕이 된 것이 아니고, 벼슬한 것이 아니고, 사사들은 기드온, 삼손 등 자기 역할을 하고 사라진 거야. 그래서 나는 "전 목사님은 이 시대의 사사입니다." 그 사람이 뭐 정치를 하겠어요? 권력을 탐하겠어요? "이 시대의 사사 역할을 하시는 겁니다. 자기 역할에 소신을 가지고 하십시오"하고 내가 격려를 해드렸지요.

그런데 조금 말은 험하더만. 그러나 그건 또 그런 기질이 있으니까 그리 하겠지요? 그러나 한참 하다 보면 자꾸 성화가 되어 나가겠죠?

그래서 내가 거기 갔다 왔다니까 걱정해서 전화하고 이메일로 보낸 사람들이 있더라구요. "목사님! 전 목사님이 너무 거칠게 그리 하는데 같은 물에 섞이면 품위가 떨어지지 않습니까?" 뭐 그런 글들이 와요. "뭐 그런 각도에서 생각하지 말고 그 사람의 가슴에 있는 열정, 나라를 위해서 하는 거지 그 사람 개인을 위해서 하는 것도 아니잖냐? 한국교회가 전체로 볼 때 나라가 어려울 때는 나서 가지고 참여를 해야지. 그렇게 모두 뒷짐 지고 있으면 되겠냐? 그래서 나는 전광훈 목사 같은 분, 같이 일하는 것은 아니지만 격려를 하고 박수를 보내고 그렇습니다.

기자가 또 "최근에 그 분이, 많은 사람들이 그 분을 따르고 있고, 또 그런 가운데서 계속 일부 공중파에서 막말 논란으로 계속 방영을 하고 있는데, 목사님이 생각했을 때 막말이 있음에도 불구하고 많은 사람들이 따라 가는 이유는 뭐라고 생각하십니까?"라고 질문을 했습니다.

이러한 질문에 김진홍 목사는 대답하기를 "그 사람의 본질을 봐야지 말의 꼬투리를 잡으면 피차일반이야. 지금 우리나라 분위기가 고운 말, 좋은 말만 써 가지고 될 분위기가 아니야. 다 열 받으니까 말을 하다 보면 거친 말도 나오지. 그 사람의 심성의 중심에 뭐가 있느냐? 그걸 인정하고, 거친 말을 하는 건 좀 걸러 줘야지! 내가 볼 때도 말이 좀 거친 것이 심하더만. 나도 30대때 넝마주이 대장 했잖아요? 청계천에서, 말이 거칠지요. 넝마주이 패들은 욕이 안 들어가면 말이 안 돼요. 그래 뭐 나도 욕하기 시작하면 한 시간은 할 수 있지. 그걸 이제 일을 하면서 성화가 되는 거지. 그분도 지금 열정이 넘쳐 가지고 말을 막 뱉어 놓는 거지. 그건 듣는 사람이 좀 걸러 줘야지, 말꼬투리 잡으면 아무것도 될 것이 없어"라고 했습니다.

기자가 다시 "그러면 최근에 "하나님 까불지마 내 말 안 들어 주면 죽어!"라고 한 것에 대해서는 어떻게 생각하세요?"라는 질문에 "그건 뭐 사람이 좀 말하다 보면 빗나간 거지, 조금 주파수가 빗나간 거지. 그런데 무슨 말을 할려고 했다는 의도는 내가 짐작이 될 것 같은데, 브레이크가 고장 난 거지. 그거는 이제 자기가 솔직하게 '내 말이 조금 오버했습니다. 하나님! 취소합니다.' 이렇게 하면 될낀데 또 그래 안 하겠습니까?"라고 대답을 했습니다.

기자가 또 "다른 문산에서 집회하는 걸 보니까, 하나님과 너무나도 이렇게 친밀하다 보니까, 아기가 아빠한테 앙탈을 부리듯, '내 말, 기도 안 들어 주면 하나님 그냥 안 둔다' 뭐 이런 식으로 너무 하나님과, 아가서든가 히브리서를 봤을 때 친밀할 경우, 두 사랑하는 사람끼리 쓰는 표현이다, 이렇게 말하시더라구요"라는 질문에 대답하기를 "우리 시대에 어떤 분야의 일군이든지 갖추어야 될 것이 두 가지야. 품위와 여유야. 좋은 일일수록 품위가 있어야 지지층이 넓어져, 품위를 잃어버리면 지식인들은, 이런 사람들은 뒤로 빠지지, 그런 것은 조심해야 되고, 그리고 여유가 없으면 뭔가 쫓기는 것 같고, 말이 거칠어져! 그죠? 그런 것은 그 사람뿐 아니라 우리도 조심해야지!"라고 말했습니다.

(4) JTBC와 연합 뉴스의 '신성 모독이라는 전광훈 목사님 기사 논란'에 대한 변론

JTBC에 올려진 기사의 음성을 전체적인 분쟁의 흐름과 전 목사의 실언과 관련하여 앞뒤를 자세히 살펴 보았습니다. 결론은 많은 말을 하는 중에 토씨 단어 하나를 실수하였기에 아래와 같이 고쳐 넣는 것이 합당하다고 생각했습니다.

"하나님(한테) 까불지 마! 까불면 나한테 죽어!" 왜냐하면 대적자들에게 비방 중상 모략을 하지 말라고 말하는 중에 자신이 하나님의 종으로서 하나님과의 관계가 좋아서 보좌를 꽉 붙잡고 있다 하면서 말한 것이기 때문입니다.

지금 말하고자 하는 목표가 대적하는 자들을 향한 것이기에 제가 생각하는 것이 타당할 것으로 사료됩니다. 반대로 절대자 하나님을 향해 그런 태도와 자세를 갖는다면 하나님의 종이요 선지자라고 한 자기 스스로를 부인하는 일종의 자가당착에 빠지게 되는 것입니다.

그러므로 하나님을 향한 말이 아니라 대적자를 향한 말이었는데, 가장 적절한 단어 하나가 빠진 결과로 뜻이 뒤틀린 것으로 생각합니다. 말의 실수가 없도록 지속적인 우리들의 기도를 부탁드립니다.

전광훈 목사님은 순교자적 삶을 사셨습니다. 집도 팔아서 가난한 사람들에게 다 나눠 주시고, 차도 성도들이 사 줄 때마다 임시 번호판 단 채로 팔아서 나눠 주시고, 성지 순례 다녀 오시라고 성도들이 준 돈을 16번이나 약자들 위해 쓰시고요. 교회는 낡고 헐어서 냄새가 진동하고, 의자는 주저앉기 직전, 물이 새는데도 돈을 안 쓰시구요, 옷도 해질 때까지 입으시고, 신발도 찢어질 때까지 신으시고, 자신을 위해서는 단 돈 1,000원을 안 쓰시고, 나라와 구제를 위해서는 아낌없이 다 퍼 주시고…

하루에 성경 1독, 금식과 기도로 잠도 별로 안 주무시고, 지금도 이 추운데 나라 위해서 풍천노숙, 언제 죽어도 좋고, 어떻게 죽어도 좋으나, 대한민국에 기독당을 만들어서 공산당에게 넘겨 주지 말고 꼭 지켜 내라는 김준곤 목사님의 명을 받들어서, 이치에 맞지 않고, 죽음을 각오해야 되지만 무조건 순종하려고 결심하시고 애국 운동과 복음 운동을 통해서 예수 한국, 복음 통일을 이루시기 위해서 목숨 걸고 영적 전쟁을 하시는 분이세요. 수술 받다 진짜 죽어서 천국에 가셨다가 거기에서 한국의 사명을 보시고는 다시 살아 나셔서 나라 위해서 생명을 거신 것입니다

청년 시절 '교회 사찰을 하겠다' 고 청소를 담당하시며 주의 몸을 닦듯이 교회 의자를 너무 감사해서 눈물을 흘리며 닦으시고, 담임 목사님 아들이 폐병에 걸린 것을 보시고는 학업을 그만 두시고, 전염병인데도 순종하시느라 목사님 아들 폐병 간호를 하시고…

대한민국 망했고, 지구상에서 국호가 사라진다는 주님의 음성을 듣고서 전문가들을 일일이 만나서 실상을 알고는 "기독교가 대한민국을 살려 내야 되겠다"고 결심을 하셨기에, 어떤 중대형 교회 목사님들도 몸 사리느라고 나서지 않는 일을 죽기 살기로 하고 계신 거예요.

수술 후 죽었다가 살아나서 마약 수준의 강한 진통제 맞다가 중단하고, 애국 문자 단체로 날린 것이 선거법 위반이라고 해서 병원 환자복 입으신 채로 감옥으로 끌려가서 진통제도 못 맞고 아픔을 참으면서 2달 반을 옥살이 하시다가 하나님께 사도 바울처럼 심한 고난을 당하지 못한 것이 너무나 죄송해서 나가서 순교시켜 달라고 강청 기도해서 무죄로 풀려나시고 몸이 회복 안된 상태라서 1년만 쉬었다가 아프리카로 가서 순교하시려고 했는데, 쉬지도 못하시고, 대한민국 살리려고 문재인과 맞장 뜨는 산 순교를 하고 계시는 거예요.

문재인과 좌파 정부에게 욕하시는 것은 너무도 당연하구요, 목사들 장로들에게 욕을 하시는 것은 정신 차리게 하시는 것이고, 교만한 사역자는 그 욕에 발끈하고, 겸손한 사역자는 그 욕을 마땅히 여기게 되는 것입니다.

전광훈 목사님이 아니면 아무도 이 일 못합니다. 늘 얘기 하세요. 대

형 교회 목사님들 당신 대신 마이크 잡으시라고요, 당장 넘겨 주시겠다구요. 그런데 다들 못하시겠답니다. 근데 왜 나한테는 하라고 하냐고 물으시면 "형님은 이미 버린 몸이잖아요" 하신답니다.

전광훈 목사님은 순교자이시고 선지자이세요. 청교도적인 삶을 몸소 실천하며 살아 오신 거예요. 그러니까 하나님께서 이 중차대한 시기에 대한민국을 맡기신 거죠. 모두가 학자연하고 WCC, WEA, 종교통합, 인본주의, 탐욕주의에 빠져 있을 때 이 분은 오직 복음으로 승부를 거신 겁니다.

성도들이 얼마나 무서운데요. 존경할만 하니까 존경하는 거구요. 헌금 다 맡겨도 안심스러우니까 맡겨 드리는 거예요. 절대 겉모습과 거친 말투만 보고 욕하거나 판단하면 안 됩니다.

훗날 공산화되어서 완전히 지구상에서 사라질 대한민국을 전광훈 목사님이 살려 내셔서 복음화 시켜서 대한민국의 국교를 기독교로 바꾸게 하시고, 백투 예루살렘의 과업을 이루시고 순교하신 순교자로 기록되었을 때, 사람 잘못 보았다고 후회하지 않게 올바른 줄에 서시길 진심으로 바랍니다

이성적이고, 논리적이고, 체면을 차리는 사람들은 아무도 꿈쩍 안할 때 하나님께서 살짝 건드리시기만 해도 "할렐루야, 할렐루야"하며, 자지러지게 민감하시고, 사람에게는 못 해도 주님에게는 하루에도 수십번씩 "주님 사랑합니다"를 고백하시는 전광훈 목사님을 하나님께서 얼마나 사랑하시고 얼마나 귀하게 여기시겠어요

혹여라도 전광훈 목사님에 대해서 부정적인 생각이 들었었다면 기도 깊이 해보시고 마음을 돌이키시기를 간절히 원합니다

우리 모두 리더를 중심으로 하나가 되어서 하나님의 뜻대로 주체사상을 물리치고, 기독 사상으로 승리합시다.

(5) 광화문 주일 연합 예배팀들의 결단

"하나님 까불면 나한테 죽어"라는 발언이 연합뉴스 기사로 나면서 전 목사 비판이 일파만파 급속히 번지고 있군요. 기독교를 개독교로 만들어 간다며, 신성모독의 주인공으로, 나라를 살리는 자가 아니라 나라를 망치는 저질 사기꾼 목사로 그러므로 그를 따라 모이며, 그 엄동설한에도 목숨 걸고 투쟁하며 나라 살리겠다는 사람들을 미친 목사에게 빠져 가족들 다 버리고 온갖 재물 팔아 바치는 미친 년들로까지(여기까지 홍지수님 왈) 매도하고 있군요. 참 억장이 무너지고 씁쓸합니다.

이번 전 목사의 문제의 그 발언으로 평소에 전 목사를 끌어내리지 못해 애쓰던 (좌파가 아닌) 두 부류의 사람들이 기회를 얻었습니다

그 하나는 "탄핵 무효 소리도 못하는 사탄파, 전광훈 목사는 더 이상 애국자들 현혹치 말고 교회로 가라!"고 하는 탄핵 무효파들, 또 하나는 "그것 봐라! 전 목사 따위가 뭔 나라를 살려? 전 목사는 입이 험해, 그와는 함께할 수 없다. 거룩하신 하나님을 상대로 신성모독의 발언을 하다니 이젠 그가 한국 기독교를 더 망치기 전에 그를 그 자리에서 끌어내려야 한다"라는 기독교계 높으신 어르신 그룹. 그 두 그룹이 그렇습니다.

기도하며, 주님께 묻고 또 물었습니다. "주여! 전 목사를 그리 훈련시키시고 준비시키셨으면서 왜 말을 절제케 하는 훈련은 안 시키셨는지요?" 밤이 맞도록, 잠이 안 옵니다. 그러다 새벽녘이 되니 주님이 마음을 부어 주시는군요.

주님이 주신 결론입니다. "이제 내가 너희에게 말하노니 이 사람들을 상관 말고 버려두라 이 사상과 이 소행이 사람에게로서 났으면 무너질 것이요. 만일 하나님께로서 났으면 너희가 저희를 무너뜨릴 수 없겠고

도리어 하나님을 대적하는 자가 될까 하노라"(사도행전 5:38-39)

전 목사가 지난 6월 이후로 자신을 희생하며 일으킨 광화문 집회의 국민혁명은 결코 인간이 할 수 있는 일이 아닙니다. 하나님의 신이 운행치 않으면 그렇게 전국민적인 지지를 얻을 수 없고, 주일 연합예배에 그렇게 모일 수 없고, 1,700만을 넘어 2,000만을 육박하는 국민적 공감대를 얻는 힘은 오로지 하나님께로부터 온 것입니다.

인간은 완전한 자 없습니다. 전 목사는 입은 험하지만, 주님을 향한 그 평생의 낮은 삶은 아무도 비교할 수 없는 거룩한 삶입니다. 그러기에 우리는 부족하지만 그를 택하신 하나님을 경외합니다.

나라가 망할 때까지 "탄핵 무효"만 외치고 있는 탄핵 무효파들이여! 그대들은 끝까지 고고하게, 고상하게, 탄핵 무효만 외치시라! 우리는 미친 년들이라 욕을 먹더라도 고상치 않은 전 목사를 따라 문 끌어 내리는 일에, 나라 살리는 일에, 이전보다 더욱 몸 내던져, 더욱 천박하게 미쳐 가겠노라!

신성모독을 부르짖으며 부들부들 떨고 있는 높으신 기독교계 어르신들이여! 전 목사를 단세포적인 시각으로만 보지 말고 사랑받는 아빠 앞에서 어리광부리며, 그런 철없는 소리도 할 수 있는 어린아이의 순전한 모습을 보시라!

그대들은 전 목사같이 순수하게 나라를 위하여 목숨을 던져 봤는가? 그대들은 전 목사같이 진실 앞에서 앞뒤 계산치 않고 모든 것을 던져 봤는가? 그대들은 그 아무도 전 목사를 비판할 자격 없소이다. 심지어 전 목사를 세우신 하나님께서는 저 극악한 주사파 빨갱이 세력들을 쳐내는데 전 목사의 그 험한 입도 사용하고 계십니다. 그는 하나님이 주시는 용기와 지혜로 아무도 할 수 없는 일을 하고 있습니다.

다시 한번 선포합니다. 우리는 전 목사를 구국 리더로 세우신 하나님을 경외하기에 이 나라 다시 찾는 그 날까지, 하나님의 선한 다스림이 이 나라에 머무는 그 날까지, 그리하여 "예수 한국, 복음 통일" 이루는 그날까지 전 목사님을 사령관으로 앞세우고 더욱 목숨 내던져 싸우렵니다.

모두에게 부탁드립니다! 하나님이 세우신 우리의 사령관 전광훈 목사를 털끝만큼도 건드리지 말아 주십시오!

2019. 12. 10. 아침에
청와대 광야노숙팀
이승만 광장 국민혁명대회팀, 광화문 주일연합예배팀

(6) 처치 타임즈 김효정 기자의 "전광훈 목사 신성모독 어떻게 봐야 할까?"

처치 타임즈의 김효정 기자는 이렇게 말했습니다. "최근 정부의 문제점을 지적하는 광화문과 청와대 일대를 주도적으로 이끌고 있는 전광훈 목사의 신성 모독 논란이 있었습니다. CBS와 JTBC, 교회개혁실천연대 등에서 문제를 집중적으로 제기를 했구요. 이후 수많은 언론들이 이 내용을 받아 썼습니다.

내용을 먼저 살펴 보면, 시간은 두 달 전쯤인 10월경입니다. 출처는 전광훈 목사의 집회가 집중적으로 방송되고 있는 유투브 채널이죠. '너 알아 TV' 인데요, 이곳을 통해서 전 목사가 과거에 한 발언을 누군가가 문제를 삼기 시작한 것입니다.

전광훈 목사는 '지금 대한민국은 누구를 중심으로 돌아가는가? 바로 전광훈 목사를 중심으로 돌아 간다' 고 언급을 했고, '왜냐하면 전광훈 목사에게 기름부음이 임했기 때문이다' 라고 언급을 했습니다. 또 전광훈 목사는 '나는 하나님의 보좌를 딱 잡고 살기 때문이다. 하나님! 꼼짝 마. 하나님! 나한테 까불면 죽어' 이렇게 이야기를 했습니다.

교회개혁실천연대 방인성 목사는 'CBS 김현정의 뉴스쇼'에 나와서 "광대망상이다. 전광훈 목사는 한국교회의 수치다. 한국교단에서 퇴출시켜야 한다. 그렇게 막말하는 사람이 어떻게 하나님 가까이 갈 수 있느냐?"라고 비판을 했습니다. 일단 보도를 문맥만으로 접하신 분들은 놀라신 분들도 적잖이 있을 거라고 생각합니다. 전광훈 목사는 평소에도 솔직하고 직설적인 화법으로 설교와 대화하기로 유명한 분인데요. 하나님과의 친밀함을 드러내면서 정말 죽을 각오로 국가와 교회를 위해서 '하나님의 천사와 모든 것을 걸고 씨름하는 야곱의 마음처럼 그 간절한 마음을 표현했다'라고 보는 시각도 있습니다.

한편에는 '그래도 좀 표현이 심한 것 아니냐?'라고 비판하는 분들도 적지 않는데요, 전광훈 목사에 대한 생각은 다들 다양하시겠지만 우리가 이 문제를 접근할 때는, 물론 기도를 먼저 해야 할 것 같구요, '세상의 말과 방식을 따라가기보다는 하나님의 방식으로 이 문제를 접근해야 되지 않을까?'라는 생각이 듭니다.

예수님도 "내가 하나님의 아들이야!"라고 이야기를 했을 때, 대부분의 사람들이 믿지 못했고, 심지어 십자가에 못을 박기까지 했습니다. 전광훈 목사가 예수님이라는 말이 아니라 '그만큼 성령의 역사는 세상의 방법으로 입증할 수 없다'는 이야기입니다. 성령을 받은 사람만이 알 수 있고, 그래서 이 부분은 '조금 신중하게 접근을 해야 한다'라고 말씀 드리고 싶습니다. 하나님께서는 사도 바울, 다윗에게도 기름 부으셨죠? 전광훈 목사는 자신에게 '기름부음이 임했다'라고 이야기 했습니다. 이 부분의 진위 여부는 세상의 잣대만으로는 판단할 수 없습니다.

그런데 저는 지금 대한민국이 처한 위기 상황 그리고 성경과 자유의 가치를 말상 당할 수 있는 교회의 위기 상황 앞에 하나님께서 반드시 전광훈 목사님을 사용하신다고 믿습니다. 그래서 이 부분에 대한 어떤 언급과 접근은 조심스러워야 한다고 감히 말씀 드리고 싶습니다. 전광훈 목사가 정말 기름부음을 받은 분이라면 우리가 함부로 판단하거나 정죄해서는 안 될 것입니다. 예수님을 죽인 자들도 하나님을 믿는다고 했던 유대인과 바리새인 심지어 제사장들이었습니다. 하나님을 잘 믿는다고 스스로 이야기했지만 성령 받지 않고 머리로만 하나님을 아는 자들이었기 때문에 "어디를 봐서 네가 구원자냐?"라고 예수님께 돌을 던졌습니다.

저는 하나님을 모르는 세상 언론들, 그리고 교회 안에 침투한 세력들과는 별로 이야기를 하고 싶지 않습니다. 그들은 어차피 성령의 역사를 이해할 수도 없구요. 또 어떻게든 가짜 프레임을 만들어서 죽이려고만 할 것이기 때문입니다. 하지만 지금 전광훈 목사님을 지지하는 분들 그리고 혹은 조금 생각은 다를지라도 국가와 교회의 위기 앞에 함께 기도하며 행동하는 분들에게는 감히 저는 이렇게 말씀 드리고 싶습니다. '이건 아니지?'라는 생각이 들지라도 '지금은 하나님의 뜻을 구하면서 잠시 잠잠히 기도할 때' 라고 말씀 드리고 싶습니다. 하나님께서 정말 그분을 통해서 위대한 일을 이루실 수도 있기 때문입니다.

딱 두 가지입니다. 정말 전광훈 목사가 하나님을 욕되게 한 것이라면 그 책임은 전광훈 목사가 직접 지셔야 할 것입니다. 하지만 우리가 알 수 없지만 정말 하나님의 뜻하신 바가 있어서 세우신 하나님의 종이라면 지금 전 목사님을 저주한 사람들이 그 무서운 책임을 다 달게 받아야 할 것입니다. 저는 지금 교회를 무지막지하게 공격하고, 또 전 목사님에 대해서도 무시무시한 저주를 퍼붓는 이들의 미래가 사실은 걱정됩니다. 하나님 앞에 우리는 더욱 낮아지고, 또 우리의 뜻이 아닌 그분의 뜻을 구하면서 더욱더 기도에 힘써야 하지 않을까요? 지금 정죄의 말은 잠시 거두어 주시고, 나라와 교회를 진정으로 생각하는 마음으로 '뜨겁게 기도해야 할 때가 아닌가?'라는 생각이 듭니다.

(7) 작성자 '스카이'의 글

전광훈 목사가 광화문 집회 설교 중 일부 문장만 인용하여 전광훈 목사가 신성모독을 하였다고 비기독교인 기자가 보도한 이후, KBS, 연합뉴스 등 공공 언론에서조차 전광훈 목사의 언사를 비판하고 나섰습니다.

실제 그 설교를 처음부터 끝까지 모두 들어 본 저로서는 도저히 이해할 수 없는 비판입니다. 신학적으로 교리적으로 "하나님 죽어"라는 발언을 한 것이 아니라 자신이 목숨을 걸고 하나님의 보좌를 붙들고 밤낮으로 씨름하고 있다는 것을 자신의 방식으로 거칠게 표현한 것이었습니다. 그 표현의 잘잘못은 하나님이 심판하실 것입니다.

야곱이 밤새 천사와 씨름하며 이스라엘로 바뀌기까지 야곱의 내면에 있는 그 울분을 야곱만이 알 수 있었던 것처럼 설교를 듣는 내내 전광훈 목사가 얼마나 간절하고 필사적으로 하나님께 매달리고 있는가를 간접적으로 느끼게 해 준 설교였습니다.

대한민국은 수년 전부터 이상한 현상의 패턴들이 반복되고 있습니다. 정작 그 사람이 어떤 의도로 그 말을 했는지에 대한 기승전결을 다 들어 보지도 않고 그 사람을 의도적으로 공격하기 위해 악의적으로 말을 짜깁기합니다. 그런 일을 하는 인간이 평범한 사람들이 아니고 대형 언론사 언론인이라는 것이 참 안타깝습니다.

예전에 대형교회를 비판하는 기사를 쓴 기자의 글을 읽어 본 적이 있습니다. 그때도 30분짜리 밖에 안되는 그 대형교회 목사의 말씀 전체를 듣지도 않고 자신이 공격하기 위해 재해석하기 쉬운 말들만을 보도했습니다. 그 기자는 물론 교회도 다니지 않는 비기독교인이었습니다.

이상한 것은 이렇게 비기독교인이 기독교를 의도적으로 흠집을 내면 그 다음은 그 상황을 알지도 못하는 기독교인들이 들고 일어나서 공격을 하는 패턴이 계속 반복되었습니다. 대한민국 기독교인들이 얼마나 무지하고 즉흥적인지를 잘 설명해 주고 있습니다.

각설하고 오늘날 대한민국에 쳐다볼 사람이 없습니다. 다행히 정치가도 아니고, 경제인도 아니고, 학자도 아닌 목사 한 사람이 내가 목숨 걸고 대한민국 불씨를 살려 보겠다고 앞장섰습니다.

개인적으로는 거룩한 도포자락에 자신의 위선을 숨기고 거룩한 체하는 목사들보다 거친 말을 내뱉으면서 강하지만 절대 물러서지 않은 전광훈 목사 같은 사람이 이 시대에 적합한 지도자인 이유는 바로 지금 대한민국의 현실이 그만큼 위급하기 때문이라 생각합니다.

핵심은 이것입니다. 설교와 헌금을 비판하려면 설교를 듣고 최소한 헌금을 주기적으로 내는 기독교인이어야 하며, 말씀을 비판하려면 최소한 성경을 일년에 한 번쯤은 정독을 하고 그 전해진 말씀 전체를 숙고하는 것을 전제해야 합니다.

전광훈이라는 지도자가 없어서 나라가 망하는 것은 아닙니다. 백성이 무지하고 완악해서 망하는 것입니다. 전광훈이라는 지도자가 무너지면 선한 일을 시작하신 하나님께서 그 일을 이루시기 위해 또 다른 지도자를 보내실 것입니다.

그러나, 신성모독이니 이단이니 하면서 비판을 하는 것을 보니 이제 마지막 우두머리, 사탄, 즉, 예수님을 신성모독과 이단으로 십자가에 못 박은 그 놈이 마지막 발악을 하는 모양입니다. 빛이 가까워 올수록 새벽은 더욱 어둡습니다.

각종 시국 선언

| 부울경 제2차 목회자 시국 선언 전문

특 별 시 국 선 언 문

대구 경북 부산 울산 경남지역 기독교지도자 특별시국선언문(전문)

= 대통령이 범법 혐의자 趙國을 살리고 우리의 자랑스런
  祖國은 죽었습니다. =

= 문재인 정권에 의해서 나라의 정의와 공정은 죽었어도
  하나님의 공의와 심판은 살아 있습니다. =

설마설마 했습니다!

보자보자 했습니다!

결국 해도해도 너무했습니다!

이건 아니지 않습니까?

정말 이건 아니지 않습니까?

국민을 개나 돼지로 여기는 것입니까?

대한민국 5천만 국민이 그렇게 가소롭습니까?

자유 대한민국이 그렇게 만만하게 보입니까?

정녕 국민들이 무섭지 않습니까?

하나님이 두렵지 않습니까?

어쩌자고 청와대와 국가 경영 컨트롤 타워 그리고 국정의 요직을 무자격자, 무능력자, 무경험자, 비전문가, 무법자, 범법자, 탈법자, 위법자, 법을 악용하는 자, 내로남불자, 불염치자, 불륜자, 편 가르는 자, 사기꾼, 양아치, 파렴치, 종북자, 사노맹 주사파, 계급 혁명론자, 사회주의자 등의 소굴로 만들고 있습니까?

그래서 이 나라 자유 대한민국을 정녕 사회주의 공산주의 국가로 전복시켜 북한의 김정은에게 바치려고 하십니까?

자유대한민국을 사랑하시는 국민 여러분!

나라의 현실과 장래를 염려하며 가슴 아파하시는 국민 여러분!

지금 우리는 참으로 상식과 정의가 실종되고 자유대한민국 법치주의가 사망한 비상한 시국을 맞았습니다. 북한과의 낮은 연방제를 실시하겠다고 공언 했던 후보가 대통령이 되었고, 국민을 대표하는 국회 청문회에서 당당하게 사회주의자임을 스스로 인정한 자를, 여러가지 피의(被疑) 사실로 감옥에 가야할 처지에 있는 사람을, 절대다수의 국민들의 반대에도 불구하고 그 대통령은 그를 법무부 장관에 임명을 했습니다.

이로써 문재인 정권의 북한식 사회주의 국가, 더 나아가 북한 공산 유일독재체제와의 낮은 연방제를 실현키 위한 마지막 퍼즐을 맞추었습니다. 그리고 이제 이 정권은 거침없이 그 사악한 목표를 달성하기 위해 달려 갈 것으로 보입니다. 저들은 이미 대한민국이란 나라와 국민은 안중에 없습니다. 이 정권이 국정 전면에 내세우고 있는 '평등·공정·정의'는 더 이상 이 나라에 존재하지 않음을 확인합니다.

　사랑하는 애국 국민 여러분!

　우리는 결코 이렇게 하라고 그를 대통령으로 세우지 않았습니다!

　우리 대한민국은 결코 사회주의 공산국가로 갈 수는 없습니다!

　우리 대한민국 국민은 결단코 개나 돼지로 살수가 없습니다!

　우리는 오늘의 이 위중한 사태를 좌시할 수가 없습니다.

　이에 저희 부산 울산 경남 대구 경북의 영남지역에서 뜻을 같이하는 기독교 지도자들은 분연히 일어나 다음과 같이 준엄한 특별시국선언을 합니다.

특 별 시 국 선 언 강 령

– 우리는 지금의 국가 상태를 문재인 정권에 의한 오만과 독선, 그리고 은밀히 기획된 정책의 순차적 집행으로 인하여 총체적이고 절대 절명의 국가 위기로 선포한다.

– 우리는 결단코 자유대한민국이 사회주의 국가나 낮은 연방의 공산주의 국가가 될 수 없음을 순교의 각오로 천명하며 선포한다.

– 우리는 절대다수의 국민을 의도적으로 불행하게 하는 이 오만한 정권에 대하여 비폭력 국민 불복종 운동을 선언한다!

– 우리는 대한민국의 헌법을 준수하지 않고 체제를 전복시키려는 문재인 대통령의 통치를 거부한다.

– 우리는 사노맹 이념을 가지고 사회주의 국가를 만들겠다고 천명한 자를 자유 대한민국의 법무부 장관으로 인정할 수 없다.

– 우리는 위선과 편법 그리고 거짓의 화룡점정으로 수많은 범죄 혐의

에 직간접으로 연류된 자가 법무부장관의 자리에 앉은, 그야말로 죽은 소대가리도 웃을 조국씨의 국무위원직을 거부하며 즉시 퇴진할 것을 국민의 이름으로 명령한다.

– 따라서 앞으로 조국씨가 법무부 장관에 재임하는 동안 입법, 개정 등의 모든 법률 행위와 그에 준하는 시행령을 거부한다.

– 우리는 문재인 정권이 이제라도 정치 경제 국방 외교 언론 교육 노동 문화 등 국정 전반의 통치를 현행 헌법을 준행하며 자유 민주 자본주의 시장경제와 한미일 공조 그리고 한미 동맹 등의 모든 국정을 즉각 정상으로 회복하기를 국민의 이름으로 강력히 명령한다.

– 문재인 대통령은 취임식에서 스스로 천명했던 '기회는 평등하고, 과정은 공정하게 그리고 결과는 정의로운 국가를 만들겠다.' 던 국민과의 약속을 지키지 못했음으로 즉각 책임을 통감하고 스스로 대통령의 자리에서 물러날 것을 촉구한다.

2019년 9월 10일

대구 경북 부산 울산 경남의 뜻을 같이하는 기독교 지도자 일동

| 제3차 기독교 목회자 3,000인 시국선언문 전문
(2019년 11월 29일)

지금 대한민국은 대통령이 없다!
문재인 대통령과 각계각층의 국민들에게 묻습니다!

−부산 울산 경남 대구 경북 대전 충남 전북 강원 애국 기독교 지도자 일동−

□ 제19대 문재인 대통령 취임사 중에서 요약 □

존경하고 사랑하는 국민 여러분. 감사합니다. 저는 오늘 대한민국 제 19대 대통령으로서 새로운 대한민국을 향해 첫걸음을 내딛습니다. 지금 제 두 어깨는 국민 여러분으로부터 부여받은 막중한 소명감으로 무겁습니다. 지금 제 가슴은 한 번도 경험하지 못한 나라를 만들겠다는 열정으로 뜨겁습니다.

대한민국은 숱한 좌절과 패배에도 불구하고 우리의 선대들이 일관되게 추구했던 나라입니다. 그런 대한민국을 만들기 위해 대한민국 제 19대 대통령으로서의 책임과 소명을 다할 것임을 천명합니다. 오늘부터 저는 국민 모두의 대통령이 되겠습니다. 저를 지지하지 않았던 국민 한분 한분도 저의 국민이고, 우리의 국민으로 섬기겠습니다. 저는 감히 약속드립니다. 2017년 5월 10일 이 날은 진정한 국민 통합이 시작된 날로 역사에 기록될 것입니다.

존경하고 사랑하는 국민 여러분! 오늘부터 나라를 나라답게 만드는 대통령이 되겠습니다. 권위적인 대통령 문화를 청산하겠습니다. 지금의 청와대에서 나와 광화문 대통령 시대를 열겠습니다. 주요사안은 대통령이 직접 언론에 브리핑하겠습니다. 퇴근길에는 시장에 들러 마주치는 시민들과 격이 없는 대화를 나누겠습니다. 대통령의 제왕적 권력을 최대한 나누겠습니다. 권력기관은 정치로부터 완전히 독립시키겠습니다. 낮은 자세로 일하겠습니다. 안보 위기도 서둘러 해결하겠습니다. 한미동맹은 더욱 강화하겠습니다. 튼튼한 안보는 막강한 국방력에서 비롯됩니다. 자주국방력을 강화하기 위해 노력하겠습니다.

 분열과 갈등의 정치도 바꾸겠습니다. 대통령이 나서서 직접 대화하겠습니다. 야당은 국정운영의 동반자입니다. 대화를 정례화하고 수시로 만나겠습니다. 전국적으로 고르게 인사를 등용하겠습니다. 능력과 적재적소를 인사의 대원칙으로 삼겠습니다. 저에 대한 지지 여부와 상관없이 유능한 인재를 삼고초려해서 이를 맡기겠습니다. 먼저 일자리를 챙기겠습니다. 거듭 말씀드립니다. 문재인과 더불어민주당 정부에서 기회는 평등할 것입니다. 과정은 공정할 것입니다. 결과는 정의로울 것입니다. 잘못한 일은 잘못했다고 말씀드리겠습니다. 거짓으로 불리한 여론을 덮지 않겠습니다. 공정한 대통령이 되겠습니다. 특권과 반칙이 없는 세상을 만들겠습니다. 소통하는 대통령이 되겠습니다. 낮은 사람 겸손한 권력이 되어 군림하고 통치하는 대통령이 아니라 소통하는 대통령이 되겠습니다. 따뜻한 대통령 친구 같은 대통령으로 남겠습니다. 사랑하고 존경하는 국민 여러분! 저의 신명을 바쳐 일하겠습니다. 감사합니다.

 □ 대통령 후보 연설(요약) / 2017년 4월 24일 KBS TV □
 저는 촛불 시민 혁명을 함께 하면서 나라의 주인도 국민이고 권력의 주인도 국민이라는 사실을 다시 한 번 확인했습니다.

 존경하는 군민 여러분 제 아버지는 공산주의가 싫어서 피난 오신 분입니다. 북한 정권의 노동당 입당 강요를 끝까지 거부하신 분입니다. 그렇게 저와 가족에게 안보와 국방은 절대적인 단어입니다.

□ 중앙일보 2017. 07. 18 □

문 대통령은 대선후보 시절 병역 면탈, 부동산 투기, 세금 탈루, 위장 전입, 논문 표절 문제가 있는 사람은 고위공직자 임용에서 원천 배제하겠다고 약속했다.

그렇다면 이 같은 원칙이 얼마나 지켜졌을까. 지금까지 지명된 인사청문회 대상인 국무총리와 장관(후보자) 및 위원장, 헌법재판소장 22명을 전수조사 했다. 그 결과 22명 중 15명(68.2%)이 5대 원칙 중 하나 이상에서 논란이 됐다. 상당 부분에선 사과도 했다.

☞ 문재인 대통령에게 묻습니다.

- 대통령 당선인 문재인은 어디로 사라졌습니까?
- 지금의 당신은 도대체 누구입니까?
- 당신의 나라는 어디입니까?
- 당신의 국민은 누구입니까?
- 저 취임사의 대국민 약속들이 당신의 입으로 한 것이라면 지금의 당신은 대국민 사기꾼에 지나지 않습니다.
- 지금 국민은 김정은의 공갈협박보다 대통령의 무소불위의 착각으로 초 헌법적 통치가 더 두렵습니다.

- 우리가 그때는 몰랐습니다. 당신에게는 당신이 꿈꾸는 새로운 나라가 있었다는 것을… 그리고 그 나라는 그야말로 우리가 가보지도 못한, 갈 수도 없는 북한과의 공산주의 낮은 연방제 나라였다는 것을 말입니다. 우린 그저 잘사는 나라를 말함인 줄 알았습니다.

- 우리가 이제야 알았습니다. 북한의 김정은은 핵을 포기하지 않은 채 변한 것이 하나 없고 연일 미사일을 발사하며 살기등등한데, 대한민국 국군통수권자인 당신께서는 대북 비행정찰(무인정찰기 포함), 방어훈련, 한미연합훈련도 못하도록 자승자박 해버렸습니다. 더 나아가 우리만 전 방위 영역에서 돌이킬 수 없는 무장 해제를 단행 했습니다.

- 기무사와 군의 2개 군단 5개의 핵심 사단을 해체하며 임기 내 11만 8천명의 병력을 줄일 것이며 심지어 남북이 함께 총 660km에 이르는 한강하구 수로 해저 지형조사를 하여 작년 말에 그 해저지도를 북한에 넘겼습니다.

- 아울러 그간 민간 선박의 접근이 제한되었던 수역을 군사적으로 개방을 단행하였습니다. 또한, 병사들에게 인권을 빙자하여 정신무장까지 해체 해놓고 마침내 국민들에게 "이제 한반도에 항구적인 평화의 시대가 열렸다"고 선포함이 무슨 음모인지 이제야 알았습니다.

- 그 결과 북한은 서해 NLL 인근 함박도를 비롯한 도서들을 요새화 하였고 지난 23일엔 김정은의 현지 지도로 백령도 코앞에서 9.19 군사합의 조차 우습게 여기며 해안포 사격을 했으나 우리 군은 음파 외엔 아무 것도 알지 못하였고 그나마 북한이 밝히기 전까지 사실을 감추고 있었습니다.

- 이젠 우리가 다 알 수 있습니다. IMF이후 최악의 경제 성적표를 받아 들고 가진 집권 2년 반을 회고하는 수석보좌관 회의의 모두발언에서, 광화문과 청와대 앞길에서 연일 하야를 외치는 수백만 국민의 함성과 피맺힌 절규가 하늘을 찌르는데도 당신께서 "한결같이 성원해 주신 국민들에게 깊이 감사드린다" "무너진 나라를 다시 세워 국가를 정상화했다" "한반도 정세의 기적 같은 변화도 만들어 냈다"

고 하신 말씀에 국민들은 대통령의 정신 건강을 우려하게 되었으며,

- 그리고 11월 19일에 가진 또 한 번의 몰염치의 '쇼통'이었던 "국민과의 대화"에서 당신의 업적으로 자랑스럽게 말씀하신 집값 안정, 부동산 문제가 지금 서울과 지방에서 어떤 상황인지 당신만 모르고 있음과, 지소미아 사태를 일본이 원인 제공한 것이라는 주장이 얼마나 비열한 거짓말 인지와 당신의 이와같은 발언들이 일반 국민들에게는 왜 유체이탈로 혹은 다른 나라 대통령의 말과 같이 들리는지 이젠 우리가 다 알고 있습니다.
- 그것은 분명 당신의 나라, 당신의 백성이 따로 있다는 것이지요. 물론 그 나라 백성들로 부터는 갈채를 받겠지요.
- **이제 우리가 다 알면서 당신에게 묻습니다. 당신은 집권 2년 반 동안 누구를 위해 무슨 일을 하였습니까? 어떻게 나라를 이 지경으로 만들었습니까?**
- 정녕 당신이 만들어 가는 새로운 나라가 지구상에 단 하나 밖에 없는 생지옥의 북한 김일성 주체사상의 변종 공산국가인가?
- 국민들에게 동의는 커녕 한마디 설명도 없이 누구 맘대로 자유 민주 대한민국을 그런 나라로 전복시킨단 말인가?
- 당신들은 이와같은 천인공로할 여적(與敵)에 해당하는 음모를 이룰 수 있다고 생각하는가? 대한민국의 국민이 그렇게 만만한 호구인가? 그 죄 값을 어찌 다 감당하려는가?
- 당신이 월남 패망의 소식에 희열을 느꼈고, 대통령이 된 후에도 공개적으로 신영복 윤이상과 같은 간첩들을 존경한다고 천명함과, 현충일 추념식에서 6.25 전범 김원봉을 국군 창설의 뿌리라 함은 당신이 골수까지 공산주의자임을 자처하는 것이 아닌가?
- 천만 다행히도 당신의 꼼수가 실패했지만 한일군사정보협정(지소

미아) 파기로 일본은 물론이요 주한미군까지 걷어 내려했던 속셈은 무엇을 위함인가?

- 패스트트랙 법을 기어이 통과시켜 놓고 스탈린의 KGB, 북의 국가 보위부 비밀경찰과 같은 무시무시한 공수처 법과, 국회의원도 잘 모르는 연동형 비례대표제 선거법을 혈안이 되어 관철시키고자 함은 무슨 음모를 위함인가?

- 지금까지 NLL을 넘어온 북한의 목선은 얼마이며, 그들은 무슨 목적으로 침투하였으며, 모두 어디로 잠적하였으며, 2명의 탈북 어부를 합동조사도 않은 채 비밀리에 강제 북송한 것은 정말 김정은을 부산의 한·아세안 특별 정상회의에 모시기 위해 바친 제물이었는가?

- 당신께서 의도적인 국가 경제 하향조정을 위하여 보검(寶劍)으로 사용하는 소득주도 성장과 혁신성장, 공정경제라는 독침과 같은 3대 경제 정책을 줄기차게 고집하는 것은 어떤 나라를 만들고자 함인가?

- 금년도 9월까지 국가 재정 수지가 57조원의 적자라는 사상 초유의 상황을 만들어 놓고도 내년도 예산을 수입(482조)보다 지출이 31조가 더 많은 513조가 넘는, 거기에다 60조원의 국채발행까지 하겠다는 묻지 말라는 초 슈퍼 예산을 편성한 것과, 한도 끝도 없는 포퓰리즘의 음모는 무엇인가?

- 법의 악용과 파렴치의 아이콘이 된 조국 전 민정수석을 아직도 붙들고 전전긍긍함은 무엇 때문인가?

- 그러나 이제 당신의 이 턱도 없는 음모를 깨달은 국민들이 광장으로 몰려나가 연일 외치는 문재인 하야의 함성이 들리지 않는가?

- 전국 방방곡곡 각계각층에서 발표한 시국성명과 모든 종교를 막론하고 구국의 기도가 하늘에 사무치고 있음을 보지도 듣지도 못하였는가?

- 여당과 버금가는 국회의원들을 가진 제1야당의 대표가 구국의 일

념으로 이 엄동설한에 당신의 문전에서 단식하며 사경을 헤매고 있음을 모르는가?

– 이미 국민들은 심중에 당신을 대통령으로 인정하지 않음을 아는가?

– 그러므로 지금 대한민국에는 대통령이 없다. 나라와 국민을 버린 대통령을 국민이 버렸기 때문이다.

☞ 행정, 입법, 사법부의 모든 위정자들에게 묻습니다.

– 당신들은 어느 나라의 위정자들이며 누구를 위한 부역자들입니까?

– 지금 당신들이 만들어 가는 그 나라에 당신의 자녀들과 손주들이 살아가야 하는 사실을 아십니까?

– 그 자리가 영원할 줄 아십니까? 4대강 보 철거 입찰에 관계 업체들이 왜 아무도 응하지 않은 줄 생각해 보셨습니까?

☞ 모든 언론사와 언론인들에게 묻습니다.

– 거짓말의 중독성을 아십니까? 양심도 마비될 수 있음을 아십니까? 여러분들도 처음에는 언론인의 양심이 있었겠지요? 아무리 초록이 동색일지라도 이건 아니지 않습니까?

– 여러분들이 기를 쓰고 이 정권과 함께 만들어 가는 나라인 저 북한에도 방송국과 신문사가 있지요. 정녕 여러분들은 저들과 같은 언론인들이 되고자 하는 것입니까? 아니, 단 한 달이라도 저들과 같은 언론인으로 살 수 있을까요?

– 당신들이 이 나라를 바로 세우는 근간(根幹)이 될 수 있고, 망하게 하는 홍위병이 될 수 있습니다. 당신들이 국민들을 바보로 만들 수도 민주투사로 만들 수도 있습니다. 4.19. 6.29, 5.18 등의 민주 항쟁의 승리를 이끈 자유언론의 동력은 어디로 사라졌습니까?

– 기독교 언론사들도 각성해야 합니다. 하나님의 나팔수가 되어야 할

기독언론들이 나라가 폭망하고 있는 비상시국에, 수백만의 기독인들이 광화문광장에서, 전국 방방곡곡에서 피를 토하며 하나님께 부르짖고 있음에도 한가하게 태평성대를 노래하며 여전히 기복종교의 나팔수 노릇을 하고 있음에 하나님이 두렵지 않습니까?

☞ 소위 종북좌파라 이름하는 분들에게 묻습니다.

– 자유 대한민국에서 누릴 것 다 누리며 할 말 못할 말 다 하며 거리낌 없이 행동하며 살아 가시면서 무엇이 부족하여 허구한 날 국가 전복을 일삼고 있습니까? 김일성 주체사상과 김정은과 그 체제가 그리도 좋습니까? 그런데 당신들이 지금 하는 행위를 북한에서 흉내라도 낼 수 있다고 생각하십니까? 만약 적화통일이 된다면 1차 처형의 대상이 누구인지를 소련 중공 북한 베트남 캄보디아의 경우를 찾아보십시오, 제발 좀 그만들 하시고 더불어 평화롭게 살아갑시다.

☞ 호남지역의 우리 국민들에게 묻습니다.

– 어찌하여 여러분들이 목숨 걸고 지켜왔던 자유 민주주의가 이렇게 무너지고 있는데도 눈을 감고 입을 다물고 계십니까? 문정권의 국정에 관한 각종 여론 조사에서 전국의 지역, 성별, 세대, 직업별 전 분야에서 지지도가 현저하게 낮음에도 유독 호남인들만은 70%를 웃도는 변함없는 지지도가 나오는지요? 여러분들이 원하는 나라가 독재, 사회주의, 공산주의 국가는 아니잖습니까? 갓난 자식을 씻긴 목욕물이 더럽다고 자식까지 내다 버릴 수는 없지 않습니까? 호남의 형제자매들이여 본래 우리는 하나입니다. 우리가 진심으로 머리 숙여 사과하오니 그간의 아픈 마음 푸시고 일어나 함께 손을 잡고 같은 마음으로 함께 나아가 자랑스러운 자유 대한민국을 만들어 갑시다.

☞ 이 나라 젊은이들에게 묻습니다.

– 먼저 오늘날 여러분들이 처한 숨 막히는 사회적 현실에 마음 아프고

안쓰럽고 기성세대의 일원으로서 미안한 마음 금할 수 없음을 표합니다. 그러나 고언(苦言)을 드립니다. 언제까지 3포니 N포니 헬조선 같은 신조어나 만들고 포퓰리즘 공짜에 맛들이며 주저앉아 있을 수는 없지 않습니까? 힘을 내십시오. 용기를 가지고 일어 나십시오. 그대들의 조부들과 부모들은 지금보다 열배나 더 열악한 여건에서, 전쟁의 죽음과 폐허와 처절한 가난 속에서 오늘의 대한민국을 이루어 놓았고 여러분들을 키워 냈습니다. 그런데 그대들은 정녕 기성세대를 탓하며 힘도 안 써보고 패배자가 되시렵니까? 일어 나십시오! 도전하십시오. 그대들이 주저 않아 현실을 거부할지라도 이미 여러분들의 시대가 여러분들 앞에 펼쳐지고 있습니다. 청년다운 기백과 가슴에 불타는 정의는 있어야 하지 않겠습니까? 선과 악을, 진실과 거짓을, 의와 불의를 분별 하십시오. 불의를 보고도 침묵하면 비겁자가 됩니다. 비겁 비굴은 결코 청년의 몫이 아닙니다.

☞ 종교 지도자들에게 묻습니다.

– 모든 종교 지도자들이여! 거두절미하고 종교 자체를 인정치 않고 말살하는 공산주의를 우리가 어떻게 수용할 수가 있습니까? 지금 막지 못하면 곧 우리 눈에 피눈물 흘리게 됨은 자명한 이치입니다. 볼셰비키 혁명, 모택동 혁명, 캄보디아 폴포트의 킬링필드, 북한의 공산주의 설립과정에서 어떤 일이 있었는지를 누구보다 잘 알고 있지 않습니까?

– 소위 대형교회 지도자님들 언제까지 두 눈 감고 귀를 막고 입을 다물고 정교분리라는 방패 뒤에 숨어 비겁하게 자리에 연연 하시렵니까? 사42:18~22, 눅6:26절 말씀과 마7:22~23절 말씀을 이제라도 가슴에 새기십시오. 그리고 주님의 양떼들에게 시국의 위중함을 고하고 교회의 안녕과 구국의 대열에 동참하십시오.

☞ 국민들에게 묻습니다.

– 국민 여러분! 지금 이 나라가 어디로 가고 있는지 아십니까? 지금 우리나라는 건국 이후 가장 큰 위기를 만났습니다. 그것은 외세의 침략이나 당장 IMF 같은 경제적 위기도 아닙니다. 이 위기는 우리 내부의 문제입니다. 그리고 그 진원지는 청와대를 비롯한 국정 컨트롤 타워입니다. 주체사상과 사회주의 공산주의로 학습된 종북좌파들이 국정의 요직을 장악하고 이제는 노골적으로 자유 대한민국을 북한식 공산화로 만들어 김정은 체제의 낮은 연방제 통일 국가로의 전복을 획책하고 있습니다. 그 대오의 맨 앞에 놀랍게도 문재인 대통령이 자리 잡고 있습니다. 이 같은 사실은 결코 이념적 색깔론이 아닙니다. 이것은 국민 여러분들도 이제는 대부분이 알고 우려하는 사실입니다. 다만 설마… 하는 한국인 특유의 요행심과 만연된 안보불감증에 의해 매일 그렇게 발등만 보고 살아가고 있는 것입니다.

국민 여러분! 모든 자유와 인권을 누리며 사람답게 사는 것이 좋습니까? 반대로 자유와 인권과 인간의 존엄성이 권력에 의해 철저히 통제 억압되는 북한이 좋습니까? 3만 3천명이 넘는 북한 주민이 목숨 걸고 찾아 들어오는 우리나라에 살고 싶습니까? 목숨 걸고 탈출하는 북한에서 살고 싶습니까? 공산 독재 체제가 그렇게 좋다면 6.25전쟁 중에 문재인 대통령의 부모를 비롯한 150만 여명의 북한의 주민들은 왜 모든 것을 내 버리고 목숨을 걸고 남하 했을까요? 공산주의는 이미 실험 70년 만에 폐기된 유물입니다.

국민 여러분! 그럼에도 불구하고 2년 반의 문정권 치하의 대한민국은 위에서 밝힌 국방 경제 외교 교육 등의 분야만 아니라 이미 우리 사회에서 심각한 수준의 좌경화 현상이 나타나고 있습니다. 일부 종북 세력들과 고정 간첩들은 자기들 세상이 온양 백주 대낮 수도 서울 한복판에서 김정일 칭송대회, 방한 환영 위원 모집 등으로 광란을 하고 있습니다. 문정권 휘하의 경찰 등의 공권력은 태극기와 성조기를 훼손해도 방관 하지만 인공기나 김씨 3부자의 초상화를 훼손하면 득달같이 달려와 체포 구금합니다. 좌파 학생들이 주인도 없는 미국 대사관저의 담장을 넘어 가도 제재하지 않습니다. 모든 언론들을 장악하여 진실을 호도하며 정부 여당의 홍보 나팔수로 만들었을 뿐 아니라 보수언론을 탄압 하고 이젠 마지막 남은 보수 유튜브 방송까지 입에 재갈을 물리고 있습니다.

 국민 여러분! 지금 광화문 광장에서, 청와대 앞 도로변에서 연일 외치며 기도하는 연인원 수백만의 국민들은 배가 고파서 나온 것이 아닙니다. 집단적 이기나 민원 해결을 위함도, 혹은 무슨 억울한 사연이 있어 저렇게 나와서 문재인 퇴진을 외치고 있는 것이 아닙니다. 그들은 오직 이 나라 자유 대한민국을 지키려고, 우리나라가 북한식 사회주의 공산주의로 넘어 가는 것을 온 몸으로 막아내자고 저렇게 나온 것입니다. 그리고 이 엄청난 음모를 중단하지 않고 헌법과 국법을 어기며 집요하게 추진하고 있는 문재인 대통령을 퇴진시키기 위함입니다. 그래야 나라를 위기에서 구할 수 있기 때문입니다.

 국민 여러분! 이젠 정신 좀 차려야 되지 않겠습니까? 내 나라 내가 지켜야 하지 않겠습니까? 같은 이념을 가지고 정권의 나팔수가 된 언론 매체들의 거짓 선전선동에 속지 맙시다. 이제 곧 아니 이미 각종 세금 폭탄이 되어 돌아오는 내 살 깎기 푼돈과 같은 포퓰리즘에 현혹되지 마시고 정의와 공의와 애국의 편에 서시길 간곡히 바랍니다.

 저들은 이제 여적(如敵)에 해당되는 몽상(夢想)을 이루기 위하여 가공할 무기가 될 '공수처법'과 '연동형 비례대표 선거법'을 국회에 상정 하였고, 12월 3일 본회에서 수단과 방법을 가리지 않고 통과

시키려 합니다. 이 법안들을 무산시키지 못하면 절대로 내년 4월의 총선도 그 후의 대선도 정상적인 민주주의 방법의 선거는 기대할 수 없을 것입니다. 그러므로 국민 여러분! 대한민국의 비극을 막기 위하여 우리는 먼저 12월 3일에 국회에서 가부간 결정될 이 악법을 막아내야 합니다. 그리고 내년 4월 총선에서 합리적 보수 세력을 키우고 여당의 세력을 현저히 약화시켜야 합니다. 그러기 위하여 건전한 보수는 반드시 하나가 되어야 하고 또 한 가지는 절대로 '사전투표'를 하지 마시고 선거당일에 투표를 하시기 바랍니다. 그리하여 자랑스러운 자유 민주 대한민국을 후손들에게 물려 줍시다.

☞ **이젠 우리가 국민의 이름으로 명령합니다. [선 언 문]**
- 나라의 주인인 국민을 버린 문재인 대통령을 우리가 버린다. 국가체제 변혁의 야욕을 버리고 즉시 하야하라!!
- 모든 위정자들은 대한민국의 헌법과 국법을 수호하고 준행하라!!
- 모든 위정자들은 사회주의, 공산주의, 김정은 체제의 낮은 연방제 통일을 즉각 포기하라!!
- 우리는 개 돼지로 살 수 없다. 공수처 설치 법안을 철회하고 폐기하라!!
- 우리는 죽어도 북한과 낮은 연방제 공산국가로 살 수 없다. 연동형 비례대표제 법안을 폐기하라!!
- 우리는 하나님의 심판을 자처하는 반인륜적인 동성애 합법안을 절대로 반대한다!!
- 우리는 절대 다수가 역차별 당하는 소수차별 금지법을 절대로 반대한다!!
- 인간의 참된 인권과 윤리 도덕과 미풍양속을 파괴하는 각종 인권 조례를 폐기하라!!

- 역사를 뒤바꾸고 정권의 앞잡이 노릇을 하는 국가인권위원회 및 비전문가들로 구성된 모든 위원회를 해체하라!!
- 우리가 통일과 북한을 위하는 것은 김정은 체제가 아니라 북한 주민들을 위함이다. 모든 정치권은 북한 인권 회복에 앞장 서라!!
- 테러의 위험과 민족 갈등과 종교의 대립을 필연적으로 야기 시킬 난민 정책을 신중하게 수립하라!!
- 한미동맹을 강화하고 한미일 공조를 속히 회복하여 국방과 안보를 더욱 공고히 하라!!
- 기독교를 혐오세력으로 단정하고 타당치 않는 방법과 법적용으로 기독교에 대한 탄압을 즉각 중단하라!!
- 우리는 선조들이 피 흘려 지키고 땀 흘려 이룩한 자랑스러운 자유민주 대한민국, 우리의 사랑스런 후손들이 살아 갈 이 나라를 지키기 위하여 목숨 바쳐 싸워 나갈 것을 천명한다.!!

2019년 11월 29일
부산 울산 경남 대구 경북 대전 충남 전북 강원도
기독교 지도자 시국 선언 대표자 일동

| 광주–호남 시민단체 '사실과 과학 시민 네트워크'의 12월 광주 선언문

신광조 최영대 주대환 나연준 길도형 등등 제현께서 공동작업한 선언문입니다. 12월 27일 오후 2시 광주 현지 김대중센터에서 정식 발표하실 예정이라고 합니다. 광주와 전남북 시민 그리고 호남의 현실에 비판적 문제 의식을 가진 호남 출향민, 전국의 민주애국시민이 함께 할 예정입니다.

12월 광주 선언

1980년 5월, 금남로에서 광주시민은 자유의 공화국을 지키기 위해 피를 흘렸다. 2017년 5월, 우리 호남인은 대한민국의 더 나은 민주주의와 번영을 위하여 문재인 대통령 후보를 지지하였다. 하지만 문재인 정권은 우리를 철저히 배신하였다. 그래서 우리는 오늘 다시 이 자리에 모였다.

우리는 망국(亡國)의 책임을 질 수 없다.

국민소득 3만 달러를 넘어선 나라의 경제가, 문재인 정권 2년 반 만에 속절없이 무너지지나 않을까 걱정하는 지경에 이르렀다. 이른바 소득주도성장 정책은 중소기업과 자영업자들을 죽음으로 내몰고 있다. 자유와 창의를 질식시키는 규제는 기업, 언론, 병원, 심지어 유치원까지 조국을 떠나고 싶어 하게 만들고 있다. 부동산을 잡겠다며 규제를 남발했으나 그 결과 부동산은 급등했다. '불로소득주도성장'이라 할 만하다.

외교와 안보 역시 총체적 위기와 혼돈에 빠져 있다. 문재인 정권이 온갖 쇼를 펼치면서 곧 북핵이 폐기될 것처럼, 영구적 평화가 온 것처럼 요란을 떤 지 얼마나 되었는가? 하지만 지금 북한은 '삶은 소대가리가 앙천대소' 할 거라는 등 온갖 모욕적인 언사를 남발하면서 일주일이 멀다하고 미사일 도발을 하고 있다. 그런가 하면 미국의 조야(朝野)는 우리나라를 믿을 수 없는 동맹국으로 보고 있다. 이런 가운데도 문재인 정권은 시대착오적인 이념 대결, 역사 전쟁, 반일 캠페인을 벌여서 국민을 분열시키고, 또 나라를 고립시키고 있다.

문재인 정권 최대의 실정(失政)은 탈원전 정책이다.

지금 우리 눈앞에서, 선배들의 투혼과 땀과 눈물로 쌓은 세계 최고의 원자력 발전 기술 보유국이라는 공든 탑이 무너지고 있다. 반면에 철학이 없는 지도자가 탈핵 무당 선동가들의 말에 속아 단가가 3배나 비싼 태양광 발전을 선택한 탓에, 건국 이후 수십 년 애써 가꾼 전국의 푸른 산림이 파괴되고 있다.

이제 망국적 탈원전 정책을 폐기하고 원자력 중흥으로 가야 한다! 그것은 경제 재도약과 기후변화 대비를 위하여 우리가 가야 할 길이다. 이미 전 세계 과학자들과 환경운동가들이 기후변화에 대비하기 위해 탈원전 정책은 재고되어야 한다고 주장하고 있다. 유럽연합의 지도자들도 원자력 발전을 친환경 에너지로 공식 인정하고 있다.

문재인 정권은 무능할 뿐만 아니라 부패하고, 심지어 위선적이기까지 하다. 그들은 부동산 규제를 하는 투기꾼이요, 자식을 미국 유학 보낸 반미주의자요, 남의 자식은 평준화 교육을 강제하면서도 자기 자식은 수월성 교육을 시키고 있다. 부동산과 교육으로 신분을 대물림하면서도 평등과 공동체를 부르짖고 있다.

그들이 잘 하는 것은 과거사 후벼파기 뿐이다. 건국의 아버지들의 정신을 되살리기는커녕 그 분들을 친일파로 모는 배은망덕한 짓뿐이다. 아니 한 가지 더 있다면 미래 세대를 수탈하여 현금을 뿌려대는 포퓰리즘 복지며, 공무원들의 배를 불리고, 공무원연금과 사학연금의 적자를 세금으로 메워주는 일이다. 상위 10% 기득권 노동조합의 철밥통을 지켜주는 일이다.

호남인이여, 이제 각성하자!

문재인 정권의 무능, 부패, 위선에 대하여 우리는 통한의 책임감을 느낀다. 우리의 무조건적 민주당 지지가 저런 괴물을 만들고 말았다. 온갖 실정에도 불구하고 호남의 문재인 정권 지지는 전국 평균의 두 배를 넘고 있다. 이른바 조국 사태 당시 서초동 길거리에 '광주가 조국이다' 라는 낯 뜨거운 구호를 스스로 들고 나가기까지 하였다. 호남인은 각성하고 반성해야 한다.

많은 호남인은 민주당을 김대중 전 대통령의 정치적 후예라고 오해하고 있다. 하지만 분명한 사실로서, 지금 민주당의 주류는 386 운동권 출신들이다. 이들의 정치는 김대중의 정치와 아무런 상관이 없다. 김대중이 복수심으로 전임 정권을 적폐로 몰고 국민 분열을 획책했는가? 김대중이 시장 질서를 어지럽혔는가? 김대중이 퍼주기 복지로 국고를 탕진했는가? 김대중이 반일선동을 했는가? 김대중이 어용 언론을 앞세워 여론을 호도했는가? 만약 호남인이 김대중 전 대통령을 존경한다면, 문재인 정권과 민주당을 과감히 버려야 한다.

호남인은 솔직하게 사실과 마주해야 한다. 호남은 민주당의 숙주가 되고, 호남인은 386 운동권 정치인들의 노예가 되어 있다. 민의(民意)를 대변해야 할 지역의 시민단체는 오히려 민심을 호도하며 운동권 정치인의 마름 노릇을 하고 있다. 누가 광주를 '민주화의 성지' 라고 하는가? 지금 광주는 민주화의 묘지(墓地)다.

통한의 심정으로 호남인에게 고(告)한다.

이제 호남인은 자유인이 되어야 한다. 썩어빠진 386 운동권 정치인과 그 똘마니들을 퇴출시켜야 한다. 지역의 일당독재 세력인 민주당, 그 민주당과 한통속인 관변 시민단체들과 맞서 싸워야 한다. 대한민국을 구하기 위한 시민의 궐기는 광주에서 시작되어야 한다!

우리의 주장

- 망국적인 탈원전 정책을 폐기하고, 경제 재도약을 기약하며 기후변화에 대비하는 원자력 중흥으로 나가자!
- 노동시장의 이중구조를 깨뜨리고, 공공개혁, 연금개혁, 규제 완화로 자유롭고 활기찬 시장경제를 되살리자!
- 대한민국의 건국 정신과 정체성을 부정하는 자해적인 과거사 후벼파기를 중단하고 미래와 세계로 나가자!

2019년 12월 27일
대한민국의 미래를 걱정하는 애국 호남인 일동

┃ 한국복음주의협의회 시국선언(2020. 1. 10. 조선일보)

개신교 목회자 단체인 한국복음주의협의회(한복협·회장 이정익 신촌성결교회 원로목사)가 10일 "현 정부는 대한민국 헌법에 명시된 자유민주주의의 기본 질서와 중심 가치에 관해 확고한 신념을 갖고 있음을 국민 앞에 공표하라"는 내용의 선언문을 발표했다. 한복협은 전국 주요 교회 전·현직 목사들이 참여하는 대표적 개신교 단체 중 하나다. 한복협의 시국 선언 발표는 이례적이다.

한복협은 10일 오전 서울 종로구 종교교회(최이우 목사)에서 총회 및 월례 조찬 기도회를 갖고 '대한민국을 자유와 민주주의로 충만하게 하라!'는 제목의 시국선언문을 발표했다. 한복협은 1981년 박조준·정진경 목사 등이 주축이 돼 창립됐다. 김명혁 명예회장(강변교회 원로목사)을 비롯해 최이우·오정호(대전 새로남교회), 이재훈(온누리교회) 목사 등 부회장단과 박종화(경동교회 원로), 최성규(인천순복음교회 원로), 최홍준(호산나교회 원로), 이영훈(여의도순복음교회), 고명진(수원중앙침례교회), 정성진(거룩한빛광성교회 은퇴) 목사 등이 중앙위원으로 참여하며 전체 회원은 250여명에 이른다.

한복협은 선언문에서 "오늘의 대한민국은 해방 이후 가장 심각하게 분열돼 한반도 남쪽에 마치 두 나라가 존재하는 것처럼 대립하고 있다"고 진단하며 "현 정부의 국정 운영에 관해 작심하고 고언을 할 수밖에 없다"고 말했다. 이어 "우리 사회에서 과거 적폐의 청산이 절실하고 남북 관계에서 평화의 증진이 필요하다는 것은 누구나 인정한다"며 "그러나 사회 발전 과정과 국민 전체의 화합을 깊이 생각하여 적폐 청산과 남북의 화해 증진에서 지혜로운 접근과 포용적인 정책이 필요하다"고 밝혔다. 또 "대다수 국민은 극우 보수와 극단 진보를 원하지 않는다고 믿는다"며 "주인인 국민이 현 정부에게 화합과 발전의 책임을 맡겼으니 이 책무를 태산보다 무겁게 여기고 최선을 다해 노력할 것을 요청한다"고 말했다. 통일 문제에 대해서도 "우리는 통일 지상주의적 '빠른 통일' 보다는 개개인의 자유와 인간의 존엄성이 진정 보장되는 '바른 통일' 을 지향한다"고 밝혔다.

한복협은 "오늘의 혼란을 해결하는 유일한 길은 대한민국 헌법의 정신으로 돌아가 자유민주주의적인 국가 정체성을 분명히 하는 데 있다고 믿는다"고 밝혔다.

한복협 총무 이옥기 목사는 "사회의 분열과 갈등이 너무 심각해 회장단을 중심으로 지난해 10월부터 10차례 모임을 갖고 선언문을 준비했다"고 말했다.

┃ '조국 사퇴' 교수 6,000명 제2차 시국 선언
(2020년 1월 15일, 조선일보 참조)

지난해 조국 전 법무부 장관 임명 철회를 요구하는 시국 선언을 했던 교수단체 '사회 정의를 바라는 전국 교수 모임'(정교모)이 문재인 정부를 비판하는 두 번째 시국 선언을 했다.

전·현직 대학교수 6,094명이 참여하고 있는 정교모는 15일 오후 2시 서울 중구 프레스센터에서 기자회견을 열고 '문재인 정권의 거짓에 대하여 진실의 가치전쟁을 선포한다'는 제목의 시국선언문을 발표했다.

기자회견에 참석한 정교모 소속 교수 20여 명은 '산 권력 수사하는 검찰 해체 반대한다', '헌법 파괴 부정부패 거짓과 진실의 전쟁'이라고 적힌 피켓을 들고 "헌정 질서 파괴를 통한 유사 전체주의 실현 시도를 즉각 중단하라"고 외쳤다.

'사회정의를 바라는 전국교수모임' 소속 최원목 이화여대 법학전문대학원 교수가 15일 오후 서울 중구 프레스센터에서 2차 시국선언문을 낭독하고 있다.

◇ "現 여권은 新이권 수탈층…거리낌 없이 불법·탈법·비리 자행"

정교모는 시국선언문에서 "여러 세대의 대한민국 정부와 국민이 힘을 합쳐 쌓아 올린 자유민주주의 체제와 경제·외교·국방·민생·교육정책의 성과가 한꺼번에 무너져 내리고 있다"며 "대통령 탄핵의 비극을 딛고 출범한 문재인 정부는 '상식과 공정 가치가 지배하는 나라다운 국가'를 만들겠다고 공언하더니 반환점을 돈 지금 상식과 공정 궤도로부터 무한이탈하는 한 번도 경험해 보지 못한 거짓의 나라가 돼 가고 있다"고 했다.

이어 "선량한 얼굴로 위장한 분배·복지·환경·교육 민주화 구호의 선동 뒤에 숨은 거짓 정책들이 청년실업 급증, 40·50대 가장의 실직, 소상공인·자영업자의 파산, 기업의 해외 탈출, 수출·투자의 급감, 사립학교 교육의 파산을 가져오고 있다"며 "사상 최대의 예산지출과 국채 발행은 대한민국호(號)의 미래까지 격침시키고 있다"고 했다.

정교모는 "호기롭게 외쳐대던 한반도 운전자·중재자 외교는 '삶은 소 대가리의 웃음' 섞인 조롱으로 되돌아왔고, 대한민국의 외교적 입지는 점점 더 벼랑 끝으로 몰리고 있다"며 "북한 핵 위협은 더욱 현실화되고 있는데, 자유민주질서의 확고한 버팀목인 한·미·일 삼각 동맹과 그 최후의 보루인 국방력은 북한에 굴종하는 거짓 평화 선동으로 인해 급속히 해체되고 있다"고 밝혔다.

정교모는 "'조국 사태'를 통해 단적으로 드러났던 집권 세력의 거짓, 위선 및 기만은 살아 있는 권력에 대한 수사에 재갈을 물리려는 공수처(고위공직자범죄수사처) 설치와, 좌파 이익 연합을 위한 장기집권 계획의 일환인 연동형 비례선거법 강행으로 더욱 집요하게 우리 헌정 질서를 유린하고 있다"고 했다.

이어 "각종 권력형 비리가 속속 드러나고 있는데도 집권세력은 오히려 법무장관의 자의적 검찰 인사제청권을 통한 수사 무력화를 시도하고, 특정 어용시민단체들과 연합해 사법행정위원회 설치를 통한 사법부 장악까지 획책하고 있다"며 "이는 대한민국 헌법의 핵심인 삼권분립 원칙을 훼손하고 제왕적 대통령제를 강화시키는 나쁜 정치가 아닐 수 없다"고 했다.

정교모는 현 여권을 겨냥해 "우리 사회의 신(新) 이권 수탈층을 구성해 거리낌 없이 불법·탈법·비리를 자행하고 있어 국가를 심각한 공동체 위기 속으로 몰아가고 있다"며 "이들이 초래하는 '조로남불', 거짓과 진실의 문제 그리고 가치관과 직업윤리의 마비 현상은 정치 영역을 넘어 한국 사회 전반을 치유하기 힘든 단계로 오염시키고 있다"고 했다.

정교모는 "대한민국의 자유와 헌정 질서를 인정하는 사람들이라면 이 모든 현상을 하나로 묶는 거짓 정책 및 기망 전략과 그 배후세력을 간파하기에 충분하다"며 "거짓과 술책의 지향점이 '유사 전체주의' 임은 부인할 수 없다. 이러한 총체적 국가 위기의 진원지는 현 집권 세력의 무능을 넘어선 고집스러운 시대착오적 이념 노선임에 틀림없다"고 했다.

정교모는 이날 문재인 정부를 향해 △공수처 설치·사법개혁 원점 검토 △경제·복지 정책 전면 재조정 △탈원전 정책 폐기 △언론 장악 및 여론 조작 중단 △외고·자사고 폐지 중단 △외교·국방 정책 실용주의 노선 전환 등을 요구했다.

정교모 소속 교수들과 시민 100여 명이 15일 오후 서울 중구 프레스센터에서 기자회견을 마친 뒤 '좌·우 이념도 진보 보수의 대결도 아니다. 문재인 정권의 거짓에 대한 진실의 전쟁이다' 라고 적힌 플래카드를 들고 청와대를 향해 행진하고 있다. /김우영 기자

◇ "文정부 거짓에 대한 진실의 전쟁"…청와대 앞까지 행진

이날 기자회견이 끝난 뒤 정교모 소속 교수들과 시민 100여 명은 "문재인 거짓선동 온몸으로 막아내자", "가증스런 검찰 장악 온 국민이 분노한다" 등의 구호를 외치며 청와대를 향해 1시간 가량 행진했다. 이어 오후 4시 30분부터 청와대 분수대 앞에서 자유발언을 이어 갔다.

이들은 '좌·우 이념도 진보 보수의 대결도 아니다. 문재인 정권의 거짓에 대한 진실의 전쟁이다', '헌정파괴 부정부패 문재인 정권 가증

스런 검찰 장악 온 국민이 분노한다'라고 적힌 현수막을 들었다.

조성환 경기대 정치전문대학 교수는 "우리는 '촛불혁명정부'를 자임한 문재인 정권으로부터 자유민주주의 국가체제와 사회체제의 해체를 강요당하고 있다"며 "우리의 유사전체주의 판단이 지나치거나 틀렸다고 생각한다면 대통령이 직접 이를 증명하라. 우리는 어떤 형식의 공론 토론에도 기꺼이 응할 것"이라고 했다.

이호선 국민대 법대 교수와 박명아 명지대 물리학과 교수는 문 대통령에게 "당신이 끌고 가려는 이 나라, 당신과 당신의 추종 세력이 그리는 대한민국의 미래상은 무엇인가"라며 "거짓과 위선, 헌정 질서의 파괴, 현실에 눈감은 일방적인 북한 짝사랑의 궤적을 이어 보면 앞으로 갈 길도 넉넉히 예상된다"고 말했다.

정교모는 지난해 9월 문재인 대통령이 당시 조국 전 민정수석을 법무부 장관에 임명하자 "상식이 무너졌다"고 생각한 교수들이 모이면서 시작됐다. 이후 같은 달 19일 조 전 장관 사퇴와 문재인 정부의 검찰 개혁안을 비판하는 첫 번째 시국선언문을 발표했다. 당시 299개 대학 4366명이 실명을 공개하고 서명에 참가했다. 이후 동참하는 교수가 늘면서 서명자 숫자가 1만1000명이 넘은 것으로 알려졌다.

정교모 소속 교수들과 시민 100여 명이 15일 오후 청와대 앞에서 자유 발언을 이어가고 있다. /김우영 기자

정교모는 전날 보수 성향 변호사 단체인 '한반도 평화를 위한 변호사 모임'(한변)과 함께 공수처 법안에 대해 헌법재판소에 효력정지가처분 신청서를 제출했다. 정교모는 "공수처법은 헌법을 중대하게 위반하는 초월적 독재기구다. 지금 개혁이 필요한 곳은 검찰이 아니라 청와대"라고 했다.

다음은 정교모 2차 시국선언 전문

문재인 정권의 거짓에 대하여 진실의 가치전쟁을 선포한다!!

여러 세대의 대한민국 정부와 국민이 힘을 합쳐 쌓아올린 자유민주주의 체제와 경제·외교·국방·민생·교육정책의 성과가 한꺼번에 무너져 내리고 있다. 대통령 탄핵의 비극을 딛고 출범한 문재인 정부는 "상식과 공정가치가 지배하는 나라다운 국가"를 만들겠다고 공언하더니 반환점을 돈 지금 상식과 공정 궤도로부터 무한 이탈하는 한 번도 경험해 보지 못한 거짓의 나라가 되어가고 있다.

한국경제는 성장률 2%가 위협받고 있는 상황에서 초고령 사회로 진입하고 있는데도, 분배 위주 경제정책과 세금주도 복지정책만 가속화 하고 있다. 미래 경제성장 동력이 사라지고 있는데, 기업 규제는 강화되고 국민연금과 같은 공적 자금을 통한 대기업 지배구조 장악이 추진되고 있다. 근거 없는 탈원전 정책을 고집해 세계 최고 경쟁력을 지닌 한국형 원전을 녹슬게 하고 관련 산업 기반을 무너뜨리고 있다. 대부분의 학부모와 국민들이 이념편향 교육의 심각성을 느끼고 있는데도, 획일적 평등에 경도된 청와대 교육정책 방향은 전교조 이념교육을 오히려 강화하고 학력의 하향 평준화를 유도하고 있다. 선량한 얼굴로 위장한 분배·복지·환경·교육 민주화 구호의 선동 뒤에 숨은 거짓 정책들이 청년실업 급증, 40·50대 가장의 실직, 소상공인·자영업자의 파산, 기업의 해외 탈출, 수출·투자의 급감, 사립학교 교육의 파산을 가져오고 있다. 사상 최대의 예산지출과 국채 발행은 대한민국호(號)의 미래까지 격침시키고 있다.

호기롭게 외쳐대던 한반도 운전자·중재자 외교는 '삶은 소 대가리의 웃음' 섞인 조롱으로 되돌아 왔고, 대한민국의 외교적 입지는 점점 더 벼랑 끝으로 몰리고 있다. 북한 핵 위협은 더욱 현실화되고 있는데, 자유민주 질서의 확고한 버팀목인 한·미·일 삼각동맹과 그 최후의 보루인 국방력은 북한에 굴종하는 거짓 평화 선동으로 인해 급속히 해체되고 있다.

지난해 '조국 사태'를 통하여 단적으로 드러났던 집권 세력의 거짓, 위선 및 기만은 살아 있는 권력에 대한 수사에 재갈을 물리려는 공수처 설치와, 좌파 이익 연합을 위한 장기집권 계획의 일환인 연동형 비례선거법 강행으로 더욱 집요하게 우리 헌정 질서를 유린하고 있다. 각종 권력형 비리가 속속 드러나고 있는데도 집권 세력은 오히려 법무장관의 자의적 검찰 인사제청권을 통한 수사 무력화를 시도하고 특정 어용시민단체들과 연합하여 사법행정위원회 설치를 통한 사법부 장악까지 획책하고 있다. 이는 대한민국 헌법의 핵심인 삼권분립 원칙을 훼손하고 제왕적 대통령제를 강화시키는 나쁜 정치가 아닐 수 없다.

이제는 대한민국의 자유와 헌정 질서를 인정하는 사람들이라면 이 모든 현상을 하나로 묶는 거짓 정책 및 기망전략과 그 배후세력을 간파하기에 충분하다. 그 거짓과 술책의 지향점이 '유사 전체주의(類似全體主義)'임은 부인할 수 없는 진실이 되고 있다.

이러한 총체적 국가 위기의 진원지는 현 집권세력의 무능을 넘어선 고집스러운 시대착오적 이념 노선임에 틀림없다. 이들은 적폐 청산, 공수처 설치, 전교조 의식화 교육, 언론 장악, 통계·여론 조작 및 왜곡, 친북한 노선, 일본 때리기 외교 등을 통해 정치·행정·외교·교육·법조 등의 분야에서 이데올로기적 진영을 구축해 왔다. 우리가 어떤 사회를 지향해야 하는지에 대한 국민적 토론은 생략하고, "내가 가는 방향이 적폐 청산이니 이를 따르지 않는 세력은 적폐세력"이라는 밀어 붙이기를 통해 진영을 강화해 왔다. 어느 한 분야의 진영이 공격당하면, 다른 진영들이 나서서 무한정 지원사격을 가했다. 정치, 연예, 문화예술, 교육, 언론 분야의 경계선도 없이 '조국 수호'와 '검찰 개혁'의 목소리 하에 뭉친 것은 그런 '진영 전쟁'의 모습이었다.

이들은 우리 사회의 신(新) 이권 수탈층을 구성하여 거리낌 없이 불법·탈법·비리를 자행하고 있어 국가를 심각한 공동체 위기 속으로 몰아가고 있다. 자기들끼리 공고한 진영을 구축해 서로 밀어주고 끌어주며, 청와대를 비롯한 정부 기관, 법원, 공기업, 언론기관, 해외공관 등에 인사 적폐를 쌓았다. 자신들의 동지를 보호하기 위해서는 적법한 감찰에 대해서도 떼를 지어 무마시키는 행위, 선거에 수단과 방법을 가리지 않고 개입해 동지를 당선시키는 행위, 그리고 자신은 부동산과 교육으로 신분을 대물림하면서도 남의 신분 상승 사다리를 가로채는 파렴치한 행위까지 벌여왔다. 이들이 초래하는 '조로남불', 거짓과 진실의 문제 그리고 가치관과 직업윤리의 마비 현상은 정치 영역을 넘어 한국 사회 전반을 치유하기 힘든 단계로 오염시키고 있다.

자유 대한민국이 해체되고 국가 부도 상황이 발생하기 전에 지식인들이 나서 작금 벌어지고 있는 어처구니 없는 상황의 이념적 배경과 거짓을 밝혀내어, 국민들의 합심어린 노력으로 거짓 정책들을 몰아내고 국가 위기를 극복하는 초석을 놓아야 한다. 우리는 거짓의 정책을 진실의 정책으로 전환하기 위해, (1) 진영논리를 극복하고 보편적 양심에 입각한 정책을 수립할 것, (2) 현실성·근거 없는 이념정책을 몰아낼 것, (3) 자유민주주의 헌법 질서를 수호할 것 등 3대 원칙을 제시한다. 이러한 원칙에 입각하여, 우리 지식인은 대한민국 사회를 자유민주주의 헌정질서 속에서 "기회는 평등하고 과정은 공정하며 결과는 정의로운 나라"로 되돌리기 위해, 이를 스스로 공언했던 국정 책임자인 문재인 대통령이 아래와 같은 조치를 즉시 시행할 것을 요청한다. 그렇지 않을 경우 국민의 마음은 신속히 현 정부에 대한 집단적 저항으로 바뀔 것이고, 우리는 이러한 국민의 마음을 모아서 강력한 반대를 행동으로 나타낼 것을 엄중히 천명한다.

1. 헌정 질서 파괴를 통한 유사 전체주의 실현 시도를 즉각 중단하라. 공수처 설치, 사법개혁 등 권력기관 개혁은 원점에서 다시 검토하여 위헌적 요소를 즉시 제거하고 권력의 견제와 정치적 독립성 보장이라는 두 가지 목표를 동시에 달성할 수 있는 방향으로 전환하라.

2. 분배 위주 경제정책과 세금주도 현금 살포 복지정책이 초래하는 현재 및 미래의 경제적·사회적 파탄을 직시하여, 잘못된 정책은 즉시 폐기하고 경제 및 복지정책의 방향을 전면 재조정하라.

3. 근거 없는 탈원전 정책을 즉시 폐기하고, 친환경적 성장 동력으로서의 한국형 원전의 국내외 활용도를 제고하라.

4. 언론 장악과 여론 조작 및 왜곡을 통한 민주주의 파괴행위를 예방하기 위해, 언론사 운영에 대한 정치 및 노조 권력의 직간접 개입을 엄중히 처벌하고 포털사 등의 편파적 정치 행위를 규제하는 조치를 시행하라.

5. 학교 교육의 자율성과 다양성을 침해하는 외고, 자사고 폐지와 같은 졸속 교육개혁은 조국 사태에서 드러난 입시 관련 탈법, 반칙, 위선의 책임을 특목고 제도로 돌리려는 의도가 숨어 있는바, 즉시 중단하라. 대한민국의 역사를 왜곡하는 좌편향 의식화 교육은 엄격히 차단하라

6. 외교·국방정책 전반 및 북핵 대응정책을 탈이념 실용주의 노선으로 전환하고, 주변 우방국과의 신뢰우호관계 회복을 위한 정책을 적극 추진하라.

사회정의를 바라는 전국교수모임(정교모)

| 기독교 학술원 신년 포럼
(2020년 1월 17일. 크리스챤투데이 참조)

한국교회 평신도 원로들이 '한국사회를 향한 교회의 신년 소망'을 나눴다. 19일 오후 서울 양재 온누리교회(담임 이재훈 목사) 화평홀에서 열린 기독교학술원(원장 김영한 박사) 2020년 신년포럼에서다.

먼저 원장 김영한 박사가 '문재인 정부는 좌편향적 국가주의에서 벗어나, 대한민국 헌법적 가치에 입각해 국가를 운영하라'는 제목으로 개회사를 전했다.

"자유민주주의 체제적 안보 확고히 지켜야"

김영한 박사는 "2020년 대한민국은 헌법적 가치에 충실하여, 자유국가의 이념적 정체성을 확고히 하고, 법치로 사회정의를 세워 사회통합을 이루며, 창의성을 실현하여 4차 산업혁명 신기술의 선진사회를 향해 나아가야 한다"고 밝혔다.

김 박사는 먼저 '북한 우선이 아니라, 국가의 자유민주 체제적 안보를 지켜야 한다'고 천명했다. 그는 "오늘날 대한민국은 민주화와 경제 발전을 이뤄냈다. 그러나 오늘날 경직된 좌파 이념으로 경직된 정치 지도자들의 교만과 아집에 의해 수 년간 심각한 내면 갈등과 발전 정체에 직면했다"고 지적했다.

그러면서 "문재인 대통령은 신년사에서 북미 관계 개선보다 '북한 우선' 대북 관계를 추진하겠다고 선언했다. 비핵화 전제 없이도 접경 지역 협력과 2032년 남북 올림픽 공동 개최, 도쿄 올림픽 단일팀, 비무장 지대 국제평화지대화, 남북 철도·도로 연결 등을 거론했다"며 "특히 개성공단과 금강산 관광 재개 등은 유엔 주도의 대북 제재 위반

여지가 있다. '북한 우선'보다 중요한 것은 70년간 지켜온 자유민주 사회의 정체성"이라고 강조했다.

둘째로 '한국교회는 신앙의 자유의 전제인 자유민주 사회를 지키고, 정의롭고 공정한 사회의 보루가 되어 사회통합에 기여해야 한다'고 했다. 그는 "지난 10월 광화문 시위는 기독교가 주도한 구국 운동으로, 대한민국 자유민주주의 제도를 지키기 위한 것이 핵심이었다"며 "오늘날 종북 친중 세력에 의해 국가 정체성이 상실되는 이때, 한국교회는 3·1정신으로 각성해 국민이 주인이 되는 나라를 수호해 나가도록 기도하고 올바른 지도자를 선출해야 한다"고 전했다.

이외에 △ 삼권분립의 민주 체제:국민 기본권 보장, 검찰의 중립성 보장 △ 헌법적 가치에 입각한 정의롭고 공정한 사회 운영을 통해 사회통합을 이뤄야 한다. △ 소득주도 성장이 아닌, 기업 주도의 창의적 경제 성장으로 나아가야 한다:4차산업혁명 시대의 신기술 발전으로 매진 등을 언급했다.

김영한 박사는 "북한과의 체제 경쟁은 끝났다. 우리는 통일을 원하지만, 연방제 통일 같은 정치공학적 급진 통일을 원치는 않는다"며 "북한 주민과 정권은 구별돼야 한다. 북한 주민들은 기도와 관심의 대상이나, 북한 정권은 이념적으로 우리의 적이다. 북한 정권에 대해서는 비핵화라는 목표를 갖고 한미동맹을 유지하면서, 상호주의적 관계를 유지하는 것이 최선책"이라고 말했다.

김 박사는 "대한민국이 자유민주화 체제를 확고히 하고, 정의롭고 공정한 사회제도를 통해 사회통합을 이루고, 정의롭고 창의적인 기업가 정신으로 첨단 신기술로 경제 선진화를 이루면 통일은 정치적·경제적으로 안정된 사회에 자연스럽게 다가올 것"이라며 "한국교회는 대한민국이 이러한 사회가 되도록 기도하고 평화적 자유민주화 체제 지키기에 앞장서야 할 것"이라고 주문했다.

"자칫하면 대한민국이 소멸될 수 있는 상황"

이후 '한국교회의 관점'에서 발표한 문창극 장로(전 중앙일보 주필)는 "제 주변에서 크리스챤은 아니지만 나라 걱정을 하시는 분들은 '이제 한국 사회의 유일한 소망은 교회뿐'이라고 하신다. 기분이 나쁘지 않았다"며 "그러나 그분들 말씀은 현 시국에서 교회가 좀 더 적극적 자세로 임해 주지 못해 안타깝다는 의미였다"고 밝혔다.

문창극 장로는 "이런 문제는 '교회와 정치'라는 보다 근본적 질문과 연관되고, 한국사회의 현상을 어떤 눈으로 보느냐와도 결부돼 있다"며 "종교와 정치, 교회와 권력은 기본적으로 분리돼야 한다. 기독교도 중세 시절까지는 종교가 권력이었다. 가톨릭은 절대 종교 권력을 쥐었다. 이에 저항한 것이 루터의 종교개혁으로, 그 핵심은 '기독교와 자유는 불가분의 관계'라는 것"이라고 말했다.

문 장로는 "광화문 집회를 반대하는 크리스챤들이 많다. 왜 교회가 정치에 간섭하려 하느냐는 것이다, 하지만 기독교는 자유를 위해 생겨났다"며 "궁극적으로 교회와 권력, 종교와 정치는 분리돼야 한다. 하지만 광화문 집회는 권력을 쥐기 위해서가 아니라, 자유를 쟁취하기 위해 하는 것"이라고 전했다.

그는 "자유민주주의가 위기를 겪고 있지 않나. 자칫하면 대한민국이 소멸될 수 있는 상황이다. 이는 자유민주주의가 존재할 수 없고, 그러면 신앙의 자유를 빼앗긴다. 그럴 경우 교회의 존립이 어려워진다는 생각때문에, 제가 광화문 집회에 참석하고 연단에 선 것"이라며 "집회를 이끄는 (전광훈) 목사의 태도와 말이 이렇다 저렇다 비평은 할 수 있다. 그러나 그것은 근본적으로 종교의 자유, 자유민주주의의 위기 때문"이라고 설명했다.

문창극 장로는 "기독교는 이 땅의 개화기부터 오늘날 번영까지를 이끌었다. 그리고 반공, 공산주의에 저항해 왔다. 지난 미국 트럼프 대통령 당선도 그런 흐름의 일환 아니었느냐"며 "이 나라는 많이 기울어졌지만, 올해 4월 총선이 남아 있다. 한국교회가 좀 더 정신을 차려야 한다"고 권면했다.

문 장로는 "대한민국을 살리기 위해서는 기도도 해야 하지만, 골방에서만 해서는 안된다. 우리는 하나님을 두려워 해야지, 사람을 두려워해선 안된다"며 "복음으로 통일을 해야 하지만, 그에 앞서 자유 통일이어야 한다. 우리는 공산주의 반대를 넘어, 공산주의를 이기는 나라가 돼야 한다. 그것이 한국교회에 대한 제 신년 소망"이라고 역설했다.

"'인간의 존엄과 가치', 기독교 사상에 뿌리"

'사회통합을 위한 제언'에 나선 안창호 장로(전 헌법재판소 법관)는 "헌법 10조의 '인간의 존엄과 가치' 존중은 기독교 사상에 뿌리를 두고 있다. 하나님의 형상으로 창조된 인간은 이성적 존재로서 자율성과 자유를 갖고 있다"며 "개인은 '무연고적 자아(unencumbered self)'가 아니라, 국가·사회·가정 공동체에 귀속돼 생명과 자유, 안전과 행복을 보호받고 인격 형성과 발현의 그루터기로 삼고 있다"고 밝혔다.

안 장로는 "지금 대한민국은 선진국 문턱에서 심각한 발전 장애를 겪고 있다. 강대국의 패권 경쟁 속에서 북한의 핵과 미사일로 국가 안보가 위협받고 있음에도, 정치적 이념 대립, 경제적 양극화, 지역과 세대의 갈등으로 사회가 분열돼 있다"며 "이러한 위기속에서 사회통합을 이루어, '인간의 존엄과 가치'가 구현되고 국가 발전의 길이 모색돼야 한다. 이를 위해서는 시민적 덕성 함양, 공정한 공동체를 위한 개혁, 협치를 위한 정치개혁이 필요하다"고 주장했다.

그는 시민적 덕성 함양을 위해 자유와 공공성, 자율과 연대, 권리와 의무 등을 추구하는 '공산주의'를, 공정한 공동체를 위한 개혁을 위해 '투명성 원칙, 숙의민주주의, 법치주의'를, 협치를 위해 '권력 공유형 분권제'를 각각 제안했다.

안창호 장로는 "대한민국이라는 국가 공동체의 구성원은 진리와 정직에 기초한 도덕률과 공화주의에 입각한 시민의식으로 무장해야 한다"며 "정의가 강물같이 흐르고, 공정이 하수 같이 흐르는 건강한 공동체를 만들어야 한다. 이를 위해 사회는 공정하고 투명하게 작동돼야 한다. 또 사회의 다양한 이해관계는 투명한 절차 속에서 공동체 구성원의 숙의와 소통을 통해 민주적으로 조율되고 법치주의 원리가 관철돼야 한다"고 정리했다.

"교회와 정치, 분리된 게 아니라 구분된 것"

마지막으로 '개혁교회 전통에서 본 교회와 국가의 관계'에 대해 정성구 박사는 "아브라함 카이퍼에 따르면, 칼빈주의는 인간의 죄 때문에 국가 제도와 정치가 필요하게 됐다고 말한다. 칼빈주의자로서 카이퍼는 민주주의가 가장 좋은 정치 체제이지만, 그렇다고 다수가 항상 옳은 것처럼 보이는 것도 문제라는 것"이라며 "그는 정부를 '하나님의 일반은총의 도구'로 보고, 칼빈의〈사무엘서 주석〉을 인용해 선거를 통한 민주주의 방법이 최선임을 인정했다"고 했다.

정성구 박사는 "카이퍼는 대학 총장 취임 연설에서 우주의 모든 권력이 하나님의 소유이나, 그 권력이 땅 위에 구체화 될 때 한 사람 또는 기관에 독점될 수 없고, 삶의 모든 영역에 분산돼 행사된다는 '영역주권 사상'을 설파했다"며 "그의 기본적 전제는 삶의 모든 영역에 '하나님의 절대 주권'과 '그리스도의 왕권'이 기초돼야 한다는 것이었다"고 소개했다.

정 박사는 "그러므로 교회와 국가는 분리가 아니라 구분될 뿐이다. 하나님의 주권은 교회당 울타리 안에서만 작용하는 것이 아니라, 삶의 모든 영역에서 작동하고 있다"며 "성직자도 정치에 뜻이 있다면 그 성직을 사임하고 얼마든지 정치에 참여할 수 있고, 기독교 정당을 만들 수 있다는 입장이다. 이승만 대통령이 대한민국을 세울 때 이윤영 의원에게 기도하게 한 것은 시사하는 바가 크다"고 전했다.

그는 "오늘날 국가 정책이 자유민주주의와 시장경제를 버리고 사회주의로 기울어지는 시점에서, 목회자들이 정교분리라는 도그마에 갇혀 아무 말도 못하고 벙어리 흉내를 내는 것이 옳은가는 깊이 생각해볼 문제"라며 "로마서 13장 1절 '위에 있는 권세에 복종하라'는 말씀은 권세자가 바로 섰을 때이지, 주권자가 국가 정체성을 훼손하거나, 정권이 부패하고 하나님 없는 반윤리·반도덕적으로 갈 때는 얼마든지 항거·항명할 수 있다"고 제언했다.

또 "세상에는 중립이란 없다. 진리 아니면 비진리이지, 이것도 저것도 아니라는 사상은 비성경적이다. 진리냐 비진리냐, 성경적이냐 비성경적이냐를 확실히 구별해야 한다"며 "개혁주의 입장에서 보면, 교회와 정부 중 어느 쪽이 상위라는 개념은 옳지 않다. 그 둘은 모두 하나님의 주권 아래 있고, 그리스도의 왕권을 인정하고 순종해야 할 것"이라고 덧붙였다.

ㅣ문재인 퇴진을 바라는 국민 모임 긴급기자 회견문
(2020.1.8.수)

대통령 문재인과 집권 여당은 헌법과 법률을 무시하고 국민의 자유권과 투표권을 박탈하는 불법을 자행하고 있다. 그럼에도 양심과 정의심으로 항거하지 않는 이 땅의 20-50 청장년들에게 우리는 다음과 같은 안타까운 질문을 드리는 바이다!!

1. 문재인을 비롯한 좌파 친북인사와 단체들이 주동이 되어 무죄한 박근혜 대통령을 사기 탄핵으로 몰아낸 이후, 지난 3년 세월동안 이 땅의 자유민주세력들은 태극기를 들고 저들 종북 좌익세력에 항거해 왔습니다.

   탄핵 무효를 외치며 이 땅의 법치와 정의가 회복될 것을 부르짖었지만 2017년 5월 정권을 장악한 문재인은 그와 같은 자유민주 국민들의 호소에 아랑곳하지 않았습니다. 오히려 노골적인 종북 주사파 내지 공산주의자 본색을 드러내면서 대한민국 헌법과 대한민국 죽이기 행태를 보이고 있습니다.

2. 이에 분노한 이 나라의 자유민주 국민들의 시위는 작년 10월 3일 광화문과 남대문로 일대에서 3백여만 명이 집결하는 해방 이후 최대 규모의 자유민주주의와 헌법수호 군중대회로 발전하였습니다. 반역 대통령 문재인의 퇴진과 그의 종북 노선에 대한 규탄이 주된 요구였습니다.

   2019년 한 해 동안, 홍콩, 수단, 우크라이나, 이란, 이라크, 레바논, 칠레, 베네주엘라 등 세계 각 지역에서 대규모 반정부 시위가 발생하였습니다.

   이런 곳에서는 그 나라 정부의 실정에 대한 저항으로 남녀노소

할 것 없이 모두가 참가하는 군중 데모가 일어났는데, 주로 젊은 세대가 주도하는 가운데 시위가 전개되었습니다.

그런데 우리 대한민국에서는 주로 60대 이상의 노년층만이 군중 시위에 참여하고 있을 뿐, 20-50 청장년 세대는 거의 외면하고 있는 가운데 시위가 벌어지는 기이한 현상이 계속되고 있습니다.

그리하여 젊음의 힘이 용솟음치는 위력 있는 반정부 군중 데모는 이루어지지 못하고, 단지 구호를 외치고 만세를 부르고 날이 저물어 가면 자진 해산하는 형식의 시위가 3년이나 계속 반복되고 있습니다.

3. 대한민국에서는 북한의 김일성 집단이 1950년 6.25 남침 전쟁을 일으켰고 지금도 그의 후손이 대를 이어가는 반란집단을 이루어 북한지역을 침탈하고 있는 상황입니다.

그러므로 대한민국 헌법은 자유민주 통일로 북한지역을 통합할 것을 명시하고 있고, 이러한 헌법에 기초한 국가보안법은 대한민국을 전복하려는 공산주의 집단이나 그 지지 세력의 반국가 행위를 엄중히 처벌하도록 규정하고 있습니다.

그러함에도 공산주의자 문재인이 대통령으로 행세하면서, 엄청난 반역이 묵인되는 국가적 대 혼란 상태가 진행되고 있습니다.

그 누구든지 대한민국의 성인들이요, 지성인이요, 유권자라고 한다면, 이러한 반역 상태를 바로잡기 위하여 의당 거리거리로 뛰어나와 항거하고 국가 반역자를 끌어내려야 마땅할 것입니다.

그러나 실로 부끄럽게도, 오늘의 자유민주주의 대한민국 사회에서는 60대 이상의 노년층이 주로 나서서 투쟁하고 있을 뿐, 20-50 청·장년 세대는 거의 외면하고 있는 비정상적인 상황이 벌어지고 있습니다.

4. 혹자는 30년 이상 계속된 전교조 교사들의 친북·반미 좌경 의식화 교육을 받은 세대가 오늘의 20·30·40·50세대이기 때문이라고 분석하기도 합니다.

그렇다 하더라도 우리들 노년층은 이 나라의 청·장년들에게 오늘의 대한민국이 처해 있는, 용공 주사파 정권의 자유민주주의 헌법 파괴 및 경제·안보·사회·문화 파괴 사태에 직면하여, 나라의 주권자로서의 20-50세대에게 긴급하고도 중대한 질문을 던지지 않을 수 없는 상황이 되었습니다.

이 땅의 20-50 청·장년들은 다음과 같은 10가지 질문에 대하여 성실히 대답하지 않으면 안 될 것입니다. 왜냐하면 당신들의 존재 원인이 되고, 보호자 내지 후견자가 되는 부모, 조부모들이 던지는 안타깝고 간곡한 질문이기 때문입니다.

첫째로, 대통령 문재인은 소득주도성장정책의 결과가 실패하여 나라 경제가 총체적 위기 상황임에도, 어제의 신년 담화에서 보듯이 성과를 거두고 있다고 또다시 국민들에게 상투적인 거짓말을 하였습니다.

여러분들은 온 국민의 살림살이가 날로 나빠져서 힘들어 하는데도, 대통령이 이렇게 국민 고통을 외면하고 속이려 하고 잘했다며 거짓말을 일삼고 있는데도 용인하고 그대로 두어야 한다고 봅니까?

둘째로, 북한 김정은 집단은 유엔 결의를 위반하여 작년에 만도 13번의 중·단거리 탄도탄 실험을 감행하였고, 핵탄두로 대한민국 전역을 공격할 수 있는 무서운 전쟁 능력을 과시한 바 있습니다.

더구나 올해 들어서는 김정은이 신년 담화문을 발표하면서, 핵무기 폐기는 더이상 미국과의 협상대상이 아니라고 하고 핵무기 보유국으로 나아가겠다고 천명함으로써, "북한 김정은이 핵무기 폐기를 하겠다고 약속했다"고 한 문재인의 말이 거짓말임이 또다시 확인되었습니다.

그럼에도 문재인은 7일 신년 담화에서 뻔뻔스럽게도, 대한민국이 그 어느 때보다 평화를 누리게 되었다고 거짓말을 했습니다.

이 땅의 청·장년 여러분은 이러한 사람을 대통령으로 그냥 두어야 한다고 생각합니까?

셋째로, 북한 김정은 집단은 작년과 새해 초에 계속하여 대한민국의 대통령을 향하여 "삶은 소대가리와 같다"느니 "과대망상에 사로잡힌 뻔뻔한 사람"이라느니 하며 모욕을 안겨주고 있습니다.

이런 발언은 바로 대한민국 국민 전체를 모독한 행위와 같습니다.

그럼에도 대통령 문재인은 무슨 약점이 잡혀 있는지 단 한마디의 비판이나 반박도 못 하고 있습니다. 오히려 그러한 김정은 집단의 모욕이 있을 때마다, 잘못을 용서해 달라는 듯한 태도로 김정은 집단에 대해 대화를 요청하거나, 대북 경제협력 방안을 덤으로 제의하는 것과 같은 반응을 내어 놓았습니다.

바로 어제 7일 신년 담화에서 문재인은 또다시 핵 개발 지속에 대한 대북 유엔 제재를 비웃는 듯이, 개성공단과 금강산 관광 재개, 남북철도연결사업 추진, 접경지대 협력사업 제시, 올림픽 남북 공동개최 협의 등을 간청하였습니다.

마치 자기의 잘못을 용서해 주고 그 대신 선물을 받아 달라는 듯한 굴종적인 남북협력 제안을 하였습니다.

여러분은 이러한 사람을 계속 대통령으로 용납해야 한다고 생각합니까?

넷째로, 문재인은 대통령 권력을 장악하자마자 즉시 세계 제1위의 원자력 발전 기술국가인 대한민국의 탈원전·원자력발전 폐기 노선을 불법적으로 명령하였습니다. 그 결과 대통령의 명령 한 마디에 출세욕으로 굽신거리기만 하는 사명감 없는 장차관 공직자와 공기업 임원들, 학자 등이 앞장서서, 국민 70% 이상이 탈원전 정책을 반대하여도 아랑곳하지 않고, 원전 폐기 노선을 지속적으로 실행하고 있습니다.

문재인의 탈원전 명령 3년이 되는 오늘날, 서울대학교 원자력공학과 학생 지원자가 사라지고 세계 최고급 원자력 기술자들이 중국으로 팔려 가는가 하면, 원자력 관련 부품산업은 몰락하여 수만 명의 실업이 발생함은 물론, 6백조 원의 원자력 수출 시장이 막혀 버리고 수조원 단위의 원자력 발전소 건설 중단 매몰 비용이 발생하고, 화력발전·천연가스 발전 등으로 대기 오염도가 폭증하는 '탈원전 망국'의 대한민국이 되어가고 있습니다.

역대 과학기술처 장관들과 이공계 교수 7백여 명이 탈원전 정책 포기를 요구하여도 문재인은 단 한마디의 해명도 없이 무슨 연고인지 탈원전 노선을 강행하고 있습니다.

여러분들은 이러한 탈원전 정책을 강행하는 대통령의 저의가 무엇이라 생각합니까? 이러한 문재인을 계속 대통령으로 두어야 한다고 생각합니까?

다섯째로, 문재인은 김정은과의 2018년 9.19 평양회담에서 국민과 국회가 모르는 가운데 남북군사협정을 체결하여 대한민국 국군의 군사훈련을 육해공 모든 방면에서 하지 못하도록 제한하고, 휴전선의 전방 초소를 폐쇄하며, 북한군의 대남 침투로가 될 수 있는 철원지역의 지뢰를 제거하고 왕복 2차선의 탱크도로를 개설하였으며, 최전방 5개 사단을 폐쇄하고, 북한의 주적 개념을 없애 버리는 등 유사시 북한군이 대한민국으로 쾌속 질주할 수 있는 길을 열어 주었습니다.

만일 주한미군이 없고 미군의 감시만 없다면 김정은이 언제, 어느 곳으로 기습 남침을 할지 알 수 없는 국방 전선의 해체입니다.

뿐만아니라, 북한 김정은에 대하여, 핵무기를 폐기하라고 요구하지도 못하고, 국내외 대한민국 8천만 국민의 생사를 오로지 김정은의 전쟁 의지 여부에만 맡기고 있습니다. 그러면서도 한반도에서 전쟁이 일어나서는 안 되며 핵무기도 가질 수 없다는 위장 평화 수식어만 남발하고 있습니다.

청·장년 여러분! 이러한 사람을 대통령이요 국군 통수권자라고 모시고 살아가야 합니까?

여섯째, 문재인은 대한민국의 건국이 1948년 8월 15일이 아니라고 공언하였습니다. 대한민국 헌법은 1948년 7월 17일에 제정되었고, 이 헌법에 따라 총선거와 대통령 선거가 실시되어 1948년에 대한민국 입헌민주공화국이 창건되었습니다.

대한민국의 건국을 부정하면 헌법을 부정하는 행위가 됩니다. 문재인은 2018년 9월 평양 군중 연설에서, 자신은 남쪽 대통령이고, 김정은은 국무위원장이라고 표현하여, 대한민국이 한반도의 유일 합법 정부임을 부정하였습니다.

그리고 헌법을 고쳐 자유민주를 삭제하려 하고 있고, 그러한 헌법 개정이 좌절된 후에도, 중고등학교 교과서에서 대한민국이 한반도의 유일 합법 정부라는 표현을 삭제하고, 자유민주주의를 인민민주주의로 변경하여 가르치도록 하고 있습니다.

문재인은 이처럼 헌법을 부정하는 언행을 반복하고 있습니다. 여러분은 이러한 사람을 대통령으로 내버려 두어야 한다고 생각합니까?

일곱째로, 문재인은 2018년 11월 7일, 어선을 타고 탈북한 20대 청년 두 명을 눈을 가린 채 국민 모르게 휴전선을 통해 강제 북송하려다 언론의 취재로 발각되자 선원 16명을 살해한 살인자라고 설명하면서 국민을 속였습니다. 이로 인하여 유엔 인권위원회에서는 대한민국이 국제인권 협약을 위반한 것으로 보고, 마치 북한 김정은 집단의 인권탄압상황을 조사하듯, 대한민국의 대통령을 조사하기로 결정하는 수치를 당하게 하고 있습니다.

문재인은 미국, 일본, 유럽연합 등 자유우방이 북한인권결의안을 유엔에서 채택하는 과정에서도 한국이 불참케 하였습니다. 탈북자들을 오히려 탄압하고 있으며, 최근에는 베트남에 도착한 탈북민 13명을 대한민국 정부가 보호하지 않아 미국 측이 인도하여 안전하게 피신시킨 사건까지도 일어나게 하였습니다.

2019년의 유엔 북한인권결의안은 유엔주재 유럽연합(EU) 회원국들이 마련했고, 여기에 일본, 미국, 캐나다 호주 등 60여개 회원국이 공동제안국으로 참여했습니다.

그런데 북한 인권탄압의 최대 피해 당사자인 대한민국이, 2008년부터 공동제안국으로 계속 참여해 왔지만, 작년 2019년에는 공산주의자 문재인의 지시에 따라 북한인권결의안 제안국으로 참여하지도 않았습니다.

헌법상 대한민국 국민인 북한 주민들의 인권상황을, 전 세계 자유민주 국가들이 다 규탄하고 있는데, 정작 대한민국 대통령이 이 제안에 참여하지 못하도록 하였습니다. 여러분은 이러한 사람을 우리나라 대통령으로 그냥 두어야 한다고 생각합니까?

여덟째로, 소득주도경제 성장정책, 주 52시간 근로시간 단축정책, 연금사회주의와 복지 포퓰리즘 실행 등으로 개인사업자 폐업과 기업 줄도산, 제조업 투자 감소, 기업의 해외 도피 등 경제 파탄이 일어나고 있습니다.

그럼에도 문재인은 우리 경제가 튼튼하다고 강변하고 국민을 속이고 있습니다. 이렇게 후안무치한 대통령을 본 일이 있습니까?

아홉째로, 문재인은 취임 이후 친중 노선과 반미, 반일 노선을 뚜렷이 함으로써, 대한민국 외교의 정통 기본 노선으로부터 이탈하여, 국제적 외교 고립을 자초하고 있습니다.

문재인은 취임 직후에, 중국에 대하여 사드 추가 배치 불가, 미국의 미사일 방어 체계 불참, 미국이 추구하는 한미일 군사동맹 불참 등, 이른바 3불 노선을 약속하여 반미 친중 노선을 밝힌 바 있습니다.

미국의 의회 일각에서는 만일 미국과 중국이 군사적으로 대립할 때, 한국의 문재인은 중국 편에 서게 될 것이라 관측한다고 보도되었습니다.

한미동맹은 해방 이후 오늘까지의 대한민국 국방과 안보외교의 주축이 되어 왔고, 한미동맹으로 인하여 한국의 경제 안정과 발전이 이루어 졌습니다.

우리의 청년·장년 여러분! 반미·친중 노선을 전개하여 대한민국의 외교와 안보와 국위를 위태롭게 하는 주사파 공산주의자 문재인을 대통령으로 받들어야 합니까?

열 번째로, 지난 12월 23일 연동형 비례대표제 선거법 개정안이 국회의장 문희상의 날치기 사회로 통과되었고, 또한 같은 방식으로 12월 30일 공수처법이 날치기 통과되었습니다.

이 두 법률은 대한민국의 헌법 체계를 부정하게 만드는 헌법 위반 법률입니다.

연동형 비례대표제 선거법은 유권자가 원하는 사람에게 투표할 수 있는 주권 행사를 불가능하게 하는 법이고, 공수처법은 헌법상 수사권의 최고 기관으로서의 검찰청장의 수사권을 제한하는 초헌법적 공직자 감시 기관을 만드는 법으로서, 평등의 원칙과 신체의 자유권을 여지없이 파괴하는 공산주의식 비밀경찰법이라 할 수 있습니다.

문재인과 여당 더불어민주당이 정권을 잃게 되었을 경우 그동안 저지른 각종 반역 행위는 물론, 부정부패 비리 사건까지도 수사하지 못하도록 막아 버리고, 반대세력을 탄압하기 위한 헌정 파괴 폭압 정치를 위한 법률입니다.

이러한 헌정 파괴 법률들을 제정하도록 주도하고 배후조종한 사람이 바로 대통령 문재인입니다.

문재인은 자신의 친구 송철호를 울산시장으로 당선시키기 위해 부정 선거를 자행한 혐의를 받고 있습니다.

또한 2017년 대통령 선거 과정에서 드루킹 댓글 여론 조작 부정 선거를 자행한 혐의를 받고 있기도 합니다.

청·장년 여러분은 이러한 사람을 계속 대통령으로 모셔야 한다고 생각합니까?

대한민국의 20·30·40·50 청장년들이여!

당신들은 자신의 자유권과 투표권이 무참히 유린되고 조작되는 법률이 불법으로 국회에서 통과 처리되어도 관심이 없습니까?

나라가 망하든 민주주의가 파괴되든 나와 무슨 관련이냐는 것이 우리 대한민국의 청장년 여러분들의 수준입니까?

아직도 중고등 시절 전교조 좌파 종북 교사들이 집어 넣어준 거짓말 선동 선전 가르침과 그 정보에 갇혀서 세상의 참된 모습을 깨닫지도 보지도 못한다는 말입니까?

사랑하는 우리의 청·장년 여러분! 이 땅의 진정한 주인공들인 청장년 여러분! 이제 당신들이 일어나야 합니다. 위대한 자유민주 대한민국의 파괴를 막아 서야 합니다. 여러분이 역사의 주인공이 되어야 합니다.

차가운 겨울 날씨 속에서 추위에 떨며 전국의 거리거리에 모이는 저 60, 70, 80대 아버지 어머니 할아버지 할머니들이 자기들만 잘 살려고 목이 터져라 외치겠습니까?

이 땅의 20-50 청·장년들에게 간곡히 당부합니다. 한시도 지체하지 말고 전국의 거리거리로 달려 나오십시오! 그리하여 자유민주 헌정 파괴·반민주 쿠데타에 대항하여 강력히 싸울 것을 호소합니다!

저 홍콩을 보십시오! 700만 인구 가운데 200만 명이 "자유와 민주주의 홍콩의 영광을 쟁취하자"고 외치며 총칼을 든 군과 경찰에 맞서서 목숨을 버리며 싸우고 있습니다. 젊은 청장년들이 주축이 되고 있습니다.

우리의 자랑스런 자유민주주의 대한민국을 구하는 애국의 길에, 총단결하여 다 같이 동참해 주시기를 간절히 바랍니다! 감사합니다.

2020년 1월 8일
문재인 퇴진을 바라는 국민 모임
공동의장 : 고영주, 심재철, 노재동, 손광기, 윤창중, 이애란

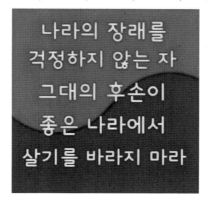

나라의 장래를
걱정하지 않는 자
그대의 후손이
좋은 나라에서
살기를 바라지 마라

ㅣ 글을 맺으면서

　올해 2020년은 우리 대한민국 임시정부 수립 101주년이자, 광복 75주년이며, 건국 72주년이 되는 해다. 올해는 또한 동족상잔의 비극 6.25 한국전쟁이 발발한지 70주년이자 종전 67주년인 동시에, 우리 대한민국을 전쟁의 잿더미로부터 일으켜 세워 지금의 자유와 평화와 번영을 꽃피울 수 있게 한 대한민국의 핵심 이익인 '한미동맹'이 체결된 지 67주년이 되는 해다. 아울러 가깝게는 수출 100억 달러 달성 43년째 되는 해이고, 멀게는 1592년 임진왜란이 일어난 지 428년, 1636년 병자호란이 일어난지 384년 되는 해다.

　우리 민족은 세계 어느 민족보다 생명력이 강하고 생존의 뿌리가 깊은 독특한 민족이다. 밟아도 질경이처럼 다시 되살아나는 끈질긴 생명력은 우리 한민족을 5천년이라는 긴 역사 속에서 살아오게 했다.

　하지만 5천년 긴 역사를 헤치고 여기까지 뚫고 나온 대한민국호(號)의 항행의 과정은 아무런 시련이나 굴곡없이 고요한 수평선 위를 달려온 평온의 시간이 결코 아니었다. 칠흑같이 어둡고 절망적이었고, 거센 풍랑으로 대한민국호는 수없이 침몰과 좌초 위기에 빠졌다.

　특히 왜란과 호란, 그리고 마침내 한일합방으로 대한민국호가 뒤집혀 역사의 수평선에서 사라지고 세계 지도에서 흔적조차 없이 지워지는 망국의 역사를 경험하기도 했다. 그리고 해방의 기쁨도 잠시 동족상잔의 6.25 한국전쟁은 5천년 굴곡의 우리 역사 가운데서도 국가의 존망과 민족의 운명을 좌우할 뻔한 가장 큰 대위기들이었다.

　우리 민족과 국가는 조공·책봉(助工·册封) 체제에 속국으로 편입되거나, 자주권을 잃고 식민지가 되거나, 붉은 이념의 깃발 아래 모든 자유를 빼앗긴 노예상태가 될 뻔한 절체절명의 위기를 맞았고, 끝내 이겨 내어 오늘의 자유 민주 대한민국을 이룩하였다.

그러나 지금 청와대는 주사파가 장악하여, 이 나라를 다시 공산주의 국가로 몰아 가고 있다. 박근혜 대통령의 탄핵은 개인에 대한 탄핵이 아니라 체제에 대한 탄핵이었다. 그들은 촛불시위를 '촛불 혁명'이라고 말하는데, 이는 체제를 완전히 때려 부수어야 한다는 말이다. 그들의 '적폐청산'이라는 용어는 다른 말로 하면 '숙청'이다.

좌파는 언어조작에 가장 잘 훈련된 무리이다. 그들에게는 혁명을 위하여 합법 투쟁, 비합법 투쟁, 폭력 투쟁 세 가지 단계가 있다. 청와대를 중심으로 그들은 합법을 가장한 청산으로 박근혜를 얼토당토않은 이유로 탄핵하였다. 그들의 궁극 목적은 대한민국 체제의 유지가 아니다.

과거 70년간 민족해방전선은 체제를 완전히 바꾸는 것을 목적으로 투쟁해 왔다. 월남이 적화되었을 때 문재인이 쌍수를 들어 환영하였고, 희열을 느꼈음은 그가 체제 변혁론자임을 말해 준다.

최근 민노총이 민간회사 경영진을 1시간 넘게 폭행하여 유혈사태를 빚었다. 이는 1억 넘는 연봉을 받는 사람들이 임금 더 달라고 투쟁하는 것이 아니다.

지금 문재인의 체제 변혁 속도가 왜 이렇게 느리냐? 이제 다른 방법을 정착시키자면서 비합법, 폭력 투쟁의 단계에 들어간 것이다.

지금 정권이 민노총을 감싸고 있으므로 경찰도 손도 못 대고 있다. 이 모든 것이 체제 뒤집어엎기의 과정이기 때문이다.

사람들은 아직도 대한민국이 살아 있다고 생각한다. 아니다! 대한민국은 이미 죽었다. 이제 땅에 묻을 일만 남았다.

민노총이 날뛰는 것은 북한과 연계하여 대한민국의 체제를 전복하기 위한 것이다. 자기네 회사 상무를 폭행하여 반죽음을 만드는 것은 시작에 불과하고 이제 이런 일은 계속해서 다반사로 일어날 것이다. 사람들은 차츰 그럴려니 하고 생각하면서 무신경해질 것이다. 그런 사이에 폭력세력이 대한민국을 장악하고 대한민국의 체제는 전복되어 버린다.

김정은은 절대 핵 리스트를 내어놓지 않을 것이다. 핵은 김정은이고 김정은은 조선민주주의인민공화국이다. 모두 한 묶음으로 엮여 있고 절대 핵 리스트는 내어 놓지 않는다.

북한은 경제 제재로 앞이 막혀 있지만 세계 10위 경제권의 남한이 돌파구 노릇을 할 것이다. 북한이 남한만 흡수하면 살게 될 것이고 문재인과 김정은은 운명공동체이다. 문재인 운명이 김정은 운명이고, 김정은 운명이 문재인 운명인 것이다.

서울대 학생들이 최근 '가장 정의롭지 않은 정당' 설문조사에 응한 일부 학생들은 '정의'와 '민주'라는 이름을 단 정당들이 가장 정의롭지도, 민주적이지도 않다는 의견을 개진했으며, 바른미래당은 "바르지도 않고 미래도 아님", 대안신당은 "대안도 아니고 새롭지도 않음"이라는 평가를 받았다. 그리고 서울대 학생들은 '문민정부 이후 역대 최악의 대통령'을 묻는 설문조사에서 압도적으로 문재인(89%)을 1위로 지목했으며, '존경하는 대통령'에는 이명박 대통령(1위)과 박정희 대통령(2위)을 골랐다.

그리고 요즘 대학가에 번지고 있는 "가장 먼저 북으로 보내드리고 싶은 분에게 스티커를 붙여 주세요"라는 북송 대상자 인기 투표 대자보에 따르면, "기호 1번 : 북한이 주적이라고 말을 못 하는 '문세먼지', 기호 2번 : "김정은은 혁명적인 리더"라고 말하는 '유사시민', 기호 3번 : 김정은 대통령이라고 말하는 '애미추', 기호 4번 : 북한 인권 문제는 내정간섭이라고 말하는 '해골찬', 기호 5번 : 서울시 예산을 평양에 투자하자는 '빨몽키', 기호 6번 : 김정은은 가정교육을 엄청 잘 받았다는 '도올아이', 기호 7번 : 사회주의 노동자 연맹을 결성하자는 '니네조국'"으로 순위가 나왔다.

예전에 "붕어빵에는 붕어가 없고, 칼국수에는 칼이 없고, 곰탕에는 곰이 없다."는 말이 유행을 했다. 요즘에는 정당을 비꼬는 말로 "민주당에는 민주가 없고, 정의당에는 정의가 없고, 평화당에는 평화가 없고, 자유한국당에는 자유가 없고, 바른미래당에는 미래가 없고, 대안신당에는 대안이 없다"는 말이 유행하고 있다. 그리고 "조국이 조국을 망치고, 시민이 시민을 죽이고, 재명 때문에 제명대로 살기 힘들다"고 한다. 그래서 국민들에게 "어느 정당을 지지합니까?"라고 질문을 하면 "아직까지 지지하는 정당이 없다"고 하는 무당층이 늘어나고 있다.

성경을 보면 하나님의 사람들은 다 나라를 사랑했다. 모세가 나라와 민족을 사랑했고, 여호수아가 나라를 사랑했다. 다윗도 나라를 사랑하여 전장에 나가 골리앗과 싸운 것이다. 또 이사야, 예레미야, 다니엘, 에스겔 등 대부분의 선지자들이 나라를 크게 사랑했다.

3·1절이 왜 일어났습니까? 일본이 우리나라를 점령해서 우리의 자주권을 박탈해 갔기 때문에 우리는 그들에게 응당 전쟁을 일으켜도 괜찮지만, 전쟁을 일으킬만한 힘이 없어서 그 당시 맨손으로라도 독립 만세를 부르짖었던 것이다. 그때 특별히 기독교인들이 가장 앞장을 섰다.

돌이켜 보면, 3·1운동이 일어났던 1919년은 기독교가 이 땅에 들어온 지 겨우 30년 정도 되었다. 그 당시의 2,000만 인구 중에 기독교인은 겨우 30만명 정도 밖에 되지 않았다. 즉 100명 중에 1명밖에 기독교인이 없었다. 그런 때에도 기독교인들이 앞장서서 3·1운동이라는 큰 일을 전국 방방곡곡에 일으켰다.

이러한 것은 6·25사변 때를 봐도 마찬가지이다. 전쟁터에서 가장 용감했던 사람들 역시 기독교인들이었다고 한다. 그들이 그렇게 용감할 수 있었던 것은 우리는 지금 죽어도 천국에 간다는 확신과 또한 하나님이 우리를 보호해 주신다는 믿음과 무엇보다 하나님이 주신 내 나라를 지키겠다는 애국심이 있었기 때문이다.

오늘날 이 땅에는 1200만의 기독교인이 있다고 한다. 우리들이 힘을 합한다면 못할 일이 없을텐데, 오늘날 우리들은 사분오열되어 기력을 다 잃어버리고 말았다. 선명한 기독교인들이 되어야 하는데 그러지 못하고 있다. 그래서 이 사회를 바로 인도하지 못하고 있으니 이래서야 되겠나?

칼빈은 그의 '기독교강요'에서 왜 국방의 의무를 완수하며 침략국의 모든 행패를 막기 위하여 전쟁을 해야 하느냐? 하는 이유를 이렇게 설명했다. 즉 한 집에 어떤 사람이 들어와서 물건을 도둑질 하려고 하면 못하게 해야 할 것이 아닌가? 어떤 사람이 내 가족 몇 사람을 죽이려 한다면 못 죽이게 해야 할 것이 아닌가? 마찬가지로 다른 나라가 나의 사랑하는 조국에 침입하여 죽이고, 빼앗고, 약탈해 갈려고 한다면 그것을 못하도록 전쟁에 나가서 싸울 수밖에 없지 않은가? 하는 논리로 그것을 설명한 바 있다(Ⅳ.20.11).

우리나라는 민주주의로서 신앙의 자유가 있지만, 북한 독재 공산주의 사회 일인 독재 체제에서는 신앙의 자유가 있을 수 없다. 하늘에 해가 둘이 없듯이 독재 체제에서는 신앙이 존재할 수 없다. 독재 체제에서의 신앙이란 국민의 분열을 조성할 수 있으며, 최악의 경우에는 붕괴될 수 있는 염려로 신앙이 존재할 수가 없는 것이다. 독재자가 우상에 가까운 대접을 받게 될 수 없다는 것이며, 독재정치체제는 신앙이 있어서는 안 된다는 것이다. 민주주의 체제는 국민들의 민심을 모으는데 반드시 신앙이 필요하지만 일인 독재는 신앙이 오히려 방해 요인이 된다는 것이다.

구약성경 여호수아 1장 7절에 "우로나 좌로나 치우치지 말라"고 했으나, 요한계시록 3장 15절에 "내가 네 행위를 아노니 네가 차지도 아니하고 뜨겁지도 아니하도다 네가 차든지 뜨겁든지 하기를 원하노라"고 하셨으며, 전도서 10장 2절에는 "지혜자의 마음은 오른쪽에 있고 우매자의 마음은 왼쪽에 있느니라"고 했다.

고린도후서 6장 14~16절에는 "너희는 믿지 않는 자와 멍에를 함께 매지 말라 의와 불법이 어찌 함께 하며 빛과 어둠이 어찌 사귀며 그리스도와 벨리알이 어찌 조화되며 믿는 자와 믿지 않는 자가 어찌 상관하며 하나님의 성전과 우상이 어찌 일치가 되리요 우리는 살아계신 하나님의 성전이라 이와 같이 하나님께서 이르시되 내가 그들 가운데 거하며 두루 행하여 나는 그들의 하나님이 되고 그들은 나의 백성이 되리라"고 하셨다.

성경에서 하나님은 양자론의 하나님으로 기록하고 있다. 하나님께서는 어정쩡한 중간이나, 모든 것을 다 표용하는 것이나, 이것도 되고 저것도 되는 것을 허용하지 않는다.

그러니까 우리 그리스도인들은 확실한 위치에 똑바로 서야 한다. 그것이 바로 의의 편, 빛의 편, 그리스도의 편, 믿는 자의 편, 성전의 편에 서야 한다고 말씀하신다.

불법과 벨리알과 믿지 않는 자와 우상과는 멍에를 함께 멜 수가 없다는 것이다. '벨리알'이라는 말은 히브리어로 "쓸모없는", 또는 "가치없는"이라는 뜻이며, 악한 영의 두목인 사탄을 가리킨다.

따라서 성도들은 중간에 있거나 이것도 저것도 아니며, 차지도 덥

지도 않은 이런 입장을 취해서는 안 된다는 것이다.

하나님 말씀에 중간지대는 없다. 신본주의 아니면 인본주의, 보수 아니면 진보, 우파 아니면 좌파, 자유민주주의 아니면 사회주의 = 공산주의, 기독교 아니면 김일성 주체사상교(주사파), 참된 교회 아니면 거짓된 교회, 빛 아니면 어둠, 의 아니면 불법, 그리스도 아니면 벨리알, 성전 아니면 우상, 진리 아니면 거짓, 선 아니면 악, 양 아니면 염소, 알곡 아니면 가라지, 천국 아니면 지옥, 이 양자 중 하나밖에 없다는 것이다.

오늘 우리가 사는 이 세대처럼 다원화되고, 혼합된 시대를 역사 이래 찾아 볼 수가 없다.

요즘 사회에 문제가 되고 있는 모든 화두를 살펴 보면, 어둠, 악, 우상, 거짓, 불신, 벨리알 등 영적으로 하나님을 대적하는 것이며, 모든 것이 좌 편향된 이단과 사상과 이념이 판을 치고 있다. 심지어는 정치까지 그 줄을 타고 세상을 장악하고 있다.

우리는 확실하게 정해야 한다. 우리가 하나님의 백성이라면 하나님의 백성답게 살아야 한다. 그래야 하나님이 그들의 하나님이 되시겠다고 했다.

고린도후서 6장 16절에서 "나는 그들의 하나님이 되고 그들은 나의 백성이 되리라"고 하셨다.

여기서 그들은 하나님 편에 서는 자, 세상의 벨리알과 멍에를 함께 메지 않는 자를 가리키는 것이다.

우리는 이 철저한 양자 논리에서 진영을 정해야 할 것이다. 명심하자. 중간은 없다. 그리고 기억하자. 내가 누구인지를….

이제 믿을 곳은 기독교뿐이다. 성도들이 나서야 할 때이다. 세상의 어두운 곳에 빛을 비추어 어둠을 몰아내는 빛의 사명과, 썩어가는 곳에 소금을 뿌려서 썩지 않도록 방지하는 소금의 사명을 감당해야 하는 것이 목사와 성도와 교회가 할 일이며, 의무이며, 사명이다.

깨어나라! 기둥이 썩어 간다. 대한민국호(號)가 가라앉고 있다. 나라의 위급한 상황에서 행동하는 신앙, 행하는 믿음이 나라와 민족을 살리는 길이다.

이제 우리 국민들은 오늘의 대한민국을 가능하게 만든 가장 소중한 가치인 자유를 위협하는 자유의 적으로부터 자유의 가치를 지켜내야 한다. 위협받는 자유를 언제, 어떻게 되찾아 그 가치를 바로 세울 수 있을까? 자유민주주의가 꽃피우는 국가답게, 그 수단은 선거가 되어야 할 것이다. 2020년 총선, 2022년 대선은 자유를 지키기 위해 똘똘 뭉친 '자유의 수호자' 우리 국민과 '자유의 대적자'와의 대결이 될 것이다. 그래서 자유의 가치를 지키고, 흔들리는 대한민국 4대 기둥을 바로 세우는 국민의 힘이 얼마나 위대한 것인가를 보여 줘야 한다. 그리고 대한민국은 더 공고해진 자유를 바탕으로 더 굵고 튼튼한 기둥을 세워, 희망찬 미래의 '예수 한국, 복음 통일'로 통일 한국을 준비해야 할 것이다.

| 참고 도서

- YETTER, A.H. 「성경이 가르치는 중요한 교리들」 조규용 역, 서울:나침반사, 1986.
- DTP교리강해연구편찬위원회, 「DTP 교리강해연구Ⅶ 교회편」 서울:선린출판사, 1989.
- 강석종, 「바로 알고 있습니까?」 부산:도서출판 카리타스, 2019.
  「오순절의 성령강림」 서울:은혜 출판사, 2004.
- 강정훈, 「평신도를 위한 조직신학/교회론·교회는 무엇인가」 서울:늘빛출판사, 1990.
- 김광현, 「기독교는 무엇을 믿는가」 서울:기독교문사, 1992.
- 김성린, 「기독교 교리 개설」 경기도:개혁주의신행협회, 1988.
- 김성복, 「그리스도인의 신앙과 생활원리」 서울:교회교육연구원, 1990.
- 김양기 외 5인 공저, 「한권으로 읽는 한국사」 서울:(주)휴머니스트 출판그룹, 2017.
- 김주웅, 「국민이 본 정치 사회」 서울:북팜, 2016.
- 김하진, 「주제별 칼빈주의」 서울:한국문서선교회, 1988.
- 김종석, 「설교로 엮은 칼빈주의」 전북:도서출판 개복, 1999.
  「신앙생활의 3대 표준 문서」 전북:개복교회 출판부, 1992.
- 라보도·김달생, 「바른신학」 서울:한국기독교교육연구원, 1986.
- 박　근, 「자유·민주·보수의 길」 서울:도서출판 기파랑, 2015.
- 박성호, 「교리와 윤리」 서울:교회교육연구원, 1990.

- 변한규, 「짤막한 신학 2 현대신학」 서울:한국로고스연구원, 1991.
- 설민석, 「설민석의 무도 한국사 특강」 경기도:휴먼큐브, 2017.
- 송길원, 「너희는 나를 누구라 하느냐」 서울:교회교육연구원, 1986.
- 송영선, 「대한민국 밤새 안녕하십니까」 서울:(주)새로운 사람들, 2019.
- 이규학, 「세 가지 보배」 서울:도서출판 예루살렘, 2002.
- 이규환, 「쉽게 배우며 쉽게 전하며」 서울:도서출판 목회자료사, 1987.
- 이병돈, 「사도신경 십계명 강해」 서울:도서출판 예찬사, 1989.
- 이상원, 「21세기 사도신경 해설」 서울:솔로몬 말씀사, 2001.
- 이지연·배재희 공저, 「나라 잃은 소년 나라를 세우다 이승만 이야기」 서울:도서출판 기파랑, 2019.
- 임종만, 「사도신경 강해」 서울:도서출판 엠마오, 1987.
          「조직신학 강해설교 6. 교회론」 서울:성광문화사, 1988.
- 장성민, 「자유·시장·안보가 무너지다」 서울:도서출판 기파랑, 2019.
- 전광훈, 「이승만의 분노」 서울:푸리탄 출판사, 2016.
- 제자원, 「그랜드종합주석1」 서울:성서교재간행사, 1995.
- 조용목 「사도신경 주기도문 강해」 경기도:도서출판 예성, 1994.
- 차광명, 「대한민국 보수 혁명」 서울:글마당, 2019.
- 홍선기, 「주기도문 사도신경 십계명 강해」 서울:혜림출판사, 1996.